BESTE STA
DER WELT
Berlin
2018

Hey, Alltag!

Schon klar, du bist immer da. Aber wenigstens kann man dich bunt anmalen: beim Tortenschlemmen, fein Frühstücken oder hart Feiern, auf Spaßtour mit den best friends oder beim romantischen Dinner zu zweit. Der Cityguide MARCO POLO „Beste Stadt der Welt – Berlin" hat jede Menge Tipps parat, um Farbe in alle Lebenslagen zu bringen: am öden Montagabend, wenn die Schwiegereltern kommen oder wenn sportliches Auspowern angesagt ist. Damit ist klar: Die beste Stadt der Welt – ist die eigene! Denn sie hat alles zu bieten, zwischen Funk- und Fernsehturm, Wedding und Neukölln. In jedem Moment und für jedes Gefühl. Hey, Alltag, haaaallo! Willste etwa schon gehen?

INHALT

ALLTAGSHELDEN: MONTAG BIS FREITAG

FEIER-ALARM!

WOCHEN-ENDE – GAAANZ GEDIEGEN

€€€ Exklusive Adresse (goldene Kreditkarte mitnehmen!)

GANZ HINTEN: EVENT-KALENDER ZUM HERAUSNEHMEN!

UNTERWEGS MIT …

HUNGER? GEGESSEN!

ESSEN? GEHT AUCH.

DIE JAHRESZEITEN IM STADTVIERTELCHECK

Meeting Montag 10 Uhr – der Umhang sitzt

ALLTAGS-HELDEN: MONTAG BIS FREITAG

POWER TO GO

Frühstück einpacken, das Büro wartet nicht

AUFGEBREZELT

An Bäckern, die tatsächlich noch ihr Handwerk ausüben und nicht nur Rohlinge aus China aufwärmen, herrscht in Berlin ein schon legendär zu nennender Mangel. Die Brezel Company backt nicht nur selbst, sondern tischt die frische Ofenware auch als Frühstück auf, etwa »Italienisch« mit Schinken und Ricotta. Für Eilige: Brezeln mit Kürbiskernen, Käse oder Schnittlauch mit Frischkäse in die Tüte und los!

➔ BREZEL COMPANY

Neukölln | www.brezel-company-berlin.de | tgl. 6–19 Uhr | Lenaustr. 10 | Tel. 030 6 12 41 81
Schöneberg | tgl. 7–20 Uhr | Kalckreuthstr. 16

NUR NICHT AUFREGEN

Am frühen Morgen bloß keine Reizüberflutung? Zum Glück ist das Silo spartanisch eingerichtet – natürlich auf stylishe Art und Weise, ist schließlich Friedrichshain. Im Granola steckt Chia, auf dem Toast landen »verlorene Eier« mit Avocado, dazu gibt's eingelegten Feta, Bacon oder Pilze. Die Zutaten kommen aus der Region; der Kaffee stammt von den Fjord-Kaffee-Röstern aus Marzahn.

➔ SILO COFFEE

Friedrichshain | www.facebook.com/silocoffee | Mo–Fr 8.30–17, Sa 9.30–19, So 10–19 Uhr | Gabriel-Max-Str. 4

CEREALIEN-ALARM

Cornflakes in die Schüssel, Milch drauf, fertig? Das ist vielleicht in Wuppertal okay. In Berlin geht das so: »Eine Super-Bowl mit Cap'n Crunch, Cheerios und Smacks mit Haselnuss-flavoured Hafermilch, Früchten und Peanutbutter-Topping, bitte«. Dass es mit dem Frühstück danach trotzdem schnell geht, ist dann Ihre Verantwortung. 130 nationale und internationale Cornflakes-Marken plus Milchvarianten und Extras hat der hippe Laden am Hackeschen Markt in petto.

➔ FLAKES CORNER

Mitte | www.flakes-corner.com | tgl. 10–18 Uhr | Neue Promenade 8 | Tel. 030 83 21 55 77

ABER BITTE MIT SAHNE!

Nur weil Dienstag ist, heißt das noch lange nicht, dass im Vanillequark mit Früchten nicht ein bisschen Sahne sein darf. Und im Quinoa-Porridge Schokolade. Und auf dem knusprigen Vollkorn-Ciabatta mit Ziegenkäse dieser leckere Feigensenf. Bei Fräulein Dickes wird alles von Hand und mit Liebe gemacht. Schlecht ist nur, dass nach diesem Frühstück kein Platz mehr für die traumhafte Milchreistorte im Magen bleibt. Da müssen Sie wohl wiederkommen.

➔ FRÄULEIN DICKES

Prenzlauer Berg | www.frauleindickes.de | Mo–Sa 9–19, So ab 10 Uhr | Stargarder Str. 60 | Tel. 030 77 90 49 00

Gönn's dir

Man soll ja frühstücken wie ein Kaiser – oder Fräulein Dickes

CROISSANTS FÜR FRÜHAUFSTEHER

Fans sind überzeugt: Bullys Bakery macht die besten Croissants der Stadt! Das mag daran liegen, dass die Neuköllner Bistro-Bäckerei auf hausgemachte Backkreationen spezialisiert ist. Kaffee in allen Varianten gibt es natürlich dazu. Zudem lässt das Team seinen Fantasien gerne freien Lauf und überrascht etwa mit karamellisierten Guanaja-Orange-Muffins. Falls das morgens schon reingeht: Der New York Cheesecake ist der absolute Renner.

BULLYS BAKERY

Neukölln | www.facebook.com/Bullys-Bakery-203518423054822 | Mo–Fr 7–15 Uhr | Friedelstr. 7 | Tel. 01578 5093390

PANKOWER LICHTBLICK

Mag man über die Prenzlauerbergisierung Pankows auch noch so viel hören: An schönen Frühstückscafés mangelt es weiterhin. Doch an den rustikalen Holztischen im Milchmanns ist genügend Platz für alle, die danach am Bahnhof Pankow gegenüber in die S-Bahn springen müssen. Brotliebhaber haben die Auswahl zwischen Frühstücksvarianten mit Käse, Wurst oder Süßem; zudem gibt es Ei- und Müslialternativen zu moderaten Preisen. Bagels, Croissants und Kaffee können Sie einfach mitnehmen.

MILCHMANNS

Pankow | www.milchmanns.de | Mo–Fr 8–18, Sa, So 10–18 Uhr | Berliner Str. 119 | Tel. 030 91423282

Pürierte Wonne

Hummus & Friends huldigt der Kichererbse

YES, WE LUNCH!

Arbeit lassen, Essen fassen

GUCK MAL, WER DA GRILLT

Glutamatfreie Vietnamesen sind für ein Berliner Mittagessen immer eine gute Wahl. Im Waterlily sitzt man bei schönem Wetter auf der Karl-Marx-Allee und kann Leute gucken. Drinnen gibt es dafür dank der offenen Küche freien Blick auf das Grillgeschehen. Vergessen Sie nicht, zum Essen einen der ungewöhnlichen, selbst kreierten Drinks zu ordern, etwa den »Waterlily Home Fresh« mit Jasmintee, Limetten, Apfelsaft und Maracujasirup.

➔ WATERLILY

Friedrichshain | www.waterlily-berlin.de | Mo, Sa 17–22.30, Di–Fr, So 12–22.30, Mittagstisch 12–17 Uhr | Karl-Marx-Allee 113 | Tel. 030 31 17 25 52

ES GEHT UM DIE BLUTWURST

Erbseneintopf? Gulasch? Oder doch lieber Schweinekrustenbraten mit Rotkohl? Freunde herzhafter Fleischgerichte werden auf der Mittagskarte der Neuköllner Kult-Fleischerei immer fündig. Bis zu drei Gerichte werden offeriert. Und wenn Sie schon mal da sind, versorgen Sie sich gleich mit der Spezialität des Hauses für daheim: Die Blutwurst beziehen auch diverse Spitzenrestaurants der Stadt. Meister Marcus Benser wurde dafür sogar zum »Ritter der Blutwurst« geschlagen.

➔ BLUTWURST-MANUFAKTUR

Neukölln | www.blutwurstmanufaktur.de | Mo–Fr 8–18, Sa 8–13 Uhr | Karl-Marx-Platz 9–11 | Tel. 030 6 87 20 04

DIE ERBSE ALS PRINZESSIN

Der Star des Ladens sind natürlich die namensgebenden pürierten Kichererbsen, die sich als Hauptgericht zum Beispiel mit Ei oder Favabohnen kombinieren lassen: Hummus & Friends eben. Als leichterer Lunch empfiehlt sich aber auch ein Ausflug in die Welt der Tapas. Der Blumenkohl aus dem Ofen oder die Aubergine mit Tahina zum Beispiel sind sehr gut. 1993 eröffnete das erste Café der Franchise-Kette in der Jerusalemer Altstadt, seit 2015 gibt es auch eine Niederlassung in Berlin.

➔ HUMMUS & FRIENDS

Mitte | www.hummus-and-friends.com | tgl. 11–24 Uhr | Oranienbruger Str. 27 | Tel. 030 55 47 14 54

MITTAGSPAUSE IM LÄNDLE

Als Fan geschmälzter Maultaschen mit Spinat und Hackfleisch in Berlin gestrandet? Finja Rosebrock, die Chefin der Maultasche, serviert in ihrem hellen Laden um die Ecke vom Gendarmenmarkt schwäbische Küche mit original schwäbischen Produkten.

DIE MAULTASCHE

Mitte | www.die-maultasche.de | Mo–Sa 11–22, So 12–18 Uhr | Charlottenstr. 35–36 | Tel. 030 31 01 16 86

STOPOVER IN VIETNAM

Im lauschigen Hofgarten des Hinterhofs lässt sich zwischen Büro, Meeting und wieder Büro gut abschalten. Dazu gibt es – Sie müssen ja noch denken heute – leichte Küche aus dem Norden Vietnams und erlesene Tees. Wenn Ihnen die Entscheidung schwerfällt: Zweierlei vom Huhn in roter Curry-Kokos-Creme oder warmer Reisnudelsalat mit Tofu, Koriander und Zitronengras sind lecker. Falls Sie zu den Arbeitsbienen mit Eulen-Biorhythmus gehören und alles etwas später machen als die Lerchen: Zwischen 15 und 18 Uhr ist INSIDER TIPP Teestunde, bei der auch Gebäck oder Teigtaschen aufgefahren werden.

CHẾN CHÈ

Mitte | www.chenche-berlin.de | tgl. 12–24 Uhr | Rosenthaler Str. 13 | Tel. 030 28 88 42 82

GESUND UND GEMISCHT

Kleiner Laden, vegetarisches Essen, frische Zutaten und für Eilige gibt es das Ganze auch in Boxen zum Mitnehmen – muss man mehr sagen? Auf der wechselnden Wochenkarte stehen immer eine Suppe, zwei Haupt- und zwei Nebengerichte zur Auswahl, etwa gekochter Kürbis mit Miso-Sauce, Spinatsalat oder Tofu-Steak. Da alles so lecker aussieht, dass man sich schwer entscheiden kann, ordert man am besten gleich eine Bento-Box mit allem. Die kostet nur 6 Euro.

NUT CART

Charlottenburg | www.nutcart.de | Mo–Fr 8–20, Sa, So 11–17 Uhr | Kaiserdamm 87 | Tel. 030 98 32 27 52

FÜR ARCHITEKTUR-GOURMETS

Bis Ende der 1980er-Jahre wurden auf dem Gelände Druckmaschinen hergestellt. Heute befindet sich in dem denkmalgeschützten, verschachtelten Gebäudekomplex u. a. eine als Hipstertreff verkleidete Kantine, die Kürbis-Tarte mit Bergkäse und Hähnchengeschnetzeltes auf die Karte setzt. Etwas gewöhnungsbedürftig ist der Bestellvorgang: Beim Bezahlen wird der Vorname notiert, der dann laut durch den Raum gerufen wird, wenn das Essen fertig ist. Aber die Architektur macht diese Affigkeit wett.

EX ROTAPRINT-KANTINE

Wedding | www.exrotaprint.de | Mo–Do Frühstück 8.30–11, Mittagessen 12–15 Uhr | Gottschedstr. 4 | Tel. 030 44 04 51 24

Leicht-gewicht
Die nordvietnamesische Küche bei Chén Chè umschifft gekonnt das mittägliche Futterkoma

SUPPENKASPER

Schnelles Mittagessen am Alex? Zum Glück sind die Grill-Walker dort nicht die einzige Alternative. Schnell, gesund und immer lecker sind die Suppen von der wechselnden Wochenkarte des Soupkultur, die mal asiatisch (Möhren mit Kokos und Cashews!) oder hausmannköstlich (Kartoffelsuppe mit Würstchen!) angehaucht sind. Wer größeren Hunger mitbringt, für den sind einfache Pasta- und Reisgerichte im Angebot. Vegetarier und Veganer sind ebenfalls bestens versorgt.

➔ SOUPKULTUR

Mitte | www.soupkultur.de | Mo–Sa 11.30–18 Uhr | Rosa-Luxemburg-Str. 7 | Tel. 030 4 26 83 19
Mitte | Mo–Fr 11.30–15.30 Uhr | Markgrafenstr. 22
Charlottenburg | Mo–Sa 12–18 Uhr | Kurfürstendamm 66
Charlottenburg | Mo–Sa 12–18.30 Uhr | Kurfürstendamm 224

UNE BAGUETTE, S'IL VOUS PLAÎT

Ein kurzer Abstecher nach Frankreich zum Mittagessen kann nie schaden. Im Le Midi werden dazu belegte Baguettes mit französischer Leberpastete, Camembert oder korsischem Schafskäse und Gerichte von der Tageskarte kredenzt. Die Quiche mit Salat für 7 Euro ist zwar nicht gerade günstig, aber sehr lecker. Wer einen Hauch Frankreich mitnehmen möchte, kann dort auch Cidre, Galettes und Patés kaufen.

➔ LE MIDI

Prenzlauer Berg | www.midi-berlin.de | tgl. 9–18 Uhr, warme Küche bis 16 Uhr | Greifenhagener Str. 17 | Tel. 030 23 91 23 07

ORANGENES TO GO

Niemand spricht gerne darüber. Aber manchmal läuft es doch auf einen Lunch am Schreibtisch hinaus. Damit der nicht allzu trostlos ausfällt, hilft ein Sandwich mit Hummus, Oliven und Feta oder ein »Protein Power«-Salat mit Linsen und Bulgur von Scoom. Die machen schon wegen ihrer quietschorangenen Verpackung gute Laune.

➔ SCOOM

Mitte | www.scoom.de | Alexanderplatz, mittlere Ladenpassade U 5, tgl. 24 Std.
Mitte | Friedrichsstr., U-Bahn-Aufgang Ecke Georgenstr., Mo–Do 5–22 Uhr, Fr 5–So 22 Uhr durchgehend | Tel. 04541 89 86 77
Prenzlauer Berg | S-Bahnhof Schönhauser Allee | tgl. 8–23 Uhr
Friedrichshain | U-Bahnhof U 5 Frankfurter Allee | Mo–Do 5–22 Uhr, Fr 5–So 22 Uhr durchgehend

GUTE AUSSICHTEN

Kantinenessen im Rathaus klingt wie etwas für Leute, die sich in ihrer Freizeit gerne mal die Ohren an den Schreibtisch nageln. Aber wer erst einmal im 10. Stock angekommen ist und in den Genuss der fantastischen Aussicht kommt, erkennt, dass das hier nichts mit Sadismus zu tun hat. Solide Hausmannskost für 4–5 Euro; mittwochs ist (warum auch immer) Waffeltag. Die INSIDER TIPP Wochenkarte gibt's als Newsletter.

➔ KANTINE IM RATHAUS KREUZBERG

Kreuzberg | www.kantine-kreuzberg.de | Mo–Fr 7–15 Uhr, Mittagessen ab 11 Uhr | Yorckstr. 4–11 | Tel. 030 2 51 63 46

LUNCH UNPLUGGED

Dass im Michelberger die Musiker absteigen und abends im Hof auch mal Travis oder Damien Rice unplugged spielen, hat sich mittlerweile rumgesprochen. Aber wussten Sie auch, dass man dort hervorragend zu Mittag essen kann? Zwischen 12 und 14.30 Uhr gibt es saisonales Bio-Essen vom Bauern aus der Region. Ein komplettes Menü kostet in der vegetarischen Variante 10, sonst 12 Euro.

➔ MICHELBERGER

Friedrichshain | www.michelbergerhotel.com | Mo–Fr ab 7, Sa, So ab 8 Uhr, Mittagstisch 12–14.30 Uhr | Warschauer Str. 39–40 | Tel. 030 29 77 85 90

Bäm!

Saisonal, bio, regional – Michelberger hat's

KOFFEIN-SHOT

Ohne meinen Kaffee mach' ich nix mehr

POSER UND PURISTEN

So viel Theater um Kaffee wird sonst nirgendwo gemacht. Seine Verunreinigung mit Milch wird daher sehr ungern gesehen. In die überregionale Presse hat es der Laden geschafft, weil er mit einem Poller Kinderwagen aussperrt, stillende Mütter rausgeworfen hat (wie gesagt: keine Milch!) und Laptops in einen abgesperrten Bereich verbannt. Die einen finden das albern. Die anderen halten das für die Vollendung der Kaffeekultur.

➔ **THE BARN ROASTERY**

Prenzlauer Berg | www.thebarn.de | Mo–Fr 8.30–18, Sa, So 10–18 Uhr | Schönhauser Allee 8

CO-KAFFEETRINKING

Hier will man nicht die Kaffeebohne neu erfinden. Nur von bester Qualität und hervorragend geröstet soll sie sein. Dafür werden die Kaffeebauern persönlich ausgesucht; die Röstung übernimmt vor Ort eine (wer sich auskennt) Loring-Falcon-Röstmaschine. Falls Sie und Ihr Laptop für einen Nachmittag einen Büroersatz brauchen, können Sie den Kaffee an einer der **INSIDER TIPP** extra gebauten Arbeitsstationen auf der großen Treppe genießen.

➔ **THE VISIT COFFEE ROASTERY**

Kreuzberg | www.visit-coffee.com | Mo–Fr 9–19, Sa, So 10–19 Uhr | Adalbertstr. 9

WEDDINGER STERNSTUNDE

Es gibt sie noch, die Orte in Berlin, an denen man nicht an jeder Ecke hervorragenden Kaffee bekommt. Doch zum Glück hat die Müllerstraße den Coffee Star. Während Sie Ihren Café au lait (halb Filterkaffee, halb Milch – das ist eine Empfehlung!) schlürfen, können Sie der im Schaufenster aufgestellten Röstmaschine bei der Arbeit zusehen. Leider sind die paar Plätze im Café schnell belegt, aber dafür wurde ja der Mitnehmbecher erfunden.

COFFEE STAR

Wedding | www.coffeestar.net | Mo–Fr 8–19.30, Sa 10–16 Uhr | Müllerstr. 146 | Tel. 030 45 48 28 93
Prenzlauer Berg | Mo–Fr 7–20, Sa 9–20, So 10–20 Uhr | Wörther Str. 23 | Tel. 030 47 37 85 02

FÜR ANSPRUCHSVOLLE

In Sachen guter Kaffee gehen Yumi Choi und Kiduk Reus keine Kompromisse ein. Mit Hingabe wird hier vor allem auf die Bohnensorten Wert gelegt. Aber auch die richtige Zubereitung und die Qualität der Maschinen sind entscheidend. Diesen hohen Anspruch an Kaffeegenuss teilen mit den Berlinern auch Gäste aus aller Welt, die gern in die gemütliche Kaffeerösterei in unmittelbarer Nähe zum Mauerpark kommen.

BONANZA COFFEE ROASTERS

Prenzlauer Berg | www.bonanzacoffee.de | Mo–Fr 8.30–18, Sa, So 10–18 Uhr | Oderberger Str. 35

KEIN THEATER KANN AUCH GUT SCHMECKEN

Ein Beweis, dass Kaffee auch hervorragend sein kann, ohne dass man viel Theater darum macht. Auch sonst legt der sympathische Familienbetrieb sich ordentlich ins Zeug: Kuchen und zehn Sorten Bagels werden jeden Tag selbst gebacken. Ein Traum ist das gegrillte Bananenbrot mit Vanillejoghurt und Honig. Das bekommt zwar keinen Fitnesspreis, ist aber unverschämt lecker.

A. HORN

Kreuzberg | www.kaffee-ahorn.de | tgl. ab 9 Uhr | Carl-Herz-Ufer 9 | Tel. 030 60 05 98 88

DON'T CALL IT CAFÉ!

Café? Das ist was für Omas! Shawn Barber and Chris Onton lieben Kaffee so sehr, dass sie ihren Laden sogar als *Café Showroom* bezeichnen. Nicht nur Kaffee, sondern auch Tee steht im Mittelpunkt ihrer Arbeit; beide gelten auf ihrem Gebiet als absolute Experten. Angeschlossen an den Showroom, der sich im Voo Store befindet, ist auch ein Tee- und Kaffeeverkauf.

COMPANION COFFEE

Kreuzberg | www.companioncoffee.com | Mo–Sa 10–19 Uhr | Oranienstr. 24

Is' gut so!
Ohne Show, dafür mit viel Geschmack serviert man bei A. Horn Kaffee

AFTER-WORK-FUTTER

Selber kochen? Bin doch nicht blöd

NAHER OSTEN AUF DEM TELLER

Treffen sich ein Israeli und ein Palästinenser in Berlin und beschließen, gemeinsam in die Gastronomie einzusteigen. Fertig ist die Geschichte des Kanaan. Im rustikalen, improvisierten Ambiente servieren Oz Ben David und Jalil Debit nun vegetarische und vegane Spezialitäten aus dem Nahen Osten. Falls Ihnen auf Anhieb der Unterschied zwischen Masabacha und Hummshuka nicht so klar sein sollte, erklären die ausdauernden Kellner das gerne genau. Für welche der Hummusvarianten Sie sich auch immer entscheiden: Sie schmecken alle hervorragend.

➔ KANAAN

Prenzlauer Berg | www.kanaan-berlin.de | tgl. 12–22 Uhr | Kopenhagener Str. 17 | Tel. 0176 22 58 66 73

AYURVEDISCH MIT GARTEN

Die guten und traditionell tibetanisch-nepalesischen Gerichte lassen auch Nepals Diplomaten in Berlin regelmäßig vorbeischauen. Hier kommt die »buddhistische Küche Asiens« – auch thailändische Rezepte – ayurvedisch mit Koriander und Kardamom gewürzt auf den Tisch. Natürlich darf der übliche Klüngel mit buddhistischen Figuren und Holzmasken an den Natursteinwänden nicht fehlen. Schön ist der Winter- und Hofgarten.

➔ BUDDHA HAUS

Schöneberg | www.buddhahaus.com | tgl. 12–24 Uhr | Akazienstr. 27 | Tel. 030 70 50 99 59

ASIEN GOES BURGER

Der Trend in Berlin geht zum vegetarisch-veganen Vietnamesen. Um sich etwas davon abzuheben, mischt das Ryong noch japanische Elemente unter und serviert das Ganze in großen Suppenschüsseln, als Wrap oder Burger. Letztere sahen noch nie so gesund aus wie in der Variante mit gedämpftem Bao-Brötchen im Spinat-Tempuramantel mit Tomaten, Maiskörnern und Edamame statt Pommes. Der Knaller!

➔ RYONG

Prenzlauer Berg | www.ryong.de | tgl. 12–23 Uhr | Torstr. 59 | Tel. 030 30 30 70 47

TISCH MIT GRILL

Der Hit in dem Kreuzberger Szenerestaurant sind Gerichte, die auf dem gusseisernen Tischgrill zubereitet werden. Dabei wird das Fleisch nach koreanischer Art mit der Schere in kleine Häppchen zerteilt und mit Saucen, Reis und gedämpftem Gemüse angerichtet. Kreatives Design im Container-Style.

➔ KIMCHI PRINCESS

Kreuzberg | www.kimchiprincess.com | tgl. 12–22.30 Uhr | Skalitzer Str. 36, Eingang in der Manteuffelstr. | Tel. 0163 4 58 02 03

ESSEN BAUEN

Man nehme alle Küchen Asiens, mische sie bunt durcheinander und serviere sie im Baukastensystem: Fertig ist dieser kleine Laden direkt am Lausitzer Platz. In die großen Schüsseln mit Ramen-Nudeln kippt man selbst, je nach Bedarf, Kräuter, Öle oder asiatische Croutons. Für Freunde dezenter Innendekoration ist die blinkende Farbenfreude etwas gewöhnungsbedürftig, aber das gute Essen und die günstigen Preise machen das wett.

➔ THE PANDA NOODLE

Kreuzberg | www.facebook.com/ThePandaNoodle | Mo–Fr 12–21, So 13–20 Uhr | Lausitzer Platz 12

TRUCK-STOP

Der bekannte Food-Truck des Gorilla Barbecue hat einen festen Wohnsitz im Graefekiez gefunden. Pate für den Namen Big Sur stand der Küstenstreifen zwischen San Francisco und Los Angeles, wo auch der kulinarische Schwerpunkt des Ladens liegt. Dass die kalifornische Küche mehr zu bieten hat als Grillgut, beweist die Speisekarte, auf der u. a. frittiertes Buttermilch-Hühnchen mit Aioli und Grünkohlsalat steht. Die beliebten Burger aus dem Truck gibt es natürlich auch.

➔ BIG SUR

Kreuzberg | www.bigsur.berlin | Mo–Fr 18–1, Sa, So auch 9–16 Uhr | Graefestr. 11 | Tel. 030 89 40 55 55

Handwerk

Im Kimchi Princess können Gäste per Tischgrill selbst brutzeln

Essen auf Rädern serviert das Pförtner Café: Aufgetischt wird im Bus

NÄCHSTER HALT: ABENDESSEN

Vor dem Bus nach Hause wird der Bus zum Abendessen bestiegen: Auf dem Gelände der ehemaligen BVG-Werkstätten serviert das Pförtner Café in einem ausrangierten Vehikel italienisch inspirierte Küche. Daneben gibt es aber auch ein normales Lokal mit nettem Außenbereich.

➔ PFÖRTNER CAFÉ

Gesundbrunnen | www.pfoertner.co | Mo–Fr 9–23, Sa 11–23 Uhr | Uferstr. 8–11 | Tel. 030 50 36 98 54

KEIN TIER KAM ZU SCHADEN

Dass Veganismus nichts mit Verzicht zu tun haben muss, haben alle Berliner mittlerweile verstanden. Nun folgt die Erkenntnis, dass veganes Essen auch nicht gesund sein muss. In Lia's Kitchen wird frittiert und gebraten, dass jedem Fastfood-Junkie das Herz aufgeht. Ob Patties mit Quinoa und Linsen, Mandelfeta und vegane Mayonnaise, die drei Gründer Lior, Itai und Alon (ganz recht: LIAs Namensgeber) machen übrigens alles selbst.

➔ LIA'S KITCHEN

Prenzlauer Berg | www.liaskitchen.de | tgl. 12–21 Uhr | Kollwitzstr. 47 | Tel. 01517 559 20 01

FARBIGE VORSPEISEN

Das Blau in Blaue Tische steht für Griechenland. So erklärt Inhaberin Monika Wasiek den ungewöhnlichen Namen ihres Restaurants. Statt auf Grillfleischberge setzt sie auf *meze* – leichte, kalte wie warme Vorspeisen, die munter miteinander kombiniert werden können. So landen Riesenbohnen mit Tomatensauce, getrocknetes Gerstenbrot mit Oliven und rote Beete mit Tsatsiki auf dem Tisch. Auf der Tageskarte stehen jeweils drei oder vier zusätzliche Gerichte, alle unter zehn Euro.

➔ **BLAUE TISCHE**

Neukölln | www.blaue-tische.de | So, Mo, Mi, Do 18–22.30, Fr, Sa 18–23.30 Uhr | Friedelstr. 56 | Tel. 030 23 47 25 92

BASKISCHE TAPAS

Ein junges, spanisches Restaurant – und ja, natürlich gibt es hier Tapas. Köstliche obendrein. Basis ist die baskische Küche, aber die Köche lassen viele kulinarische Einflüsse zu. Es gibt baskisches Entrecôte, gebratenes Hirschsteak (aus Brandenburg) oder pochierten Oktopus mit Zimt-Kartoffeln. Gemäß dem Konzept der spanischen Gastrobars sind die Preise moderat, Schweinebauch mit Pilzen kostet z. B. 7,90 Euro.

➔ **TXOKOA**

Neukölln | www.txokoa.de | Mo–Do 18–23, Fr, Sa 18–23.30 Uhr | Weserstr. 6 | Tel. 0157 87 51 35 68

50 SHADES OF COUSCOUS

Ein Hauch von Moschus liegt in der Luft, dazu duftet das mit vielen frischen Kräutern gewürzte Essen aus der marokkanisch-arabischen Küche. Couscous gibt es in vielen Varianten, Tajines und Blätterteigspezialitäten schmecken hervorragend. Dazu passt das orientalische Interieur des Lokals. Vor dem Essen Hände waschen! Zitronenwasser dafür bekommen Sie angereicht.

➔ **KASBAH**

Mitte | www.kasbah-berlin.de | Di–So 18–24 Uhr | Gipsstr. 2 | Tel. 030 27 59 43 61

ZIEGELSTEINZEIT

Portugiesische Küche von ihrer besten Seite: Klassiker wie Stockfisch mit gratiniertem Gemüse oder Fischspieß werden ›im Ziegelstein‹ serviert, was genauso gemeint ist, wie es klingt: Lasierte Ziegel dienen als Teller, schließlich bedeutet *a telha* auf Portugiesisch Ziegelstein. Als Vorspeise munden Tapas wie Stockfischkroketten oder frittierte Sardellen.

➔ **A TELHA**

Wilmersdorf | www.restaurant-a-telha.de | tgl. ab 17 Uhr | Holsteinische Str. 17 | Tel. 030 75 52 53 16

Nimm das, Montagabend!

INS ROLLEN KOMMEN

After-Work-Rollerskate-Disko – mehr muss doch gar nicht gesagt werden, um sofort ins SO 36 rennen und da mitmachen zu wollen. An jedem dritten Montag im Monat gibt es um 20.30 Uhr erst einen Tanzkurz auf Rollen und danach Disko. John Travolta sollte sich warm anziehen, denn jetzt kommen Sie!

➔ ROLLER SKATE DISKO IM SO 36

Kreuzberg | **www.so36.de** | **3. Mo im Monat ab 20 Uhr** | **Leihgebühr Rollschuhe 3 Euro pro Stunde** | **Oranienstr. 190** | **Tel. 030 61 40 13 06**

HUNGRIG NACH TANZ

Gerade erst das Wochenende durchgetanzt und schon wieder Bock? Die Alte Kantine in der Kulturbrauerei serviert montagabends die tanzbarste Musik aller Zeiten sowie ein INSIDER TIPP Buffet, das im Eintrittspreis von drei Euro enthalten ist. Irgendwoher müssen Partylöwen schließlich ihre Energie beziehen.

HUNGRY MONDAY IN DER ALTEN KANTINE

Prenzlauer Berg | www.alte-kantine.de | Mo ab 22 Uhr | Knaackstr. 97 | Tel. 030 44 34 19 52

TELL ME WHY I LIKE MONDAYS

Wer sich schon zum Start der Woche gern das Hirn kulturell massieren lassen möchte, ist bei »I Like Mondays« in der KunstHalle richtig: Montags ist nicht nur der Eintritt frei, sondern gibt es auch kostenfreie Kurzführungen durch den Nachfolger des »Deutsche Guggenheim«. Irgendwann reicht es dann aber mit der intellektuellen Infusion: Nach Torschluss um 20 Uhr ist noch Zeit für ein Feierabendbier.

I LIKE MONDAYS IN DER DEUTSCHEN BANK KUNSTHALLE

Mitte | www.deutsche-bank-kunsthalle.de | tgl. 10–20 Uhr | Unter den Linden 13–15 | Tel. 030 2 02 09 30

LESEN UND LESEN LASSEN

Diese Kurzgeschichte aus der unteren Schreibtischschublade benötigt dringend ein fundiertes Feedback? Oder Sie haben einfach Lust, sich von anderen etwas Unveröffentlichtes vorlesen zu lassen und selbst den Reich-Ranicki zu geben? Willkommen im Autorenforum! Wer selbst lesen möchte, meldet sich einfach am Abend beim Moderator. Kommen Sie früh, der Andrang ist groß.

AUTORENFORUM IN DER SCHWARTZSCHEN VILLA

Steglitz | www.autorenforum-berlin.de | Einlass 19.30, Beginn 20 Uhr | Grunewaldstr. 55

GROSSES KINO, KLEINER PREIS

Eigentlich wollten Sie nur einen entspannten Kinoabend verbringen. Aber der Preis, den Sie gerade für den Logenplatz in der 3-D-Überlängen-Version bezahlt haben, legt nahe, dass Sie stattdessen das ganze Kino erworben haben. Falls Ihnen das Gefühl bekannt vorkommt: In den Yorck-Kinos zahlt man am »Blauen Montag« nur sieben Euro. Zwölf Kinos und ein Freilufttheater im ganzen Stadtgebiet gehören zur Berliner Kinogruppe. Adressen, Programm, Details auf der Website:

BLAUER MONTAG IN DEN YORCK-KINOS

Verschiedene Stadtteile | www.yorck.de

TRESEN-TREFF

Feierabendbier, ham' wir uns verdient

GIN GIN EMPIRE

Unter der Woche darf es auch mal etwas entspannter zugehen (natürlich nicht zu verwechseln mit langweilig). Eine gute Adresse dafür ist der gemütliche Laden in Moabit, wo auch ungewöhnlichere Drinks wie der Gin Gin Mule gereicht werden (Dry Gin, Minze, Ingwer Tonic, Zucker und Limettensaft – sehr lecker!). Dazu gibt es Knabbereien und für bodenständigere Genießer Guinness vom Fass. Namensgeber George Remus war Schwarzhändler während der Prohibition und taucht als Charakter in der Fernsehserie »Boardwalk Empire« auf.

➔ GEORGE R.

Moabit | **www.george-r.de** | **tgl. ab 19 Uhr** | **Wilhelmshavener Str. 57** | **Tel. 030 52 66 69 33**

KATZENCONTENT

Fuchsbau, Haifischbar oder Goldfisch – gute Bars mit Tiernamen gibt es einige in der Stadt. Im Laden an der Weserstraße hat man sich schlicht für den Oberbegriff ›Tier‹ entschieden. Es könnte aber auch die Katze gemeint sein, die in einer Endlosschleife über den Schwarz-Weiß-Bildschirm über der Bar flimmert. Ein beruhigendes Szenario, bei dem man genüsslich bis in die Morgenstunden Cocktails schlürfen und den morgigen Arbeitstag verdrängen kann.

➔ TIER

Neukölln | **www.tier.bar** | **tgl. ab 19 Uhr** | **Weserstr. 42**

FÜR WEINPURISTEN

Hier ist alles naturbelassen – sowohl die unverputzten Ziegelwände als auch der Naturwein, den die Macher – ist ja Neukölln – als *naked wine* anpreisen. Dieser zeichnet sich dadurch aus, dass weder Schwefel zur Konservierung noch sonst etwas Unnatürliches zugesetzt wird. 50 Weinsorten sowie ein paar einfache Snacks stehen zur Auswahl. Das 0,1-l-Glas ist mit fünf bis sechs Euro zwar nicht günstig, aber dafür bekommen Sie einen in Vergessenheit geratenen, natürlichen Geschmack.

➔ JAJA

Neukölln | **www.jajaberlin.com** | **Di–Sa 18–1, So 18–22 Uhr** | **Weichselstr. 7** | **Tel. 030 52 66 69 11**

Kein Trick
sondern echt gut: die üblichen Cocktails im Keyser Soze

TRINKEN WIE DIE IREN

40 Whiskeysorten, frisch gezapftes Bier und dazu läuft Fußball – das klingt doch nach einem guten Angebot für den Abend, oder? Wer Hunger mitbringt, probiert sich durch irische Klassiker wie Shepherd's Pie (nicht verwandt mit Dr. Derek) oder Fish & Chips.

➔ IRISH HARP PUB

Charlottenburg | www.harp-pub.de | Mo–Do ab 16, Fr–So ab 12 Uhr | Giesebrechtstr. 15 | Tel. 030 22 32 87 35

WER IST HIER DER BOSS?

Ein Lichtblick in der sehr auf Touristen ausgerichteten Gegend um die Oranienburger Straße. An den angeschrammelten Holztischen werden gute Cocktails serviert. Wen noch ein Hüngerchen umtreibt, sucht sich deutsche Spezialitäten von einer überschaubaren Karte aus. Keyser Soze war übrigens der mysteriöse Gangsterboss in Bryan Singers Film »Die üblichen Verdächtigen«.

➔ KEYSER SOZE

Mitte | www.keyser-soze.de | tgl. ab 7.30 Uhr | Tucholskystr. 66 | Tel. 030 28 59 94 89

VOR ANKER

In Kreuzberg braucht man doch keinen Hafen, um eine Hafenbar zu betreiben. Das Vorhandensein von Wasser in Form des Landwehrkanals reicht völlig. Bei Hausmannskost und Frischgezapftem können Sie den Ausflugsdampfern hinterherschauen. Die Arbeit der Jukebox übernehmen abends regelmäßig DJs. Quentin Tarantino war während der Dreharbeiten von »Inglourious Basterds« Stammgast. INSIDER TIPP Donnerstags wird auf der winzigen Tanzfläche geschwoft.

ANKERKLAUSE

Kreuzberg | www.ankerklause.de | Mo ab 16, Di–So ab 10 Uhr | Kottbusser Damm 104 | Tel. 030 6935649

WEDDINGER SELBSTGEBRAUTES

Rustikale Gaststätte drinnen, gemütlicher Biergarten draußen. Das Bier kommt frisch gebraut, aber ungefiltert und damit ungewöhnlich trüb auf den Tisch. Dem Geschmack tut das keinen Abbruch, im Gegenteil. Sparfüchse bekommen die in Berlin wohl einmalige Erlaubnis, ihr INSIDER TIPP Essen selbst mitzubringen. Sogar ganze Picknickkörbe sind erlaubt. Teller und Besteck können Sie vorbestellen. Wer spontan Hunger bekommt, kann einen der leckeren Flammkuchen ordern.

HAUSBRAUEREI ESCHENBRÄU

Wedding | www.eschenbraeu.de | Mai–Mitte Sept. tgl. ab 15, sonst ab 17 Uhr | Triftstr. 67 | Tel. 0162 4931915

Oh, danke!

Wer kann diesem Bier, pardon, Lächeln, widerstehen?

TRIFF MICH IN DEN 70ERN

Je trister es draußen ist, desto anheimelnder empfindet man die Atmosphäre in der kleinen Bar mit 1970er-Jahre-Mobiliar. Bei günstigen Drinks kann man getrost den ganzen Feierabend vertrödeln und den einen oder anderen Cocktail probieren. Das Publikum ist jung und kommt nicht nur wegen der Preise hierher. Von Jazz bis Elektro wechselt die Musik häufig. Gut zu wissen: Hier ist Selbstbedienung angesagt.

JATZBAR

Gesundbrunnen | www.jatz-bar.de | tgl. ab 18 Uhr | Gottschedstr. 2 | Tel. 030 46 90 56 66

ZILLE MAG DESIGNERLAMPEN

Ein weiteres untrügliches Zeichen, dass der alte Wedding immer hipper wird. Die Zille-Bilder an den Wänden und manche Holzvertäfelung erinnern noch an frühere Zeiten als Eckkneipe. Die schicken Lampen sind aber eindeutig neueren Datums und einem schlauen Innenarchitekten zu verdanken. Das Bier kommt von der Weddinger Brauerei Eschenbräu. Eine gut sortiere Bar mit Hochprozentigem gibt es natürlich auch.

PRINZINGER

Gesundbrunnen | www.prinzinger-bar.de | tgl. ab 18 Uhr | Prinzenallee 72/73 | Tel. 0177 2 44 78 19

HOME SWEET HOME

Die selbst ernannte Nachbarschaftsbar bietet genau das: gemütliche Sofas, alte Holzdielen, entspanntes Publikum und eine große, internationale Bierauswahl aus Biernationen wie der Tschechei, den USA und Japan zu fairen Preisen. Noch beliebter als der Livemusik-Abend dienstags ist das INSIDER TIPP Pub-Quiz am Mittwoch (auf Deutsch und Englisch). Die Gewinner werden mit Alkohol belohnt; als Trostpreis gibt es schon mal einen Rentner-Kalender. Den wollen viele, also vorher unbedingt anmelden!

HOME BAR

Friedrichshain | www.homebarberlin.com | Mo–Sa ab 17 Uhr | Neue Bahnhofstr. 23 | Tel. 030 31 16 65 63

ECKKNEIPE, MITTE-STYLE

Klassische Eckkneipe, in der statt Rentner aus dem Kiez junge Kreative auf ein hauseigenes Pilsener oder einen Wein einkehren. Das dunkle Holzmobiliar sorgt für ein schummriges Ambiente. Kommen Sie in größerer Runde, ist der lange Tisch mit gemütlicher Holzbank in der Ecke etwas für Sie. Wer Hunger mitbringt, profitiert von der INSIDER TIPP sehr guten Küche u. a. mit vier günstigen Schnitzeln (mittags zwei zum Preis von einem) und den besten Buletten im Kiez.

BÖTZOW PRIVAT

Mitte | www.boetzow-privat.de | tgl. 12–1 Uhr | Linienstr. 113 | Tel. 030 28 09 53 90

DER WOLF UND DIE SCHWALBEN

Stilvoller versacken lässt es sich nirgends. Angesichts des mächtigen Holztresens, der Flaschen mit geheimnisvollen Etiketten in den Regalen dahinter und des Nachtschwalbenpublikums aus der Nachbarschaft rundherum wird auch der einsamste Wolf gesellig. Seit 1877 ist die Brennerei eine gute Adresse für Fruchtwein und Likör, aber auch Biere und Weine.

E. & M. LEYDICKE

Schöneberg | www.leydicke.com | tgl. ab 17.30 Uhr | Mansteinstr. 4 | Tel. 030 2 16 29 73

Couch? Nö!

Raus aus der Jogginghose!

FEIERABEND VORAUS!

Nach Feierabend noch ein bisschen Wind um die Nase gefällig? Jeden Mittwoch von 16.30 bis 19.30 Uhr gibt es After-Work-Segeln am Wannsee. Dafür muss man sich nicht anmelden und braucht nicht mal einen Segelschein – erfahrene Seemänner sind immer vor Ort. Wer auf den Geschmack kommt, kann in der Schule auch einen Kurs buchen.

SEGELSCHULE GROSSE FREIHEIT

Wannsee | www.segelschule-grosse-freiheit.de | Mi 16.30–19.30 Uhr | 13 Euro | Am Großen Wannsee

EINMAL HIN, ALLES DRIN

Kino? Club? Galerie? Café? Theater? Wer sich lieber spontan für eins davon entscheidet, steuert einfach das Acud an und wird immer fündig. Seinen alternativen Charme hat sich das 1990 als Kunstgalerie in Prenzlauer Berg gegründete Haus erhalten. 2016 liefen im Kino erstmals auch Filme im Rahmen der Berlinale.

ACUD KUNSTHAUS

Mitte | www.acud.de | Öffnungszeiten je nach Veranstaltung/Vorführung | Veteranenstr. 21 | Tel. 030 44 35 94 98

MUSEUM DES PUNK

Popkultur ist auch Kultur, lassen Sie sich nichts anderes einreden! Daher ist es völlig berechtigt, die liebevolle Fansammlung in den Hinterzimmern einer Bar Museum zu nennen und dessen Besuch als kulturellen Abend zu verbuchen: Gedacht wird den Ramones als Begründern des Punk. Zwischen Platten und Zeitungsausschnitten findet sich auch die Schrankwand von Joey Ramone. Danach gibt es vor Ort Belohnungsbier.

➔ RAMONES MUSEUM

Kreuzberg | www.ramonesmuseum.com | tgl. 10–22 Uhr | Eintritt 4,50 Euro | Oberbaumstr. 5 | Tel. 030 75 52 88 89

WELLNESS BIS MITTERNACHT

Nach diesem Tag sind Sie dringend auf eine balinesische Spa-Anwendung oder eine Aromaöl-Massage angewiesen? Zum Glück hat das Vabali bis Mitternacht geöffnet. Nur 500 Meter vom Hauptbahnhof entfernt liegt das Wellness-Resort, das es so sonst nur in Thailand oder Indonesien gibt. Die zweistündige Auszeit kostet 20,50 Euro; Anwendungen vorher buchen!

➔ VABALI SPA

Tiergarten | www.vabali.de | tgl. 9–24 Uhr | Seydlitzstr. 6 | Tel. 030 911 48 60

MUSIKER-NACHWUCHS

Wenn es nach der Arbeit dringend noch etwas Kultur sein darf: Musikstudenten geben mehrmals wöchentlich ihr Bestes und verlangen meist nicht einmal Eintritt dafür. Im historischen Marstall in der Nähe des Berliner Doms trägt die Gesangsklasse Werke von Bach vor; im Hauptgebäude am Gendarmenmarkt präsentiert sich die Violinklasse. Die Termine finden Sie im Internet oder in der Programmbroschüre, die in den Foyers der Hochschule ausliegt.

➔ HANNS-EISLER-MUSIKHOCHSCHULE

Mitte | www.hfm-berlin.de | Konzerte oft um 19 Uhr | Hauptgebäude: Charlottenstr. 55, Neuer Marstall: Schlossplatz 7 | Tel. 030 203 09 21 01

Who let the
dogs out?

FEIER-
ALARM!

GRUNDLAGE SCHAFFEN

Keine Party auf leeren Magen!

TATAR STATT BAR

Die am Spreeufer gelegene Bar 25 ist in Berlin legendär, nur leider mittlerweile geschlossen. Doch wer zu spät kommt, den bestraft an diesem Ort einmal nicht das Leben, sondern er bekommt Buttermilchsüppchen und Tatar serviert. Denn das Fame-Restaurant auf dem gleichen Gelände wird wie der nebenliegende Kater Blau von ehemaligen Bar-25-Machern betrieben. Die Karte ist klein und fein, und das Fame dank Lage wie Geschichte idealer Ausgangspunkt für lange Partynächte.

➔ **FAME KATERSCHMAUS**

Friedrichshain | fame.katerschmaus.de | Di–Sa 19–23 Uhr | Holzmarktstr. 25 | Tel. 0152 29 41 32 62

KLEIN UND GEGRILLT

Türkische Küche, die einmal nicht von einem Dönerstab gekratzt wird, sondern in diesem Restaurant an Mittes Touri-, aber damit eben auch Partystraße, etwa in kleinen Meze-Portionen serviert wird. Ebenfalls sehr beliebt: Grillen. Fisch und Lamm müssen dran glauben.

➔ **HASIR**

Mitte | tgl. 12–1 Uhr | Oranienburger Str. 4 | Tel. 030 28 04 16 16

GUTE SICHT AUF GUTES ESSEN

Wenn Sie es nicht darauf anlegen, heute noch zu tanzen, müssen Sie das Hochhaus am Anhalter Bahnhof an diesem Abend nicht mehr verlassen. Schließlich gibt es gehobenes, mediterranes Essen im 16. Stock und leckere Cocktails in der Bar eine Etage höher. Schon die Fahrt nach oben im verglasten Fahrstuhl an der Außenfassade ist ein Erlebnis. Schick anziehen nicht vergessen, es gibt einen Türsteher.

➔ **SOLAR**

€€€ | Kreuzberg | www.solarberlin.com | So–Do 18–2, Fr, Sa 18–3 Uhr | Stresemannstr. 76 | Tel. 0163 7 65 27 00

Elefanten-stark

Tierfrei in die Partynacht: Bei Emma Pea wird vegan gekocht

VEGAN UND KÖSTLICH

Nicht jede Partynacht muss mit a) edlem Essen oder b) Döner beginnen. Das beweist das vegane Bistro Emma Pea, das an der Partyzentrale RAW-Gelände auch spät am Abend noch Tagesgerichte wie Kichererbsencurry, Fenchelgratin sowie sehr gute Burritos serviert. Als Getränk, das kein Bier ist, empfiehlt sich die hausgemachte Limonade.

➔ EMMA PEA

Friedrichshain | www.emmapea.com | Di–Do 17–23, Fr, Sa 16–24, So 13–23 Uhr | Revaler Str. 99

ICH FIND DICH GAR NICHT SCHEISSE!

Dass hier einst Jessie von Tic Tac Toe einem Brot- bzw. Pizza-Brotjob nachging, gehört zu den absurden Anekdoten, die diesen eh schon charmanten Laden noch ein bisschen liebenswürdiger machen. Pizza und Pasta sind prima, der Andrang daher entsprechend groß, dafür der Weg zu den Clubs des RAW-Geländes kurz.

➔ TRATTORIA LIBAU

Friedrichshain | tgl. 16–24 Uhr | Libauer Str. 10 | Tel. 030 25 76 85 29

THE TIMES THEY ARE A-CHANGIN'

Erst war er out, dann in, dann super-in, dann wieder out – und jetzt gibt es in Prenzlauer Berg (bzw. vor seinen Toren) plötzlich wieder Clubs und damit Bedarf an Grundlage. Auf dem ehemaligen Brauereigelände, wo sich auch der Klub der Republik und Emils Biergarten angesiedelt haben, liegt die Pizzeria L'Antica Dogana: Sie serviert ihre Pizza im Sommer im verwunschenen Garten und im Winter im alten Zoll- oder Steuerhaus.

➔ PIZZERIA L'ANTICA DOGANA

Pankow | www.wbb-pankow.de, anticadogana.weebly.com | tgl. 17–22 Uhr (Jan./Feb. nur Mi–So) | Berliner Str. 80–82 | Tel. 030 47 37 63 72

SPANISCHE LIBANESEN

Kleine Preise, große Portionen: So gehört sich das, bevor man unter den Neuköllner Studenten-Hipstern ausgeht. Der libanesische Imbiss hat seinen Namen Al Andalos in Erinnerung an die arabisch geprägte Epoche Spaniens ausgewählt (weil er es kann!). Auf der Speisekarte stehen viele vegetarische Speisen wie Falafel. Fleischorientierte Stammkunden schwören auf das Schawarma.

➔ AL ANDALOS

Neukölln | tgl. 9–2, Fr, Sa bis 3 Uhr | Sonnenallee 40 | Tel. 0174 2 62 14 15

UNENTSCHIEDEN

In einem riesigen Backsteinbau direkt an der Spree – und damit in Fußentfernung zu gefühlt der Hälfte aller Berliner Clubs – breitet sich eine Restaurantlandschaft aus, die sich zwischen gehobener Gastronomie und Stammtisch noch nicht endgültig entschieden hat. Das gilt auch für die Karte, die sowohl Pizza als auch feine 3-Gänge-Menüs im Angebot hat. Schöne Kaminlounge für Raucher. Im Sommer sitzt es sich schön auf der INSIDER TIPP Strandterrasse direkt am Wasser.

➔ SAGE RESTAURANT

€€€ | Kreuzberg | www.sage-restaurant.de | Di–So ab 18, Strand u. Strandpavillon im Sommer tgl. ab 14 Uhr | Köpenicker Str. 18–20 | Tel. 030 7 55 49 40 71

HIPSCHICK AN DER WESER

In einer Straße, in der man so gut trinken und feiern kann wie in der Weserstraße, gibt es natürlich auch gutes Essen zum Auftakt. Das große Gastropub mit den gefliesten bzw. unverputzten Wänden hat sich sofort ins Herz der stylishen Neuköllner gekocht. Es gibt Oktopus und Steak Tatar, aber auch ein handfestes Club-Sandwich. Dazu sollten Sie sich unbedingt einen Cocktail gönnen – da weiß jemand, was er tut.

➔ BEUSTER BAR

Neukölln | www.beusterbar.com | tgl. ab 18 Uhr | Weserstr. 32 | Tel. 030 41 95 97 80

Start mit Stil

Nachtisch? Och nö, in der Beuster Bar schmeckt der erste Cocktail

VORGLÜHEN

Anlauf nehmen für die Nacht

GUT VERPACKTE AVANTGARDE

Von außen unscheinbar, doch erst mal ausgepackt ist es bunt und lecker: Die Bonbon Bar weiß schon, warum sie heißt, wie sie heißt. Der Tresen ist Art déco, der Rest der Einrichtung avantgardistisch, und die DJs, die hier auflegen, werden täglich ausgetauscht. Bei Bedarf gibt es Cocktailklassiker auch in der gepimpten Variante, etwa Whiskey sour mit Holunder.

➔ **BONBON BAR**

€€€ | Mitte | www.bonbonbar.de | tgl. ab 19 Uhr | Torstr. 133 | Tel. 030 24 62 87 18

Slàinte mhath

...heißt »Prost, mein Freund« auf Gälisch. Nach einem Bier im Brewdog klappt die Aussprache

IM CRAFT-BEER-HIMMEL

In einem schicken Mitte-Neubau haben sich die schottischen Craft-Beer-Gurus von BrewDog eine Berliner Niederlassung – ach, sagen wir doch gleich Flagship-Store, gegönnt. Der Laden ist so stylish, dass man sich schnödes Biertrinken fast nicht traut. Doch nach dem vierten der angebotenen 30 Craft-Beer-Sorten vom Fass wird das besser: »5 AM Saint«, »Mad Scientist« oder »Jet Black Heart« halten, was die Namen versprechen.

➔ **BREWDOG BERLIN MITTE**

Mitte | www.brewdog.com/bars | Mo–Do 12–24, Fr 12–2, Sa 10–2, So 10–24 Uhr | Ackerstr. 29 | Tel. 030 48477770

KALIFORNISCHE COOLNESS JWD

Mariendorf ist jetzt nicht unbedingt der *place to be* im Berliner Nachtleben. Aber was die Craft-Beer-Produzenten von Stone Brewing aus Kalifornien dort auf die Beine gestellt haben, ist definitiv den Abstecher wert: Brauerei, Bistro und Biergarten in einem, und das für 1200 Gäste auf dem Gelände eines alten Gaswerks. Zum Weiterfeiern Richtung Kreuzberg oder Neukölln bringt Sie dann die S-Bahn.

➔ **STONE BREWING**

Mariendorf | www.stonebrewing.eu | Mo–Do, Sa 12–24, Fr, So 10–24 Uhr | Im Marienpark 23 | Tel. 030 2123431 00

TRANSDISZIPLINÄR ZUM KLEINEN PREIS

Ursprünglich mal als Galerie gedacht (ah, daher der Name Guggenheim!), hat sich daraus mittlerweile eine Kneipe mit regelmäßigen Konzerten etabliert, was die Betreiber den Laden als »transdisziplinäre Plattform« bezeichnen lässt. Wovon Sie sich in keinem Fall abschrecken lassen sollten. Alles wunderbar gechillt hier, und der Gin Tonic kostet auch nur 2,80 Euro. Fun Fact: Der Käseladen ein paar Häuser weiter (Weichselstr. 65, www.peppikaese.de) gehört auch zum Team Peppi.

➔ **PEPPI GUGGENHEIM**

Neukölln | www.peppi-guggenheim.de | tgl. ab 18 Uhr | Weichselstr. 7 | Tel. 030 62724310

HOLY SHIT, IT'S STILVOLL

Im Kollwitzkiez hat der Barbesuch stilvoll zu sein, ist ja klar. Es werden aufgeboten: schummriges Ambiente mit Lichtakzenten, kostenlos dazu serviertes, speziell gefiltertes und mit Sauerstoff angereichertes Wasser und abenteuerliche, stets wechselnde Drinks, die aber verlässlich erklärungsbedürftige Namen tragen. Oder wüssten Sie auf Anhieb, was man etwa unter »Holy Shit ... Vontaze Burfict is back!« zu erwarten hat? (Spoiler: Gin, Tomaten- und Grapefruitsaft, hausgemachte BBQ-Sauce, Sternanis u. a.). Falls Sie auf den Geschmack kommen: **INSIDER TIPP** In Workshops wird das Cocktailwissen weitervermittelt.

➔ **BRYK BAR**

€€€ | Prenzlauer Berg | www.bryk-bar.com | tgl. ab 19 Uhr | Rykestr. 18 | Tel. 030 38100165

MULTI-KULTI-EUROPALETTEN

Wussten Sie schon, dass Longdrinks viel besser schmecken, wenn man sie unter chinesischen Lampions schlürft? Die Einrichtung folgt der typischen Berliner Mischung aus alt, selbst gebaut (Europaletten!) und durchgestylt. Die große Bierauswahl beinhaltet auch manche polnische Spezialität sowie »SchabrackentaBier« – ein Berliner Pale Ale. Die INSIDER TIPP regelmäßigen Livekonzerte werden auf Facebook angekündigt.

➔ OH! CALCUTTA

Gesundbrunnen | www.ohcalcutta-berlin.de | Di–Sa ab 20 Uhr | Koloniestr. 9 | Tel. 030 20 88 98 56

COCKTAIL-FANS, DIE AUF AFFEN SCHAUEN

Rundum deckenhoch verglast, blickt man von der elften Etage des 25hours-Hotels fast über die ganze Stadt – und auf den Affenfelsen des Zoologischen Gartens. Während die Paviane dort ihre Kreise ziehen, trinken Sie sich durch die Cocktailkarte mit den Schwerpunkten Gin und Rum. Perfekt für den Zwischenstopp nach dem Shopping im Bikini-Haus und vor der Freitagnacht.

➔ MONKEY BAR

€€€ | Charlottenburg | www.25hours-hotels.com | tgl. 12–2 Uhr | Budapester Str. 40 | Tel. 030 1 20 22 12 10

HIER KLINGELN FÜR EINEN HOOKER

Noch so eine Bar, die sich das Getue gönnt, nur diejenigen einzulassen, die vorher klingeln. Als wären in der Pappelallee abends noch Leute unterwegs, die sich in einer schicken Bar nicht zu benehmen wüssten. Aber wenn Sie darüber hinwegzusehen bereit sind, erwarten Sie hier verlässlich gute Drinks. Nicht ganz billig, dafür von erfahrenen Mixern gefertigt. Nur über die Namen der Getränke (»Hooker«?!) müsste man mal sprechen.

➔ BECKETTS KOPF

Prenzlauer Berg | www.becketts-kopf.de | tgl. ab 19 Uhr | Pappelallee 64 | Tel. 030 44 03 58 80

SOZIALISTISCHER SCHICK

Im ehemaligen Büro der tschechischen Fluggesellschaft ČSA lässt es sich im 50er-Jahre-Design gut trinken und mit Gin Fizz in der Hand auf die ebenso schön gestaltete Karl-Marx-Allee schauen. Wie in den meisten Berliner Bars darf auch hier geraucht werden (nur bitte keine Zigarren!). Weiterer Pluspunkt: Bis zum Berghain ist's nicht weit.

➔ ČSA

Friedrichshain | www.csa-bar.de | Mo–Do 19–1, Fr, Sa 19–3 Uhr | Karl-Marx-Allee 96 | Tel. 030 29 04 47 41

CLUB-HOPPING

Lass sie raus, die Dancing Queen

TECHNO-TUNNEL

Der Name Tresor ist noch übrig geblieben aus Zeiten, als der Club tatsächlich im alten Tresorraum des Wertheim-Kaufhauses am Potsdamer Platz eröffnete. 1991 war das, und natürlich konnte das auf die Dauer so nicht bleiben. An neuem Ort im ehemaligen Heizkraftwerk herrscht immer noch Industriecharme. Zum Dancefloor im Keller führt ein 30 m langer Tunnel. Die Musik legen internationale Techno-DJs auf.

➔ **TRESOR**

Mitte | www.tresorberlin.de | Mo, Mi–Sa ab 24 Uhr | Köpenicker Str. 70 | Tel. 030 69 53 77 20

INDIE-WOHNZIMMER

Die selbst ernannte Rock-Indie-Elektro-Pop-Wohnzimmercouch bietet regelmäßig Konzerte. Indie-Fans sind mit der Karrera-Klub-Partyreihe, die mehrmals im Monat im Lido gastiert, auf der richtigen Seite. Wer noch dringend Räume für eine Privatparty sucht, mietet den INSIDER TIPP Partykeller mit dem charmanten Namen Lidolino.

➔ **LIDO**

Kreuzberg | www.lido-berlin.de | Partys ab 23 Uhr | Cuvrystr. 7 | Tel. 030 69 56 68 40

Guten Flug

Von der Airline, die hier mal ihr Büro hatte, blieb der Name: ČSA

EIN QUADRATMETER REICHT

Für die einen ist es eine alte Telefonzelle, für die anderen die kleinste Disko der Welt! Wer zwei Euro einwirft, kann Musik, Diskokugel und Nebelmaschine in Gang setzen und auf einem Quadratmeter abtanzen. Zwei Telediskos stehen fest im Kater Blau (nur zu den Öffnungszeiten des Clubs in Betrieb) sowie auf dem RAW-Gelände (immer geöffnet). INSIDER TIPP Eine dritte kann man mieten.

TELEDISKO

Friedrichshain | www.teledisko.com | Kater Blau: Holzmarkstr. 25 | RAW-Gelände: Revaler Str. 99 | Tel. 030 20848343

EINST ILLEGAL

Das heruntergekommene Gebäude direkt am S-Bahnhof Ostkreuz sieht nicht so aus, als beherberge es einen angesagten Club. Aber dieser wurde halt lange illegal betrieben, und die Geschichte verpflichtet. Die elektronischen Nächte sind lang. Problematischer als die abgerockte Umgebung ist es aber, es erst einmal hineinzuschaffen – die Türpolitik ist übertrieben strikt.

://ABOUT BLANK

Friedrichshain | www.aboutparty.net | je nach Veranstaltung Mi–So ab 24 Uhr | Markgrafendamm 24c

BITTE KLOPFEN

Eine Kunst-Bar im dritten Hinterhof, die ausschließlich am Wochenende geöffnet hat und nur denen Zutritt gewährt, die zu klopfen wagen? Noch ein Beweis, dass sogar der Gesundbrunnen mittlerweile hip wird! Drinks und Musik: sehr gut. Das ist man der Tanzikone der 1920er, Anita Berber, die ihren Namen dafür hergibt, aber auch schuldig. Huldigen Sie ihr und bewegen Sie Ihren Hintern!

ANITA BERBER

Gesundbrunnen | www.facebook.com/Anita-Berber-105564142987901 | Fr, Sa 23–8 Uhr | Pankstr. 17 | Tel. 01511 1578769

Engtanz mal anders: Teledisko – die kleinste Disko der Welt

UNTER UNS

Fans schlechter Wortspiele würden sagen: In dem in einem alten Postamt beheimateten Club geht die Post ab! Tut sie auch, allerdings so entspannt, wie es bei der Post zu Behördenzeiten zuging. Schließlich heißt der Privatclub Privatclub, weil er klein, gemütlich und übersichtlich ist. Neben den Partys (viel Indie, Rock, Latin) lohnt sich ein Konzertbesuch bei Wohnzimmer-Atmosphäre.

➔ **PRIVATCLUB**

Kreuzberg | www.privatclub-berlin.de | wechselndes Programm s. Website | Skalitzer Str. 85–86 | Tel. 030 61 67 59 62

ALLES LEGENDÄR

Der Berliner Klassiker im stillgelegten Heizkraftwerk mit legendärem Türsteher (Sven Marquard), legendären Öffnungszeiten (Party sonntagnachmittags um halb vier, anyone?), legendär ekstatischen Besuchern und legendär großen Erwartungen aller, die noch zum allerersten Mal herkommen können. Mittlerweile auch in den USA bekannt, seitdem Claire Danes bei Ellen DeGeneres von ihrem Besuch zur Fetischwoche (»Alle waren nackt! Und es gab Eiscreme!«) berichtete. Dabei gilt doch eigentlich »What happens in Berghain, stays in Berghain«.

➔ **BERGHAIN**

Friedrichshain | www.berghain.de | Clubnächte: Fr, Sa ab 24 (bis Mo 8–10 Uhr), Konzerte: Mi, Do ab 21 Uhr | Am Wriezener Bahnhof | Tel. 030 29 36 02 10

KEIN KLAVIERKONZERT

Dass in der alten Beckstein-Klavierfabrik mal House- und Elektro-Abende starten würden, haben sich deren Erbauer wohl auch nicht träumen lassen. Wer lieber Adele und Whitney Houston hört, geht zu INSIDER TIPP »I love Engtanz« (einmal im Monat), der vielleicht kitschigsten Partyreihe der Stadt, nur echt mit Herzluftballons und »Dreams Are My Reality«-Geschunkel. Nicht wundern, dass der Bartresen auf Kniehöhe endet – das gehört so. Sie ordern natürlich den Hausdrink »Prince Charles« mit Wodka, Cointreau, Zitrone, Kardamom, Earl Grey und Espuma.

➔ **PRINZ CHARLES**

Kreuzberg | www.princecharlesberlin.com | Do–Sa ab 23 Uhr | Prinzenstr. 85f

PARTY MIT U-BAHN-ANSCHLUSS

Im ehemaligen, damals Punks und Schwarzkluftträgern vorbehaltenen Kato direkt im U-Bahnhof Schlesisches Tor wird die Partynacht normalerweise mit einem Konzert eröffnet. Ab Mitternacht folgt Tanz, u. a. zu Elektro und Indietronics. Kommen Sie ruhig früh, denn der Laden ist klein und daher schnell voll.

➔ **BI NUU**

Kreuzberg | www.bi-nuu.de | veranstaltungsabhängig, Termine s. Website, Konzerte ab 20 Uhr | im U-Bahnhof Schlesisches Tor | Tel. 030 61 65 44 55

FÜR MEHR TANZ VOR 24 UHR!

Endlich mal ein Laden, in dem schon vor Mitternacht ein Fuß auf die Tanzfläche gesetzt wird! Man wird ja auch nicht jünger. Gegeben wird im wöchentlichen Wechsel immer freitags Soul, Funk oder Rock. Der Samstag ist Elektrosounds vorbehalten. Das Publikum ist entsprechend nicht megajung, aber sehr entspannt. Lustige Lage schräg hinterm Alexa.

➔ BEATE UWE

Kreuzberg | www.beate-uwe.de | veranstaltungsabhängig, meist ab 23 Uhr | Schillingstr. 31 | Tel. 030 08 15 08 15

BASTA PASTA

Ein Club wie früher, auf einem alten Industrieareal (genauer: einer Nudelfabrik) mit großem Außengelände direkt am Neuköllner Schifffahrtskanal. Die Türpolitik ist so moderat wie die Preise; die Wochenendparty läuft von Freitagabend durch bis Sonntagnacht und verspricht Techno, House und Elektro.

➔ GRIESSMÜHLE

Neukölln | www.griessmuehle.de | Fr 22 Uhr bis Montagfrüh | Sonnenallee 221 | Tel. 030 95 60 63 59

DA STAND EIN PFERD AUF DEM DANCEFLOOR

Ernsthaft? Dieses wunderschöne Kreuzgewölbe mit seinen filigranen Säulchen waren einst die Stallungen des preußischen 1. Garde-Dragoner-Regiments? Die Pferde hatten es gut. Heute profitieren Freunde von Dub, Elektro und Drum 'n' Bass vom architektonischen Feingefühl preußischer Tierfreunde. Ideal, um aufgestauten Stress beim Tanzen abzubauen. Das sehr gemischte Publikum ist unaufgeregt, Tendenz jünger und international.

➔ GRETCHEN

Kreuzberg | www.gretchen-club.de | Fr, Sa ab 23.30 Uhr (vorher meist Konzerte) | Obentrautstr. 19–21 | Tel. 030 25 92 27 02

DES KAISERS NEUE KLEIDER

Erst Steuerhaus der Königlichen Wasserinspektion, dann Heinz Minki, heute von den Bar25-Mitbetreibern Danny Faber und Sese Baier als Chalet betrieben – typisch Berlin also. Musikalisch sind House und Elektro im Angebot. Die Inneneinrichtung wagt mit Sofas und Stehlampen etwas Gemütlicheres als sonst üblich. Im Sommer sitzen Sie schon ab 16 Uhr auf der Terrasse und verlaufen sich abends im verwunschenen Märchengarten des Außenbereichs.

➔ CHALET

Kreuzberg | www.chalet-berlin.de | Di u. Do–So ab 24 Uhr | Vor dem Schlesischen Tor 3 | Tel. 030 69 53 62 90

DER LANGLEBIGE

Das Duncker ist *hardcore,* und das liegt auch, aber nicht nur am »Dark Monday«, der jeden Montag Gothic- und Dark-Wave-Fans in den roten Backsteinbau an der S-Bahnbrücke lockt. Schließlich gibt es den Club schon seit über 30 Jahren in Prenzlauer Berg – »I survived Clubsterben«, könnte man sagen. An anderen Tagen laufen Indie und Alternative und am Donnerstag ab 21 Uhr die **INSIDER TIPP** »Gnadenlos-kostenlos-Konzerte« (bei dem Namen erraten Sie das Konzept sicher schnell selbst).

➔ DUNCKER

Prenzlauer Berg | www.dunckerclub.de | Mo ab 22, Do ab 21, Fr, Sa ab 23 Uhr | Dunckerstr. 34 | Tel. 030 445 95 09

Time Warp im Bassy Cowboy Club – Musik nach 1969 muss draußen bleiben

ERSTER!

Im Osten der Volkspark Humboldthain, im Süden ein Aldi, westlich die Panke, im Norden ein Möbelmarkt und auch sonst keine Coolness in Sicht? Wie Berliner sagen: Super Location, um einen Club aufzumachen! Hier gastieren regelmäßig Live-Acts und DJs aus den Bereichen Elektro, House, Techno, Acid, Deep und IDM. Im Sommer öffnet der dazugehörige INSIDER TIPP Biergarten bereits ab 16 Uhr.

➔ **HUMBOLDTHAIN CLUB**

Gesundbrunnen | www.humboldthain.com | Di ab 20, Fr, Sa ab 24 Uhr | Hochstr. 46 | Tel. 030 46 90 53 65

BACK IN THE SUMMER OF '69

Dieser Club macht eine klare Ansage, und die lautet »Good music – strictly before 1969«. Das bedeutet alles von Swing, Blues, Country, Rockabilly und Surf bis Garage – Hauptsache Sixties. Bevor DJs Jive, Boogie-Woogie oder Twist auflegen, spielen meist internationale Livebands.

➔ **BASSY COWBOY CLUB**

Prenzlauer Berg | www.bassy-club.de | Mo, Mi, Fr, Sa ab 21 Uhr | Schönhauser Allee 176 a | Tel. 030 3744 80 20

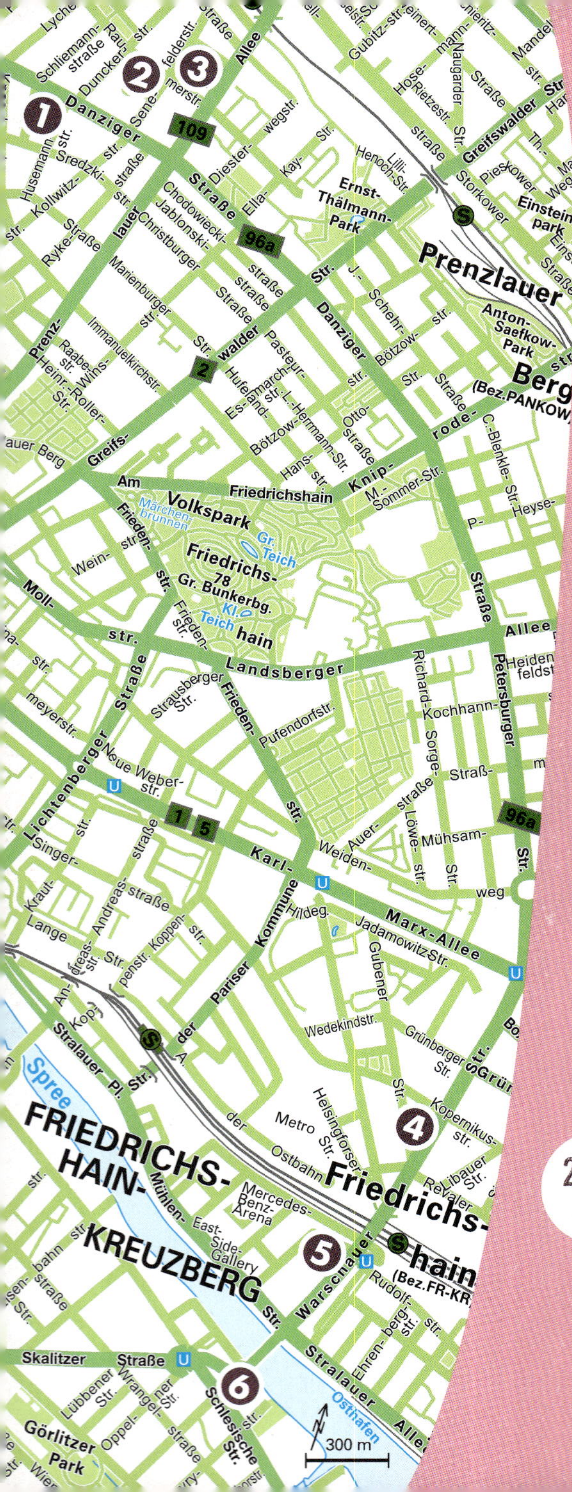

Ihre Füße in den tollen, neuen Peeptoes müssen bis morgen früh durchhalten. Ein bisschen Wellness haben sie sich also vorher verdient. Das übernehmen in diesem Laden kleine Fische, die tote Hautzellen von den Füßen knabbern. Dabei sitzen Sie alle nebeneinander und können sich schon mal auf Touren quatschen.

1 FUSSFETIFISCH

Prenzlauer Berg | www.fussfetifisch.de | Di–Sa 12–20 Uhr, Anmeldung erforderlich | ab 12 Euro/20 Min. | Danziger Str. 26 | Tel. 030 54 59 89 57

18.30 UHR

Hunger? Hunger! Zum Glück liegt das bezaubernde, auf japanische Bento-Boxen spezialisierte Restaurant gleich um die Ecke. Markus Suvit-Schinke führt ihn als Kellner und Koch im Alleingang. Gemütlich, sympathisch, lecker – und beliebt. Aber Sie haben natürlich vorausschauend reserviert.

3 GO BENTO

Prenzlauer Berg | www.facebook.com/gobentoberlin | Mi–So 18.30–22.30 Uhr | Stubbenkammer Str. 5 | Tel. 0172 3 65 22 69

20.30 UHR

Mädels-tour

Mit Prosecco und Stilettos durch die Nacht

19.10 UHR

Die Fische sind satt und Sie bereit für ein erstes Getränk. Dafür müssen Sie nur über die Danziger zur Prenzlauer Berger Cocktail-Institution am Göhrener Ei. Um unter 300 Varianten eine möglichst große Auswahl probieren zu können, ordern Sie alle INSIDER TIPP »Taste Three« – drei Mini-Cocktails für 10,50 Euro.

2 X-BAR

Prenzlauer Berg | www.cocktailxbar.de | tgl. ab 18 Uhr | Raumerstr. 17a | Tel. 030 40504505

22.05 UHR

Höchste Zeit, die Party zu verlagern, und zwar Richtung Friedrichshain. Also rein in die Partytram M 10 bis zur Revaler Straße und zur ersten Akklimatisation in Fitcher's Vogel. Der bietet entspannte Ramschigkeit, günstige Preise und Szenevolk. Sie nehmen eine Runde hausgemachte Himbeer-Bowle (4,50 Euro).

4 FITCHER'S VOGEL

Friedrichshain | www.fitchersvogel.com | tgl. ab 18 Uhr | Warschauer Str. 26 | Tel. 0151 62857697

23.10 UHR

Nur ein Stück die Straße runter wartet Ihre vorreservierte Karaoke-Kabine auf Sie. You've had the time of your life? Lassen Sie es raus! Nichts entspannt mehr und schweißt stärker zusammen, als gemeinsam Whitney Houston und Take That abzufeiern.

5 MONSTER RONSON'S ICHIBAN KARAOKE

Friedrichshain | tgl. ab 19 Uhr | www.karaokemonster.de | Warschauer Str. 34 | Tel. 030 89751327

00.30 UHR

Ihr Tanzbedürfnis muss dringend raus aus der Kabine und auf den Dancefloor. Zum Glück ist es nun nicht mehr weit bis ins Musik und Frieden, dem freundlichen Nachfolger des altehrwürdigen Magnet. Nur einmal über die Spree, und die Party – wahlweise mit Indie-Rock, Hip-Hop und Elektro – kann endgültig beginnen.

6 MUSIK UND FRIEDEN

Kreuzberg | www.musikundfrieden.de | So–Do je nach Veranstaltung, Fr, Sa 23–7 Uhr | Falckensteinstr. 48 | Tel. 030 23919994

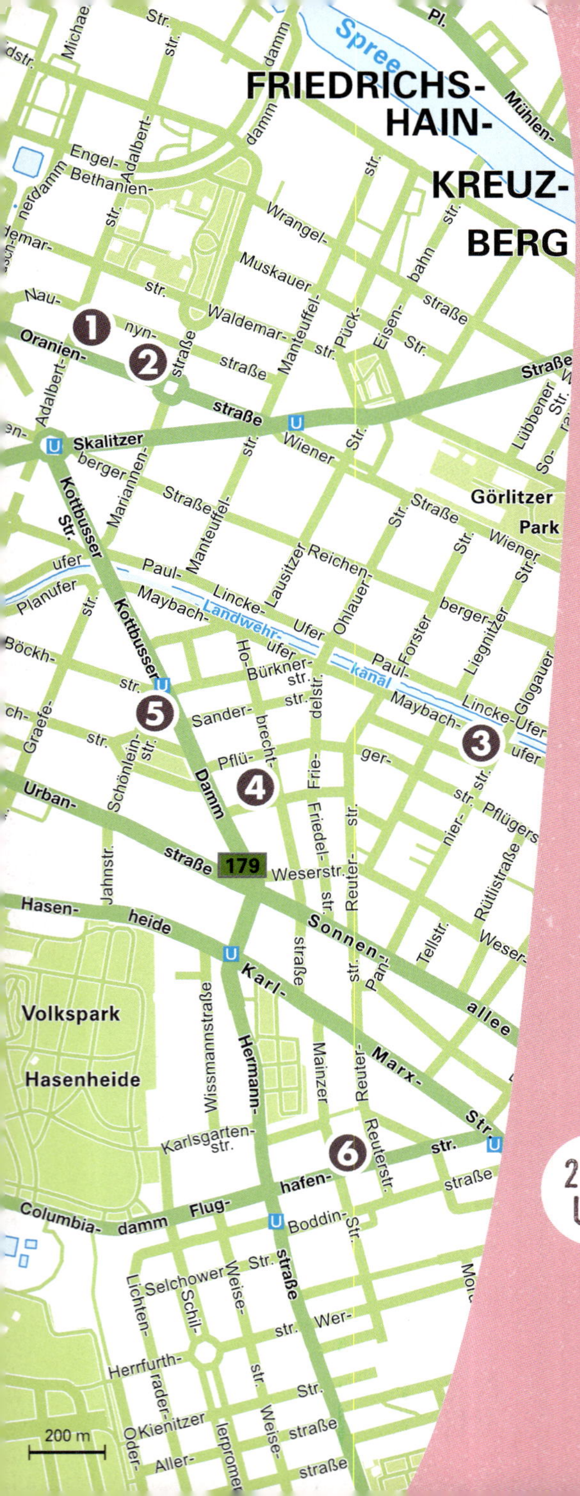

Ja, da steht ›Das Tor zur Hölle‹ über dem Eingang, aber Sie reißen sich jetzt mal zusammen und gehen rein. Schließlich wollen Sie Berliner Spelunken erkunden. Da bekommen Sie auch Spelunken. Die Einrichtung ist so düster wie die Gäste, dazu läuft Punk. Sie trinken Kreuzberger für zwei Euro und flippern eine Runde.

❶ TRINKTEUFEL

Kreuzberg | www.trinkteufel.de | Mo–Do 13–4 Uhr, Fr–So durchgehend | Naunynstr. 60 | Tel. 030 6 14 71 28

19.30 UHR

Höchste Zeit für ein bisschen frische Luft und Musikstilwechsel. Nach 20 Minuten Sauerstoffpause am Kanal entlang erreichen Sie ein richtig schön kaschemmiges Irish Pub – nur echt mit grün gestrichenen Wänden und Dartscheibe. Gegen den Hunger bzw. das Bier helfen nun Spare Ribs oder Fish & Chips.

❸ DUNMORE CAVE

Neukölln | www.dunmore-cave.de | Di–So ab 17 Uhr | Maybachufer 44 | Tel. 030 6 24 12 41

21.40 UHR

Betrunken in Spelunken

Dunkle Theken statt Diskotheken

Für Ihren nächsten Stopp müssen Sie nur einmal um die Ecke gehen. Zum Glück sind Ihre Ohren jetzt schon an Punk und Heavy Metal und Ihre Augen an Schummrigkeit gewöhnt. Nur dass die Bedienung so nett ist, passt nicht ins Bild. Sie gönnen sich neben einem Bier den ersten Schnaps – die Auswahl ist schließlich nicht umsonst so groß.

2 FRANKEN BAR

Kreuzberg | www.franken-bar.de | tgl. ab 20 Uhr | Oranienstr. 19 a | Tel. 030 6 14 10 81

20.20 UHR

Flipper und Darts hatten wir. Fehlt noch Billard. Zwei Tische stehen im Hinterzimmer der Lenau-Stuben, zu denen es nur zehn Minuten über die Pflügerstraße sind. Hier wird seit fast 100 Jahren getrunken, und manche der Stammgäste an der Theke scheinen seit dem allerersten Tag dabei zu sein. Ein Schultheiss, bitte!

4 LENAU-STUBEN

Neukölln | Di–Do ab 16, Fr–So ab 14 Uhr | Hobrechtstr. 62 | Tel. 030 6 93 48 54

23.05 UHR

Jetzt sind Sie offiziell bereit für einen Futschi im Schlawi, wie die Stammkunden die Kneipe mit der überbordenden Wanddekoration nennen. Beruhigen Sie sich: Da hängen wirklich all diese Wanduhren, Sie sehen noch nicht doppelt. Zwei weitere Futschi (Cola/Weinbrand) und einen Pfeffi später sieht das aber eventuell anders aus.

5 BEI SCHLAWINCHEN

Neukölln | durchgehend geöffnet | Schönleinstr. 34 | Tel. 030 6 93 20 15

00.15 UHR

20 Minuten Fußmarsch, letzter Stopp: Sterni für 1,50 Euro aus der Flasche und der ultimative Test, ob Sie noch mit kleinen Kellen noch kleinere Tischtennisbälle treffen. Falls Sie jetzt noch Wert darauf legen: Longdrinks gibt es in der Standard-Variante (»Trude«) oder als fair und bio (»Goldammer«). Frohes Versacken!

6 TRUDE RUTH & GOLDAMMER

Neukölln | www.ruthgoldammer.de | So–Do 18–3, Fr, Sa 18–5 Uhr | Flughafenstr. 38 | Tel. 030 9 83 26 90

01.35 UHR

Beats, Bass, Besser

Hier gibt's was auf die Ohren

Die Zeiten, als sich in der Kleinen Weltlaterne die West-Berliner Künstlerszene traf, sind schon eine Weile her. Aber das Flair ist in der urig-trutschigen Einrichtung erhalten geblieben. Sie ordern ein erstes Bier und warten, dass um 20.30 Uhr die Livemusik einsetzt – mal Swing, mal Blues, mal Rock.

1 DIE KLEINE WELTLATERNE

Wilmersdorf | www.diekleineweltlaterne.de | Di–Sa ab 20 Uhr | Nestorstr. 22 | Tel. 030 8 92 65 85

20.00 UHR

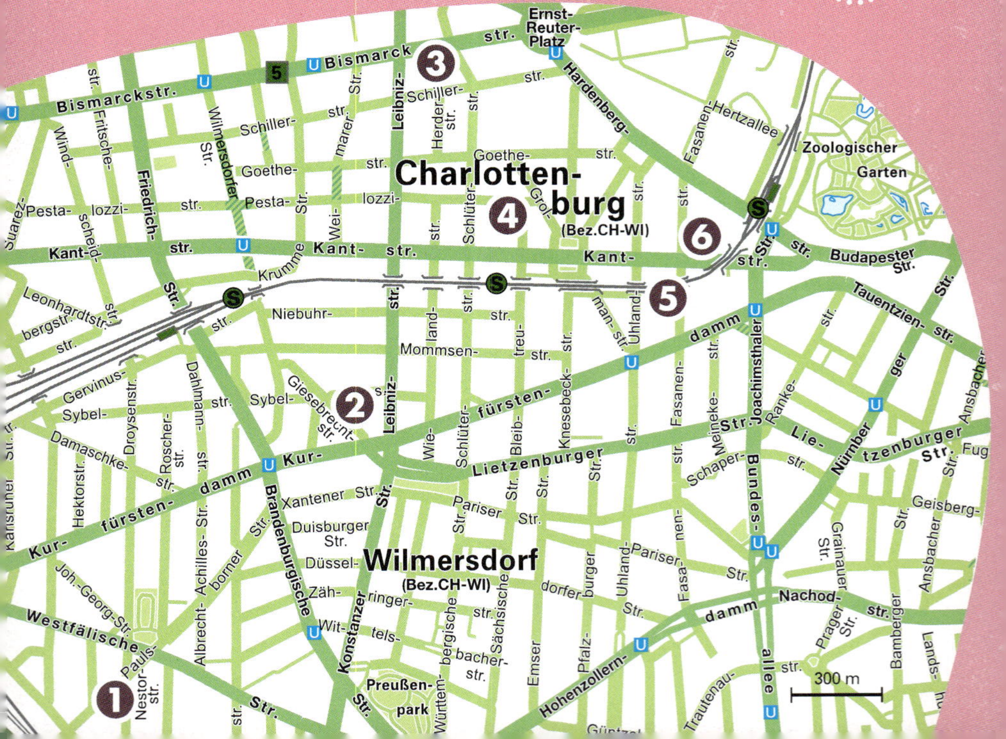

Über die Paulsborner Straße geht es zu einer weiteren West-Berliner Institution. Das Harp Pub in einer ruhigen Nebenstraße des Kudamms ist vor ein paar Jahren liebevoll saniert worden. Die Livemusik hat schon um 21 Uhr begonnen; Sie brauchen jetzt nur noch ein Black Velvet (Guinness mit Cider) dazu.

2 IRISH HARP PUB

Charlottenburg | www.harp-pub.de | Mo–Do ab 16, Fr–So ab 12 Uhr | Giesebrechtstr. 15 | Tel. 030 22 32 87 35

21.15 UHR

Wie wäre es mit ein bisschen Bewegung, also im Sinne von Diskofox? Auf ins legendäre Tanzcafé! Es laufen Schlager und Classics; Sie schwofen dazu und plaudern ein wenig ins Tischtelefon. Der Eintritt ist frei, allerdings sind die Getränkepreise gesalzen. Aber Sie wollen ja auch nicht ewig bleiben.

3 CAFÉ KEESE

Charlottenburg | www.cafekeese.de | Mo, Do, So 15–19, Di ab 19, Mi, Fr, Sa ab 19.30 Uhr | Bismarckstr. 108 | Tel. 030 312 91 11

22.25 UHR

Am Schiller-Theater vorbei ist es nur ein Katzensprung bis in A Trane – ein kleiner, sympathischer Jazzclub, in dem auch schon Till Brönner spielte. In der Nacht von Samstag auf Sonntag, Punkt Mitternacht, beginnt hier die Late Night Jam Session (Eintritt frei). Plätze reservieren kann man nicht, aber Sie sind ja pünktlich.

4 A TRANE

Charlottenburg | www.a-trane.de | So–Do 20–1, Fr, Sa ab 20 Uhr bis open end | Bleibtreustr. 1 | Tel. 030 313 25 50

24.00 UHR

Wer hätte gedacht, dass Musik so hungrig macht? Sie schon, daher der Plan mit dem Burgerladen. Frisches Fleisch, selbst gemachte Buns und Saucen, dazu super knusprige Twister Fries. Die holzverkleidete Hütte ist nicht die größte, aber im Sommer kann man gut davor sitzen, und Sie wollen ja eh noch weiter.

5 BURGER NOW

Charlottenburg | www.burgernow.berlin | Mo–Mi 11–1, Do 11–4, Fr 11–6, Sa 13–6, So 13–1 Uhr | Fasanenstr. 14 | Tel. 030 34 06 28 87

1.20 UHR

Einfach noch ein bisschen zu Funk, Disko oder Rock tanzen klingt gut, oder? Nur einmal die Kantstraße queren, schon stehen Sie im Quasimodo. Für eins der tollen Jazzkonzerte oder das gute Essen im Restaurant müssen Sie ein anderes Mal und früher wiederkommen. Aber noch ein wenig auspowern, das geht jetzt noch bestens.

6 QUASIMODO

Charlottenburg | www.quasimodo.de | Club bei Veranstaltungen ab 20 Uhr | Kantstr. 12 a | Tel. 030 31 80 45 60

1.55 UHR

Er ist wieder da…

der Klub der Republik, vom Friedhof der Berliner Clubs zurückgekehrt

HILTONS KELLER

Früher hieß der Laden Asphalt und soll zu Madonnas Lieblingsclubs gehört haben. Heute gehen alle, die gerne im säulenbestandenen Keller des Hilton-Hotels am Gendarmenmarkt feiern und dementsprechend hohe Ansprüche haben, ins Bricks. Einmal pro Woche gibt es INSIDER TIPP Livekonzerte.

➔ **BRICKS**

Mitte | www.bricks-berlin.club | Do–Sa 23–7 Uhr | Mohrenstr. 30 | Tel. 0174 2 82 80 00

BACK FOR GOOD

Als der Klub 2012 in der Pappelallee einem Neubau weichen musste, war der Höhepunkt des Berliner Clubsterbens erreicht. »Erst wenn die letzte Eigentumswohnung gebaut, der letzte Klub abgerissen, der letzte Freiraum zerstört ist, werdet Ihr feststellen, dass der Prenzlauer Berg die Kleinstadt geworden ist, aus der Ihr mal geflohen seid« – vielleicht erinnern Sie sich noch an das legendäre Plakat. Nun ist in einem alten Trafohäuschen auf dem Gelände der Willner-Brauerei die Wiederauferstehung gelungen. Für Fans von Elvis bis Elektronisch.

➔ **KLUB DER REPUBLIK**

Pankow | www.facebook.com/klub.derrepublik | Mi–Sa ab 20 Uhr | Berliner Str. 80–82

VERSACKEN

Einer geht noch!

TRINKEN UNTER LABORBEDINGUNGEN

Seine Bar nach einer tödlichen Chemikalie zu benennen – kann man machen. Dann muss man das Absurde aber auch durchziehen, die Wände gelb streichen, Cocktails in Messbechern oder in den Aggregatzuständen Schaum oder Kügelchen servieren und das Gesamtkunstwerk ›Institut für Unterhaltungschemie‹ nennen. Genau das ist hier geschehen. Völlig logisch, dass Liköre und Absinth hausgemacht sind. Für einen langen Abend unter verrückten Professoren.

➔ **ZYANKALI BAR**

Kreuzberg | www.zyankali.de | tgl. ab 16 Uhr | Gneisenaustr. 17 | Tel. 030 68 83 01 70

GEHE NICHT!

Eine Party in einer Villa, die aus mysteriösen Gründen niemand verlässt. Für die Erfinder des Würgeengels offenbar eine Idealvorstellung, sonst hätten sie ihre Bar nicht nach dem mexikanischen Spielfilm von 1962 mit ebenjener Handlung benannt. Tatsächlich gibt es wenig Gründe, nicht in der Kreuzberger Institution hängen zu bleiben: Das Licht ist schummrig, die Cocktails gut sowie die Auswahl sehr groß, und gegen Hunger helfen Tapas und Tagesgerichte.

➔ **WÜRGEENGEL**

Kreuzberg | www.wuergeengel.de | tgl. ab 19 Uhr | Dresdener Str. 122 | Tel. 030 6 15 55 60

NO SHIT

An der Boxhagener Straße ein gutes Getränk zu sich nehmen zu wollen, ist gar nicht so einfach, wenn man nicht gerade ein Junggesellinnenabschied ohne Anspruch ist. Aber zum Glück gibt es die Booze Bar (»No Shisha, no Happy Hour, no shit!«). Entspannte Atmosphäre, ein Kicker und tolle, immer wieder neu kreierte Drinks.

➔ **BOOZE BAR**

Friedrichshain | www.booze-bar.de | tgl. ab 19 Uhr | Boxhagener Str. 105 | Tel. 030 95 59 11 45

NICHT ZU FASSEN

Zwei Brüder, die ihre Bar nach einem Meerschweinchen aus ihrer Kindheit benannt haben – das klingt schon mal sympathisch. Den Rest erledigen in der Moritz Bar unverputzte Wände, eine Holztheke und minimalistisch-fassungslose Glühbirnen, die von der Decke baumeln. Eine Kaschemme mit Stil, Herz und selbst gemachtem Tonic. Immer montags ist Zeit für INSIDER TIPP »Gay Wedding« – zu Rockmusik gibt es zwei Gin Tonic zum Preis von einem. Schwul, lesbisch, bi oder hetero, willkommen sind alle.

➔ MORITZ BAR

Wedding | www.moritzbar.com | tgl. ab 19 Uhr | Adolfstr. 17 | Tel. 0173 6 80 76 70

HART, ABER HERZLICH

Bier, Billard, Deppen-Apostroph. In Paule's Metal Eck stimmt alles, was es zum gepflegten Versacken braucht. Dass die Gegend um die Simon-Dach-Straße zur Touristenmeile mutiert ist, ist an der Kneipe fast spurlos vorübergegangen. Die Musik ist hart, das Licht schummrig, der Schnaps günstig, und das seit 20 Jahren.

➔ PAULE'S METAL ECK

Friedrichshain | www.facebook.com/paulesmetaleck | Mo–Fr ab 17, Sa, So ab 15 Uhr | Krossener Str. 15 | Tel. 030 2 91 16 24

DIE KEGEL SIND GEFALLEN

Gardinchen an den Fenstern, Omas Kronleuchter an der Decke, sofort ein Bier und Hausmannskost auf dem Tisch, und im Keller steht die INSIDER TIPP Kegelbahn, die Sie jederzeit mieten können: Das klingt doch wie die Definition einer Altberliner Versackerkneipe, oder? Einziger moderner Zugang (außer Ihnen und den anderen Gästen): der Flachbildschirm, auf dem regelmäßig Fußball gezeigt wird. Sobald Sie dreimal da waren, begrüßt Wirt Matthias Sie auch mit Handschlag und Namen. Im Sommer sitzen Sie im kleinen Gärtchen an der Straße.

➔ BORNHOLMER HÜTTE

Prenzlauer Berg | Mo–Fr ab 17, Sa, So ab 15 Uhr | Bornholmer Str. 89 | Tel. 030 4 45 52 69

FERN VON ZU HAUSE

Blümchentapete, Vintage-Sesselchen und an der Wand steht in Leuchtschrift »I lie that I am an artist«. Wie man das halt so macht in Neukölln, wo viele aufschlagen, die gerade erst von Mama in die große Stadt geflohen sind. Das unpasteurisierte Bier vom Fass stammt aus Tschechien; die Umgangssprache ist Englisch. Nett rumsitzen und sich durchs Wodka-Sortiment trinken (mit Walnuss, mit Honig, mit Peperoni …) geht hier sehr gut.

➔ MAMA

Neukölln | www.facebook.com/mama-74865622751 | tgl. ab 19 Uhr | Hobrechtstr. 61 | Tel. 01577 1 94 49 16

AUF RIOS SPUREN

Eine Kneipe, an deren Holztischen schon Rio Reiser saß und Jerry-Cotton-Geschichten geschrieben wurden, kann keine schlechte sein. West-Berliner Schummrigkeit, in der es ein Glas Bier oder Wein für unter drei Euro gibt. Motto: »Ein Tag ohne Bier ist wie ein Tag ohne Wein«. Das lockt alle an, vom Studi bis zum Alt-68er.

➔ **WIRTSHAUS WUPPKE**

Charlottenburg | www.wirtshaus-wuppke.de | tgl. ab 11 Uhr | Schlüterstr. 21 | Tel. 030 31 50 92 17

WEISST DU NOCH, DAMALS?

Nach einem Latte Macchiato fragen Sie hier besser nicht. Denn diese Zugezogenen mit ihrem Yoga-Tick und ihren Kinderwagen werden in diesem Prenzlauer Berger Urgestein eher skeptisch beäugt. Dafür gibt es ehrliches Bier für ehrliche Menschen sowie über 80 Sorten Rum samt einmaliger Gelegenheit, diese in einer Bootsattrappe sitzend einzunehmen. Rauchen darf man natürlich auch.

➔ **RUMBA(R) YOLANDA**

Prenzlauer Berg | tgl. ab 18 Uhr | Senefelder Str. 27 | Tel. 030 4 44 70 45

Happy together

In der Moritz Bar feiert man die Vielfalt

I have a dream

Beste Burger tief in der Nacht: bei Kreuzburger

LATE SNACK ATTACK

Nach dem Bier ist vor dem Döner

PRENZLAUER BURGER

Ja, klar gibt es den Kreuzburger auch in Kreuzberg. Aber hier soll vorwiegend der Beweis angetreten werden, dass man nachts in Prenzlauer Berg nicht nur in seiner Eigentumswohnung schlafen, sondern auch gut Burger essen kann. Die werden aus Freilandfleisch oder als vegetarische Alternative gebaut und schmecken am besten mit Süßkartoffelpommes. Da alles frisch für Sie gebrutzelt wird, muss man zu Stoßzeiten warten. Aber nachts um zwei ist der Weg frei.

➔ KREUZBURGER

Prenzlauer Berg | www.kreuzburger.de | So–Do 11–1, Fr, Sa 11–3 Uhr | Pappelallee 19 | Tel. 030 74 69 57 37
Kreuzberg | So–Do 11–3, Fr, Sa 11–4 Uhr | Oranienstr. 190 | Tel. 030 80 57 53 98

GOLD-GRILL

Während Sie in dem kleinen Imbiss auf ihre Currywurst (auch aus Tofu!), Buletten, Burger, Pommes oder Bratkartoffeln warten, können Sie sich ärgern, dass dieser Laden nicht Ihnen gehört. Denn vor allem nachts ist er aufgrund seiner Lage an der Friedrichshainer Partymeile eine wahre Goldgrube. Falls Sie um diese Uhrzeit noch auf gesunde Ernährung achten: Salate gibt es auch.

➔ HAIN & FRIEDRICHS

Friedrichshain | www.facebook.com/HainFriedrichs | So–Do 11.30–2, Fr, Sa 11.30–5 Uhr | Simon-Dach-Str. 37 | Tel. 01573 4 64 87 72

AUF HARALDS SPUREN

Schon Harald Juhnke wusste die legendäre Wurst hier zu schätzen. Zu seinen besten Zeiten wurde der Imbiss als Schickimicki-Anlaufstelle bekannt, die zur Currywurst mit hausgemachter, scharfer Sauce Champagner kredenzte. Auch heute ist man noch mit Dom Perignon auf prominente bzw. gut verdienende Gäste vorbereitet. Die Imbissklassiker Wurst und Pommes tun's aber auch.

➔ BIERS KUDAMM 195

Charlottenburg | Mo–Do 11–5, Fr, Sa 11–5.30, So 12–5 Uhr | Kurfürstendamm 195 | Tel. 030 8 81 89 42

AM SCHLESI GEHT'S RUND

Der Klassiker des Berliner Nachtlebens liegt direkt am Schlesischen Tor und damit optimal für alle, die mit großem Hunger aus dem Watergate, Lido oder Musik und Frieden stolpern. Den Döner gibt es in den Varianten Hähnchen, Rind oder Kalb (manchmal wird auch Pute angeboten). Pommes, türkische Pizza und Falafel stehen natürlich auch auf der Karte. Im Falle einer drohenden Unterzuckerung helfen türkische Süßigkeiten wie Baklava.

➔ BAGDAD BISTRO

Kreuzberg | myxkitchen.de/bagdad-bistro | durchgehend geöffnet | Schlesische Str. 2 | Tel. 030 6126962

EIN HUHN GIBT ALLES

Egal, ob Sie Hähnchen oder Broiler sagen, die knusprig gebackenen Tiere werden hier nachts im Minutentakt zerlegt. Als Alternative zum halben Hähnchen wird dem Namen mit Geflügelfrikadellen, Hähnchenspießen und Chicken Nuggets genüge getan. Dazu gibt es Pommes, Salat und selbst gemachte Saucen. Falls die Schlange zu lang erscheint: Einmal quer über die Straße hat vor ein paar Jahren eine zweite Filiale aufgemacht.

➔ HÜHNERHAUS

Kreuzberg | tgl. 9–3 Uhr | Görlitzer Str. 1 | Tel. 030 6122532
Kreuzberg | tgl. 10–3 Uhr | Skalitzer Str. 95a | Tel. 0176 10027959

PIZZA IST DAS NEUE SCHWARZ

Wer hat eigentlich beschlossen, dass dem nächtlichen Hunger mit Döner und Pommes begegnet werden muss? Für Sie getestet: Pizza und Pasta machen den Job ebenso gut. Knusprig und frisch sind die großen Pizzastücke im La Pausa am Rosenthaler Platz, und falls Ihnen nachts um halb fünf nach Carpaccio oder Vitello Tonnato sein sollte, werden Sie ebenso versorgt.

➔ LA PAUSA

Mitte | www.lapausa.de | So–Mi 11–3, Do–Sa 11–5 Uhr | Torstr. 125 | Tel. 030 24083108

Jederzeit

Frühstück oder Konterbier: Das Schwarze Café hat beides

KATER-FRÜHSTÜCK

Rollmops & Co machen wieder froh

EIN HOCH AUF DIE GEMÜTLICHKEIT

Jetzt müssen Sie sich dringend auf ein bequemes Sofa fallen lassen? Und ein wenig Oma-Wohnzimmer-Atmosphäre wäre nach der Hipness der vergangenen Stunden auch ganz schön? Dann ist das schnuckelige Café in einer Stichstraße der Sonnenallee genau das Richtige für Sie. Neben liebevoll angerichteten Frühstücksklassikern samt Brötchen, Wurst/Käse und Pasten gibt es Pancakes. Am Wochenende (10–16 Uhr) wird gebruncht.

➔ CAFÉ DRITTER RAUM

Neukölln | www.cafe-dritter-raum.de | Di–Fr 9–20 (Frühstück bis 14), Sa, So 10–20 Uhr | Hertzbergstr. 14 | Tel. 030 55 64 35 52

RUND UM DIE UHR

Falls Ihnen schon gegen 3.45 Uhr nach Katerfrühstück sein sollte, kann Ihnen geholfen werden. Denn die Charlottenburger Café-Institution macht niemals zu. Sie müssen sich nur noch entscheiden, ob Sie unter der Stuckdecke lieber Käse, Lachs oder Avocado, Brötchen oder Croissant oder doch eine Runde gebratene Maultaschen einnehmen wollen. Bei Bedarf bekommen Sie auch ein Konterbier.

➔ SCHWARZES CAFÉ

Charlottenburg | www.schwarzescafe-berlin.de | durchgehend, Ausnahme Di 3–10 Uhr geschl. | Kantstr. 148 | Tel. 030 3 13 80 38

VITAMINE HIER EINFÜLLEN

Nach so viel Alkohol und Tanz braucht Ihr Körper dringend Vitamine (oder zumindest das gute Gefühl, das mit deren Verzehr einhergeht)? Dann ist es höchste Zeit für ein Smoothie lustigen Namens wie »Purifier« (Gurke, Minze, Ingwer, Spinat und Avocado) oder »Dr. Snuggels« (Banane, Basilikum, Kirsche, Spitzkohl). Interessante Saftkreationen, Suppen sowie guten Kaffee, ohne den nach einer Partynacht gar nichts geht, gibt es ebenfalls.

➔ LIQUID GARDEN

Prenzlauer Berg | www.liquidgarden.berlin | Mo–Fr 8–18, Sa ab 10, So ab 12 Uhr | Stargarder Str. 72 | Tel. 0176 80 00 33 78

Sock'n'Roll – langsam in die Gänge kommen

WOCHENENDE – GAAANZ GEDIEGEN

BRUNCH'N' BREAKFAST

Raus aus den Federn, ran ans Buffet

ENTSCHEIDE DICH

Seinen Namen verdankt die Prenzlauer Berger Café-Institution Entweder Oder natürlich der Oderberger Straße. Aber er passt auch zum Blick in die Frühstückskarte: Brie, Mozzarella und hausgemachter Kräuterquark oder Curry-Apfel-Honig-Paste und Pflaumenmus? Sie sind zu zweit? Prima, ordern Sie einfach eins der auf einer übervollen Etagere servierten Doppelfrühstücke. Da ist für ca. 16 Euro (fast) alles dabei.

➔ **ENTWEDER ODER**

Prenzlauer Berg | www.cafe-entwederoder.de | tgl. ab 10, Frühstück Mo–Fr bis 15, Sa, So bis 16 Uhr | Oderbergerstr. 15 | Tel. 030 4 48 13 82

GELASSEN IN KREUZBERG

Hier werden klare Ansagen gemacht: »Käse«, »Vegan« oder »Fisch« heißen die Frühstücke, was eine erfrischende Alternative ist zu »Ich hätte gerne das Elizabeth Taylor ohne Salami, aber mit Nutella«. Auch sonst gibt sich das Nest entspannt schnörkellos. Samstags werden zusätzlich diverse Ei-Varianten angeboten; sonntags steht Brunch auf dem Programm.

➔ **NEST**

Kreuzberg | www.cafenest.de | tgl. ab 10 Uhr, Frühstück Mo–Sa bis 12, Brunch So 10–16 Uhr | Görlitzer Str. 52 | Tel. 030 62 73 57 87

KOLLEKTIVER FRÜHSTÜCKSTAUMEL

Weil der Ansturm auf das vegan-vegetarische Frühstücksbuffet am Wochenende so groß ist, wird es zur Entspannung der Lage auch am Freitag angeboten. Zur Auswahl steht alles vom veganen Rührei über eingelegten Tofu bis zu Salaten und Pasten. **INSIDER TIPP** Am Ende zahlt jeder, was er kann – zwischen sechs und zwölf Euro. Ist schließlich ein Kollektiv, dass hierarchiefrei den Laden betreibt.

➔ **CAFÉ MORGENROT**

Prenzlauer Berg | www.morgenrot.blogsport.eu | Brunch Fr–So 11–15 Uhr | Kastanienallee 85 | Tel. 030 44 31 78 44

Auf-
wachen!
Bei Rockmusik im Beakers

DER AMERIKANISCHE TRAUM

Sie leben kalorienbewusst? Bitte gehen Sie weiter, hier gibt es nichts zu sehen. Alle anderen finden in diesem hippen Laden alles, was US-Amerikaner für Frühstück halten. French Toast! Pancakes! Bacon-and-Banana-Marshmallow-Fluff-Sandwich! Samstag und Sonntag gibt es das Comfort-Food von 11 bis 17 Uhr als Brunch.

THE CALIFORNIA BREAKFAST SLAM

Neukölln | www.cabslam.com | Mo, Di, Do, Fr 10–16 Uhr, Sa, So 10–17 Uhr | Innstr. 47 | Tel. 030 6 86 96 24

ROCK'N'BREAD

Wer nach der vorausgegangenen Partynacht noch Lärm verträgt, ist hier genau richtig. Zu Rockmusik servieren freundliche Tätowierte Frühstück, das man sich nach dem Baukastensystem selbst zusammenstellen kann. Sie mögen gerne Rührei mit Ahornsirup und Lachs? Alles ist möglich. Entscheidungsschwächlinge können auch aus der großen Sandwich-Auswahl ordern. Wer besonders langsam isst, erlebt eventuell noch eins der INSIDER TIPP Unplugged-Konzerte, die hier abends regelmäßig stattfinden.

BEAKERS

Prenzlauer Berg | www.beakers.de | tgl. ab 9 Uhr | Dunckerstr. 69 | Tel. 030 55 57 58 50

Was nehm' ich nur?

Zum Glück haben Sie im Masel Topf bis 15 Uhr Zeit, sich zu entscheiden

FÜR ENTDECKER

Der Name verpflichtet, dementsprechend kann man im Jules Verne zwischen der »Reise zum Mittelpunkt der Erde« (Spiegeleier mit Bratkartoffeln), »In 80 Tagen um die Welt« (Roastbeef, Lachs, Honig-Zimt-Quark) oder »Nord gegen Süd« (Pancakes) wählen. Zum Brunch am Sonntag für 16,50 Euro wird im gediegenen Ambiente alles von der Räucherforelle bis zur Crème brûlée aufgetischt.

➔ JULES VERNE

Charlottenburg | www.jules-verne-berlin.de | tgl. 9–1, Küche bis 22.30 Uhr, Frühstück 9–15, Brunch Sa, So, Fei 9–14.30 Uhr | Schlüterstr. 61 | Tel. 030 31 80 94 10

STRESS DICH NICHT

Entspannter Brunch mit gutem Gewissen gefällig? Den bietet das vegane Restaurant jeden Samstag und Sonntag von 11 bis 15 Uhr. Für 13 Euro gibt es alles von Baked Beans bis zu Pancakes, ganz ohne tierische Produkte, und **INSIDER TIPP** auch für Gluten-Unverträgliche ist gesorgt. Nur einen Pelz sollten Sie zu diesem Anlass nicht tragen – damit muss man nämlich draußen bleiben. Da viele der Gäste gerne sehr lange im Viasko verweilen und auch nach 15 Uhr hier niemand rausgeschmissen wird, empfiehlt es sich, frühzeitig zu reservieren.

➔ VIASKO

Kreuzberg | www.viasko.de | Brunch Sa, So 11–15 Uhr, Restaurant Mi–So ab 17 Uhr | Erkelenzdamm 49 | Tel. 030 88 49 97 85

PARLEZ-VOUS FRÜHSTÜCK?

Seit 15 Jahren wird hier nach Nationen sortiertes Frühstück und am Wochenende für zehn Euro ein riesiges Brunchbuffet angeboten. Damit war das Schraders schon da, als der Wedding noch kein bisschen kam, was den Laden wesentlich gelassener macht als vieles, was sich seitdem angesiedelt hat. Im Sommer ist gut Draußensitzen. Am Wochenende sollten Sie aber besser reservieren.

➔ SCHRADERS

Wedding | www.schraders-berlin.de | Mo–Fr ab 9.30, Sa, So ab 10 Uhr, Frühstück bis 15 Uhr, Brunch Sa, So 10–15 Uhr | Malplaquetstr. 16 b | Tel. 030 45 08 26 63

ALLEE DER INKLUSION

Biozertifiziert, fair, preiswert. Das Kulturcafé Tasso serviert köstliches Frühstück, kombiniert mit einem Antiquariat mit Büchern im Nebenraum. Im Café arbeiten Menschen mit und ohne Handicap. Ein Klassiker auf der Frühstückskarte ist die »Allee« mit Salami, Schinken, Käse und Marmelade. Doch auch die Varianten »Alm« und »Brandenburg« machen satt und glücklich.

➔ CAFÉ TASSO

Friedrichshain | www.cafe-tasso.de | tgl. 9.30–20 Uhr, Frühstück Mo–Fr bis 15, Sa, So bis 16 Uhr, Küche bis 17 Uhr | Frankfurter Allee 11 | Tel. 030 48 62 47 08

SHALOM, BRUNCH!

Frische Früchte, kalte Platten, warme Hauptspeisen und ein eigener Desserttisch: Immer wieder sonntags wird im auf moderne, jüdische Küche spezialisierten Masel Topf das Brunchbuffet aufgefahren. Wiederkommen lohnt sich, denn es sieht jede Woche anders aus.

➔ MASEL TOPF

Prenzlauer Berg | www.restaurant-maseltopf.de | Brunch So 10–15 Uhr, Restaurant Mo–Sa 11–24, So 10–24 Uhr | Rykestr. 2 | Tel. 030 44 31 75 25

VOLLE KRAFT VORAUS

Fisch und Meeresfrüchte gehören natürlich auf einen holländischen Frachtensegler, selbst wenn der am Landwehrkanal vor Anker liegt. Zum Frühstück gibt es Matjes, Krabben-Vollkornbrot und Eier vom Biohuhn. Im Sommer ist die Sonnenterrasse zwischen Schiff und Festland ideal, um in idyllischer Kulisse in den Tag zu starten. Falls Fische für Sie ins Wasser, aber nicht auf den Teller gehören, nehmen Sie etwa das Van-Loon-Frühstück mit geräuchertem Schinken, Cassis-Frischkäse und Obstsalat. Am Wochenende gibt es INSIDER TIPP dreistündige Brunch-Fahrten (ab 10 oder 11 Uhr, 36,50 Euro inkl. Buffet) mit den Schwesterschiffen Philippa oder Josephine.

➔ VAN LOON

Kreuzberg | www.vanloon.de | Frühstück tgl. 9.30–15.30 | Carl-Herz-Ufer 7 (im Urbanhafen, Höhe Baerwaldbrücke) | Tel. 030 6 92 62 93

NESSI IN NEUKÖLLN

Was ein frisches, hauptsächlich biologisches Frühstück ist, das wissen wir. Aber warum heißt der Laden, der es serviert, so komisch? Des Rätsels Lösung ist ein urbaner Mythos, den das Café Ungeheuer Neukölln selbst verbreitet. Demnach treibt ein seltsames Insekt im Kiez sein Unwesen. Halb Biene, halb Fliege, taucht es nachts in Bars und Kneipen auf, nur um rasch wieder zu verschwinden – so wie bei Nessi, nur ohne Loch. Wer mehr wissen will, muss die Örtlichkeiten aufsuchen. Wie gesagt: Allein das Frühstück ist den Besuch wert.

➔ UNGEHEUER NEUKÖLLN

Neukölln | www.ungeheuer-neukoelln.de | tgl. ab 10, Frühstück 10–15 Uhr | Emser Str. 23 | Tel. 030 62 73 22 04

BUCH 'N' BAGEL

Wer früher kommt, hat mehr gelesen, bis sich die traditionell eher spät aufstehenden Friedrichshainer auch in den fremdsprachigen Buchladen mit angeschlossenem Bagel-Café bequemen. Vorwiegend französische und englische Literatur trifft Café au Lait trifft New-Yorker-Bagelrezepte trifft einen perfekten Wochenendauftakt.

➔ SHAKESPEARE AND SONS

Friedrichshain | www.shakesbooks.de | Mo–Sa 9–20, So 10–20 Uhr | Warschauer Str. 74

Hey, Samstag-vormittag!

Dafür lohnt's sich aufzustehen

AUF DIE KINO-COUCH

Unter Cineasten in einem Wohnzimmerkino startet es sich entspannt ins Wochenende. Das b-ware ist Videothek, Café und Kino in einem und zeigt den ersten Film am Samstag um 11 Uhr. Dann läuft alles, was kein Blockbuster ist, vom tschechischen Coming-of-age-Film bis zum koreanischen Roboter-Drama, meist als Original mit Untertiteln.

➔ B-WARE LADENKINO

Friedrichshain | www.ladenkino.de | tgl. ab 11 Uhr | Gärtnerstr. 19 | Karten kosten am Wochenende 6, sonst 5 Euro | Tel. 030 20 07 88 88

RUNDEN UND GEWÖLBE

Früh um sieben ist die Welt noch in Ordnung. Sowohl die Hotelgäste als auch die Prenzlauer Berger schlafen nämlich noch, während Sie schon unter dem beeindruckenden Gewölbe der denkmalgeschützten und frisch sanierten Schwimmhalle des Stadtbads in der Oderberger ihre Runden drehen. Zwei Stunden kosten sechs Euro. Ab und an wird die Halle für Veranstaltungen gesperrt – vorher Website checken!

➔ STADTBAD ODERBERGER STRASSE

Prenzlauer Berg | www.hotel-oderberger.berlin/bad | meist 7–22 Uhr | Oderberger Str. 57 | Tel. 030 81 82 80 76 76

SONNENGRUSS UNTER FREIEM HIMMEL

Oben der Himmel, vor einem der Pool, und der Körper schön durchgedehnt vom Yoga: Das erwartet jeden, der es schafft, am Samstagmorgen um 9 Uhr (und damit vor der Öffnung des Geländes für alle) im Haubentaucher zu sein. Das Open Sky Yoga dauert 75 Minuten, ist für alle Level geeignet und kostet 15 Euro. Im Winter wird eine INSIDER TIPP »Hot Bubble« aufgebaut, in der Yoga ohne Schneeanzug möglich ist.

➔ OPEN SKY YOGA BERLIN IM HAUBENTAUCHER

Friedrichshain | haubentaucher.berlin | Mi und Sa 9 Uhr | Revaler Str. 99 | Tel. 030 2 97 76 67 70

BASTEL-ALARM

Sie mögen den Samstagvormittag kreativ-wuselig, aber Sie können sich echt nicht schon wieder im Baumarkt blicken lassen, wo Sie schon die vergangenen Wochen vor den Acrylfarben rumlungerten? Auf zu Modulor, wo über 7000 ungewöhnliche Deko- und Modellbauartikel auf fantasievolle Kundschaft warten! Hier treffen Sie auch genug Gleichgesinnte zum Fachsimpeln. Wer härtere Bastelgeschütze auffahren will, kann Modellbaumaschinen und Werkzeuge leihen.

➔ MODULOR

Kreuzberg | www.modulor.de | Mo–Fr 9–20, Sa 10–18 Uhr | Prinzenstr. 85 | Tel. 030 69 03 60

WILL MITTAG-ESSEN!

Ein Wochenende ohne ist möglich, aber sinnlos

Open for Lunch
Samstags ins Rosa Lisbert in der Arminius-markthalle

TEL AVIV IN BERLIN

Ein Teller Hummus, frisch gebackenes Fladenbrot und ein Kaffee mit leichter Kardamomnote – den perfekten Lunch-Stopp fürs Shoppen in Mitte bietet dieser sympathische Laden ein Stück abseits der Torstraße. Alternativ gibt es geröstete Auberginen mit Tahini oder gestampfte Tomaten mit Feta. Die Teller sind mit bis zu zehn Euro zwar nicht ganz billig. Dafür werden sie spendabel genug gefüllt, um zu teilen.

➔ YAFO

Prenzlauer Berg | www.yafoberlin.com | Di–So ab 12 Uhr | Gormannstr. 17 b | Tel. 030 92 35 02 50

MARKTTAG

Was wäre ein Wochenende ohne Marktbesuch? In der renovierten, historischen Arminiusmarkthalle in Moabit können Sie sich für die Woche eindecken und zum Mittag (aber nur am Samstag!) elsässische Küche genießen, etwa frische, auf Buchenholz gebackene Flammkuchen, Aal oder Pferdeschinken. Angst vor Zuschauern sollte man dabei nicht haben, denn das Restaurant ist offen in die Markthalle integriert – was jedoch auch seinen Charme ausmacht. Falls Sie sich über den Namen wundern: Die beiden Macher Lisa Meyer und Robert Havemann haben ihre dafür zusammengeworfen.

➔ ROSA LISBERT

Moabit | www.rosalisbert.de | Di–Fr ab 17, Sa ab 12 Uhr | Arminiusstr. 2–4 | Tel. 0152 21 98 29 23

SPÄTZLE-EXZESS

Kann man noch etwas über Schwaben in Berlin sagen, ohne einen Witz über Prenzlauer Berg zu machen? Ja! Denn Repkes Spätzlerei liegt in Charlottenburg! Für knapp acht Euro gibt es hier Spätzle in den verschiedensten Varianten, aber auch Flammkuchen, Maultaschen und Schupfnudeln. Lecker und bodenständig.

➔ REPKE SPÄTZLEREI & FLAMMKUCHEN

Charlottenburg | www.spaetzlerei.de | tgl. ab 11.30 Uhr | Bleibtreustr. 46 | Tel. 030 88 71 86 72

IM GRÜNEN

Am Neuen See im Tiergarten lässt sich am Wochenende das Mittagessen im Sommer auf der Terrasse des Biergartens, im Winter am Kamin des großen Gastraums genießen. Die Speisekarte ist bayerisch-italienisch, was zum Glück keine Weißwurstpasta, sondern krosse Pizza und selbst gebackene Brezeln mit Leberkäse bedeutet.

➔ CAFÉ AM NEUEN SEE

Tiergarten | www.cafeamneuensee.de | tgl. ab 9 Uhr | Lichtensteinallee 2 | Tel. 030 254 49 30

CHAMPAGNER!

Wer am Wochenende mit Vorliebe über den Kurfürstendamm schlendert, der möchte mittags sicher auch gerne stilvoll lunchen. Eine gute Adresse dafür ist das Belmondo mit seiner erlesenen französischen Küche, zu der man aus sieben verschiedenen Champagnersorten auswählen kann. Nichts für Sparbrötchen, aber man gönnt sich ja sonst nichts.

➔ BELMONDO

€€€ | Charlottenburg | www.belmondo-berlin.de | tgl. 12–23 Uhr | Knesebeckstr. 93 | Tel. 030 36 28 72 61

Stäbchenballett

Auf der Thai-Wiese brutzeln Gemüse und Fleisch friedlich nebeneinander

HERZHAFTES MIT SPREEBLICK

Wochenendspaziergang gefällig? Einmal durch die Neubauviertel an der Rummelsburger Bucht entlang und danach gleich hinter der Boulderhalle in die Hafenküche einkehren. Hier wird Essen serviert, das auch Oma schmeckt: Rinderbraten mit Rosenkohl, Wiener Schnitzel oder Doradenfilet. Damit sich Hipster ebenso wohlfühlen, werden ab und an Ruccola und Avocado untergemischt. Den Spreeblick gibt es gratis dazu. Sie wollen Ihr Mittagessen lieber selbst auf den Grill packen? Dann mieten Sie INSIDER TIPP Grillplätze (bei Bedarf samt Grillgut).

HAFENKÜCHE

Rummelsburg | www.hafenkueche.de | Mo–Fr 10–22, Sa, So 9–23.30 Uhr | Zur alten Flussbadeanstalt 5 | Tel. 030 42 21 99 26

AUF DIE HAND

Mini-Pies, Galettes oder doch lieber asiatische Burger? Ausschließlich sonntags, dann aber schon ab Mittag, können Sie sich quer durch alle Nationen und Wagen des Street-Food-Markts futtern, der auf dem Gelände der Kulturbrauerei gastiert. Günstig sind die meist kleinen Portionen zwar nicht. Aber dafür können Sie mehr probieren.

STREET FOOD AUF ACHSE

Prenzlauer Berg | www.streetfoodaufachse.de | So 12–18 Uhr | Schönhauser Allee 36 | Tel. 030 44 31 07 37

KURZTRIP NACH BANGKOK

Die Sonne scheint? Der Magen knurrt? Decke untern Arm und ab in den Preußenpark am Fehrbelliner Platz – am Wochenende auch als Thai-Wiese bekannt. Schließlich haben Thailänderinnen zuerst ihre Garküchen auf dem Rasen aufgebaut, um wie in ihrer Heimat gewohnt zu braten und brutzeln. Inzwischen haben sich auch andere asiatische Köche dazugesellt. Mit deutschen Steuer- und Hygieneregeln ist das alles zwar nicht wirklich zu vereinbaren, aber bislang drückt der Bezirk ein Auge zu.

THAI-WIESE

Wilmersdorf | www.thaipark.de | Sa, So ab 12 Uhr | Brandenburgische Str. (Preußenpark)

KATER TRIFFT FISCH

Nur für den unwahrscheinlichen Fall, dass es gestern ein Bier zu viel war: Sojasauce ist ein fantastisches Mittel gegen Kater. Zusammen mit bestem Sushi wird sie im Miyaki serviert, das auch für Vegetarier eine große Auswahl anbietet.

MIYAKI

Friedrichshain | www.miyaki-sushi.de | tgl.11–23 Uhr | Boxhagener Str. 121 | Tel. 030 50 56 57 10
Prenzlauer Berg | tgl.11–23 Uhr | Raumerstr. 28/29 | Tel. 030 47 39 94 60

SOS, Regensonntag!

I WANT TO BREAK FREE

Eine durchgefeierte Hipsterwohnung in Friedrichshain, 60 Minuten Zeit und eine Aufgabe: den Weg nach draußen finden (wo es danach hoffentlich nicht mehr regnet). Doch den versperren ein paar knifflige Rätsel. Körperliche Fitness ist nicht vonnöten, dafür aber detektivischer Spürsinn. Größer als acht Personen sollte die Gruppe nicht sein.

➔ HIPSTER ESCAPE PARTY

Friedrichshain | www.hipster-escape-party.de | nach Vereinbarung | 20 Euro p. P. | Gürtelstr. 25 | Tel. 030 23 99 92 02

UNTER TAGE

So grau und kalt wie das Wetter gerade ist, war in Berlin auch mal die politische Stimmung. Die Bunkeranlagen, die gegen Atomkrieg und ABC-Waffen schützen sollten, werden heute von einem privaten Verein bei Führungen zugänglich gemacht. Da gruselt nicht nur der Blick auf den Bunker-Speiseplan (Dosenfutter!). Immerhin: Unter der Erde ist es trocken. Und ziemlich spannend.

➔ BERLINER UNTERWELTEN

Gesundbrunnen | www.berliner-unterwelten.de | Ticketverkauf Brunnenstr. 105 sowie online | Tel. 030 49 91 05 17

ÜBERDACHTES STÖBERN

Ein Sonntag ohne Flohmarkt ist ein verlorener Tag? Zum Glück gibt es den in Berlin auch in der überdachten Variante. In der Arena Treptow findet sich alles vom Loriot-Gedächtnissofa bis zum Ersatzauge für die Lieblingspuppe. Es gilt nur, zwischen Türklinkentürmen und Turnschuhbergen nicht den Überblick zu verlieren.

➔ TREPTOWER HALLENTRÖDELMARKT

Treptow | www.hallentrödelmarkt-berlin-treptow.de | Sa, So 10–16 Uhr | Eichenstr. 4 | Tel. 0172 3 03 57 75

SONNTAGS BEI KROKODILS

Anderen beim Nasswerden zusehen? Besonders stilvoll geht das im Aquarium des Berliner Zoos. Seit über 100 Jahren schwimmt durch hiesige Becken, was sonst in Meeren und Seen weltweit zu Hause ist. Zum Aufwärmen geht es in die tropisch aufgeheizte Krokodilhalle – keine Sorge: Die Besucher bleiben auf der Hängebrücke, die Tiere darunter.

➔ AQUARIUM BERLIN

Tiergarten | www.aquarium-berlin.de | tgl. 9–18 Uhr | Tagesticket 14,50 Euro p. P. | Budapester Str. 32 | Tel. 030 25 40 10

GOLFING IN THE DARK

Überdachtes Minigolf – gut und schön. Aber wenn schon, dann kann man auch gleich das Licht ausmachen. Im Untergeschoss des Parkcafés im Görlitzer Park wird der Spaß mit Schwarzlicht und 3-D-Effekten an den Wänden angeboten. Auch perfekt für Kinder, die keine Angst im Dunkeln haben.

➔ SCHWARZLICHT-MINIGOLF

Kreuzberg | www.minigolf-in-berlin.de | Mo–Do 14–22, Fr 14–24, Sa 10–24, So 10–22 Uhr | 6,50 Euro pro Runde, 3-D-Brille 1,50 Euro zusätzlich | Görlitzer Str. 1 | Tel. 030 61 62 19 60

TORTEN-SCHLACHT

Am Sonntag gehört die Sahnetorte mir

KUNST AM KUCHEN

Zum Essen sind die Kreationen im Zuckerstück eigentlich viel zu schade. Doch es lohnt sich, in die wunderschön drapierten Sahnehäubchen und Blumendekos auch reinzubeißen, die die gelernte Patissière Lucie Krautien erschafft. Leider sind die Plätze in dem kleinen Laden begrenzt; dafür können Sie das Backwerk aber mitnehmen.

➔ ZUCKERSTÜCK

Prenzlauer Berg | www.zuckerstück-berlin.de | Mo, Di 8.30–18, Do–So 9–18 Uhr | Schivelbeiner Str. 7 | Tel. 0160 92 89 12 69

Umwerfend lecker, diese Schwarzwälder Kirsch!

FÜR TRADITIONALISTEN

Für dieses Café wurde das Wort trutschig erfunden. Strukturtapete, Aquarelle an den Wänden und Holzstühle mit Stoffbezug – alles wie in Tante Käthes Wohnzimmer und damit für den modernen Kaffeehausgänger etwas gewöhnungsbedürftig. Aber der Kuchen! 160 Jahre Backerfahrung sind nicht zu überschmecken. Mittlerweile wird der Familienbetrieb in der fünften Generation geführt. Wer einen Klassiker probieren möchte, bestellt den Baumkuchen.

➔ KONDITOREI-CAFÉ BUCHWALD

Tiergarten | www.konditorei-buchwald.de | Mo–Sa 8–19, So 9–19 Uhr, Okt.–April bis 18 Uhr | Bartningallee 29 | Tel. 030 3 91 59 31

MEHRSTÖCKIGES UND BUTTERCREME

An diesem Schaufenster gibt es kein Vorbei. Dafür sehen die dort aufgebauten, aufwendig gestalteten Torten und Kuchen einfach zu lecker aus. Wer es einige Nummern kleiner mag, wird mit den Cupcakes mit Sahne oder Buttercreme glücklich, die im Café oder im Sommer auch davor zum Kaffee schmecken. Der Fußballverein feiert Jubiläum? Die Torte in Ballform kommt vom Kuchenladen!

➔ KUCHENLADEN

Charlottenburg | www.der-kuchenladen.de | Okt.–März tgl. 10–20, April–Sept. 10–22 Uhr | Kantstr. 138 | Tel. 030 31 01 84 24

ALLES KÄSE

Unterm Kronleuchter ist gut Kuchenessen, das beweist das gemütliche Café in Friedrichshain. Die Auswahl der natürlich selbst gebackenen Kuchen ist groß und wechselt häufig. Käse-Pfirsich, Käse-Apfel oder doch lieber Käse-Vanille? Auch Veganer können hier zuschlagen.

➔ KUCHENRAUSCH

Friedrichshain | www.kuchenrausch.de | tgl. ab 9 Uhr | Simon-Dach-Str. 1 | Tel. 030 55 95 38 55

GLÜCK IN KUCHENFORM

Mohnkuchen mit Kokos und Himbeersauce! Oh, Mohnkuchen mit Kokos und Himbeersauce! An den sollte man bei Gelegenheit mal eine Ode schreiben, was nicht bedeutet, dass Apfel-, Käse- und Zitronenkuchen in dem kleinen Weddinger Juwel hinter dem Leopoldplatz nicht auch schmecken. Auch die Brownies sind saftig. Statt der obligatorischen Kekse gibt es zu jedem Kaffee einen Löffel frisch gebackenen Kuchen dazu.

➔ AUF DER SUCHE NACH DEM VERLORENEN GLÜCK

Wedding | Mo–Do 9–20, Fr 9–0, Sa 10–20, So 10–18 Uhr | Nazarethkirchstr. 43 | Tel. 030 53 08 01 13

AUSZEIT MIT SEEBLICK

Das Engelbecken war bis vor 100 Jahren Teil des Luisenstädter Kanals, der Mitte und Kreuzberg voneinander trennte. Übrig ist heute noch ein kleiner Teich direkt vor der großen Terrasse des Cafés. Im Sommer wurden dort schon Wasserschildkröten gesichtet; INSIDER TIPP im Winter wird die Fläche zur Eisbahn, sodass Sie und Ihre Schlittschuhe den Kuchen direkt wieder abtrainieren können. Perfekt für eine kleine Wochenendauszeit in der großen Stadt.

➔ CAFÉ AM ENGELBECKEN

Kreuzberg | www.cafe-am-engelbecken.de | tgl. ab 10 Uhr | Michaelkirchplatz/Engelbecken | Tel. 0157 75 43 17 95

TATORT? ESSEN?

Sonntagabend. Die Ermittlungen ergeben: Sie wollen noch mal raus!

STULLE, BIER UND »TATORT«

Eigentlich ist das Hops & Barley für sein selbst gebrautes Bier bekannt. Doch dazu lassen sich als klassisches Abendbrot Stulle mit Knacker, Käse oder veganer Paste bestellen. Das Treberbrot (mit Biertreber) dazu wird selbstverständlich selbst gebacken. Im Raucherraum läuft jeden Sonntag der »Tatort«.

➔ HOPS & BARLEY

Friedrichshain | www.hopsandbarley.eu | Mo–Fr ab 17, Sa, So ab 15 Uhr | Wühlischstr. 22-23 | Tel. 030 29 36 75 34

IMMER WIEDER SONNTAGS

Sonntagabend ist »Tatort«-Zeit. Wer Fernsehritual mit Abendessen verbinden möchte, ist im Jelänger Jelieber genau richtig. Das gemütliche Restaurant bietet souveräne deutsche Küche, zuweilen mit mediterranem Einschlag, von einer wechselnden Wochenkarte. Dabei wird auf Saisonalität geachtet. Ein Gericht für Vegetarier ist auch immer dabei. Um 20.15 Uhr läuft dann der Krimi (ja, auch »Polizeiruf 110«) auf Großbildleinwand.

➔ JELÄNGER JELIEBER

Lichtenberg | www.jelängerjelieber.de | tgl. ab 17 Uhr | Kaskelstr. 49 | Tel. 030 55 57 60 67

ALTE HEIMAT

Zum Wochenende gehört ein Essen wie damals bei Oma? Dann lohnt sich ein Abstecher ins Marjellchen. So nannte man in Ostpreußen die jungen Mädchen, und da Ramona Azzaros Oma aus Ostpreußen stammte, heißt heute so ihr Lokal. Auf den Tisch kommen Spezialitäten aus Preußen, Pommern und Schlesien – etwa Königsberger Klopse oder Schlesisches Himmelreich (Rauchfleisch, Backobst, Hefekloß). Zum Nachtisch passen noch die Mohnklöße rein.

➔ MARJELLCHEN

Charlottenburg | www.marjellchen-berlin.de | tgl. ab 17 Uhr | Mommsenstr. 9 | Tel. 030 8 83 26 76

AUF DEM DORF

Der Sonntagsspaziergang durch den Tegeler Fließ war lang und jetzt sind Sie in Lübars gestrandet und wissen nicht weiter? Auf in den Alten Dorfkrug! Lübars hat sich seine Dorfstruktur erhalten, und entsprechend traditionell ist auch die Speisekarte in der Schenke: Tafelspitz, Schnitzel, Schweinemedaillon. Aber Sie waren ja den ganzen Tag unterwegs und haben mächtig Hunger. Im Sommer sitzt es sich idyllisch auf der großen Terrasse mit Blick auf den Dorfanger.

➔ ALTER DORFKRUG LÜBARS

Reinickendorf | www.gasthof-alter-dorfkrug.de | Mi–So 12–22 Uhr | Alt-Lübars 8 | Tel. 030 92 21 02 30

ISS DICH SCHÖN

Eine Runde Clean Eating nach einem durchfeierten Wochenende genehm? Hier ist alles bio, vegan und völlig naturbelassen. Statt Industriezucker und E12 gibt es Schüsseln voller Gemüse, Reis und Superfood. Das Motto: »Die Natur ist unser Guru«. Im Friedrichshain zieht so etwas natürlich viele Leute an. Reservieren lässt sich im Laden über dem veganen Supermarkt Veganz jedoch nicht.

➔ THE BOWL

Friedrichshain | www.facebook.com/thebowlberlin | Mo–Do 11.30–23.30, Fr 11.30–24, Sa 10–24, So 10–23 Uhr | Warschauer Str. 33

Verdächtig gut

Sauberes Essen im The Bowl

SARDISCHER ABEND

Pizza, ein Glas Rotwein und dann ab ins Bett. Dafür lohnt der Weg in die kulinarische Diaspora der Stahlheimer Straße. Zwischen Späti und Supermarkt versteckt sich beste italienische Küche samt karierter Tischdecken. Da die Besitzer von der Insel Sardinien kommen, gibt es auch eine größere Auswahl an Fischgerichten.

➔ **TRATTORIA TERRA SARDA**

Prenzlauer Berg | **www.facebook.com/TrattoriaTerraSarda | tgl. ab 16 Uhr | Stahlheimer Str. 30 | Tel. 030 54 48 83 64**

SCHÖN SCHARF

Die chinesische Nudelsuppe wird in einer Traumkulisse eines jeden Instagram-Fans serviert: selbst gezimmerte Holztische, Edison-Bulbs und Backsteinwand. Kein Wunder, ist Mitgründerin Ling Ma doch studierte Designerin und Architektin. Doch auch die Suppen haben es in sich. Besonders empfiehlt sich die Dan Dan Mien, die hier unter dem Namen »Ahorn« firmiert und wunderbar scharf ist.

➔ **THE TREE**

Mitte | **www.facebook.com/thetree.berlin | Mo–Fr 12–15, So 13–21.30 Uhr | Brunnenstr. 167 | Tel. 030 67 96 18 48**

IM SCHATTEN DES DALAI LAMA

Für den Start in die dräuende neue Woche tankt man am besten am Sonntagabend schon etwas tibetische Gelassenheit. Neben Currys gibt es vor allem eine große Auswahl an *momos* – typisch tibetische Teigtaschen, die mit verschiedenen Fleisch-Gemüse-Mixen gefüllt werden. Sehr freundliche Bedienung, und von der Wand lacht selbstredend der Dalai Lama.

➔ **LITTLE TIBET**

Kreuzberg | **www.little-tibet.de | Di–Fr 17–23.30, Sa 14–23.30, So 14–22 Uhr | Gneisenaustr. 6a | Tel. 030 69 00 47 47**

ZUM RUNTERKOMMEN

In dem modernen, aber gemütlichen Restaurant, das 2016 aus dem Wedding hergezogen ist, kann das Wochenende entspannt ausklingen. Es gibt Pasta, Burger und eine wechselnde Wochenkarte. Wem noch nach ein bisschen mehr Action ist, geht direkt nebenan ins Kino Blauer Stern. In dem Jugendstilgebäude werden schon seit 100 Jahren Filme gezeigt.

➔ **AUSZEIT**

Niederschönhausen | **www.auszeitberlin.de | tgl. 9–24, Küche bis 23 Uhr | Hermann-Hesse-Str. 15 | Tel. 030 70 71 10 00**

Asian Style

Das Auge isst mit: The Tree

Landflucht. Jetzt!

Tschüss, Beton, hallo, Frischluftkur!

FLAEMING EXPRESS

Inline-Skating ist zwar ein bisschen 90er, aber es macht halt trotzdem Spaß. Um Jüterbog im Süden Berlins wurden insgesamt 230 Kilometer Strecke geteert, die Sie auf verschiedenen Rund- oder Nichtrundkursen berollen können. Die Nutzung ist kostenlos. Für Einsteiger gibt es Kurse; Profis messen sich in der Skate-Arena.

➔ FLAEMING SKATE

Jüterbog/Baruth/Luckenwalde | www.flaeming-skate.de | Tel. 033204 62870

ALTE BAUMEISTER

Wo im 19. Jahrhundert die Ziegel für die wachsende Stadt Berlin gefertigt wurden, können Sie heute selbst aus Lehm Baumaterial matschen, sich mit einer lustigen, kleinen Eisenbahn über das ehemalige Industriegelände tuckern lassen und nebenbei lernen, warum der Ziegel kein Stein ist. Zudem warten Badestelle und Abenteuerspielplatz auf ihren Einsatz.

➔ ZIEGELEIPARK MILDENBERG

Zehdenick (Ortsteil Mildenberg) | www.ziegeleipark.de | April–Nov. 10–18 Uhr | Eintritt 8 Euro | Ziegelei 10 | Tel. 03307 31 04 10

REISEN AUF GLEISEN

Durch Brandenburg strampeln ohne Gefahr, sich zu verfahren? Die Draisine macht's möglich. Vier Personen haben darauf Platz, wobei nur zwei trampeln und die anderen die schöne Aussicht genießen können. Fünf Strecken stehen in Brandenburg zur Auswahl. Die einfache Tour dauert drei Stunden. Wer zudem Prosecco-Empfang und Grillgut braucht, zahlt mehr.

➔ DRAISINENBAHN

Mittenwalde/Tiefensee/Kremmen (u. a.) | www.draisinenbahn.de | Termine s. Website (Voranmeldung nötig) | Mo–Fr 12,80 Euro, am Wochenende 15,40 Euro | Am Ostbahnhof 1, Mittenwalde | Tel. 033633 6 90 80

DURCH BAUM UND ZEIT

Die ehemalige Lungenheilanstalt in Beelitz umgibt ein Hauch des Morbiden, der sowohl Filmteams (»Der Pianist« und »Operation Walküre« wurden hier gedreht) als auch Abenteurer anlockt, die durch die halb verfallenen Gebäude ziehen. Bequemer ist der Zugang per Baumkronenpfad (kein Kletterpfad!), der in 20 Metern Höhe über das Gelände und durch den Mischwald führt. Schön spannend.

➔ BAUMKRONENPFAD

Beelitz-Heilstätten | www.baumundzeit.de | April–Okt. 10–19, Nov./Dez. Sa, So 10–16 Uhr | Eintritt 9,50 Euro | Straße nach Fichtenwalde 13 | Tel. 033204 63 47 23

PLANSCHEN MIT PINGUINEN

Kann sich kurz darauf geeinigt werden, dass Pinguine die lustigsten Tiere aller Zeiten sind? Dann zur guten Nachricht: Man kann mit ihnen schwimmen! Aus Gründen des Tierschutzes sind Pingus und Menschen durch eine Scheibe getrennt, aber der Gedanke zählt. Darüber hinaus machen Spaßbad, Saunen und Anwendungen die einstündige Bahnfahrt ab Berlin lohnenswert.

➔ SPREEWELTEN BAD

Lübbenau/Spreewald | www.spreeweltenbad.de | So–Do 9–22, Fr, Sa bis 23 Uhr | ab 12 Euro | Alte Huttung 13 | Tel. 03542 89 41 60

Jetzt in 3D:
»Die Mäuse
von Panem«

UNTERWEGS MIT ...

... HASI

Tisch für zwei, Kerzenschein inklusive

BURGER-LIGHT-DINNER

Kerzenschein, Streichquartett, mikroskopisch kleine Portionen in 18-Gänge-Menüs: Wenn das vielleicht Janes Austens, aber nicht Ihrer Vorstellung von einem perfekten Abend zu zweit entspricht, dann gehen Sie ins Volta. Das ist stilvoll mit offener Küche, lauschiger Terrasse und Schieferplatten als Tellern, aber serviert werden Burger, Shrimp-Hot-Dogs und Hähnchenspieße.

➔ VOLTA

Gesundbrunnen | www.dasvolta.com | Di–Sa ab 18 Uhr | Brunnenstr. 74 | Tel. 0176 77 55 64 22

BRUTAL REGIONAL

Gemütlich und stilvoll sind zwei Adjektive, die man für einen Abend zu zweit immer gut gebrauchen kann. Im Nobelhart und Schmutzig kommt noch die Kombi ›brutal regional‹ dazu, schließlich stammen hier die Flugente aus der Prignitz und der Fisch aus der Müritz oder Ostsee. Auf Zimt, Zitrone oder Pfeffer muss hingegen verzichtet werden, weil: halt nicht lokal. Zum Essen sitzen Sie um die offene Küche, serviert wird jeden Abend ein 10-Gänge-Menü für 95 Euro, in denen das gefilterte Leitungswasser (aus Berlin!) schon inklusive ist.

➔ NOBELHART UND SCHMUTZIG

€€€ | Mitte | www.nobelhartundschmutzig.com | Di–Sa ab 18.30 Uhr | Friedrichstr. 218 | Tel. 030 25 94 06 10

EIN WEITES FELD

Die größte Picknickwiese der Stadt ist definitiv das Tempelhofer Feld. Alles, was Sie für ein romantisches Picknick dort brauchen, aber nicht selbst besorgen wollen, können Sie sich in dem rot-weiß gestreiften Häuschen am Parkeingang Oderstraße abholen. Für zwei Personen gibt es für zehn Euro einen Korb mit Porzellangeschirr, den Sie sich nach Wunsch mit Essen befüllen. Zeitung sowie Federball-Set oder Brettspiel gibt's dazu. Den Korb bestellen Sie im Vorfeld online. Im Winter macht der Verleih Pause.

➔ PICNIC BERLIN

Tempelhof | www.picnic-berlin.com | An Sonnentagen tgl. 12–21 Uhr | Eingang Oderstraße (Höhe Hausnummer 22) | Tel. 0177 8 97 35 22

AUF'M SONNENDECK

Dieses Restaurantschiff hat Stil. Im Sommer schaut man auf Deck den Köchen an ihren Live-Cooking-Stationen zu, im Winter wärmt man sich unter Deck am Kachelofen. Auf den Teller kommt (natürlich) Fisch, Fleisch aus der Region oder Vegetarisches nach Saison. Dazu lassen Sie sich sanft von den Spreewellen schunkeln und bewundern neben Ihrer Begleitung die Bärenbrücke oder die futuristischen Glas-Neubauten am Ufer.

➔ PATIO

Moabit | www.patio-berlin.de | Mo–Sa 17.30–23, So 12–23 Uhr | Kirchstr. 13/Ecke Helgoländer Ufer | Tel. 030 40 30 17 00

Schau mir in die ...

Ja, okay, der Spruch ist alt, funktioniert aber noch. Bei schummrigem Licht im Volta

HAUSGEMACHT VOM SPITZENKOCH

Sie möchten gerne ein erstklassiges Dinner zu Hause servieren, nur spielen Ihre Kochkünste leider nicht mit? Lassen Sie sich von Berliner Spitzenköchen unter die Arme greifen: Die kreieren Menüs, die Sie online ordern und dann zu Hause nur noch in den mitgelieferten Vakuumbeuteln erwärmen und auf den Teller drapieren müssen. Das Dry Aged Beef mit Auberginencreme oder der Rehrücken mit Kräuterseitlingen gelingen so garantiert. Wenn der Romantik-Joker zieht, können Sie sich einmal im Monat im Abo Essen beliefern lassen.

➔ **EATING WITH THE CHEFS**

Mitte | www.eating.de | Tel. 030 60 98 53 83

UNTER HAIEN

Falls Sie beim Essen nicht nur dem Liebsten, sondern gerne auch Haien, Rochen oder Anemonenfischen ins Auge blicken möchten, ist das Aquarium Ihre Adresse. Mehrmals im Monat richtet das Steigenberger Hotel dort Candle-Light-Dinners aus. Vier Gänge inklusive Begrüßungssekt kosten 85 Euro; für 99 Euro gibt es das INSIDER TIPP Dinner im Nilpferdhaus. Termine auf der Website.

➔ **CANDLE-LIGHT-DINNER AQUARIUM**

€€€ | Tiergarten | www.aquarium-berlin.de | Beginn 20, Einlass 19.30 Uhr | Budapester Str. 32 | Tel. 030 2 12 77 08

Ganz. Schön. Hässlich.

ROSA BUNKER

»Stell dir vor, Adolf Hitlers ›Führerbunker‹ ist bei einer Bombenexplosion aus dem Untergrund nach oben gedrückt worden. Berlin hat den Bunker an den Travestieklub ›La vie en rose‹ verpachtet, die haben den Bunker schweinchenrosa angestrichen.« So beschrieb die Wochenzeitung Die Zeit einst das riesige Einkaufszentrum am Alex. Dem ist nichts hinzuzufügen – außer, dass man dort ganz schön gut shoppen kann.

ALEXA

Mitte | www.alexacentre.com | Mo–Sa 10–21 Uhr | Grunerstr. 20 | Tel. 030 2693400

Nicht schön, aber hat was

SCHWARZ ZU BLAU ZU KOTTI

»Guten Morgen Berlin, du kannst so hässlich sein, so dreckig und grau« – Peter Fox wusste, wovon er sang, als er in »Schwarz zu Blau« erst das Kottbusser Tor erwähnte und dann zu diesem Schluss kam. Objektiv ist die Kombination aus Kreisverkehr, sozialem Wohnungsbau und Junkies kein schöner Anblick. Aber hier schlägt halt auch das Herz der Stadt. Das erkennt man spätestens Freitagabend bei einem Blick aus den Fenstern der Paloma Bar (Skalitzer Str. 135, Do–Sa ab 22 Uhr).

➔ KOTTBUSSER TOR

Kreuzberg | Skalitzer/Ecke Kottbusser Str.

IN DER PLATTE

Plattenbauten, Punkthochhäuser und ein kolossales Ernst-Thälmann-Denkmal mit erhobener Arbeiterfaust – so hatten Sie sich den Prenzlauer Berg nicht vorgestellt? Mag sein, aber die in den 80er-Jahren errichtete DDR-Vorzeigesiedlung gehört trotzdem zum Kiez. Der Charme der Marzahn-Gedächtnis-Architektur erschließt sich erst auf den 20. Blick. Das im Park hinter dem Denkmal versteckte Biotop mit See umgarnt Sie schon beim ersten.

➔ ERNST-THÄLMANN-PARK

Prenzlauer Berg | Areal zwischen Danziger, Greifswalder Str. und S-Bahn-Ring

DICKE MAUERN

Ein Bunker ist nie ein schöner Anblick. Erst recht nicht, wenn er im mitten in der Stadt zwischen historischen Gründerzeitbauten steht. Doch dem unsprengbaren Monstrum in der Reinhardtstraße hat der Wuppertaler Kunstsammler Christian Boros eine sinnvolle Bestimmung gegeben: Seit 2008 zeigt er dort seine Privatsammlung zeitgenössischer Kunst.

➔ SAMMLUNG BOROS IM REICHSBAHN-BUNKER FRIEDRICHSTRASSE

Mitte | www.sammlung-boros.de | 12 Euro | Anmeldung: Reinhardtstr. 20 | Tel. 030 2 40 83 33 00

STILLOSE SCHLAPPHÜTE

Nein. Nein. Nein. Das ist die einzig adäquate Reaktion auf das Scheusal, das sich der BND an der Chausseestraße geleistet hat. Und nein, die Metallpalmen vor dem Eingang machen das nicht besser. Wer sich allerdings den Metallzaun entlang traut, dann der am Hintereingang fließenden Südpanke folgt und an der Ida-von-Arnimstraße abbiegt, landet am Nordhafen mit seiner idyllischen Promenade und der wunderbaren Liegewiese mit Wasserblick. Das entschädigt.

➔ BND-NEUBAU

Mitte | Chausseestr. 42 a

... CARO, FRANZI, MATZE & CO

Fünf Freunde und das Geheimnis der Riesenpizza

Ansage
Wahrhaft Nahrhaft – und zwar für jeden

WIE HERR LEHMANN UND KARL

Das Restaurant in der Kreuzberger Markthalle ist Schauplatz einer mittlerweile legendären Berliner Freundschaftsgeschichte – der zwischen Karl und Herrn Lehmann im nach Letzterem benannten Roman von Sven Regener. Mit Ihren Freunden können Sie die Tradition bei Schnitzel Wiener Art, Schweinebraten oder Semmelknödeln fortsetzen. Ein bisschen Charme der 1980er-Jahre hat sich in dem rustikalen Laden trotz der Grundsanierung der Markthalle erhalten – zum Glück!

➔ WELTRESTAURANT

Kreuzberg | www.weltrestaurant-markthalle.de | tgl. ab 12 Uhr | Pücklerstr. 34 | Tel. 030 6 17 55 02

EIN TOPF

Auf dem Tisch brutzelt das Öl und blubbert der Käse, und Sie müssen sich jetzt nur noch entscheiden, ob Sie zuerst Hähnchenbrust, Black-Tiger-Gambas oder Brot darin versenken mögen. Wenn das Ihrer Idealvorstellung von einem Abend unter Freunden entspricht, sind Sie in Berlins erstem Fondue-Lokal genau richtig. Das bietet für 39,50 Euro pro Person ein Menü für Gruppen an, das ein Fleisch- und ein Käsefondue nach Wahl mit Antipasti, selbst gebackenem Brot und BBQ-Dip kombiniert.

➔ ARS VINI

Prenzlauer Berg | www.arsvini.de | Sept.–Feb. tgl., März–Aug. Fr–So ab 17 Uhr, für Gruppen nach Absprache | Sredzkistr. 27 | Tel. 030 49 08 85 40

WAGENRADPIZZA

»In Rixdorf ist Musike ...«, so beginnt ein Gassenhauer. Bis heute verströmt der Neuköllner Kiez echtes Dorfflair und die Villa Rixdorf mit ihrem schönen Biergarten fügt sich da perfekt ein. Mit guten Freunden ordern Sie die legendäre Riesenpizza. Dank einem Meter Durchmesser und großer, individueller Belagauswahl wird jeder satt (ab acht Personen, nach vorheriger Reservierung).

➔ VILLA RIXDORF

Neukölln | www.villa-rixdorf.com | tgl. 11–1 Uhr | Richardplatz 6 | Tel. 030 68 08 60 00

VOM VEGANER BIS ZUM HUND

Caro isst vegan, Franzi hat Glutenunverträglichkeit und Matze geht nirgendwohin, wo nicht auch an seinen Dackel Mops gedacht wird? Zum Glück hat das Wahrhaft Nahrhaft für jeden Ihrer Freunde das richtige Angebot: veganen Cheesecake für Caro, Fenchelcremesuppe mit selbst gebackenem, glutenfreiem Brot für Franzi und INSIDER TIPP hausgemachte Hundeplätzchen für Mops. Bagel, Birchermüsli und bunte Salate gibt es außerdem.

➔ WAHRHAFT NAHRHAFT

Friedrichshain | www.wahrhaftnahrhaft.de | Mo–Fr 9–19, Sa, So 10–19 Uhr | Revaler Str. 16 | Tel. 0176 81 84 44 74

BFF

Auf den langen Bänken des Restaurants können Sie gut mit Ihren Freunden zusammenrücken und leckere Sushi-Platten teilen. Falls jemand an der asiatischen Küche eher Nudelsuppen oder Currys schätzt, wird er ebenso fündig. Vergessen Sie nicht, mit dem Hausgetränk »Best Friends Konichi wa« (Litschisaft, Erdbeeren, Mangosirup, frische Limetten – erfrischend und lecker) auf die Freundschaft anzustoßen.

➔ BEST FRIENDS

Prenzlauer Berg | www.best-friends-berlin.de | Mo–Fr 12–24, Sa, So ab 13 Uhr | Gleimstr. 10 | Tel. 030 43 73 57 61

ESSEN IN ÜBERGRÖSSE

Die Wahrheit ist: Das 1,5-Kilo-Jägerschnitzel, der 30 Zentimeter große Burger und der Eisbecher mit 30 Kugeln werden als einzelne Gerichte angepriesen. Aber diese nicht zu teilen, wäre Wahnsinn. Außerdem wirbt das Restaurant mit Erlebnisgastronomie, und gemeinsam das größte Fischstäbchen der Welt zu vertilgen, ist ja wohl ein Erlebnis. Das hat auch das Fernsehen erkannt, das regelmäßig vorbeischaut.

➔ REDO XXL

Tempelhof | www.redoxxl.de | So–Do 12–22, Fr, Sa 12–24 Uhr | Tempelhofer Damm 227 | Tel. 030 36 41 34 61

GETEILT DURCH

Was schreit mehr nach »Wir bestellen ganz viel und teilen dann!« als Tapas? Im Restaurant Berlin Tapas des Maritim-Pro-Arte-Hotels gibt es sie in der deutschen Variante: Kleine Berliner Buletten mit Schmorzwiebeln, Kartoffelpuffer mit Räucherlachs und Currywurst. Wenn Matze mit dem großen Hunger nicht teilen mag, kann er sich auch seinen eigenen Burger bestellen. Vegetarische Alternativen gibt es auch.

➔ BERLIN TAPAS

Mitte | www.maritim.de | Di–Sa 12–23, So, Mo bis 22 Uhr | Friedrichsstr. 151 | Tel. 030 20 33 45 30

FRÜH- BIS SPÄTSTÜCK

Eine ganze Frühstücksetagere mit Bresaola-Schinken, hausgebeiztem Lachs, Fetacreme und Obst alleine zu verspachteln, das macht nicht nur keinen Spaß, sondern auch Bauchschmerzen. Daher lohnt sich ein Ausflug unter Freunden in das Café im Kollwitzkiez. Die Etagere für drei bis vier Personen kostet 29,50 Euro und wird bei Bedarf INSIDER TIPP bis 22 Uhr serviert, also auch als Abendbrot. Ein-Personen-Frühstücke gibt es natürlich auch.

➔ ANNA BLUME

Prenzlauer Berg | www.cafe-anna-blume.de | tgl. 8–22 Uhr | Kollwitzstr. 83 | Tel. 030 44 04 87 49

DIESMAL MEIN ICH'S ERNST

Lass uns Freunde bleiben. So verabschiedet man sich normalerweise aus einer abgetragenen Beziehung. Aber unter Freunden-Freunden kann man das auch mal ernst meinen und das mit diesen beim Frühstück oder einem guten Kaffee im gleichnamigen Café feiern. Weil so ein Kaffee unter Freunden immer so nett ist und die Zeit verfliegt, können Sie dort bis zum Abend bleiben. Dann wird der gemütliche Laden nämlich zur Bar. Nur von dessen Website dürfen Sie sich in diesem Plan nicht beirren lassen. Sie lautet www.ruf-mich-nie-wieder-an.de.

➔ LASS UNS FREUNDE BLEIBEN

Mitte | www.ruf-mich-nie-wieder-an.de | Mo–Fr ab 8, Sa ab 10 Uhr | Choriner Str. 12 | Tel. 0179 6 82 54 03

Durch die Blume

Nicht nötig: Das Frühstück bei Anna Blume ist ganz unverblümt dufte

... DEN SCHWIEGER-MONSTERN

Maria, der Schwieger-mutter schmeckt's doch!

O'zapft is
Ein Pfefferbräu, bitte!

EINE GESCHICHTE AUS ZWEI STÄDTEN

Ein Klassiker, der allein aufgrund seiner Lage (im Regierungsviertel) und seiner Architektur (ein einst im Niemandsland der Mauer vergessenes Fachwerkhaus) besticht. Serviert wird Gourmetküche der bodenständigen Art, u. a. Havelzander auf »Himmel und Erde« mit gebratener Blutwurst. Ein Menü mit drei Gängen kostet ab 39 Euro.

➔ PARIS MOSKAU

€€€ | Tiergarten | www.paris-moskau.de | tgl. ab 18, Mittagstisch 12–15 Uhr | Alt-Moabit 141 | Tel. 030 3 94 20 81

GUT GEWÜRZT

Es darf auch etwas anderes als Schnitzel sein? Dann entführen Sie Ihre Schwiegereltern in die Gewürz- sowie Deko-Welt Indiens. Unter Aufsicht diverser, aber sehr charmanter Buddhas sorgen Mehr-Mann-Menüs wie die Maharadscha-Platte (Suppe, diverse Currys plus Nachspeise) für noch mehr familiären Zusammenhalt.

➔ MAHARADSCHA

Schöneberg | www.maharadscha2.de | Do–Di 17–23 Uhr | Fuggerstr. 21 | Tel. 030 2 13 88 26

PROMIS AN KARTOFFELPÜ

Was könnte besser Eindruck schinden als ein Laden, der für prominente Gäste wie z. B. Angela Merkel bekannt ist? Darüber hinaus besticht das Lokal mit authentischen, deftigen Gerichten wie etwa Blutwurst *(boudin noir)* mit Thymianäpfeln und Kartoffelpüree. Mittags ist man für drei Gänge mit 17,50 Euro dabei. Fürs 10-Gänge-Amuse-bouche-Menü berappt man 95 Euro (reservieren!)

➔ CHEZ MAURICE

Prenzlauer Berg | www.chez-maurice.com | tgl. ab 18, Mittagstisch Di–Sa 12–15.30 Uhr | Bötzowstr. 39 | Tel. 030 4 25 05 06

BRECHTS ERBEN

Ja, hier darf man auch rein, wenn man weder Brecht noch Peymann heißt. Die Kantine des renommierten Theaters ist gepflastert mit Fotografien aus verschiedenen Epochen; zu essen gibt es solide Hausmannskost zu günstigen Preisen. Früher war hier Heiner Müller Stammgast, heute sitzen die aktuellen Stars des Berliner Ensembles – manchmal noch geschminkt und kostümiert – im bunt gemischten Publikum. Damit die Schwiegereltern die auch erkennen, vorher unbedingt ins Theater gehen!

➔ KANTINE BERLINER ENSEMBLE

Mitte | www.berliner-ensemble.de | Mo–Sa 9–24, So 16–24 Uhr | Bertolt-Brecht-Platz 1 | Tel. 030 28 40 80 (Zentrale)

REGIONAL SELBST GEBRAUT

Tradition trifft Braukunst trifft einen Hauch Raffinesse – so bekommt man auch die skeptischsten Besucher herum. Auf dem Gelände der historischen Schultheiss-Brauerei wird seit einigen Jahren wieder selbst gebraut. Das Pfefferbräu ist ein kräftiges Pilsner mit markanter Hopfennote und leicht würzigem Aroma. Zu essen gibt es regionale Spezialitäten, für das selbst gebackene Treberbrot wird Biermaische aus der Brauerei genutzt.

➔ PFEFFERBRÄU

Prenzlauer Berg | www.pfefferbraeu.de | Di–Do 16–22.30, Fr 15–23, Sa, So ab 12 Uhr | Schönhauser Allee 176 | Tel. 030 47 37 73 62 40

KLASSIKER AUS DEM SÜDEN

Sie können Gerichte jeglicher Couleur auffahren, nur bekannt sollten sie sein? Falls Ihre Schwiegereltern von dieser Sorte Bodenständigkeit sind, werden sie mit Wiener Schnitzel, Apfelstrudel und Maultaschen glücklich. Zudem gibt es eine große Auswahl an Weinen aus dem Süden Deutschlands und aus Österreich. Für Fans: In der angeschlossenen Bäckerei und Manufaktur können Sie sich mit Spätzle, Terrinen und Konfitüren für zu Hause eindecken.

➔ ALPENSTÜCK

Mitte | www.alpenstueck.com | tgl. ab 18 Uhr | Gartenstr. 9 | Tel. 030 2 17 16 46

... DEN KLEINEN MONSTERN

> Lara will nicht aus dem Pommes-Paradies abgeholt werden

BAYERISCH-SPANISCHE KLETTERPARTIE

Für die einen ist das Alois S. eine Tapas-Bar, deren Namen nach bayerischem Wirtshaus klingt (Namensgeber Alois Senefelder stammte allerdings aus Prag und erfand die Lithografie). Für die anderen ist es ihre Werder-Bremen-Fankneipe. Und für Sie ist es der Laden, dessen Biergarten einen Spielplatz mit Klettergerüsten und Tischtennisplatten beheimatet, was ihn zum perfekten Ausflugsziel mit Kindern macht.

➔ ALOIS S.

Prenzlauer Berg | www.aloiss.de | Mo–Fr 18–1, Sa 13–1, So 16–24 Uhr | Senefelderstr. 18 | Tel. 030 44 71 96 80

SPIELE-LABYRINTH

Das ist keine Spielecke mehr, das ist schon ein richtiger Indoor-Spielplatz, den das Familienlokal getrennt durch eine Glasscheibe vom Gastraum aufgebaut hat: Bällebad, Rutschen und zu durchkletternde Röhren bilden ein Labyrinth. Die erste Stunde kostet drei, jede weitere einen Euro. Eltern haben Pause: Zeit für Omelettes, Fajitas oder Hüftsteak.

➔ KIIWII BERLIN

Wilmersdorf | Mo–Do 10–20, Fr–So 9–20 Uhr | www.kiiwii-berlin.de | Güntzelstr. 10 | Tel. 030 21 99 60 77

ERNSTHAFTE KEKSE

Wenn ein Restaurant *Serious Eating* verspricht, auf saisonale und regionale Zutaten und Showküche setzt und dann auch noch in Mitte liegt, erwartet man nicht unbedingt Kinderfreundlichkeit. Doch unter dem Motto »Kidz want Cookies« gibt es regelmäßig tolle Veranstaltungen mit Kindern, bei denen Kresse gepflanzt, Saft gepresst oder gebastelt wird (Termine: www.kidzwantcookies.com) – und ja, natürlich deutet das ›Cookies‹ darauf hin, dass hier mal wieder Heinz Gindullis alias Cookie am Werke ist.

➔ CHIPPS

Mitte | www.chipps.eu | Mo–Sa ab 9, So 9–17 Uhr | Jägerstr. 35 | Tel. 030 36 44 45 88

Finding Kiddo
Keine Smarties, trotzdem bunt im Spielzimmer

LANGER HALS UND GROSSE KARTE

Bevor die Kinder in der extra eingerichteten Spielecke verschwinden, können Sie sich durch ihre eigene Speisekarte schlemmen. Kinderfrühstück (Brötchen, Nutella, Obst, Überraschungsei)? Nudeln mit Tomatensauce? Oder doch lieber Eierkuchen mit Apfelmus? Das Angebot für die Großen ist ebenso reichhaltig und reicht von 15 Frühstücksvarianten über Nudelgerichte bis zu Currys. Aufgrund der Lage perfekt für den Stopp vor oder nach einem Zoobesuch.

➔ **RESTAURANTKNEIPE GIRAFFE**

Tiergarten | www.giraffe-berlin.de | tgl. ab 8 Uhr, Frühstück bis 14 Uhr | Klopstockstr. 2 | Tel. 030 34 35 16 90

EINS FÜR ALLE

Während die Kleinsten mit Holzspielzeug durch den Babybereich robben und die etwas Größeren im Spielzimmer Piratenschiff und Bauecke unsicher machen, warten auf die Größten im Gastraum Spätzle, lecker belegte Ciabattas und hausgemachter Kuchen. Das Familiencafé legt halt Wert darauf, dass sich alle wohlfühlen. Am Wochenende wird von 9.30 bis 14 Uhr gebruncht. Im Innenhof gibt es einen INSIDER TIPP abgetrennten Parkplatz für Kinderwagen, Lauf- und Fahrräder.

➔ **EMMA & PAUL**

Schöneberg | www.emma-paul.de | Mo–Fr 9.30–18.30, Sa, So bis 19 Uhr | Gleditschstr. 47 | Tel. 030 23 62 83 68

IN BÄLLEN BADEN

In Prenzlauer Berg weiß man einfach, wie man Familien glücklich macht: mit Bällebädern. Davon gibt es gleich zwei, damit die Kinder über drei die unter drei nicht zu sehr betoben. Außerdem warten Verkleidungskiste, Spielhaus, Federwippe und »Baby Latte« auf die kleinen Gäste. Für Eltern gibt es Milch in Kombination mit Koffein sowie Kuchen und eine Auswahl herzhafter Speisen. Kinder ab zwei Jahren zahlen für das Spielvergnügen einen Euro Eintritt.

➔ **SPIELZIMMER**

Prenzlauer Berg | www.facebook.com/DasSpielzimmer | tgl. 10–19 Uhr | Schliemannstr. 37 | Tel. 030 44 03 76 35

Zu alt dafür? Von wegen!

Will spielen!

MITTELALTER, GUT GEPOLSTERT

Sie wollten schon immer mal mit Schwert und Kettenkeule bewaffnet im Team einen Hundeschädel in ein gegnerisches Tor bugsieren? Herzlichen Glückwunsch, Ihr Traum geht in Erfüllung! Beim Jugger. Alles Angesprochene ist natürlich künstlich, gepolstert und im Schnitt nicht gefährlicher als Fußball. Fürs dauerhafte Juggern müssen Sie Vereinsmitglied werden (keine Sorge: alles entspannt organisiert).

➔ JUGGER E.V.

Verschiedene Stadtteile | www.jugger-berlin.de | Training in verschiedenen Hallen im Stadtgebiet (s. Website) | Tel. 030 68 08 98 64

AUF TARZANS SPUREN

Im Kletternetz wird geturnt, das Hängeseil schwingt und auf der Strickleiter herrscht Gedränge: Der Volkspark Jungfernheide ist ein Tummelplatz der Luftakrobaten. Der Kletterdschungel bietet verschiedene Routen für Erwachsene. Kinder, die 1,45 Meter hoch greifen können, sind aber auch zugelassen.

➔ **WALDHOCHSEILHARTEN JUNGFERNHEIDE**

Charlottenburg | www.waldhochseilgarten-jungfernheide.de | wechselnde Öffnungszeiten und Preise s. Website | Heckerdamm 260 | Tel. 030 34 09 48 18

SCHWING DIE KUFE

Unter freiem Himmel ein paar Pirouetten drehen oder wie in alten Zeiten an der Bande lehnend anderen Eindruckschindern zusehen: Das geht in Berlin nur im Eisstadion Neukölln, das in den Werner-Seelenbinder-Sportpark integriert ist. Die Preise sind mit 3,30 Euro für Erwachsene und 1,60 Euro für Kinder gemäßigt. Schlittschuhe gibt's ab 2,50 Euro.

➔ **EISSTATION NEUKÖLLN**

Neukölln | www.eislaufen-berlin.de | Okt.–März Mo–Sa 9–13 (Sa bis 12), 15–18 u. 19– 21.30 Uhr, So 9–13 u. 14–17 Uhr | Oderstr. 182 | Tel. 030 62 80 44 03

SPRING DICH FREI

Sie sind es leid, wie in Ihrem Erwachsenenalltag immer mit Ihnen umgesprungen wird? Dann springen Sie doch selbst! In der großen Halle werden Sie dabei von Trampolinen unterstützt, und ja, natürlich ist das ein Trendsport, der aus den USA zu uns geschwappt ist (1 Std./13 Euro). Nebenbei macht es wahnsinnig Spaß und pulverisiert jeden Stress. Für Einsteiger gibt es auch Workshops.

INSIDER TIPP Jeden Samstag von 21 bis 23 Uhr wird zu Diskomusik gehopst (19 Euro).

➔ **JUMP BERLIN**

Reinickendorf | www.jump-berlin.de | Mo, Di, Fr 15–22, Mi, Do 15–19, Sa 10–23, So 10–22 Uhr | Königshorster Str. 11–13 | Tel. 0179 2 77 41 48

JAGT DAS SCHNITZEL

Nur weil Sie schon lange nicht mehr auf einen Kindergeburtstag eingeladen waren, heißt das nicht, dass Sie auf Schnitzeljagden verzichten müssen. Mit den selbst gebastelten Boxen rätseln Sie und Ihre Freunde sich quer durch einen Kiez Ihrer Wahl. Kaufen können Sie diese im Netz oder auch in einem der Läden an der Strecke (u. a. bei Vielfach Berlin, Zimmerstr. 11, oder RegalRocker, Stargarder Str. 17, ab 29 Euro).

➔ **STADTSPIEL BERLIN**

Verschiedene Stadtteile | www.stadtspiel-schnitzeljagd.de | Tel. 0351 2 13 68 00

... HOLY FAMILY

Vater, Mutter, Kind. Und Kellner.

PIZZA IN WEISS

Wenn am Nebentisch die italienische Großfamilie tafelt, weiß man, dass man bei der Wahl der Pizzeria alles richtig gemacht hat. Der Laden am Arnimplatz mit seinen Holztischen ist gemütlich-unprätentiös. Für Kinder gibt es extra kleinere Portionen. Besonders empfohlen sind die *pizze bianche,* die auf Tomatensauce verzichten, sodass der Belag (etwa Mozzarella, Kartoffeln, Rosmarin und Parmesan) besser zur Geltung kommt.

➔ **LA LUPA E L'ORSO**

Prenzlauer Berg | **www.lalupaelorso.de | tgl. 16–24 Uhr | Schönfließer Str. 14 | Tel. 030 96 60 18 24**

BRÜHLSCHE TAPAPS

Die Jahre am gemeinsamen Esstisch haben bewiesen: Am besten schmeckt der Schwester, was sie direkt von Ihrem Teller stibitzen kann. In der gemütlichen Tapaps-Bar am Görlitzer Park können Sie ihr als Versöhungsangebot geteiltes Essen für alle anbieten. Weiterer Anreiz für einen Besuch ist der Mitinhaber, Halbspanier und einziger Besitzer eines bärtigen Babyfaces, Daniel Brühl.

➔ **BAR RAVAL**

Kreuzberg | **www.barraval.de | So–Do 18–23, Fr, Sa 18–24 Uhr | Lübbener Str. 1 | Tel. 030 53 16 79 54**

RUSSISCHE KLASSIKER

»Alle glücklichen Familien gleichen einander«, so schrieb es schon Leo Tolstoi zu Beginn seiner »Anna Karenina«. Was er nicht erwähnt: Russische Speisen wie *blini* (russische Pfannkuchen), *wareniki* (Teigtaschen) oder Bœuf Stroganoff (Rindfleisch mit Zwiebeln, saurer Sahne und Kartoffelrösti) können dieses Glücksgefühl beflügeln. Im nach einem anderen russischen Klassiker, dem Autor von »Doktor Schiwago«, benannten Pasternak können Sie das selbst erproben.

➔ **PASTERNAK**

Prenzlauer Berg | **www.restaurant-pasternak. de | tgl. 9–1 Uhr | Knaackstr. 22–24 | Tel. 030 441 33 99**

TRADITIONELL SATT

Die Familie schiebt richtig Kohldampf? Hier bekommen Sie sie garantiert satt. Die Tiergartenquelle ist für große Portionen und kleine Preise bekannt. Der Gastraum ist so bodenständig wie die servierte Hausmannskost. Vom Kaiserschmarrn wird allerdings gemunkelt, dass er sich während des Verzehrs auf dem Teller vermehrt. So köstlich er ist – lieber erst mal nur eine Portion für alle ordern.

➔ TIERGARTENQUELLE

Tiergarten | www.tiergartenquelle.de | Mo–Do 16–24, Fr 16–1, Sa 12–1, So 12–24 Uhr | Bachstr./S-Bahnbogen 482 | Tel. 030 3 92 76 15

FRISCHES VIETNAM

Auf den langen Bänken des vietnamesischen Restaurants kann die Familie gut zusammenrücken. Die Gerichte ohne Glutamat, dafür mit viel frischem Gemüse, sind günstig und liebevoll angerichtet; der Service ist für Berlin fast zu nett. Im Sommer können Sie auf der kleinen Terrasse an der Straße draußen sitzen. Zum Nachtisch unbedingt den schwarzen Klebereis mit Mango und Kokosmilch probieren!

➔ CO CHU

Mitte | www.co-chu.de | Mo–Sa 11.30–23, So 12–23 Uhr | Invalidenstr. 29 | Tel. 030 30 88 15 87

DAS HAUS AM SEE

Das Gasthaus, das im 18. Jahrhundert aus einer alten Fischerhütte hervorging, bietet den perfekten Abschluss für einen Familienspazierung am Schlachtensee. Im Sommer sitzen Sie auf der Terrasse mit Seeblick; im Winter knistert im historischen Gastraum der Kamin. Im Restaurant werden Klassiker wie Himmel und Erde, Rindergulasch oder Zander serviert; im rustikalen Biergarten schmeckt der Flammkuchen.

➔ FISCHERHÜTTE AM SCHLACHTENSEE

Zehlendorf | www.fischerhuette-berlin.de | tgl. ab 10, Biergarten ab 9 Uhr | Fischerhüttenstr. 136 | Tel. 030 80 49 83 10

Familie ...

kann man sich nicht aussuchen. Aber die Location

... ALLEN. WIRKLICH ALLEN.

Feste muss man feiern, wo Platz für alle ist

GROSSER BAHNHOF

Holzfußboden, weiß getünchte Backsteinwände und eine rustikale Holzdecke samt Verstrebungen: In den Hallen des ehemaligen Güterbahnhofs an der Greifswalder Straße lebt die Industriekultur fort und bietet genau das Umfeld, in dem hippe Berliner von heute heiraten wollen. Bis zu 600 Leute finden hier sowie auf dem großzügigen Außengelände Platz.

➔ VON GREIFSWALD

Prenzlauer Berg | www.von-greifswald.de | auf mehreren Plattformen buchbar, z. B. www.eventsofa.de/e/von-greifswald-berlin | Greifswalder Str. 80

DER GRILL IST DER GRÖSSTE

Sie und Ihre Großfamilie wollen gemeinsam essen, und zwar jetzt, sofort? Dann können Sie davon profitieren, dass das Kreuzberger Restaurant mit der türkisch-griechischen Küche nicht nur den größten Holzkohlegrill der Stadt sein Eigen nennt, sondern auch sonst sehr geräumig daherkommt. Gemütlich ist das charmante Lokal mit den unverputzten Backsteinwänden dennoch. Für kleinere Feste ab zehn Personen gibt es **INSIDER TIPP** ein einfaches 2-Gänge-Menü inklusive alkoholfreier Getränke für 15 Euro.

➔ HADIGARI

Kreuzberg | www.facebook.com/hadigari.berlin | tgl. 16–24 Uhr | Schönleinstr. 2 | Tel. 030 50567944

BESTE SICHT

Imposant thronen die beiden Türme am Frankfurter Tor über den Zuckerbäckerbauten der Karl-Marx-Allee. Von dort oben muss die Aussicht fantastisch sein? Überprüfen Sie es selbst! Denn den südlichen der Türme können Sie für Feiern mieten. Vier Ebenen stehen dabei zur Verfügung. Das größte Highlight ist natürlich der Kuppelraum mit den hohen Fenstern ganz oben. Der Platz reicht für ein festliches Essen mit bis zu 40 Personen. Falls Sie einen Stehempfang planen, bekommen Sie doppelt so viele Leute unter.

➔ KUPPELRAUM FRANKFURTER TOR

Friedrichshain | www.lounge-im-turm.de | Frankfurter Tor 9 | Tel. 030 8600900

Platz da!
Aber klar doch: im Pavillon im Volkspark Friedrichshain

ALLE MANN AN BORD

Floß? Das klingt nach Abenteuer, Huckleberry Finn und Mississippi, aber nicht unbedingt nach einer entspannten Party-Location. In diesem Fall ist es das aber, denn was »Hauptstadtfloß« heißt, meint eigentlich schmucke Holzboote mit Platz an und unter Deck, die Sie für Feste mieten können. Bis zu 55 Personen können mitreisen und sich zu leckerem Essen und kühlen Getränken über die Berliner Wasserstraßen schippern lassen.

➔ HAUPTSTADTFLOSS

Verschiedene Stadtteile | www.hauptstadtfloss.de | Tel. 030 55 49 41 20

ES GEHT EIN LICHT AUF

Vor bald 120 Jahren wurden in den Osram-Höfen die ersten Glühbirnen des Landes hergestellt. Heute erinnert an diese lichte Vergangenheit nicht nur der Name des dort residierenden Restaurants, sondern auch dessen Industriecharme. Die helle, große Location mit den Backsteinwänden und den Sprossenfenstern eignet sich für Privatpartys, aber auch für Hochzeiten und andere Familienfeiern.

➔ LA LUZ

Wedding | www.laluz.de | Oudenarder Str. 16–20 | Tel. 030 45 08 92 30

FEIERN IM PARK

Der Pavillon am südlichen Ende des Volksparks wurde 1973 unter dem Namen »Spreewalddorf« für die X. Weltfestspiele eröffnet. Das Reetdach gilt als das größte Berlins. Heute können Sie die renovierten und ausgebauten Gasträume für Feste mieten. Maximal 400 Leute finden hier Platz – es dürfen aber auch weniger sein. Frischluftfanatiker können ihre Party auch unter die alten Bäume in den Biergarten verlegen.

➔ PAVILLON IM VOLKSPARK FRIEDRICHSHAIN

Friedrichshain | www.pavillon-berlin.de | Friedenstr. 101 | Tel. 030 42 08 09 90

Teller leer,
Lust auf
mehr …

HUNGER? GEGESSEN!

MEGA-KOHLDAMPF

Mein Lieblingsgericht heißt »viel davon«

Zünftig

Fränkische Küche und noch Hunger? Sofort Nachsitzen im Fränkla!

BIERTEIG UND STEINKRUG

Uriges Ambiente und herzhafte Hausmannskost – wer nicht gerade Vegetarier ist, wird hier mit Fränkischem Schäufele (knusprig gebratene Schweineschulter mit Kraut und Kartoffelkloß), Brauergulasch oder Fisch im Bierteig glücklich und vor allem pappsatt. Das naturtrübe Zirndorfer Kellerbier dazu wird im Steinkrug serviert.

➔ **FRÄNKLA**

Wilmersdorf | www.fraenkla.berlin | Di–Sa 16–24 Uhr | Güntzelstr. 24–25 | Tel. 030 86 42 09 06

EHRLICHE BURGER

Anfang der 1980er-Jahre brachte Gründer Tómas Andrés Tómasson den Burger erst nach Island und dann in die Welt. 2014 eröffnete die erste Berliner Filiale in Mitte; die zweite folgte 2016 am Kudamm. Zur Auswahl stehen ehrlich-übersichtliche fünf Burger-Varianten (u. a. Chicken-/Veggi-/Double-Burger), die Sie sich nach Lust und Hungergrat um Bacon oder Käse bereichern lassen können. Gurken, Jalapeños und Dips legt man in Selbstbedienung nach. Den letzten Resthunger tilgt einer der cremigen Milchshakes.

➔ **TOMMI'S BURGER JOINT**

Mitte | www.burgerjoint.de | tgl. 12–22 Uhr | Invalidenstr. 160 | Tel. 030 52 13 21 90
Charlottenburg | Kurfürstendamm 212 | Tel. 030 37 43 29 27

TASCHEN AUS TEIG

Die polnische Küche ist deftig – und unsagbar lecker. Den Beweis dafür tritt Lidia Kozlowska in ihrem auf Piroggen spezialisierten Restaurant an. Gefüllt werden die traditionellen Teigtaschen mit Sauerkraut, Pilzen oder Schweinefleisch, garniert mit einem Löffel saurer Sahne und Röstzwiebeln. Auch andere polnische Spezialitäten wie der Kraut-Eintopf *bigos* oder die Rote-Beete-Suppe *barszcz* stillen selbst den größten Hunger. Gelegentlich finden im Restaurant auch INSIDERTIPP Konzerte statt.

➔ **PIEROGARNIA**

Wedding | www.pierogarnia.de | Di–Sa 16–22 Uhr | Turiner Str. 21 | Tel. 030 89 62 69 27

GEORGISCHE PIZZA

Holztische, Kachelofen, Blick über den Arnimplatz: Hier können Sie es sich gemütlich machen und bei georgischer Küche lukullisch gut gehen lassen. Als Antwort des Landes auf die Pizza gelten die mit Frischkäse gefüllten Teigtaschen, die im Steinofen gebacken werden. Die georgische Variante des Schaschliks – *mzwadi* – wird mit einer Marinade nach Familienrezept zubereitet.

➔ **RESTORANI TBILISI**

Prenzlauer Berg | www.restorani-tbilisi.de | Di–Sa 17–24, So 14–24 Uhr | Schönfließer Str. 15 | Tel. 030 23 92 70 15

BRASILIANISCHE SPIESSER

Zehn Fleischgänge, gegart am Spieß über offenem Feuer, zwei Dessertgänge und ein Buffet mit kalten und warmen Beilagen – für 25 Euro: Wenn Sie so ›satt‹ buchstabieren, sind Sie in diesem brasilianischen Restaurant richtig. Die Räume in der Jugendstilvilla der alten Groterjan-Brauerei sind heimelig genug, dass Sie hier auch die vielen Stunden genießen können, die die diversen Gänge erfordern.

➔ **VILLA RODIZIO**

Prenzlauer Berg | www.villa-rodizio.de | Di–Do ab 18, Fr, Sa ab 17, So ab 16 Uhr | Milastr. 2 | Tel. 030 44 04 69 00

DEUTSCH-AMERIKANISCH-RUSSISCHE FREUNDSCHAFT

Traditionelle deutsche Küche macht garantiert satt, verspricht aber nicht zwangsläufig das raffinierteste kulinarische Erlebnis aller Zeiten. Außer, man mischt etwas russische und US-amerikanische Esskultur unter. Im Sauerkraut trifft Kalbsroulade auf Cranberrys und Steak auf Schnapsmarinade und Granatapfelcreme. Wenn Sie nur großen Hunger, aber keine Lust auf Experimente haben, erledigt einer der Burger den Job.

➔ **SAUERKRAUT**

Mitte | www.restaurant-sauerkraut.de | tgl. ab 12 Uhr | Weinbergsweg 25 | Tel. 030 66 40 83 55

EISBEIN-PREMIERE

In Berlins ältestem Restaurant – seit 1621! – speisten schon Berühmtheiten wie Charlie Chaplin, Heinrich Zille oder Clara Zetkin. Heute treffen asiatische Touristen auf das erste Eisbein ihres Lebens, das als »Zeugenaussage« auf der Karte steht. Auch andere Gerichte spielen, wie der Name des Restaurants, auf die Nähe zum Gericht an: »Kreuzverhör« (Kalbsleber, süßer Apfel, Kartoffelstampf) oder »Einstweilige Verfügung« (Grillhaxe, Gewürzrotkohl, Kartoffelkloß). Koch und Inhabersohn André Sperling lässt niemanden hungrig nach Hause gehen.

➔ **ZUR LETZTEN INSTANZ**

Mitte | www.zurletzteninstanz.com | Mo 17–1, Di–Sa 12–1, So 12– 22 Uhr | Waisenstr. 14–16, warme Küche 12–15, 18–23 Uhr | Tel. 030 2 42 55 28

TAPAS-BUFFET

Garnelen in Knoblauch, frittierte Paprika oder doch iberische Schinkenkroketten? Da Sie sich eh nicht entscheiden können, und zudem bei Tapas immer die Sorge mitschwingt, ob die bestellte Menge der kleinen Portionen wirklich reicht, gehen Sie einfach wochentags von 11 bis 16 Uhr ins Yosoy. Da gibt es für 8,90 Euro so viele Tapas, wie Sie essen können. Magen voll, Problem gelöst.

➔ **YOSOY**

Mitte | www.yosoy.de | tgl. 11–3 Uhr | Rosenthaler Str. 37 | Tel. 030 28 39 12 13

SATT DURCH SUPPE

Sind Sie schon einmal nach einer Schüssel *pho* hungrig vom Tisch aufgestanden? Eben. Lecker wie günstig ist der vietnamesische Suppenklassiker in dem sympathischen, aufgeräumten Laden mit seinen Filialen in Friedrichshain und Mitte. Klassische Reis- und Nudelgerichte gibt es natürlich auch.

➔ **VIET BOWL**

Friedrichshain | www.vietbowl.de | tgl. 11.30–23 Uhr | Straßmannstr. 41 | Tel. 030 42 01 49 42
Mitte | tgl. 11.30–17 Uhr | Zimmerstr. 69 | Tel. 030 20 45 37 12

Trau dich!

Im Sauerkraut gibt's – außer Sauerkraut – den kulinarischen Culture Clash

BIKINI-FOOD

Schön, schlank und trotzdem satt

FATBURNER, DAS GETRÄNK

Hier reicht es schon, den Namen des Ladens auszusprechen, damit Sie sich gleich fünf Kilo leichter und kerngesund fühlen: Superfoods & Organic Liquids. Und noch mal: Superfoods & Organic Liquids. Hmmm. Zu essen gibt es Salat mit Superfoods, Joghurt-Bowls und zuckerfreies Frühstück. Ihr Getränk der Wahl ist natürlich der »Fatburner« (Zitronensaft, Cayennepfeffer, Ahornsirup).

➔ SUPERFOODS & ORGANIC LIQUIDS

Mitte | **www.superfoodsberlin.com | Mo–Fr 8–19, Sa 9–19, So 10–18 Uhr | Weinbergsweg 23 | Tel. 030 64 95 87 40**

ISS DICH SCHÖN

»Vorher hässlich, nachher nicht mehr.« So formulierte einst ein Zeit-Online-Autor seine Erwartung an einen Besuch im Daluma, das seinen Namen seinen drei Gründern David, Lukas und Marian verdankt und Detox-Kost serviert. Die soll entgiften, was ein wissenschaftlich umstrittener Prozess ist, aber lecker-leicht schmecken die Bowls mit Zucchini, Rucola und Quinoa oder Kurkuma-Blumenkohl mit Tabouleh trotzdem.

➔ DALUMA

Mitte | **www.daluma.de | Mo–Fr 8–20, Sa 10–19, So 10–18 Uhr | Weinbergsweg 3 | Tel. 030 20 95 02 55**

EINE SCHÜSSEL BUNTES

Nicht nur farbenfroh, sondern auch prima für die Linie sind die vegetarischen und veganen Bowls, die die Brüder Mathias und Benedikt Dienst füllen – etwa die »Red Bowl« mit roter Beete, Tomaten und Quinoa. Auch das gefüllte Fladenbrot »Run Veggie Run« schont dank Biodinkel und Gemüsefüllung die Waage.

➔ HOLY FLAT

Neukölln | **www.holy-flat.com | Mo–Fr 11.30–21 Uhr | Lenaustr. 10 | Tel. 030 27 49 09 79**

Beauty-kur

Detoxing beim Essen im Daluma

NICHT NUR FÜR KANINCHEN

Frische Salate, die Sie mit Lachs, Thunfisch oder Ziegenkäse aufbrezeln können und heiße Suppe wie »Mulligatawny« (indische Hühnchensuppe). So navigieren Sie leicht und in Bioqualität durch die Mittagspause. Für die Extraportion Vitamine sorgen hausgemachte Drinks wie »iLike« (Karotte, Orange, Ingwer) oder »Bodyguard« (Sellerie, Gurke, Zitrone, Apfel, Ingwer).

➔ LITTLE GREEN RABBIT

Mitte | www.littlegreenrabbit.com | Mo–Fr 8–16, Sa 11–16 Uhr | Friedrichstr. 200 (Eingang Mauerstr.) | Tel. 030 37 46 20 03
Mitte | Mo–Fr 11–16 Uhr | Jägerstr. 27 | Tel. 030 91 46 44 81

UNFRITTIERT

Kaum wird in der asiatischen Küche einmal nicht frittiert, ist sie nicht nur lecker, sondern auch leicht und kalorienarm. Das koreanische Signature Dish *bibimbaps* aus frischem Gemüse, Reis und Fleisch oder Tofu plus Spiegelei wird in der heißen Schüssel serviert (umrühren nicht vergessen!). Die Sandwiches mit Kimchi und Gemüse sind ebenfalls sehr zu empfehlen.

➔ KOREAN FOOD STORIES

Prenzlauer Berg | www.koreanfoodstories.com | Mo–Fr 12–20 Uhr | Prenzlauer Allee 217 | Tel. 0157 36 37 50 02

AUSGELÖFFELT

Hier gibt es etwas auf die Löffel. Und zwar jeden Tag drei Tagessuppen unter fünf Euro, die satt, zufrieden, aber niemals dick machen. Auf der Karte landet Ungewöhnliches wie Rote-Beete-Suppe mit Meerrettich, Süßkartoffel-Sauerkraut-Eintopf oder orientalische Tomatensuppe. Mit INSIDER TIPP Bonuskarte ist jede zwölfte Suppe umsonst.

➔ DIE LÖFFELEI

Tiergarten | www.die-loeffelei.de | Mo–Sa 11.30–20 Uhr | Potsdamer Str. 73 | Tel. 030 26 39 48 98

Kill die Kilos!

Kaumuskel trainiert? Nun folgt der Rest!

FIT MIT STOYAN

Ursprünglich wollte Stoyan nur seine Freunde etwas fitter machen. Diese hatten dem Kampfsportler so lange in den Ohren gelegen, ob er nicht auch mal mit ihnen trainieren könne, bis er sie sonntagmorgens zu Hampelmännern, Liegestützen und Kraftübungen in den Schöneberger Volkspark bestellte. Mittlerweile ist jeder willkommen, und Stoyan will nicht einmal Geld dafür.

➔ SCHWITZEN IM PARK

Schöneberg | www.facebook.com/SchwitzenImPark | So 10.30 Uhr | Hirschbrunnen im Volkspark Schöneberg

STEHE UND PADDLE

Aus Hawaii stammen die Sportarten für die coolen Leute. So auch das Stand-up-Paddeln, bei dem Sie aufrecht auf einem Board stehen und sich mit einem Paddel fortbewegen. Leider ohne hawaiianische Temperaturen können Sie das u. a. auf dem Müggelsee.

NALANI SUPSURFING

Köpenick | www.nalani-supsurfing.com | April, Okt. 14–18, Mai 10–20, Juni–Aug. 10–21, Sept. 10–19 Uhr, März auf Anfrage u. bei gutem Wetter | Board-Verleih 1 Std./10 Euro, 2-Std.-Kurs/20 Euro | Seebad Friedrichshagen | Müggelseedamm 216 | Tel. 0160 96 38 70 17

DEINE WELT SIND DIE BERGE

Wahre Mountainbike-Freaks wollen in die Berge oder besser: die Steilhänge wieder hinunterbrettern. Zum Glück ist Berlin nicht so flach wie sein Ruf, sondern hat die Köpenicker Müggelberge samt respektabler Mountainbike-Strecke. Wer nicht im dazugehörigen Verein Mitglied ist, zahlt zwei Euro pro Tag.

DOWNHILL BERLIN

Köpenick | www.downhill-berlin.de | April–Nov. Sa u. So, in den Schulferien auch Mo, Mi, Fr 10–18 Uhr | am Fernsehturm Müggelberge

NUR KEINE ENERGIE VERSCHWENDEN!

Warum die Energie, mit der Sie gerade mühsam den Crosstrainer bearbeiten, ungenutzt verpuffen lassen? Mithilfe eines Auto-Ladekabels für Ihr Handy oder Ihren MP3-Player können Sie diese mit dem selbst erzeugten Strom laden. Pfiffig, nicht? Außerdem lockt das Studio vormittags mit INSIDER TIPP Kinderbetreuung.

GREEN GYM BERLIN

Prenzlauer Berg | www.greengymberlin.de | Mo–Fr 7–23, Sa, So 10–20 Uhr | Jahresmitgliedschaft 39 Euro | Immanuelkirchstr. 3–4 | Tel. 030 4 43 79 40

VOLL RETRO

Der gute, alte Trimm-Dich-Pfad erlebt seine Wiedergeburt, allerdings in moderner Form. Das stabile Equipment (etwa Butterfly-, Ruder-, Twister- und Stepper-Geräte) in den öffentlichen Sportparks war ursprünglich für Senioren gedacht. Es hält aber auch Jüngere fit, und Sie müssen auch kein Schweißband und keinen Polyester-Jogginganzug tragen!

TRIMM-DICH-PFAD

Charlottenburg | Lietzensee Nordufer
Friedrichshain | Volkspark Friedrichshain
Moabit | Fritz-Schloss-Park

VOLL GESUND

... und schmeckt auch noch

BAUM AM SEE

Die Bio-Welle ist von Prenzlauer Berg Richtung Norden geschwappt und in diesem aufgeräumten Café und Restaurant in Weißensee von Anker gegangen. Alle Zutaten sind biozertifiziert; das Fleisch aus artgerechter Haltung. Gekocht werden Klassiker wie Ratatouille, Wiener Schnitzel oder Spaghetti Carbonara. Morgens gibt es Frühstück. Wer glutenfrei essen möchte, sagt Bescheid.

➔ **BIORESTAURANT MANDELBAUM**

Weißensee | www.biorestaurant-mandelbaum.de | Di–So 10–23 Uhr | Smetanastr. 9 | Tel. 030 96 06 37 73

VEGANE SPITZE

Das Lucky Leek kochte schon vegane Spitzenküche, als viele darunter noch irgendwas mit geschrotetem Grünkernbrei verstanden. Küchenchefin Josita Hartanto stellt auf ihrer monatlich wechselnden Karte raffinierte Menüs wie Kürbistarte, gegrillten Portobello-Pilz mit Seitanknusper und Spekulatiusmousse zusammen – das klingt besser, ist aber immer noch gesund. Das 3-Gänge-Menü ohne Wein kostet 33 Euro, fünf Gänge kommen auf 55 Euro.

➔ **LUCKY LEEK**

Prenzlauer Berg | www.luckyleek.com | Mi–So 18–22 Uhr | Kollwitzstr. 54 | Tel. 030 66 40 87 10

Authentisch
Nordindische Küche im Tschüsch, Reisberg inklusive

MITTAGSBIO

Ein Bistro, das an einen Bioladen angeschlossen ist? Natürlich kommen hier nur ökologisch angebaute Produkte auf den Teller! Auf der kleinen Tageskarte warten meist zwei Suppen, ein warmes Tagesgericht und Salate auf Sie – alle frisch, lecker und zu fairen Preisen. Perfekt für eine Mittagspause um die Ecke der Kurfürstenstraße. Bei schönem Wetter können Sie gemütlich draußen sitzen.

➔ BIOBISTRO RADIESCHEN

Tiergarten | www.biobistro-radieschen.de | Mo–Fr 9–16 Uhr | Pohlstr. 61 | Tel. 0163 2331006

WIE GEORGE UND ROBBIE

Für diesen Berliner Klassiker der gehobenen vegetarischen Küche müssen Sie schon cool genug sein, sich über den Hof der Komischen Oper und dort über eine schrabbelige Betontreppe in den ersten Stock zu wagen. Aber hey, Robbie Williams und George Clooney haben das auch schon geschafft. Aus der übersichtlichen Karte stellen Sie sich selbst ein 3- bis 4-Gänge-Menü zusammen (44 bzw. 55 Euro) – etwa aus Wachtelei im Brioche, Parmesanknödel mit Albatrüffel und Apfelsorbet mit Dill.

➔ COOKIES CREAM

€€€ | Mitte | www.cookiescream.com | Okt.–April Di–Sa ab 18, sonst ab 19 Uhr | Behrenstr. 55 | Tel. 030 27492940

FLEISCHLOS WÜRZIG

Danke, Buddhismus! Ohne dich wäre es wohl nicht so einfach, fantastisches indisches Essen zu genießen, das ohne Fleisch und auch sonstige tierische Produkte auskommt. Im Tschüsch hat man diesen Vorteil erkannt und serviert vegetarische, zumeist sogar vegane Gerichte aus dem Norden Indiens. Ein leckerer Dal ist hier ebenso zu haben wie gut durchgewürzte Gemüse-Currys. Dazu gibt es einen der vielen Mate- oder einen Bio-Hanf-Tees. Falls Sie Ihr Essen gerne zu Hause genießen: Das Tschüsch macht beim Tiffin-Projekt mit, bei dem man sich INSIDER TIPP Mehrwegboxen zum Mitnehmen ausleihen kann.

➔ TSCHÜSCH

Neukölln | www.tschuesch.de | Di–Fr 12–15, 17–22, Sa, So 15–22 Uhr | Fuldastr. 12 | Tel. 030 54484414

TASCHEN IN BOXEN

Wer Ausschau nach gesunden Snacks hält, ist hier richtig. In Snackboxen werden Variationen von Teigtaschen mit Dips zusammengestellt. Die Zutaten sind nicht nur vegetarisch und frisch, sondern erfüllen auch Bioansprüche. Ihre Inspiration fanden Martin Fehre und Marc Thomas in der nepalesischen Küche. Davon zeugen Füllungen wie Tofu-Sesam mit Lauch oder Kartoffel-Kohl-Karotte mit Chili und Ingwer. Auch der Klassiker Spinat-Schafskäse ist zu haben.

➔ MOMOS

Mitte | www.momos-berlin.de | Mo–Sa 12–21 Uhr | Fehrbelliner Str. 5 | Tel. 0160 2688177

SEELEN-FUTTER

Ganz viel Trost mit Schokoguss

EIN DÖNER AUS WAFFEL

Angeblich wurde hier der Obst-Döner erfunden: eine heiße Klappwaffel gefüllt mit Früchten, verschiedenen Saucen, Eis, Smarties, Schokoraspeln oder/und Zuckerperlen. Bei so viel Zucker und Schokolade verschwinden triste Gedanken und schlechte Stimmung von selbst. Lassen Sie sich das nur nicht dadurch vermiesen, dass Sie vor allem am Wochenende dafür oft anstehen müssen.

➔ WONDER WAFFEL

Kreuzberg | www.wonderwaffel.de | Mo–Do 11.30–23, Fr, Sa bis 24 Uhr, So 12–23 Uhr | Adalbertstr. 88 | Tel. 030 30129288

EIS AROUND THE CLOCK

Wussten Sie, dass ein leckeres Eis dunkle Wintergedanken schmelzen kann? Ganz recht! Zum Glück hat die Schokoladeneis-Manufaktur im Lichtenberger Viktoriakiez für Sie deshalb auch das ganze Jahr geöffnet. Wem einmal nicht nach Milchreiseis oder Kinderschokoladeneis ist, wählt aus dem großen Sortiment an selbst gemachten Pralinen und Trüffeln. Brot macht Sie froh? Bitte: Dienstags und freitags werden im Backofen im Hof INSIDER TIPP Sauerteigbrote gebacken.

➔ SCHOKOLADENEIS-MANUFAKTUR

Lichtenberg | tgl. 12–19 Uhr | Kaskelstr. 15 | Tel. 030 74393721

NOCH MAL KIND SEIN

Es gibt Tage, da hilft nur noch Milchreis, so wie ihn einst Mama kochte, wenn es über ein frisch aufgeschlagenes Knie hinwegzutrösten galt. In dem Kreuzberger Café gibt es den Klassiker wahlweise mit Roter Grütze oder Bratapfel und sogar in veganer oder glutenfreier Variante. Diverse Kuchen, Tartes und Pies liegen auch immer in der Theke, sodass der ausführlichen Selbsttröstung nichts im Wege steht.

➔ DER MILCHLADEN

Kreuzberg | www.der-milchladen-berlin.de | Mo–Fr 8–19, Sa 11–16 Uhr | Dresdener Str. 20 | Tel. 030 6157272

LUFTIG MIT KRUSTE

Der Begriff ›Splitterbrötchen‹ sollte Sie an dieser Stelle nicht verunsichern: Was Thomas Hacker jeden Morgen nach altem Familienrezept zaubert, hat wenig mit den gleichnamigen Backwaren von der Stange gemein. Der Berg aus frischem, luftigem Teig mit knuspriger Kruste und klitschigen Zwischenstücken ist zum Hineinlegen und sogar als Foto bei Wikipedia hinterlegt. So lecker und riesig, dass es jede schlechte Laune plattmacht – und das für schmale 70 Cent!

➔ BÄCKEREI HACKER

Prenzlauer Berg | **www.die-stargarder.de/hacker** | **Di–Fr 7–18.30, Sa 6–14 Uhr** | **Stargarder Str. 69** | **Tel. 030 4 45 51 73**

KEIN SCHMARRN

Ein guter Kaiserschmarrn ist wie eine Umarmung von Oma, will aber Weile haben. Daher heißt es auf der Karte des gehobenen österreichischen Lokals, dass die Zubereitung 20 Minuten dauert und erst ab zwei Personen erfolgt. Doch das fluffige Etwas mit Apfelmus, Vanilleeis und Preiselbeersahne entschädigt als perfektes Comfort-Food.

➔ AIGNER AM GENDARMENMARKT

Mitte | **www.aigner-gendarmenmarkt.de** | **tgl. ab 12 Uhr, Küche bis 23.30 Uhr** | **Französische Str. 25** | **Tel. 030 2 03 75 18 50**

EINFACH ZU GUT

Vor ein paar Jahren schaffte es das Hokey Pokey in die lokale Presse, weil es zu beliebt war. Die lange Schlange vor dem Laden nervte die Nachbarn; es folgte eine saftige Preiserhöhung – die Leute kamen trotzdem. Der Ärger hat sich gelegt und das wunderbare Eis kann seine beruhigende Wirkung wieder ungebremst entfalten: weiße Schoko mit gesalzenen Pistazien und Karamell-Toffee-Sauce oder Bergamotte-Blutorange – hmmmm!

➔ HOKEY POKEY

Prenzlauer Berg | **www.hokey-pokey.de** | **tgl. 13–19 Uhr** | **Stargarder Str. 72–73** | **Tel. 0176 80 10 30 80**

Dumm gelaufen

Pannendienst – gleich nebenan

ERSATZTEIL FÜR ALTE WASCHMASCHINE GESUCHT!

Ihr Gerät ist noch tipptopp in Schuss, nur dieses eine Teil muss ausgetauscht werden – wird aber seit Jahren nicht mehr hergestellt? Auf zu Roland Kieling, dessen Laden nicht aus Spaß Mister 1000 Teile heißt. Er hat alles, vom Schlauch für jedes Staubsaugermodell über Herdschalterknöpfe bis zu von der EU verbotenen Glühbirnen. Hier werden Sie fündig!

➔ MISTER 1000 TEILE

Schöneberg | Mo–Do 15–20 Uhr | Bundesallee 79 | Tel. 030 85 10 22 88

ANZUG DRECKIG, ABER GAR KEINE ZEIT!

Bluse verklebt; Krawatte vollgekleckert; und mit dem Anzug können Sie garantiert keine Dienstreise antreten. Doch für den Gang zur Reinigung ist gerade echt keine Zeit? Zum Glück hat dafür das Internet den Wäschedienst erfunden, der zur Wunschzeit alles abholt und im Schnitt nach zwei Tagen sauber wieder zurückbringt.

➔ JOHNNY FRESH

Stadtweit | www.johnnyfresh.de | Tel. 0800 3 44 11 66

PARTY LÄUFT, DAS BIER NICHT MEHR!

Die Musik dröhnt, die Meute tanzt, nur der Biervorrat geht bedenklich zur Neige. Fix zum Späti? Viel zu weit! Lieber schnell zum Telefon gegriffen und sich innerhalb einer Stunde Getränke, Snacks und Zigaretten liefern lassen. Auch **INSIDER TIPP** im Park, am See oder sogar auf der Verkehrsinsel.

➔ PARTYBRENNER

Stadtweit | www.partybrenner.de | Mo 22–1, So, Di–Do 20–1, Fr, Sa 20–3 Uhr | Tel. 0800 4 05 01 11 oder 0163 9 39 39 35, auch per Whatsapp

DER PFANDBERG MUSS WEG!

Die Party ist vorbei, nur die Flaschen sind noch da? Der Mitbewohner hat seine Altersvorsorge in Form von Pfandflaschen in der Küche gelagert? Oder Sie sind selbst schuld, haben aber keine Lust, den Mist zum Automaten zu schleppen? Ein Anruf, und ein Pfandsammler nimmt alles (als Spende) mit. Nummern stehen auf der Website.

➔ PFAND GEBEN

Stadtweit | www.pfandgeben.de

PICKNICKKORB GEPACKT, FAHRRAD PLATT

Sonntag, bestes Wetter – aber das Rad ist platt. Ein Fall für die Schlauchomaten: Geld rein, Schlauch raus, einbauen und los! 18 Stück gibt es in der Stadt. Die Übersicht hat: www.schwalbe.com/de/haendlersuche.

➔ SCHLAUCHOMATEN, U. A. RAD DER STADT

Prenzlauer Berg | Prenzlauer Allee 50

➔ RADSPANNEREI

Kreuzberg | Kottbuser Str. 8

➔ FAHRRADSTATION

Mitte | Dorotheenstr. 30

SNACK ATTACK

Heißhunger? Auf zum Gegenangriff!

AYURVEDISCHE BURGER

Moment mal: Fast Food, das gesund ist? Das gibt es. Im Glück to go. »Alle Burger sind vegetarisch und vegan, ayurvedisch inspiriert und werden mit indischen Masalas gewürzt«, sagt Inhaberin Kirsten Peters. Anstelle von Weizen werden für die Brötchen Dinkel und Mungbohnen verwendet, und statt traditioneller Frikadellen gibt es vegetarische Gemüsepuffer. Die Anregungen für ihre Küche holte Peters sich in einem indischen Kloster.

➔ GLÜCK TO GO

Kreuzberg | www.glueck-to-go.de | Mo, Di, Do–Sa 12–20, So 12–19 Uhr | Friesenstr. 26 | Tel. 030 89 62 02 52

BIG IN JAPAN

Wenn Sie das nächste Mal irgendwo ein Hotdog ordern, werden Sie nicht mehr damit zufrieden sein, dass man Ihnen nur Brötchen, Wurst und Ketchup kredenzt. Denn mit Zutaten wie Teriyaki-Sauce, Wakame-Gurken-Salat oder Tempura-Garnelen schmecken die Klassiker einfach so viel besser! Der in Reinickendorf geborene gelernte Sushi-Koch Wimin Tran hat die Idee aus Kanada importiert, wo japanische Hotdogs schon seit Jahren ein Renner sind. Alle Kreationen sind auch mit fleischfreier Wurst verfügbar.

➔ OI SHII HOT DOGS

Prenzlauer Berg | www.oishii-hotdog.de | Mo–Do 12–21.30, Fr, Sa 12–22, So 14–21 Uhr | Schönhauser Allee 65 | Tel. 030 33 85 93 94

OPIUM FÜRS VOLK

Eine Spezialität der beliebten Currywurst-Bude von Matthias Wolf ist die Sauce mit dem bezeichnenden Namen ›Opium‹ – laut Wolf macht sie süchtig. Der Berliner erfand sie vor Jahren im Urlaub in der Karibik, von wo er sich heute das süß-scharfe Gewürz dafür liefern lässt. Viele Kunden schwören darauf. Falls Sie das auch so sehen und nicht immer an den Kudamm dafür reisen mögen: Mittlerweile vertreibt Wolf seine INSIDER TIPP Wurst im Weckglas auch über das Internet.

➔ CURRY WOLF

Charlottenburg | www.curry-wolf.de | Mo–Sa 9–22, So 11–22 Uhr | Rankestr. 36 | Tel. 030 2 14 02 62

Rolle vorwärts

Chupenga rollt alles, was in einen Burrito passt

BURRITO-LOVE

Unter der Behauptung »die besten Burritos der Stadt« macht man es in Mitte natürlich nicht. Doch in diesem Fall ist das Eigenlob gerechtfertigt: Alles, was im hippen Interieur vor den Augen der Gäste in Teigfladen gerollt wird, ist frisch und im Zweifelsfall vor Ort zubereitet worden. Das gilt auch für die hausgemachte Limonade. Wer es fleischlos mag, bekommt vegetarische und vegane Alternativen angeboten. Auch für Menschen mit Gluten-Unverträglichkeit sind fast alle Menüs geeignet.

➔ CHUPENGA

Mitte | www.chupenga.com | Mo–Fr 11.30–20 Uhr | Mohrenstr. 42 | Tel. 030 23 93 69 61

EIN KÖNIGREICH FÜR POMMES

Diese Burger sind aus Neuland-Fleisch, handgeformt und verpackt in Brötchen vom Kiezbäcker, bei denen Sie sich nur noch entscheiden müssen, ob es die Variante mit Weizen oder Vollkorn sein soll. Zu den holländischen Fritten gibt es, wie im Königreich der Pommes üblich, leckere Saucen-Kreationen wie Joppie-Saus (Majo mit Curry und Zwiebeln) oder Erdnusssauce. Weitere niederländische Klassiker wie Frikandel oder Kroket stehen natürlich auch auf der Karte.

➔ REMBRANDT BURGER

Friedrichshain | www.rembrandt-burger.de | Mo–So 12–22 Uhr | Richard-Sorge-Str. 21 | Tel. 030 89 99 72 96

BIO-EXPRESS

Der gut besuchte Kiosk am Wittenbergplatz ist ein zertifizierter Bioland-Betrieb. Sogar das Bier, das man hier ausschenkt, wurde Prüfungen unterzogen. Aber auch Buletten und Currywurst lassen sich mit gutem Gewissen verspeisen: Sie sind selbst produziert. Die Mayo dafür ist nach Omas Familienrezept, und auch das Ketchup wird selbst gekocht.

➔ WITTY'S ORGANIC FOOD

Schöneberg | www.wittys-berlin.de | Mo–Sa 10–24, So 11–24 Uhr | Wittenbergplatz, Ecke Ansbacher Str. | Tel. 030 63 91 16 66

LOKALE LOKALE

So isst Berlin

100 JAHRE EISBEIN

Hier wird auf über 100 Jahre Tradition zurückgeblickt – sogar ein Teil des Inventars ist noch aus dem Gründungsjahr 1902. Auch an der Karte scheint sich wenig verändert zu haben: Königsberger Klopse, Eisbein sowie Hoppelpoppel, die Berliner Abwandlung des Bauernfrühstücks mit in Streifen geschnittenem Kasseler. Mit so viel Erfahrung weiß man das natürlich zuzubereiten. Angesichts dessen überraschend: INSIDER TIPP Sonntagabends wird Tango gelehrt und getanzt.

➔ MAX UND MORITZ

Kreuzberg | www.maxundmoritzberlin.de | tgl. ab 17 Uhr | Oranienstr. 162 | Tel. 030 69 51 59 11

PANADE MIT DEKO

Gut bürgerlich durch und durch. Hier wird das Schnitzel noch großzügig paniert und das Schweinemedaillon mit Pilzrahmsauce serviert. Um das urige Ambiente perfekt zu machen, ist der Schankraum mit allerlei Nippes dekoriert. Käme im nächsten Augenblick Harald Juhnke durch die Tür, man würde sich nicht wundern. Nur Vegetarier haben es schwer (überbackener Brokkoli ist kein Gericht!). Aber das hat in der deutschen Küche ja auch Tradition.

➔ SCHÖNEBERGER WELTLATERNE

Schöneberg | www.schoeneberger-weltlaterne.mycylex.de | tgl. 17–24 Uhr | Motzstr. 61 | Tel. 030 21 96 98 61

MEHR ALS EIN BIERGARTEN

Neben dem traditionellen Biergarten im Hinterhof an der Kastanienallee, wo es handfeste Snacks zum selbst gebrauten Prater Pils gibt, lockt die anliegende Gaststätte mit deutscher Küche nach Tageskarte. Das rustikale Wirtshausambiente verträgt sich dabei hervorragend mit Kasselerbraten, Wiener Schnitzel und Serviettenknödeln. Auch der Salat mit überbackenem Ziegenkäse in der Größenordnung ›ganzer Salatkopf‹ ist empfehlenswert.

➔ PRATER GASTSTÄTTE

Prenzlauer Berg | www.pratergarten.de | Mo–Sa ab 18, So ab 12 Uhr | Kastanienallee 7–9 | Tel. 030 30 44 85 688

Heimat-
grüße
aus der Prater
Gaststätte

UNTER STROM

Berliner Klassiker modern zu interpretieren hat sich Küchenchef Matthias Gleiß zur Aufgabe gemacht. In den Räumen eines ehemaligen Umspannwerks am Landwehrkanal (ah, daher der Name Volt!) setzt er Gerichte wie Blutwurstmaultaschen mit Grünkohl, gebeizten Kaninchenschinken mit Sanddorn sowie Knödel mit Rosenkohl und Kürbis auf die häufig wechselnde Karte. Natürlich stammen nicht nur die Rezepte, sondern auch die saisonalen Zutaten aus der Region.

➔ VOLT

€€€ | Kreuzberg | www.restaurant-volt.de | Di–Sa 18–24 Uhr | Paul-Lincke-Ufer 21 | Tel. 030 33840 2320

NEUE DEUTSCHE KÜCHE

Beim Fräulein Fiona geht es unprätentiös, aber gemütlich zu. Auf die stets wechselnde Karte und die Holztische mit den weißen Läufern unterm Kronleuchter kommt, was Saison und Region gerade hergeben. Etwa Lamm auf Spitzkohl, Landente mit Rotkohl oder Apfeltarte mit Glühweineis. »Neue Deutsche Küche« heißt das beim Fräulein. Falls Sie ihm nacheifern wollen: Regelmäßig gibt es INSIDER TIPP Gourmet-Kochkurse (Infos auf der Website).

➔ FRÄULEIN FIONA

Charlottenburg | www.fraeulein-fiona.de | Di–Do 18–23, Fr, Sa 18–23.30 Uhr, Küche bis jeweils 1 Std. vor Schluss | Fritschestr. 48 | Tel. 030 95602272

Neu-deutsch

können Sie beim Fräulein Fiona essen – und kochen lernen

PIZZA TRIFFT MÜGGELSEE

Doch, doch, süditalienische Küche in Berlin kann schon regional sein. Schließlich erntet Giuseppe einen Teil seiner Zutaten im eigenen Garten am Müggelsee. So landen schon mal Kürbis oder Kastanien auf den krossen Pizzen, für die der Laden bekannt ist. Weitere Besonderheit: Hier entsteht die INSIDER TIPP größte Pizza Berlins – in bis zu zwei Metern Länge!

➔ MAMI CAMILLA

Prenzlauer Berg | www.mamicamilla.de | tgl. 12–23 Uhr | Hufelandstr. 36 | Tel. 0176 24 68 65 52

HANDFEST MODERN

Dass der moderne Berliner von heute seine Kalbsbäckchen gerne in leicht modernisierter Form angeboten bekommt, hat man in Prenzlauer Berg natürlich längst verstanden. Daher gibt es im Lorbeer dazu Burgundersud und gegrilltes Gemüse; das Hirschragout wird mit Schokolade zart gegart. Dennoch behalten die Gerichte einen handfesten Charme. Wo es geht, wird dafür in der Region eingekauft, weshalb die Karte je nach Saison angepasst wird.

➔ RESTAURANT LORBEER

Prenzlauer Berg | www.restaurantlorbeer.de | tgl. ab 15 Uhr | Pappelallee 77 | Tel. 030 26 34 93 30

BIS AUFS LETZTE

Ein Tier verdient es, nach der Schlachtung komplett verwertet zu werden. Das meinen Christoph Hauser und Michael Köhle, weshalb in ihrem Kreuzberger Restaurant Blutwurst, Leber sowie Herz und Nieren auf den Teller kommen. Zudem achten beide auf regionale und saisonale Zutaten. Falls Innereien doch nicht so Ihr Ding sein sollten, ordern Sie ein Innereien-freies oder gar das vegetarische Menü, die ebenfalls angeboten werden (vier Gänge kosten 48 Euro).

➔ HERZ UND NIERE

€€€ | Kreuzberg | www.herzundniere.berlin | Di–So ab 18 Uhr | Fichtestr. 31 | Tel. 030 69 00 15 22

EDEL, NAH UND GUT

Dass Berliner Lokalküche auch in unzähligen Gängen für 100 Euro im cleanen Berlin-Mitte-Ambiente serviert werden kann, beweist das gehypteste Restaurant des Jahres. Regionale, saisonale und zur Hälfte vegetarische Küche verspricht das Einsunternull und verlangt dafür: »Vergessen Sie alles, was Sie bisher geschmeckt, gesehen, erduftet, gespürt – wahrgenommen haben. Und dann beleben Sie Ihre Sinne neu«. Ein Mangel an Bescheidenheit – auch das ist echt lokal Berlin.

➔ EINSUNTERNULL

€€€ | Mitte | www.einsunternull.com | Di–Sa 12–14, Mo–Sa ab 19 Uhr | Hannoversche Str. 1 | Tel. 030 27 57 78 10

ECHT EXOTISCH

Sieht komisch aus, schmeckt aber super

ZU GAST BEIM ZAR

Die russischstämmige Bevölkerung Berlins schätzt seit fast 40 Jahren die große Auswahl an Speisen aus ihrer Heimat im Samowar: Wareniki, Blini, Schaschlik und Zanderfilet nach Kosakenart. Das INSIDER TIPP Zarenfestmahl (35 Euro p. P.) mit dem Besten, was das Haus zu bieten hat, ist buchbar ab sechs Personen. Am Wochenende wird in zwei Schichten (Frühaufsteher 9–12.30, Langschläfer 13–16.30 Uhr) gebruncht.

SAMOWAR

Charlottenburg | www.restaurant-samowar.de | Mo–Sa ab 11, So ab 9 Uhr | Luisenplatz 3 | Tel. 030 3 41 41 54

LECKERE ZUNGENBRECHER

Menschen, die schon einmal in Georgien waren, schwören: Dieses Essen ist wirklich authentisch! Die drei Macher Tosh Dirschka, Inga Akhvlediani und Rusudan Gorgiladze wissen eben, was Sie tun. Letztere ist übrigens nicht nur leidenschaftliche Köchin, sondern war auch mal stellvertretende georgische Bildungsministerin. Was es zu essen gibt? *Soko kecze* (mit Käse gefüllte Champignons), *chakhokhbili* (Hähncheneintopf) und *mcvadi* (Schweinefleischspieß mit Pflaumensauce).

SCHWILIKO BERLIN

Kreuzberg | www.schwiliko-berlin.de | tgl. ab 17 Uhr | Schlesische Str. 29 | Tel. 030 61 62 35 88

VIETNAMESISCHES FAMILIENREZEPT

Mit vietnamesischer Küche lockt man in dieser Stadt keinen mehr hinter dem Ofen hervor? Aber der Koch, Tuan Dung, ist tatsächlich in Saigon und nicht in Beijing, Bangkok oder Wuppertal aufgewachsen! Schon seine Mutter habe in Vietnam große Gesellschaften bekocht, wirbt das Restaurant, das bei allen Gerichten auf frische Zutaten und schonende Garung setzt. Auf einem Familienrezept beruht auch die traditionelle Pho-Suppe, die hier angeboten wird. Kosten sollten Sie auch den Glasnudelsalat.

SAIGON TODAY

Charlottenburg | today.saigon-berlin.de | Mo–Sa 12–23, So 13–23 Uhr | Wilmersdorfer Str. 69 | Tel. 030 32 76 60 81

chakhok-hb... Was?

Es braucht Übung, die Namen der Gerichte im Schwiliko Berlin richtig auszusprechen

DER FERNSEHKOCH GRILLT

Allen, denen der bekannte Fernsehkoch Chakall ein Begriff ist, sei ein Besuch in dessen südamerikanischem Lokal ans Herz gelegt – und allen, die ihn noch kennenlernen wollen, natürlich auch. Auf dem Grill werden dicke Fleischscheiben auf den Punkt geröstet, dazu, davor oder danach gibt es *ceviche* – marinierter Fisch, der in verschiedenen Ragout-Varianten auf einer Schiefertafel mit dünnen Zwiebeln, Chili, Limetten und Koriander serviert wird. Bunt wie die Speisen ist auch das Ambiente: ein Ausflug nach Südamerika, mit feuriger Musik und guter Laune.

➔ **SUDAKA**

Schöneberg | www.sudaka.de | Di–Do 18–23, Fr 17–24, Sa 12–24, So 11–23 Uhr | Goltzstr. 36 | Tel. 030 21913178

JENSEITS VON SUSHI

Die japanische Küche hat noch viel mehr zu bieten als Sushi. Nach New York ist Berlin der zweite Standort des Restaurants, das seinen Gästen eine »Reise nach Tokio« verspricht. Auf diese können Sie sich gut bei einem 8-Gänge-Menü begeben (65 Euro p. P.). Der Tofu ist hausgemacht, auf der Karte stehen gegrillter Fisch, Rinderfilet, Thunfisch-Sashimi oder frische französische Austern. Gute Sake-Auswahl, schönes Ambiente.

➔ **ZENKICHI**

Mitte | www.zenkichi.de | tgl. ab 18 Uhr | Johannisstr. 20 | Tel. 030 24630810

Weit weg

Das Bejte Ethiopia entführt in den Nordosten Afrikas

ALLERLEI VOM ELCH

Norwegische Küche! Was Sie sich darunter vorstellen sollen? Natürlich Elchbraten und Fisch, Fisch sowie Fisch. Das nach eigener Aussage einzige norwegische Restaurant Deutschlands holt das Feinste aus dem Norden in den Bülowbogen. Als Einstieg ordern Sie eine Karaffe »Elchblut«, was zum Glück nur eine Mischung aus Blau- und Preiselbeeren ist, verfeinert mit Wodka. Zum Nachtisch gibt es *tilslørte bondepiker* – Apfelstücke in Zimt mit karamellisierten Streuseln und Sahne.

➔ MUNCH'S HUS

Schöneberg | www.munchshus.de | tgl. 12–1, Küche bis 23 Uhr | Bülowstr. 66 | Tel. 030 21 01 40 86

HANDARBEIT

Wer braucht Messer und Gabel, wenn er Finger und den traditionellen äthiopischen Teigfladen *injera* hat? Also werden im Bejte Ethiopia die exotisch gewürzten, von der Konsistenz an Eintopf erinnernden Speisen mit der Hand gegessen. Lecker ist das Hühnerfleisch in scharfer Paprikasauce. Um den Kulturschock zu perfektionieren, wird das Bier in Schalen serviert. Verpassen Sie nicht die INSIDER TIPP Kaffeezeremonie: Täglich um 20 Uhr werden Bohnen frisch geröstet und zum köstlichen Koffeinkick zubereitet.

➔ BEJTE ETHIOPIA

Schöneberg | www.bejte-ethiopia.de | Mo–Fr 16–24, Sa, So ab 14 Uhr | Zietenstr. 8 | Tel. 030 2 62 59 33

GRÜSSE AUS DEM LIBANON

»Willkommen im Libanon« heißt es hier mit Halloumi an Blattsalaten, mit Hackfleisch gefüllten Kafta-Rollen, arabischen Lammwürstchen oder Hummus. Dazu passt am besten frischer Minztee. Der freundliche, deutsch-arabische Familienbetrieb serviert neben der orientalischen Küche auch mediterrane Gerichte. Die Atmosphäre ist gemütlich; im Sommer können Sie gut draußen sitzen.

➔ AL MUNDO

Charlottenburg | www.al-mundo.de | Mo–Sa 16–24, So 10–24, Küche bis 23 Uhr | Horstweg 5 | Tel. 030 32 67 93 18

BUDDHAFREIE ZONE

Ein indisches Restaurant ohne goldenen Buddha und Gerichte voller Sahnesauce ist möglich! Das beweisen diese Spezialisten für südindisches Streetfood, das in Berlin so gut ankommt, dass es das mittlerweile auch in Neukölln gibt. Die Kernkompetenz des liebevoll eingerichteten Ladens sind *dosas* – dünne, gefüllte Pfannkuchen, die mit verschiedenen Chutneys kombiniert werden. Soo lecker! Für den letzten Schliff Reisegefühl sorgt ein Schluck gut gekühlte Masala Coke (Cola mit Zitronensaft und Gewürzmischung).

➔ CHUTNIFY

Prenzlauer Berg | www.chutnify.com | tgl. 12–23 Uhr | Sredzkistr. 43 | Tel. 030 44 01 07 95
Neukölln | Mo–Fr 18–23, Sa, So 12–23 Uhr | Pflügerstr. 25 | Tel. 030 25 89 31 00

Weltreise in Berlin

Es wuselt, blinkt und irgendwo wird gerade frisch frittiert: Echter kann sich Asien in Berlin nicht anfühlen. Auf dem Großmarkt decken sich die Asia-Shops der Stadt mit Winkekatzen, frischem Koriander, Mungbohnen, Jogginghosen und Lampions ein. Auch Sie können hier direkt zuschlagen und zudem mit Händen und Füßen (so authentisch!) leckeres, vietnamesisches Essen bestellen.

➔ **DONG XUAN CENTER**

Lichtenberg | www.dongxuan-berlin.de | Mi–Mo 10–20 Uhr | Herzbergstr. 128–139 | Tel. 030 55 15 20 38

QUELLE DER WINKEKATZEN

Vom Orient über China und Japan nach Bali – so schnell wie in den »Gärten der Welt« kommen Sie sonst nirgendwo rum. Seit 30 Jahren lockt die Gartenkunst schon nach Marzahn; 2017 ist mit dem Englischen ein zehnter Themengarten hinzugekommen. Für das Gefühl des Unterwegs-Seins nehmen Sie die Seilbahn zum Kienberg. Für akutes Fernweh perfekt!

➔ **GÄRTEN DER WELT**

Marzahn | www.gruen-berlin.de/gaerten-der-welt | wechselnde Öffnungszeiten nach Jahreszeiten: s. Website | Eisenacher Str. 99 | Tel. 030 7 00 90 66 99

IN ZEHN GÄRTEN UM DIE WELT

Dass Berlin einst eine amerikanische Besatzungsmacht hatte, haben die meisten längst vergessen. Nur ein von unbeugsamen Reinickendorfern betriebener Saloon sorgt dafür, dass die Geschichte lebt und Sie endlich Line-Dance erlernen können. Kurse gibt es für Anfänger und Fortgeschrittene. Danach ein Miller Beer und Burger – so great, my dear!

➔ **AMERICAN WESTERN SALOON REINICKENDORF**

Reinickendorf | www.western-saloon.de | Termine und Zeiten s. Website | Königshorster Str. 6 | Tel. 030 40 72 87 80

UNITED STATES OF REINICKENDORF

Wenn das kleine Fernweh kommt

SITZEND AM SAMOWAR

Vergessen Sie Hänsel und Gretel – hier kommen ihre Vettern aus Georgien, Turkmenien und Tadschikistan. Immer montags (neun Euro, vorher anmelden!) lesen die beiden Berliner Märchenfrauen Nina Madlen Korn und Katja Popow in der Tadschikischen Teestube vor. Deren Einrichtung schmückte übrigens schon 1974 auf der Leipziger Messe den sowjetischen Pavillon.

➔ TADSHIKISCHE TEESTUBE

Mitte | www.tadshikische-teestube.de | Mo–Fr 16–23, Sa, So ab 12 Uhr, Märchen Mo 19.30, Einlass 18 Uhr | Oranienburger Str. 27 (im Kunsthof) | Tel. 030 2 04 11 12

BADEN WIE EIN SULTAN

Für den Besuch im türkischen Dampfbad müssen Sie nur bis Schöneberg reisen. Da dieses nicht nur ein Ort der Entspannung, sondern auch der Reinigung ist, sollten Sie sich ein traditionelles, orientalisches Einseifen gönnen. Die Prozedur, die an Frauentagen nur von weiblichen Angestellten durchgeführt wird, dauert etwa zehn Minuten und kostet 14 Euro. Der Eintritt für drei Stunden liegt bei 19 Euro.

➔ SULTAN HAMAM

Schöneberg | www.sultanhamamberlin.de | Damen Di, Do 9.30–22, Mi bis 16.30, Fr, Sa bis 23 Uhr, Mi Uhr, Herren Mo 14–23, Mi 17–23 Uhr, gemischt So 11–22 Uhr | Bülowstr. 56–57 | Tel. 030 21 75 33 75

Maul-
stopfen
4.0

ESSEN? GEHT AUCH.

SCHAU-PLÄTZE

Sitzen, essen, Leute gucken

EIN SOMMERTAGSTRAUM

In Berlin gibt es nicht nur gestandene VIPs zu sehen: In der Café-Bar An einem Sonntag im August können Sie überprüfen, dass die Kastanienallee ihren Beinamen ›Casting-Allee‹ zu recht trägt und dort tatsächlich hippe, junge Menschen in der Hoffnung auf ihre Entdeckung promenieren. Im Sommer nehmen Sie dafür direkt am Laufsteg, sprich an der Straße, Platz und genießen je nach Tageszeit Frühstücksbuffet, Burger oder frisch gezapftes Helles. Im Winter macht schon der Name des Ladens gute Laune.

➔ AN EINEM SONNTAG IM AUGUST

Prenzlauer Berg | **www.an-einem-sonntag-im-august.de | tgl. ab 9 Uhr | Kastanienallee 103 | Tel. 030 44 05 12 28**

WIEDERSEHEN

Dass Benny Beimer auf dem Weg zur Hochzeit seiner Mutter bei einem Busunfall ums Leben kam, ist zwar schon eine Weile her. Doch echte »Lindenstraße«-Fans werden das nie vergessen. Ein Wiedersehen mit dem alten Rebell können Sie in Prenzlauer Berg feiern, wo Schauspieler Christian Kahrmann mittlerweile sein eigenes Café betreibt. Oft steht er dort selbst hinter der Theke und serviert besten Biokaffee, pikante Suppen und verschiedenste Crêpes-Variationen. Kuchen und selbst gemachtes Eis schmecken ebenso.

➔ KAHRMANN'S OWN

Prenzlauer Berg | **www.kahrmannsown.de | Mo–Fr 10–19, Sa, So 11–19 Uhr | Bötzowstr. 21 | Tel. 030 33 02 90 26**

PROMIS AUF SEKT

Hier müssen Sie die Wahl treffen: Schauen Sie lieber auf das wunderschöne Gebäudeensemble des Gendarmenmarkts, der Berlin fast ein wenig wie Paris aussehen lässt? Oder doch lieber verschämt nach den Prominenten, die sich hier gerne auf ein Glas Sekt treffen, der angeblich im Lutter & Wegner seinen deutschen Namen erhielt? Wie Sie sich auch entscheiden, versäumen Sie nicht, sich dabei durch die gute Hausmannskost auf der Karte zu probieren; es lohnt sich.

➔ LUTTER & WEGNER

€€€ | Mitte | **www.l-w-berlin.de | tgl. 11–24 Uhr | Charlottenstr. 56 | Tel. 030 20 29 54 15**

JENSEITS DER »TAGESSCHAU«

Falls Sie nicht immer bis zur »Tagesschau« um 20 Uhr warten mögen, um deutsche Politiker, Hauptstadtjournalisten und so einige, die sich zumindest selbst ganz wichtig finden, wiederzusehen, sind Sie mit einem Ausflug ins Borchardt gut beraten. Das Essen ist international, die Terrasse im Innenhof empfehlenswert, und selbst gesehen werden Sie bei dieser Gelegenheit natürlich auch.

➔ BORCHARDT

€€€ | Mitte | **www.borchardt-restaurant.de | tgl. ab 11.30 Uhr | Französische Str. 47 | Tel. 030 81 88 62 62**

REICH UND SCHÖN

Leonardo di Caprio, Tom Hanks, Charlize Theron, Al Pacino, George Clooney – wenn es um die Gäste des Grill Royal geht, kann man ewig so weitermachen. Hier treffen die Reichen und die Schönen auf die noch Reicheren und noch Schöneren, die etwa die Berlinale in die Stadt zieht. Aber auch Sie sind herzlich willkommen, wenn Sie angesichts der Stars kein Aufheben zu machen bereit sind und Filet vom Kobe-Rind für über 100 Euro mögen.

➔ GRILL ROYAL

€€€ | Mitte | **www.grillroyal.com** | **tgl. ab 18 Uhr** | **Friedrichstr. 105 b** | **Tel. 030 28 87 92 88**

ZURÜCK IN DIE ZUKUNFT

An den Tischen des Romanischen Cafés arbeiteten einst Bert Brecht, Erich Kästner und Else Lasker-Schüler. 1943 fiel der legendäre Künstlertreff der wilden 1920er einem Bombenangriff zum Opfer, doch vor ein paar Jahren hat das neu gebaute Waldorf Astoria die Idee als Roca wiederbelebt. Hinter den großen Panoramafenstern, durch die Sie die City-West mit ihren bepelzmantelten Damen und den bewanderschuhten Touristen bewundern können, schmausen Sie Frühstück und Torten und sind mit sich und der Welt im Reinen.

➔ ROCA

€€€ | Charlottenburg | **www.waldorfastoriaberlin.de** | **tgl. 7–22 Uhr** | **Hardenbergstr. 28** | **Tel. 030 81 40 00 24 60**

Ist das nicht…?

Jawoll, Benny Beimer hinter der Theke im Kahrmann's Own

HELDEN MIT TABLETT

Dieser Service hat sein Trinkgeld verdient

GEGEN DEN RUF

Dem Klischee nach dürfte es dieses komplette Kapitel gar nicht geben. Denn schlechter Service hat in Berlin Tradition, und wenn diese Stadt eins nicht mag, dann ist es, ihren Ruf zu verlieren. Aber tatsächlich, es geht: Freundlich sein. Hilfsbereit. Und dazu noch leckeren Kaffee, Smoothies, Bagel und veganen Kuchen reichen. Falls Sie Beweise sehen wollen, schauen Sie selbst in dem sympathischen Café in Mauerpark-Nähe vorbei. Nur Fleischhaltiges finden Sie hier nicht.

➔ ATTI'S CAFÉ

Prenzlauer Berg | www.facebook.com|attisespressocafe | Di–Fr 9–18, Sa 10–18, So 11–18 Uhr | Gleimstr. 44 | Tel. 0171 4774385

HAMWA DOCH!

Sie wollen lieber draußen sitzen? Gastgeber Moto schleppt Stühle. Sie mögen keine Gurke im Moscow Mule? Kein Problem. Und generell schätzen Sie es, wenn Sie zum Bier kostenlos ein paar Oliven oder Nüsse kredenzt bekommen? Auch dafür ist gesorgt. Endlich mal eine Bar, die das Berlin-typische Flohmarkt-Sofa-Interieur nicht mit »Hamwa nich«/»Wollnwa nich«/»Ey, nerv mich nich« kombiniert. Geht doch.

➔ MOTO

Prenzlauer Berg | www.facebook.com/Moto-219507768156768 | Mo–Sa ab 18 Uhr | Paul-Robeson-Str. 46

BETREUTES BURGER-STAPELN

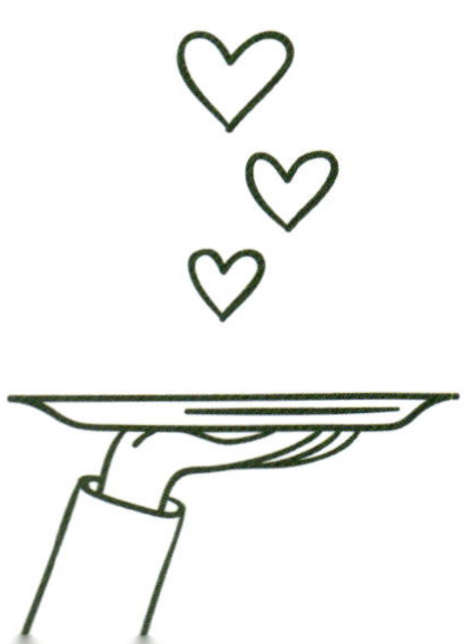

Noch so ein Laden, bei dem das Personal angenehm, lustig und so aufmerksam ist, dass das gerade geleerte Glas Bier sogleich bemerkt und ausgetauscht wird. Dazu gibt es Superfood-Salate, Burger und ungewöhnliche Kleinigkeiten wie Chili con Carne auf Hummus. Unter der wie erwähnt wohlgesinnten Beratung können Sie sich sogar an das INSIDER TIPP Modell »Bau dir einen Burger selbst« wagen – Rind oder Portobello-Pilz mit Toppings und Saucen wie Chili-Majo oder Zwiebelmarmelade nach Wahl in Marke Eigenbau.

➔ MUSE

Prenzlauer Berg | www.museberlin.com | Mo 18–23, Di–Fr 12–23, Sa ab 18, So 10.30–16 Uhr | Immanuelkirchstr. 31 | Tel. 030 40 05 62 89

GUT BERATEN

Portugiesisch-mediterrane Küche mit deutschem Einschlag? Falls das bei Ihnen den Fragereflex auslöst, sind Sie hier genau richtig. Der freundliche Service berät gerne, welcher portugiesische Wein zur seltenen französischen Kartoffelsorte am Kabeljau-Filet harmoniert. Zum Nachtisch gibt's Käse mit klingenden Namen: z. B. »Pfefferärschli«.

➔ ANABELAS KITCHEN

Charlottenburg | www.anabelas-kitchen.de | Di–Sa 18–23.30 Uhr | Pestalozzistr. 3 | Tel. 030 28 70 12 24

MACH'S DOCH SELBST

Zur ganzen Wahrheit gehört bei allem aber auch: Wer in Berlin immer verlässlich freundlich bedient werden möchte, der serviert sich sein Essen besser selbst. Um zumindest die Arbeit des Rezepte-Suchens und Einkaufens zu minimieren, kann man sich Idee samt Zutaten als Kochbox nach Hause liefern lassen. Sie müssen sich nur entscheiden, ob Ihnen heute Frische, Saisonalität oder Kinderkompatibilität wichtiger ist.

➔ WWW.HELLOFRESH.DE
➔ WWW.MARLEYSPOON.DE
➔ WWW.KOCHZAUBER.DE

BIER FIRST

Ein Restaurant, das seine Gäste mit einem Bier aufs Haus begrüßt, kann kein schlechtes sein. Auch sonst sind die Kellner der Schnitzelei sehr bemüht. Sagen Ihnen die diversen Schnitzel-Varianten nicht zu, servieren sie gerne deutsche Tapas wie Petersilien-Graupen-Salat, Fischfrikadellen mit Kräuterremoulade oder Obazda.

➔ SCHNITZELEI

Charlottenburg | www.schnitzelei.de | Mo–Fr 16–24, Sa, So 12–24 Uhr | Röntgenstr. 7b | Tel. 030 34 70 27 77
Mitte | tgl. 16–24 Uhr | Hinterhof über die Chausseestr. 8 oder Novalisstr. 11 | Tel. 030 32 51 94 22

Geht doch!
Netter Draht auch zur Bedienung. Atti's Café macht's möglich

AUSSICHTS-REICH

Über den Wolken wird das Essen wohl wunderbar sein

AUF DIE SPITZE GETRIEBEN

Das Sphere in der Kuppel des Fernsehturms am Alexanderplatz ist in zentraler Lage mit über 200 Metern Höhe der Klassiker der guten Aussicht. Pro Stunde dreht sich der Laden einmal um sich selbst, damit Sie nichts verpassen. Eintrittspreis und Tischreservierung lassen sich kombinieren. Sparfüchse wählen INSIDER TIPP wochentags Frühstück und Eintritt ohne Warten für 25 Euro.

➔ SPHERE

Mitte | **www.tv-turm.de** | **März–Okt. tgl. 9–24, Nov.–Feb. tgl. 10–24 Uhr** | **Panoramastr. 1 a** | **Tel. 030 2 47 57 58 75**

EIN STERN IN GROSSER HÖHE

In der 14. Etage des Hotels InterContinental wird seit 1999 mit Michelin-Stern gekocht. Die Aussicht ist hier also nicht das Einzige, was in das Restaurant direkt am Tiergarten lockt, sondern es sind auch die Paprika mit Borlotti-Bohnen, die Jakobsmuschel mit Hühnerhautknusper oder die Wachtel mit Pastinake. Vier Gänge kosten ab 110 Euro; eins der Menüs ist immer vegetarisch.

➔ HUGOS RESTAURANT

€€€ | Tiergarten | **www.hugos-restaurant.de** | **Di–Sa 18.30–22.30 Uhr** | **Budapester Str. 2** | **Tel. 030 2 60 20**

ÜBER DEN DÄCHERN DER CITY-WEST

Dass das Neni ganz schön abgehoben ist, liegt weniger an seiner international-durchmischten Küche mit persischen, russischen, arabischen, israelischen und österreichischen Einflüssen, sondern mehr an der Lage. Auf dem Dach des 25hours Hotel Bikini liegt Ihnen die Stadt zu Füßen (oder zumindest dessen westlicher Teil). Wenn Sie gute Aussicht gerne mit einem Schnäppchen verbinden, kommen Sie zum INSIDER TIPP Lunch (12–15 Uhr, drei Gänge mit Getränk und Kaffee für 18 Euro).

➔ NENI

€€€ | Charlottenburg | **www.neniberlin.de** | **Mo–Fr 12–23 Uhr, Sa, So 12.30–23 Uhr** | **Budapester Str. 40** | **Tel. 030 1 20 22 12 00**

TAG ÜBERM MEER

Falls ein Häusermeer als Meer durchgeht, ist der Klunkerkranich die perfekte Strandbar. Zwischen Kräutergarten und gezimmertem Tresen sitzt man auf Holzplanken, trinkt Kaffee oder Cocktails und schaut auf die Stadt unter einem. Wen der Hunger plagt, bekommt Frühstück oder Pasta. Nur finden muss man die Bar, die sich auf dem Dach der Neukölln-Arcaden versteckt hat.

➔ KLUNKERKRANICH

Neukölln | www.klunkerkranich.de | Mi–Fr ab 16, Sa, So ab 12 Uhr (Achtung: individuelle Winterpause, s. Website) | Karl-Marx-Str. 66, Zugang Parkdeck

ÜBERRASCHUNG!

Von der Landsberger Allee erwartet man nicht sehr viel, weder kulinarisch noch aussichtstechnisch. Doch das Sky Kitchen bietet beides, was auch die langen Wartezeiten beweisen, die einer Reservierung vorausgehen. Serviert wird moderne Berliner Küche mit internationalem Einschlag. Sonntags kredenzt Edeltraud Koppe, Mutter von Küchenchef und Sternekoch Alexander Koppe, ein Mittagsbuffet (39 Euro).

➔ SKY KITCHEN

€€€ | Lichtenberg | www.skykitchen.berlin | Di–Sa 18–23, So 11–15 Uhr | Landsberger Allee 106 | Tel. 030 45 30 53 26 20

WEITSICHTIG

Nicht jeder Student hat beim Mittagessen eine so gute Sicht wie die der Technischen Universität. Im 20. Stock des Telefunken-Hochhauses gibt es zwar keine kulinarischen Überraschungen (Mensa halt). Dafür ist die Aussicht umso besser. Unten am Haus ist kein Schild: einfach den Aufzug nehmen!

➔ CAFETERIA SKYLINE TU

Charlottenburg | www.studentenwerk-berlin.de | Mo–Fr 7.30–16 Uhr | warme Küche 11.30–14.30 Uhr | Ernst- Reuter-Platz 7 | Tel. 030 939 39 77 80

Bitte wenden!

So kann man Berlin auch sehen!

AUS SICHT DER ANDEREN

Nach welchen Kriterien suchen Obdachlose ihre Schlafplätze aus, und warum schnorren die meisten lieber mit einem Becher statt mit der Hand? Wenn Wohnungslose durch ihre Kieze führen, finden Sie nicht nur Antworten darauf, sondern bekommen auch einen anderen Blick auf Berlin. Alternativ gibt es Führungen mit Geflüchteten, die von ihrer Ankunft und den Herausforderungen des Flüchtlingslebens erzählen.

➔ QUERSTADTEIN – BERLIN ANDERS SEHEN
Mitte/Charlottenburg/Neukölln | www.querstadtein.org | Ticket 13 Euro | Tel. 030 24 33 94 42

OHNE DACH IM UNTERGRUND

Die Wahrheit ist: Es ist keine richtige U-Bahn ohne Dach, sondern ein schlichtes, offenes Schienenfahrzeug mit ein paar Klappsitzen. Doch mit diesem zwei Stunden durch die U-Bahn-Tunnel der Stadt zu cruisen und sich deren Bauweise, Signaltechnik und Geisterbahnhöfe erklären zu lassen, lohnt in jedem Fall. Die begehrten Karten (50 €) können Sie online reservieren. Ab 18 Jahre; es gilt Helmpflicht.

➔ U-BAHN-CABRIO-TOUR
Start/Ziel: U-Bahn Deutsche Oper | www.bvg.de | April–Okt. Fr 19 u. 22.30 Uhr | Tel. 030 25 62 52 56

THIS SIDE UP!

IM FREIEN FALL

Vom Dach auf der 40. Etage des Park Inn Hotels am Alexanderplatz sieht Berlin ganz schön mickrig aus. Schauen Sie sich in Ruhe um, bevor es beim Base Flying für Sie wieder in die Tiefe geht – und zwar 125 Meter fast im freien Fall. Ähnlich wie beim Bungee-Jumping hält Sie eine Sicherung und bremst, bevor es ernst wird (ab 16 Jahren, ab 50 €). Termine gibt es auch am Abend: INSIDER TIPP Base-Flying by Night ist jeden Freitag bis 23 Uhr.

BASE FLYING
Mitte | www.base-flying.de | April–Okt. Fr 15–23, Sa 12–21, So 11–17 Uhr | Alexanderplatz 7 | Tel. 089 70 80 90 10

DA BRAUT SICH WAS ZUSAMMEN

Berlin von unten bietet U-Bahnschächte, Kabel und Rohre – und riesige Brauerei-Kellergewölbe. Die der stillgelegten Kindl-Brauerei in Neukölln sind mittlerweile in Rente, aber immer noch spannend anzusehen. Durch sie führt der Verein Berliner Unterwelten und lädt im Anschluss zur Verkostung eines Glases »Rollberger« –ein Craft-Bier, das heute auf dem Gelände gebraut wird. Für alle über 18 mit festem Schuhwerk und Taschenlampe.

UNTERWELTEN
Neukölln | www.berliner-unterwelten.de | Sa 17 Uhr | Werbellinstr. 50/Am Sudhaus 3

MIT FLOSS VIEL LOS

Dass eine Reise mit dem Floß die eigene Perspektive zurechtrückt, wusste schon Huckleberry Finn. Sie reisen auf dem Holzboot vom Treptower Park Richtung Müggelsee und zurück und bemerken dabei, wie hübsch Ober- und Niederschöneweide mit ihrer Industriearchitektur eigentlich sind. Verschiedene Touren ab fünf Leute und 100 Euro.

FLOSS UND LOS
Köpenick | www.flossundlos.de | Seebad Friedrichshagen | Müggelseedamm 216 | Tel. 030 6 45 57 56
Treptow | Klipper Berlin | Bulgarische Str. 5 | Tipi-Flöße im Treptower Park

SONNE SATT

HINTERHOF, EINMAL ANDERS

Den lauschigen Innenhof des ehemaligen Stiftkrankenhauses Bethanien würde man überall vermuten, nur nicht im wuseligen Kreuzberg. Unter zwitschernden Vögeln und raschelndem Blätterdach gibt es deutsche Küche mit mediterraner Note, bei der Wert auf Saisonalität und Regionalität gelegt wird. Falls das Wetter umschlägt, bietet der historische Kreuzgewölbesaal im ältesten Gebäude Kreuzbergs eine sehenswerte Alternative.

➔ DREI SCHWESTERN

Kreuzberg | www.3schwestern.com | Mo–Fr ab 12, Sa, So ab 11 Uhr | Mariannenplatz 2 | Tel. 030 600 31 86 00

AM KANAL

Ja, auch der Gastraum mit dem Kronleuchter und den weiß getünchten Backsteinwänden ist wunderbar. Aber am schönsten sitzt es sich doch draußen auf der Terrasse, wo Sie auf den träge dahinfließenden Landwehrkanal schauen können, während Ihnen Küchenchef Nicolas Gemin Leckereien wie Lamm mit Topinambur, Zander mit Romanesco oder Polenta mit Knollenziest zaubert.

➔ SPINDLER

€€€ | Kreuzberg | www.spindler-berlin.com | Restaurant tgl. ab 18.30, Café Mo–Fr 9–16, Sa, So Brunch 10–16 | Paul-Lincke-Ufer 43 | Tel. 030 69 59 88 80

WEDDINGER GARTENPARADIES

Ein Name verpflichtet, daher musste sich an der Weddinger Ruheplatzstraße einfach eine grüne Oase im Häusermeer etablieren, völlig klar. Auf einer ehemaligen Brache haben Nachbarn rund 300 Hochbeete aufgebaut, in denen nun Obst und Gemüse wachsen. Daraus kreiert das Café-Team leckere Salate, Suppen und Kuchen, die Sie zwischen den Beeten sitzend verspeisen. Dazu gibt es Fair-Trade-Kaffee, Biolimonade und selbst gebackenes Brot.

➔ HIMMELBEET

Wedding | www.himmelbeet.de | April–Okt. Di 12–20, Mi–So 10–20 Uhr | Ruheplatzstr. 12 | Tel. 0162 298 72 05

Kurz-urlaub

bei den Drei Schwestern

Ahoi, Matrose

Im Deckshaus gibt's natürlich auch Fisch & Co

TIER- TRIFFT BIERGARTEN

Während Ihnen unter den Bäumen des Tiergartens Merguez, Gnocchi an Bärlauch oder Couscous-Salat schmecken, können Sie den Ausflugsdampfern auf dem Landwehrkanal beim Schleusen zuschauen. Das wissen viele zu schätzen, weshalb bei gutem Wetter das Anstehen vor der Getränke- und Essensausgabe zum Besuchserlebnis dazugehört. Aber wer wird sich bei so schönem Biergartenwetter schon stressen lassen?

➔ SCHLEUSENKRUG

Tiergarten | www.schleusenkrug.de | April–Okt. tgl. 11–23, Nov.–März Mo–Fr 11–18, Sa, So 10–18 Uhr | Müller-Breslau-Str./Tiergartenschleuse | Tel. 030 3 13 99 09

ALLE MANN AN DECK

Der betagte Heckradschlepper »Jeseniky« hat schon über 60 Jahre auf dem Buckel, doch zum Glück wollen Sie auf ihm nicht die Welt umsegeln, sondern nur lecker essen. Und das ist sehr gut möglich. Mit Blick auf die Fischerinsel und diverse Botschaften lassen Sie sich im historischen Hafen an Deck warme Sprotten, Matjes, Buletten, Bier und Kaffee munden. Urig wie gemütlich, mit einem Hauch von großer, weiter Welt.

➔ DECKSHAUS

Mitte | www.deckshaus.de | Sommer: tgl. 12–20 Uhr, Winter: Mi–Sa 15–22, So 12–20 Uhr | Märkisches Ufer 1, Ecke Fischerinsel | Tel. 030 21 79 14 04

IM BAMBUSGARTEN

Bei gutem Wetter wird im fünften Stock des The-Mandala-Hotels einfach das Glasdach zur Seite geschoben – et voilà, Sie dinieren open air. Dass Sie hier direkt am Potsdamer Platz sitzen, erscheint angesichts des Bambusgartens vor den Panoramafenstern geradezu absurd. Ach ja, Essen gibt es auch. Doppelt Michelin-besternt zaubert Küchenchef Michael Kempf etwa Etouffe-Taube oder Seezunge.

➔ FACIL

€€€ | Tiergarten | www.facil.de | Mo–Fr 12–15 u. ab 19 Uhr | Potsdamer Str. 3 | Tel. 030 590 05 12 34

WINTER-HÖHLEN

Essen, wo andere den Kachelofen anheizen

RUSSISCHE GEMÜTLICHKEIT

Yippee, endlich Winter! Denn erst dann wird es im Gorki Park richtig gemütlich. Wenn es draußen frostig ist, schmecken die hausgemachten Pelmeni-Teigtaschen und die traditionellen Blinis (z. B. mit Spinat oder Lachs gefüllte Pfannkuchen) erst richtig gut. Die 70er-Jahre-Tapete, die hölzerne Bar und die Oma-Gedächtnis-Bilderrahmen an den Wänden machen die Heimeligkeit in dem nach dem zentralen Park in Moskau (ja, der aus »Der Meister und Margarita«) benannten Laden perfekt.

➔ GORKI PARK

Mitte | www.gorki-park.de | So–Do 8–1, Küche bis 23, Fr, Sa 8–3, Küche bis 24 Uhr | Weinbergsweg 25 | Tel. 030 4 48 72 86

KÄSE, DER AN TISCHEN SCHMILZT

Dass der Besitzer Peer Kusmagk einst als RTL-Dschungelkönig in die deutsche TV-Trash-Geschichte einging, soll Sie nicht verunsichern: Hier gibt es keine Maden und Bohnen, sondern französische Küche vor Backsteinwänden und Kamin. Der Käse für das namengebende Raclette wird direkt am Tisch erwärmt und vom langsam vor sich hin schmelzenden Block geschabt. Stilvoll, kuschelig und vor allem: lecker!

➔ LA RACLETTE

Kreuzberg | www.la-raclette.de | tgl. ab 18 Uhr | Lausitzer Str. 34 | Tel. 030 61 28 71 21

PIZZA-EXIL

Feuer gemacht wird hier nicht nur im Pizza-Ofen, sondern auch im schön mit Holzscheiten bestapelten Kamin. Weitere Gemütlichkeitsfaktoren sind die rot-weißen Karo-Tischdecken, der Holzfußboden und natürlich das Essen wie bei *la mamma!* Ob Fisch-Carpaccio, Pizza Funghi oder Linguine mit Garnelen, *i due emigranti* – die beiden namengebenden Auswanderer – wissen, was Sie tun: Nämlich seit über 30 Jahren gehobene, italienische Küche zelebrieren.

➔ I DUE EMIGRANTI

Schöneberg | **Mo–Sa 16–24, So 11–24 Uhr** | **Belziger Str. 38** | **Tel. 030 7 82 63 26**

EINE RUNDE KAMINFEUER

Die Wände sind holzvertäfelt, im 360-Grad-Rundkamin knistert das Feuer und vor den Fenstern treiben auf der Spree die Eisschollen Richtung Kanzleramt. Wenn Sie zudem noch bayerische Küche und frisch gezapftes bayerisches Bier mögen, ist Ihr Winter hiermit gerettet. Und für den Sommer merken Sie sich vor, dass es sich auf der Terrasse mit Spreeblick auch sehr schön sitzt.

➔ ZOLLPACKHOF

Tiergarten | **www.zollpackhof.de** | **tgl. 10–24 Uhr** | **Elisabeth-Abegg-Str. 1** | **Tel. 030 33 09 97 20**

BERLIN IS DOCH 'N DORF

In Rixdorf hat sich Neukölln als Dorf verkleidet. Nach einem Winterspaziergang über den Dorfanger, heute Richardplatz genannt, können Sie sich in dem gemütlichen Café zu einer Runde Brettspiele niederlassen. Die Speisen sind günstig, aber trotzdem gut. Die Öffnungszeiten nimmt der Besitzer übrigens nicht so eng: Wenn Sie etwas später einkehren wollen, rufen Sie vorher einfach an.

➔ MAL SO MAL SO

Neukölln | **www.malso-malso.de** | **Di–Fr 10–20, Sa, So 12–20 Uhr** | **Böhmische Str. 14** | **Tel. 030 53 08 08 29**

AM ECK

Für diesen Laden wurde der Name Eckkneipe erfunden. Seit über 100 Jahren hält die Henne ihre Stellung. Selbst die Mauer, die einst fünf Meter vor ihrer Haustür verlief, konnte ihr nichts anhaben. In der urigen Stube (nur echt mit Geweihen an den Wänden) bestellen Sie natürlich die Spezialität des Hauses: das krosse, halbe Jungmasthähnchen mit hausgemachtem Kartoffel- und Krautsalat. Alternativ gibt es Knacker oder Bulette und zum Nachtisch Schokopudding.

➔ HENNE

Kreuzberg | **www. henne-berlin.de** | **Di–Sa ab 18, So ab 17 Uhr** | **Leuschnerdamm 25** | **Tel. 030 6 14 77 30**

IRGENDWIE SCHRÄG

Wer hat sich sowas bloß ausgedacht?

FISCH IN DOSEN

Der gemeinen Ölsardine aus der Dose eine eigene Bar widmen? Ja, warum denn nicht? Ist schließlich Berlin hier, da ist alles möglich. Die über 70 Sardinensorten (darunter Jahrgangssardinen – 2011 soll gut schmecken), Makrelen oder Thunfisch kommen »frisch aus der hochwertigen Konservendose«, sagen die Macher. Na dann! Serviert werden die Fischlein in der Dose auf einem Holzbrett, angereichert mit Salat, Ciabatta und auf Wunsch einem Glas Wein.

➔ SARDINEN-BAR

Schöneberg | www.sardinen.bar | Mo–Sa 12–22.30 Uhr | Grunewaldstr. 79 | Tel. 030 58 84 41 70

Bunt & ölig

Die Sardinen-Bar ist ein ziemlich bunter Hund

Blumig
Nicht nur der Kaffee duftet im Blumencafé

HEUTE BLEIBT DIE KÜCHE KALT

Warum sollte man sich die Mühe machen und sein Essen kochen, wenn man es auch roh essen kann? Falls Sie sich diese Frage ebenfalls stellen oder gar zur besonderen Spezies der die Erwärmung über 40 Grad ablehnenden Rohköstler gehören, sind die ausgebufften Kreationen genau Ihr Ding. Die Pizza wird aus Buchweizen und Cashew-Käse gebaut, die »Tex Mex Bowl« kombiniert Pastinaken-Reis mit Avocado. Und bevor Sie fragen: Vegan ist das Essen ganz nebenbei natürlich auch.

➔ **RAWTASTIC**

Prenzlauer Berg | **www.rawtastic.de** | **Mo–Sa 11–23, So 12–22 Uhr** | **Danziger Str. 16** | **Tel. 0172 4 39 12 87**

HIER KNALLT'S GLEICH

Popkornditorei – ist das überhaupt ein Wort? Jetzt schon, haben Lucie Krautien und André Göbel beschlossen. Und recht haben sie, denn indem sie den Mais durch die Konditorenschule gejagt haben und in den Sorten Barbecue-Rauchmandel, Butterkaramell-Tahiti-Vanille oder Crumble-Walnuss-Orange wiederauferstehen ließen, haben sie dem traditionellen Kino-Essen ordentlich Feinschliff verpasst.

➔ **KNALLE**

Friedrichshain | **www.knalle.berlin** | **Mo–Fr 14–19, Sa 11–18 Uhr** | **Mühsamstr. 41** | **Tel. 030 68 32 69 70**

KATZEN-CONTENT

Auf der Suche nach ein bisschen Entspannung in dieser hektischen Großstadt kommen die Leute auf die absurdesten Ideen. Zum Beispiel, ein Café mit Kaffee, Kuchen und Katzen zu eröffnen. Pelle und Caruso landen natürlich nicht in Ihrem Bauch, sondern höchstens darauf, damit Sie sie streicheln und dabei selbst zur Ruhe kommen können. Schmusen ist ausdrücklich erlaubt, sagt die Hausordnung. Am Schwanz ziehen und füttern müssen Sie sich aber verkneifen.

➔ **PEE PEES KATZEN-CAFÉ**

Neukölln | **www.peepeeskatzencafe.de** | **Di–Fr 11–19, Sa 12–19, So 12–18 Uhr** | **Thomasstr. 53** | **Tel. 030 68 08 66 00**

DER OHNEFLEISCHER

Zu den Dingen, die man neben einem schwarzen Schimmel und dem stummen Schrei zur rhetorischen Besonderheit namens Oxymoron zählen würde, gehört der vegetarische Metzger. Aber siehe da: Es gibt ihn wirklich! Der Fleischersatz wird aus Hülsenfrüchten wie Lupinen hergestellt und hat aus den Niederlanden seinen Weg in die Fleischfreien-Hauptstadt gefunden. Im Bistro direkt vor Ort probieren können Sie Schawarma, Currywurst oder Fleischbällchen.

➔ **DER VEGETARISCHE METZGER**

Kreuzberg | **www.der-vegetarische-metzger.de** | **Mo–Sa 11.30–21, So 13–20 Uhr** | **Bergmannstr. 1** | **Tel. 030 22 47 98 37**

IM PAPAGEIEN-GARTEN

Die richtige Adresse für alle, die ihren Kuchen gerne zwischen Palmen und Blumengestecken einnehmen. Möglich macht das die Kombination aus Café und Blumenladen, zu dem übrigens auch zwei Papageien gehören: die Brüder Arno und Charly. Damit die Erde so entspannt bleibt, wie Sie es gerade sind, werden für Kuchen und Sandwiches ökologisch produzierte Zutaten verwendet.

➔ **BLUMENCAFÉ**

Prenzlauer Berg | **www.blumencafe-berlin.de** | **tgl. 10–18 Uhr** | **Schönhauser Allee 127 a** | **Tel. 030 44 73 42 26**

HAT STYLE

Echte Schönheit kommt vom Innenarchitekten

APOTHEKEN-UPCYCLING

Nur weil in der historischen Apotheke am Oranienplatz eine Café-Bar residiert, ist das noch lange kein Grund, die hölzerne Einrichtung mit ihren tausend Schubladen, Ablagen und Kabinetts zu entsorgen. Nun lässt sich im alten Ambiente samt Steinfußboden hervorragend frühstücken oder hausgemachtes Sauerteigbrot mit Pastrami verspeisen. Ein paar einfache Gerichte wie Suppe oder dicke Bohnen mit roter Beete gibt es auch. Regional, saisonal und bio ist alles obendrein.

➔ **ORA**

Kreuzberg | www.ora-berlin.de | tgl. 9.30–1 Uhr | Oranienplatz 14

UNTER TAGE

Als Szenerestaurant reicht es nicht, einen gut versteckten Eingang (unter den S-Bahnbögen die Eisentür mit der Nr. 11) samt Türsteher (nur mit Reservierung, keine Jogging-Outfits, bitte) zu haben. Dazu gehört auch, dass der Gastraum schwarz, fensterlos und dank Testbild-Tapete dennoch unfassbar stylish ist. Das Essen im Hinterzimmer der Bar Tausend ist modern mit einem Hauch Asien.

➔ **CANTINA**

€€€ | Mitte | www.tausendberlin.com | Di–Sa ab 19.30 Uhr | Schiffbauerdamm 11 | Tel. 030 27 58 20 70

EIN KESSEL BUNTES

Zugegebenermaßen lenkt das schrille Pop-Art-Design des Nhow-Hotelrestaurants am Osthafen erst mal vom Essen ab. Aber wenn sich das Auge an den bunten Stilmix des Designers Karim Rashid gewöhnt hat, kommen Hummerravioli, Filet vom Winterkabeljau oder getrüffelte Brust vom Schwarzfederhuhn zu ihrem Recht. Chefkoch Patrick Rexhausen versteht es eben, die Gäste zu verwöhnen. Das hat zwar seinen Preis. Dafür gibt es die Aussicht auf Oberbaumbrücke und Spree gratis dazu.

➔ **FABRICS**

€€€ | Friedrichshain | www.nhow-hotels.com | Frühstück Mo–Fr 6.30–10.30, Sa, So 6.30–12, Dinner Mo–Sa 18–23 Uhr | Stralauer Allee 3 | Tel. 030 29 02 99 41 07

CHARMANTE INDUSTRIE

Zweiter Hinterhcf, alte Likör-Destillerie, gekachelte Wände, hohe Decken und eine der rustikal-industriecharmanten Einrichtungen, die sich gut mit gehobener Küche verträgt. Das ist das Eins 44, Untertitel Kantine Neukölln, die natürlich alles ist, nur keine Kantine. Die französisch inspirierten Gerichte werden zu Gängen zusammengestellt, von denen drei 46, sechs 73 Euro kosten.

➔ **EINS 44**

€€€ | Neukölln | www.eins44.com | Di–Fr 12.30–14.30 (Lunch), Di–Sa 19–24, Küche bis 22.30 Uhr | Elbestr. 28/29 | Tel. 030 62 98 12 12

Alltag light

House of Small Wonder – Understatement à la Brooklyn

HIPSTER MIT ZEIT

Ein weiterer Beweis, dass Szeneläden sich auf Interior Design verstehen. An die Geschichte als Josty-Brauerei erinnern noch die Backsteinwände. Die Stühle dazwischen passen mit Absicht nicht zueinander; an den Wänden hängt Allerlei von Berliner Flohmärkten. Und das Essen? Ist Slowfood. Klassiker hier ist das zwölf Stunden gegarte Candy on Bone, serviert mit Zitronen-Knoblauch-Joghurt und ab zwei Personen.

KATZ ORANGE

Mitte | www.katzorange.com | tgl. ab 18 Uhr | Bergstr. 22 | Tel. 030 983 208 430

ASIATISCHES NEW YORK

Ist das ein Gewächshaus? Eine Kathedrale? Oder doch eine asiatische Tempelanlage? Sicher ist nur: Dieser Innenarchitekt wusste, was er tat, als er der asiatischen Küche mit amerikanischem Einschlag (oder umgekehrt) ein Berliner Zuhause schuf. Im New Yorker Stadtteil Brooklyn konnte er dafür schon mal üben – da kommen die Urheber der hier gereichten ›kleinen Wunder‹ in Form von Frühstück, Sandwiches und Snacks ursprünglich her.

HOUSE OF SMALL WONDER

Mitte | www.houseofsmallwonder.de | tgl. 9–17 Uhr | Johannisstr. 20 | Tel. 030 27 58 28 77

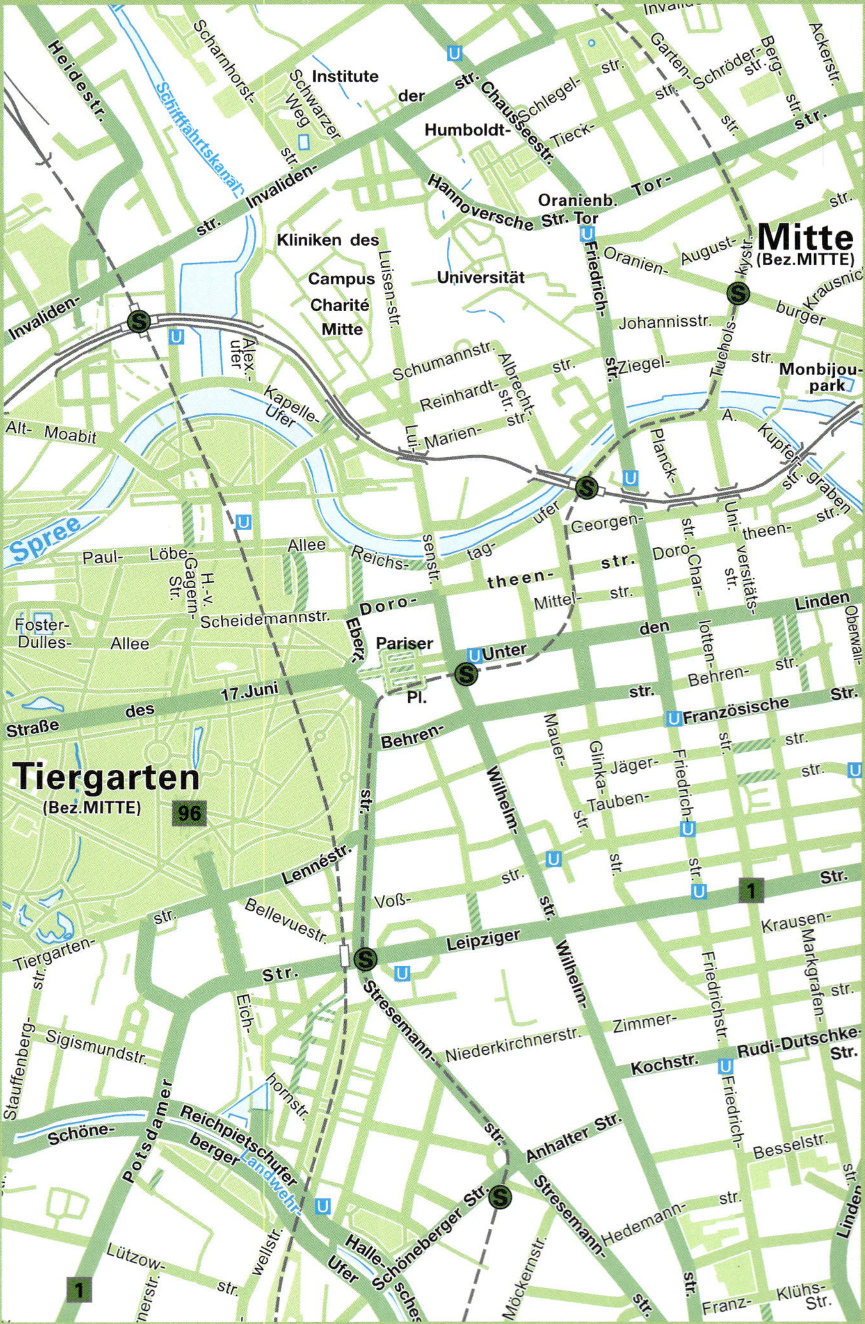

Heidestr.
Scharnhorst-
Schiffahrtskanal
Schwarzer Weg
str.
Institute der Humboldt-
Universität
Chausseestr.
Schlegel-
str.
Tieck-
Hannoversche Str.
Oranienb. Tor
Tor-
str.
Garten-
str.
Schröder-
str.
Berg-
str.
Ackerstr.
str.
Invalidenstr.
Invaliden-
Kliniken des Campus Charité Mitte
Luisen-str.
Friedrich-
str.
Oranien-
August-
str.
Mitte
(Bez.MITTE)
Krausnick
burger
Johannisstr.
Tucholsky-str.
Ziegel-
str.
Monbijou-
park
Schumannstr.
Albrecht-
str.
Reinhardt-
str.
Marien-
str.
Lui-
Alex.-
ufer
Kapelle-
Ufer
Alt- Moabit
A.
Kupfer-
graben
str.
Planck-
str.
Spree
Paul- Löbe-
Allee
H.-v.-Gagern-
Str.
Reichs-
tag-
ufer
Georgen-
str.
Dorotheen-
str.
Doro-
theen-
str.
Char-
lotten-
str.
Uni-
versitäts-
str.
Mittel-
str.
Linden
Oberwall-
Foster-
Dulles-
Allee
Scheidemannstr.
Ebert-
Pariser
Pl.
Unter
den
Behren-
str.
Straße
des
17.Juni
Behren-
str.
Französische
Str.
Tiergarten
(Bez.MITTE)
96
Wilhelm-
str.
Mauer-
str.
Glinka-
str.
Jäger-
str.
Tauben-
str.
Friedrich-
str.
Lennéstr.
Voß-
str.
Bellevuestr.
Tiergarten-
str.
Leipziger
Str.
1
Krausen-
str.
Markgrafen-
str.
Eich-
Stresemann-
str.
Wilhelm-
Niederkirchnerstr.
Zimmer-
str.
Friedrichstr.
Stauffenberg-
str.
Sigismundstr.
Kochstr.
Rudi-Dutschke-
Str.
Potsdamer
Reichpietschufer
Schöne-
berger
Landwehr-
hornstr.
Anhalter Str.
Friedrich-
str.
Besselstr.
Linden
str.
Schöneberger Str.
Stresemann-
str.
Hedemann-
str.
Halle-
sches
Ufer
Lützow-
str.
wellstr.
Möckernstr.
Franz-
Klühs-
Str.
1

DIE JAHRESZEITEN IM STADTVIERTEL-CHECK

Charlottenburg

1 Frühling

WO DIE WEIDEN KEINE TRAUER MEHR TRAGEN

Trauerweiden beim Aufblühen zusehen: Mehr Frühlingsgefühl geht nicht. Am Lietzenseepark lässt sich das mit einer entspannten Runde um den See verbinden. Den Zwischenstopp zum Fototermin an der malerischen Kaskade nicht vergessen.

➔ LIETZENSEEPARK

lietzenseepark.de

2 Sommer

DURCHLAUCHTS GARTEN

Versailler Gartenkunst bewundern, ohne bis Paris zu müssen? Voilà: Schlossgarten Charlottenburg! Hier können Sie zwischen Blümchen und Fontäne lustwandelnd die Sonne genießen und bei den regelmäßigen Führungen Tipps für die Balkonbepflanzung einsammeln.

➔ FÜHRUNGEN IM SCHLOSSGARTEN CHARLOTTENBURG

www.spsg.de | Termine s. Website | Eintritt frei, Führungen 6 Euro | Schlossgarten Charlottenburg | Spandauer Damm 10–22

3 Herbst

SCHAU, FOTOSCHAU!

Endlich Zeit, mit gutem Gewissen zu den Indoor-Aktivitäten überzugehen, und im C/O Berlin gibt es garantiert gerade eine neue Foto-Ausstellung, die den Besuch lohnt. Die 1950er-Jahre-Architektur des Amerika-Hauses wird auch nicht langweilig.

➔ C/O BERLIN

www.co-berlin.org | tgl. 11–20 Uhr | 10 Euro | Amerika-Haus an der Hardenbergstr. 22 | Tel. 030 284 44 16 62

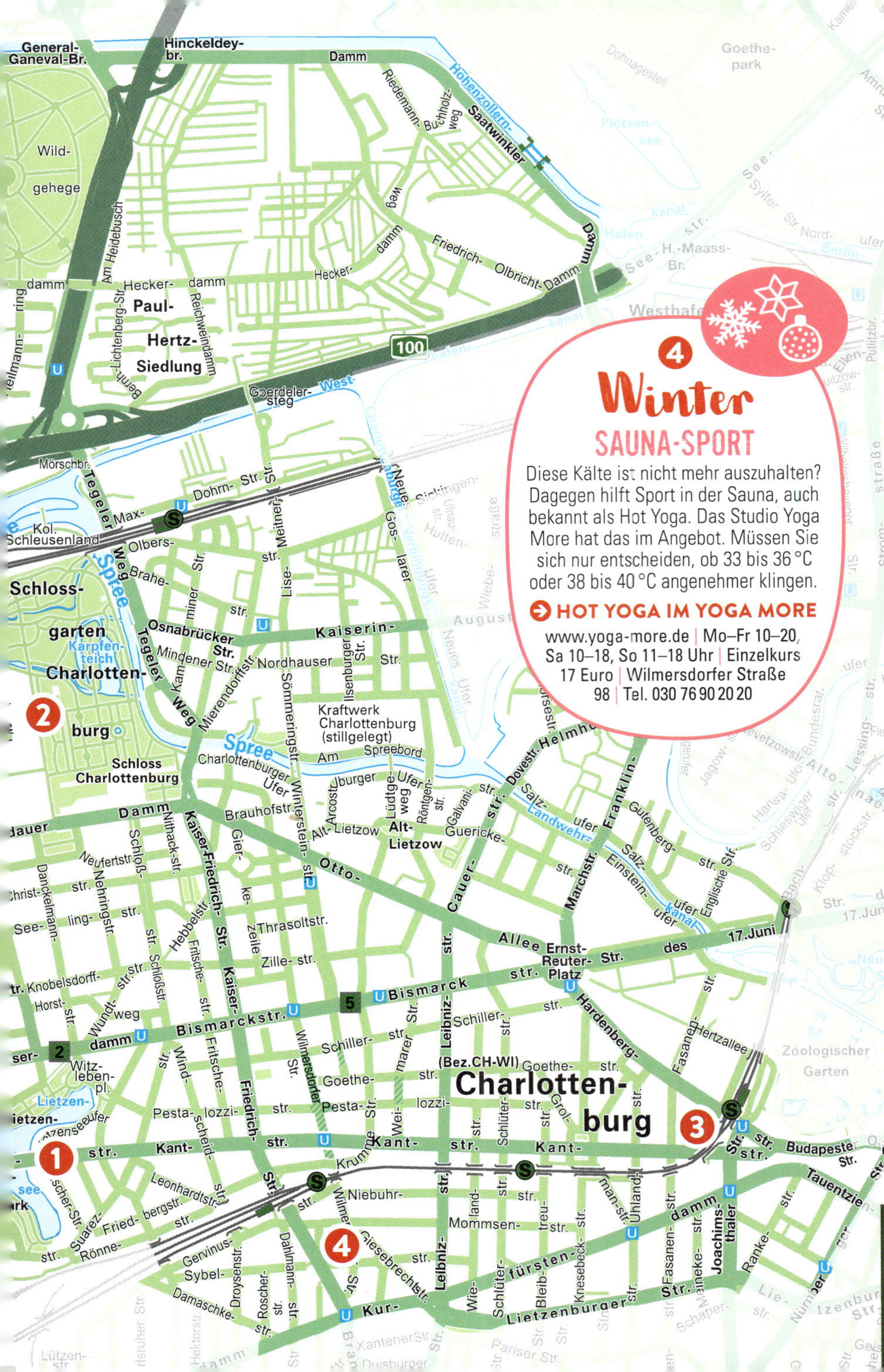

4 Winter

SAUNA-SPORT

Diese Kälte ist nicht mehr auszuhalten? Dagegen hilft Sport in der Sauna, auch bekannt als Hot Yoga. Das Studio Yoga More hat das im Angebot. Müssen Sie sich nur entscheiden, ob 33 bis 36 °C oder 38 bis 40 °C angenehmer klingen.

➔ HOT YOGA IM YOGA MORE

www.yoga-more.de | Mo–Fr 10–20, Sa 10–18, So 11–18 Uhr | Einzelkurs 17 Euro | Wilmersdorfer Straße 98 | Tel. 030 76 90 20 20

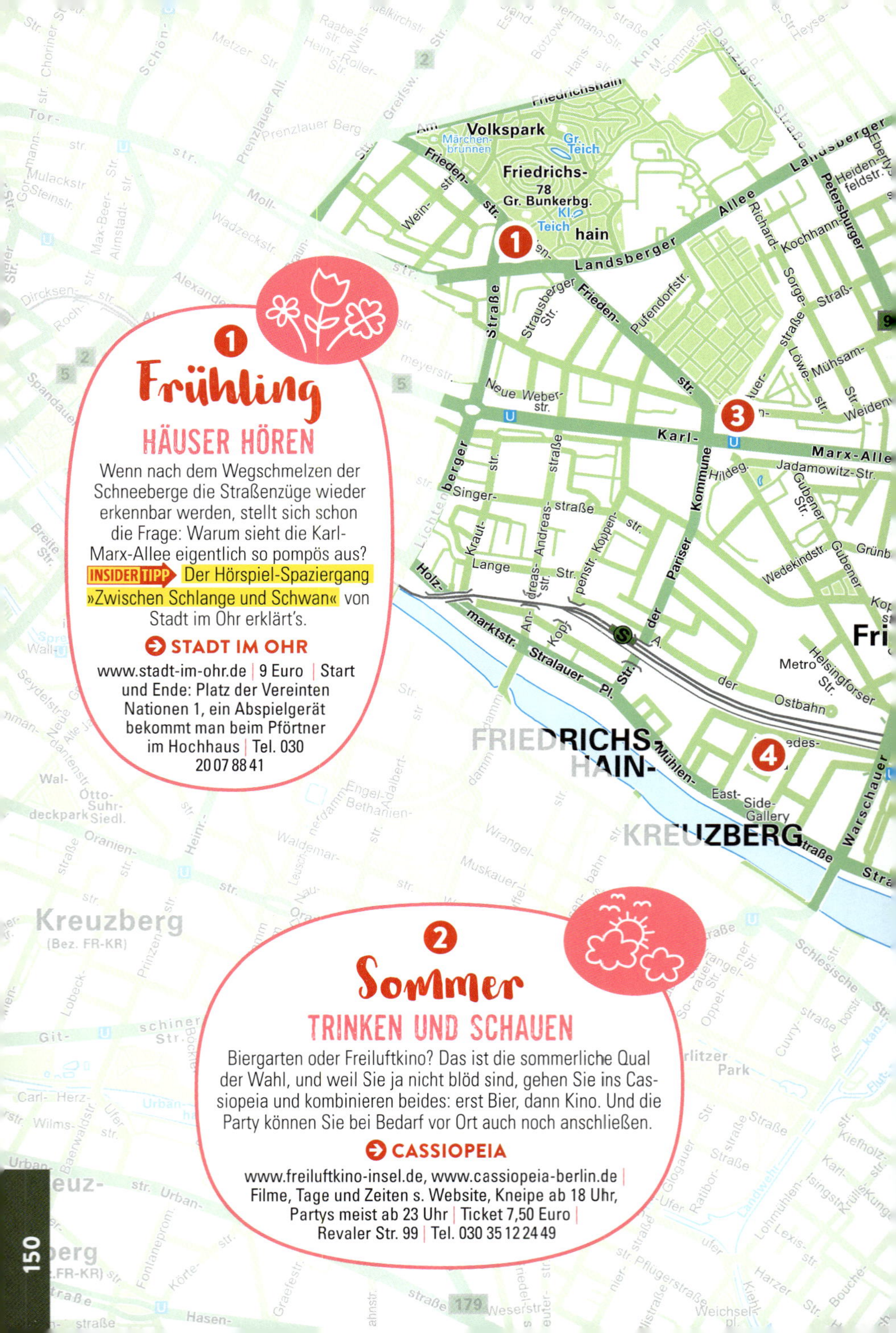

1

Frühling

HÄUSER HÖREN

Wenn nach dem Wegschmelzen der Schneeberge die Straßenzüge wieder erkennbar werden, stellt sich schon die Frage: Warum sieht die Karl-Marx-Allee eigentlich so pompös aus? **INSIDER TIPP** Der Hörspiel-Spaziergang »Zwischen Schlange und Schwan« von Stadt im Ohr erklärt's.

➔ STADT IM OHR

www.stadt-im-ohr.de | 9 Euro | Start und Ende: Platz der Vereinten Nationen 1, ein Abspielgerät bekommt man beim Pförtner im Hochhaus | Tel. 030 20 07 88 41

2

Sommer

TRINKEN UND SCHAUEN

Biergarten oder Freiluftkino? Das ist die sommerliche Qual der Wahl, und weil Sie ja nicht blöd sind, gehen Sie ins Cassiopeia und kombinieren beides: erst Bier, dann Kino. Und die Party können Sie bei Bedarf vor Ort auch noch anschließen.

➔ CASSIOPEIA

www.freiluftkino-insel.de, www.cassiopeia-berlin.de | Filme, Tage und Zeiten s. Website, Kneipe ab 18 Uhr, Partys meist ab 23 Uhr | Ticket 7,50 Euro | Revaler Str. 99 | Tel. 030 35 12 24 49

Friedrichshain

3 Herbst

LET'S ZOCK!

Der Draußen-Sommer ist vorbei, der Stubenhocker-Winter noch weit: Also gehen Sie raus und besuchen das Stubenhocker-Mekka, a.k.a.das Computerspielemuseum. Und ja, das da vor Ihnen ist tatsächlich ein alter Polyplay mit der DDR-Variante von Pacman.

➔ COMPUTERSPIELEMUSEUM

www.computerspielemuseum.de | So–Do 10–20, Fr, Sa bis 21 Uhr | 9 Euro | Karl-Marx-Allee 93a | Tel. 030 60 98 85 77

4 Winter

ICE ICE BABY

Wintersport? Ist eine schöne Sache und kann man ruhig Menschen überlassen, die sich damit auskennen. Wie den Eishockey-Champions von den Eisbären Berlin, die ihre Heimspiele in der Mercedes-Benz-Arena am Ostbahnhof austragen und sich über Ihren Besuch freuen.

➔ EISHOCKEY

www.eisbaeren.de | Spieltage und Preise s. Website | Mercedes-Benz-Arena | Mercedes-Platz 1

Kreuzberg

1

Frühling

ES LÄUFT GLATT

Rein in die Inlineskates und ab in den Park am Gleisdreieck (unter uns: einer der schönsten der Stadt). Auf den frisch asphaltierten Wegen rollt es sich besonders gut. Um auch die Arme aus dem Winterschlaf zu wecken, folgt danach noch eine Runde Tischtennis.

➔ PARK AM GLEISDREIECK

www.gruen-berlin.de/park-am-gleisdreieck | jederzeit über mehrere Eingänge zugänglich | Eintritt frei |

2 Sommer

ERNTEN, WAS MAN SÄT

Genug Betonwüste, Sie brauchen Grün! Zurück zur Natur geht es in den Prinzessinnengärten am Moritzplatz, wo Sie donnerstagnachmittags und samstagvormittags zur Gartenarbeit antanzen können.

➔ PRINZESSINNENGÄRTEN

prinzessinnengarten.net | April–Okt. Do 15–18, Sa 11–14 Uhr | Prinzenstr. 35–38 und Prinzessinnenstr. 15 | Tel. 0176 24 33 22 97

4 Winter

VON NUN AN GEHT'S BERGAB

Der Görlitzer Park ist zwar mehr ein Handtuch als eine Grünfläche. Aber der Hügel eignet sich hervorragend, um ihn sieben- bis siebzigtausendmal mit dem Schlitten runterzubrettern. Die Strecke ist kurz, aber steil. So wie der ganze Park eben.

➔ SCHLITTENFAHREN IM GÖRLI

Haupteingang Skalitzer Str. 47

3 Herbst

WAS WISSEN SCHAFFT

Wo der Sommer schon wieder geblieben ist, ist die einzige Frage, die im Science Center Spectrum offenbleibt. Wissenschaft zum Anfassen und Ausprobieren lässt den Herbststurm draußen schnell vergessen.

➔ SCIENCE CENTER SPECTRUM

www.sdtb.de/spectrum | Di–Fr 9–17.30, Sa, So 10–18 Uhr | 8 Euro | Möckernstr. 26 | Tel. 030 90 25 42 84

Mitte

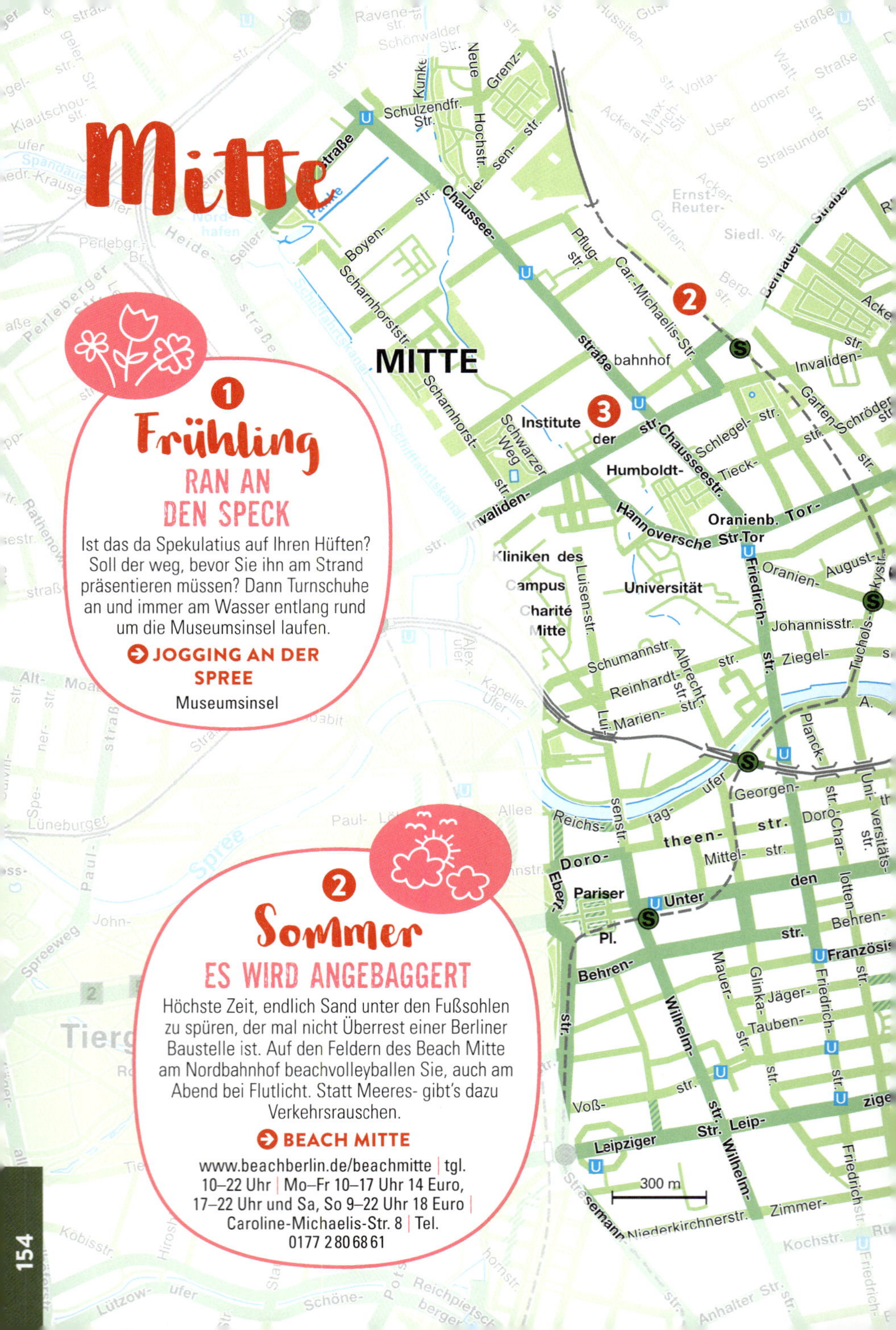

1 Frühling

RAN AN DEN SPECK

Ist das da Spekulatius auf Ihren Hüften? Soll der weg, bevor Sie ihn am Strand präsentieren müssen? Dann Turnschuhe an und immer am Wasser entlang rund um die Museumsinsel laufen.

➔ JOGGING AN DER SPREE

Museumsinsel

2 Sommer

ES WIRD ANGEBAGGERT

Höchste Zeit, endlich Sand unter den Fußsohlen zu spüren, der mal nicht Überrest einer Berliner Baustelle ist. Auf den Feldern des Beach Mitte am Nordbahnhof beachvolleyballen Sie, auch am Abend bei Flutlicht. Statt Meeres- gibt's dazu Verkehrsrauschen.

➔ BEACH MITTE

www.beachberlin.de/beachmitte | tgl. 10–22 Uhr | Mo–Fr 10–17 Uhr 14 Euro, 17–22 Uhr und Sa, So 9–22 Uhr 18 Euro | Caroline-Michaelis-Str. 8 | Tel. 0177 2806861

3

Herbst

NACHTS IM MUSEUM

Tür zu, Taschenlampe an, und jetzt gehören die Dinoskelette ganz Ihnen. Naja, und den anderen Teilnehmern der Taschenlampenführung, die nur zur dunklen Jahreszeit im Naturkundemuseum angeboten wird.

➔ NATURKUNDEMUSEUM

www.naturkundemuseum.berlin | Di–Fr 9.30–18, Sa, So 10–18 Uhr, genaue Termine auf der Website | 15 Euro | Invalidenstr. 43 | Tel. 030 20938591

4

Winter

LIES MIR DOCH WAS VOR

Ein Glas Rotwein bitte, und dann gemütlich zurücklehnen und lauschen, INSIDER TIPP was die LSD-Lesebühnenautoren dieses Mal zusammengeschrieben haben. Die Abkürzung steht natürlich für »Liebe statt Drogen«, ist schließlich bald Weihnachten.

➔ LIEBE STATT DROGEN

www.liebestattdrogen.wordpress.com, www.schokoladen-mitte.de | Di 21.30 Uhr | 4 Euro | im Schokoladen an der Ackerstr. 169

Neukölln

1
Frühling
PAUSE IN GRÜN

Obstblüte, Teich mit Schilf und eine Gartenlaube namens Seelenparadies. Darauf mussten Sie jetzt lange genug verzichten, denn mit dem guten Wetter öffnet sich die Pforte zum Comenius-Garten wieder. Raus aus dem Großstadt-Neukölln, rein ins Grüne.

➔ COMENIUS-GARTEN

www.comenius-garten.de | Richardstr. 35 | Tel. 030 6 86 61 06

2
Sommer
HIP, HIPSTER, HURRA!

Die am Landwehrkanal-Abhäng-Saison ist eröffnet! Damit Sie dort nicht immer nur Bier trinken und in der Sonne liegen müssen, gibt es über den Sommer jeden zweiten Sonntag den Secondhand- und Kunstmarkt Nowkölln. So hip und international wie sein Name.

➔ NOWKÖLLN FLOWMARKT

www.nowkoelln.de | Termine s. Website | Maybachufer 31

3 Herbst

AB IN DIE OPER, DU OPFER!

Die einen nennen es Abschied vom Sommer, die anderen Beginn der Theatersaison. In der Neuköllner Oper gibt es Musiktheater, zu dem man nicht in Frack und Zylinder aufkreuzen muss. Und lustig ist es manchmal auch! Verrückt.

➔ NEUKÖLLNER OPER

www.neukoellneroper.de | Karl-Marx-Str. 131–133 | Ticket-Hotline 030 68 89 07 77 | Kasse Di–Fr und an Spieltagen 15–19 Uhr

4 Winter

GRIECHISCHES BAD

Hey, nicht einrosten! Nur weil das Wetter gerade nicht mitspielt, müssen Sie sich nicht gehen lassen, sondern schwimmen! Das Stadtbad Neukölln wartet mit seiner Griechenland-Gedächtnis-Architektur (Gewölbe! Säulen!) und Marmor-Dampfbad auf Sie.

➔ STADTBAD NEUKÖLLN

www.berlinerbaeder.de/baeder/stadtbad-neukoelln | Öffnungszeiten wechseln saisonal, Aktuelles s. Website | 5 Euro | Ganghofer Str. 3 | Tel. 030 22 19 00 11, 030 6 82 49 80

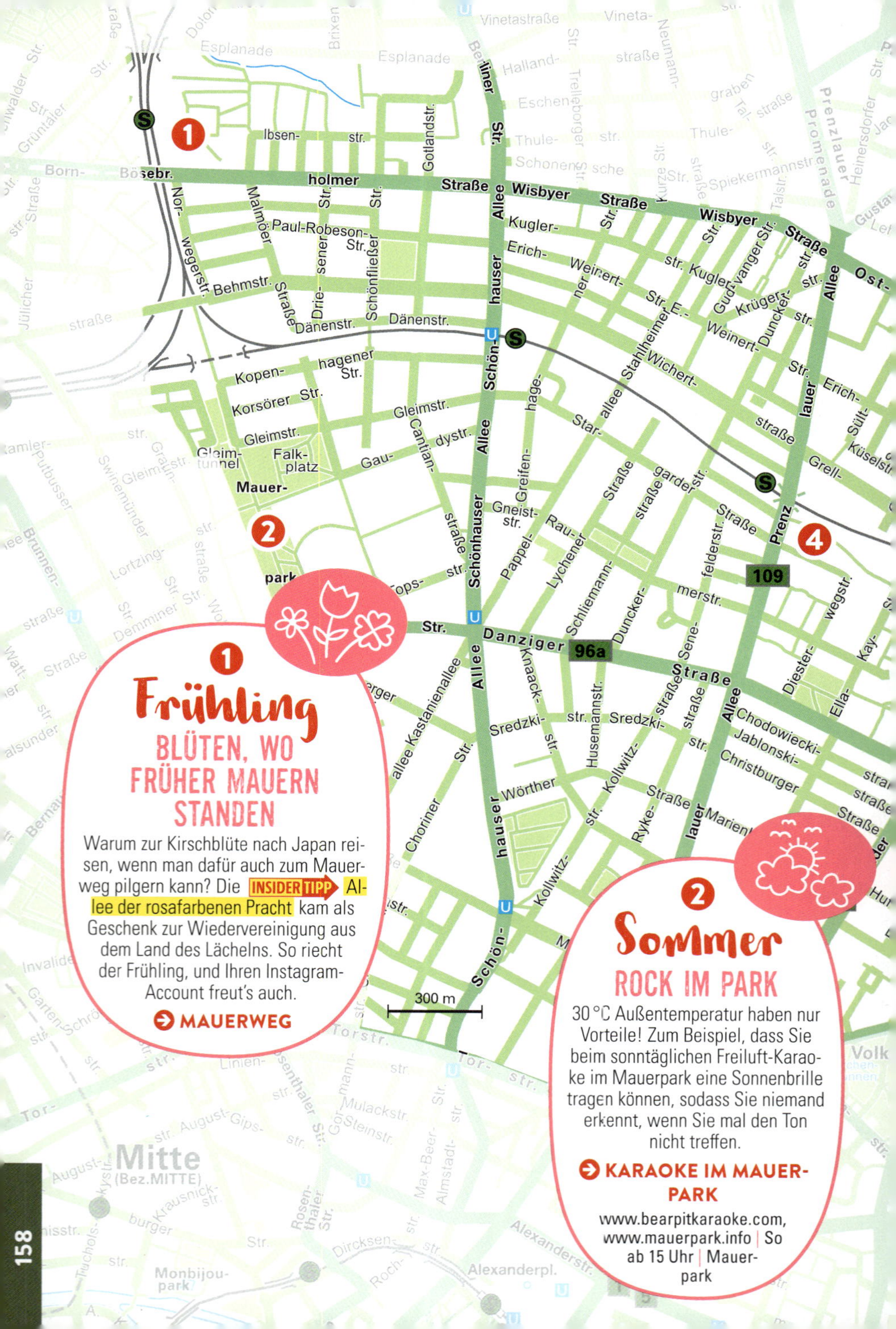

1 Frühling

BLÜTEN, WO FRÜHER MAUERN STANDEN

Warum zur Kirschblüte nach Japan reisen, wenn man dafür auch zum Mauerweg pilgern kann? Die **INSIDER TIPP** Allee der rosafarbenen Pracht kam als Geschenk zur Wiedervereinigung aus dem Land des Lächelns. So riecht der Frühling, und Ihren Instagram-Account freut's auch.

➔ **MAUERWEG**

2 Sommer

ROCK IM PARK

30 °C Außentemperatur haben nur Vorteile! Zum Beispiel, dass Sie beim sonntäglichen Freiluft-Karaoke im Mauerpark eine Sonnenbrille tragen können, sodass Sie niemand erkennt, wenn Sie mal den Ton nicht treffen.

➔ **KARAOKE IM MAUERPARK**

www.bearpitkaraoke.com, www.mauerpark.info | So ab 15 Uhr | Mauerpark

Prenzlauer Berg

4 Winter

AM HIMMEL, DA LEUCHTEN DIE STERNE

Geben Sie sich in der dunklen Jahreszeit nicht mit einem Licht zufrieden, etwa in der St-Martins-Laterne. Nehmen Sie gleich den ganzen Sternenhimmel! Im Zeiss-Großplanetarium wird der an die riesige Kuppel gezaubert. So schön!

➔ ZEISS-GROSS-PLANETARIUM

www.planetarium.berlin | Termine und Preise auf der Website | Prenzlauer Allee 80 | Tel. 030 42 18 45 10

3 Herbst

LASS DIE PUPPEN TANZEN!

Nein, das ist kein schlechtes Wetter, das ist die Gelegenheit, endlich wieder ins Theater statt in den Biergarten zu gehen. In der Schaubude übernehmen den Schauspieler-Job Puppen und beweisen, dass das nichts mit Kasperle-Theater zu tun haben muss.

➔ SCHAUBUDE BERLIN

www.schaubude-berlin.de | Tickets ab 9,50 Euro | Greifswalder Str. 81–84 | Tel. 030 4 23 43 14

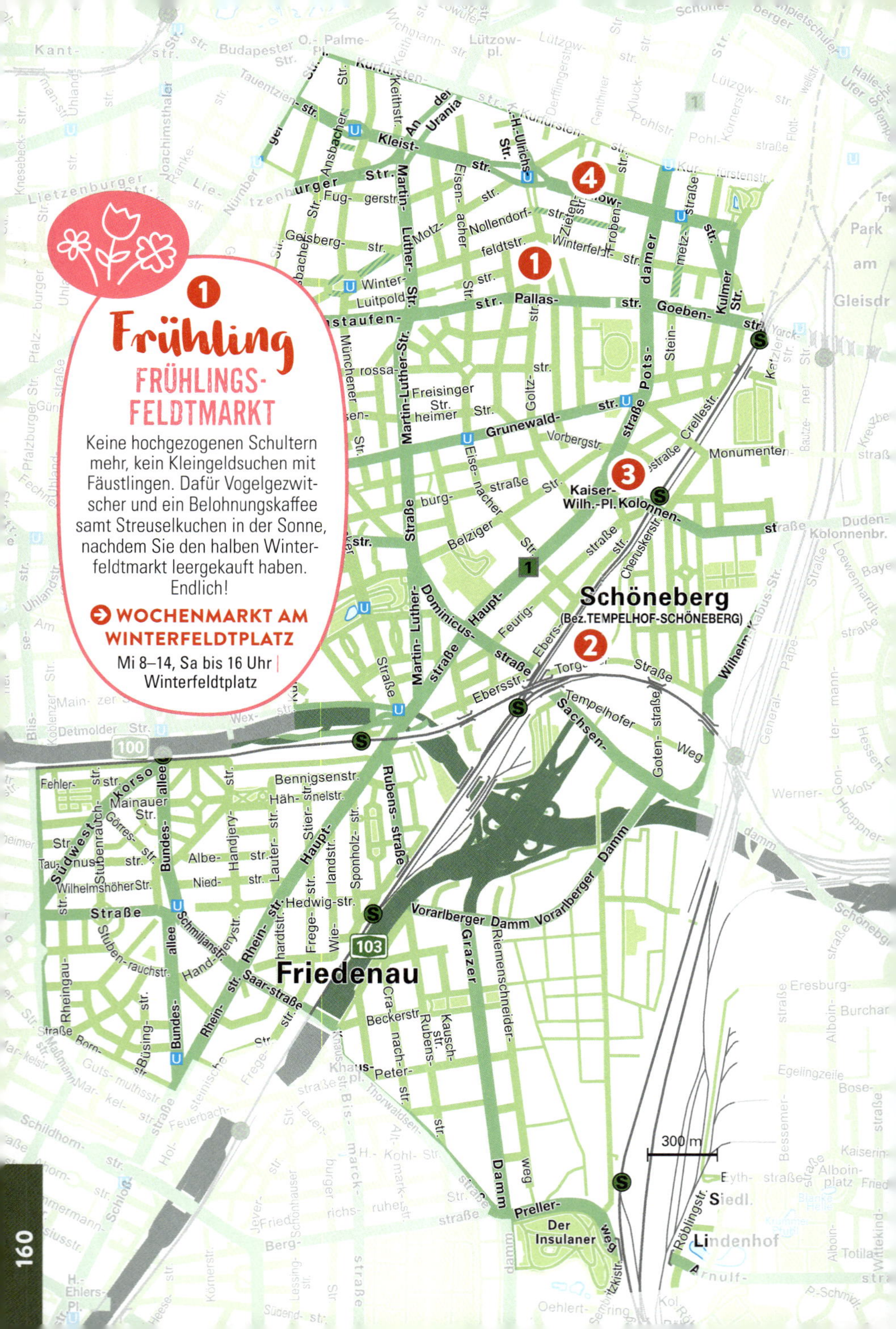

1

Frühling

FRÜHLINGS-FELDTMARKT

Keine hochgezogenen Schultern mehr, kein Kleingeldsuchen mit Fäustlingen. Dafür Vogelgezwitscher und ein Belohnungskaffee samt Streuselkuchen in der Sonne, nachdem Sie den halben Winterfeldtmarkt leergekauft haben. Endlich!

➔ WOCHENMARKT AM WINTERFELDTPLATZ

Mi 8–14, Sa bis 16 Uhr | Winterfeldtplatz

Schöneberg & Friedenau

2

Sommer

ÜBER DEN DÄCHERN VON SCHÖNEBERG

Sie haben keine Höhenangst, oder? Dann nichts wie **INSIDER TIPP** rauf aufs Gasometer, das das nur im Sommer mit sich machen lässt. Es warten beste Aussicht und die Gewissheit, Günter Jauch aufs Dach gestiegen zu sein, der hier einst seine Talkshow aufzeichnete.

➔ GASOMETER

www.euref.de | Anfragen für die individuellen Führungen über gasometer1@gmail.com oder die Website, Termin und Preis je nach Gruppengröße | Torgauer Str. 12–15

3

Herbst

IST JA UNERHÖRT

Endlich Zeit, in Ruhe der Frage auf den Grund zu gehen, wie weißer Rotwein aussieht, einen Geduldsfaden zu betrachten oder das Rätsel der versteinerten Kartoffel zu lösen. Das alles wartet im Museum der unerhörten Dinge auf Sie –Sie müssen nur zuhören.

➔ MUSEUM DER UNERHÖRTEN DINGE

www.museumderunerhoertendinge.de | Mi–Fr 15–19 Uhr | Crellestr. 5–6 | Tel. 030 7 81 49 32, 0175 4 10 91 20

4

Winter

VON DER STRASSE GEHOLT

Street Art gibt es in Berlin genug. Aber fürs Bestaunen auf der Straße ist es gerade echt zu kalt. Zum Glück hat mit dem Museum for Urban Contemporary Art nun eine Indoor-Ausstellung der Straßenkunst eröffnet.

➔ MUSEUM FOR URBAN CONTEMPORARY ART

www.urban-nation.com | Mo–Fr 10–18 Uhr | Bülowstr. 97 | Tel. 030 32 29 59 89

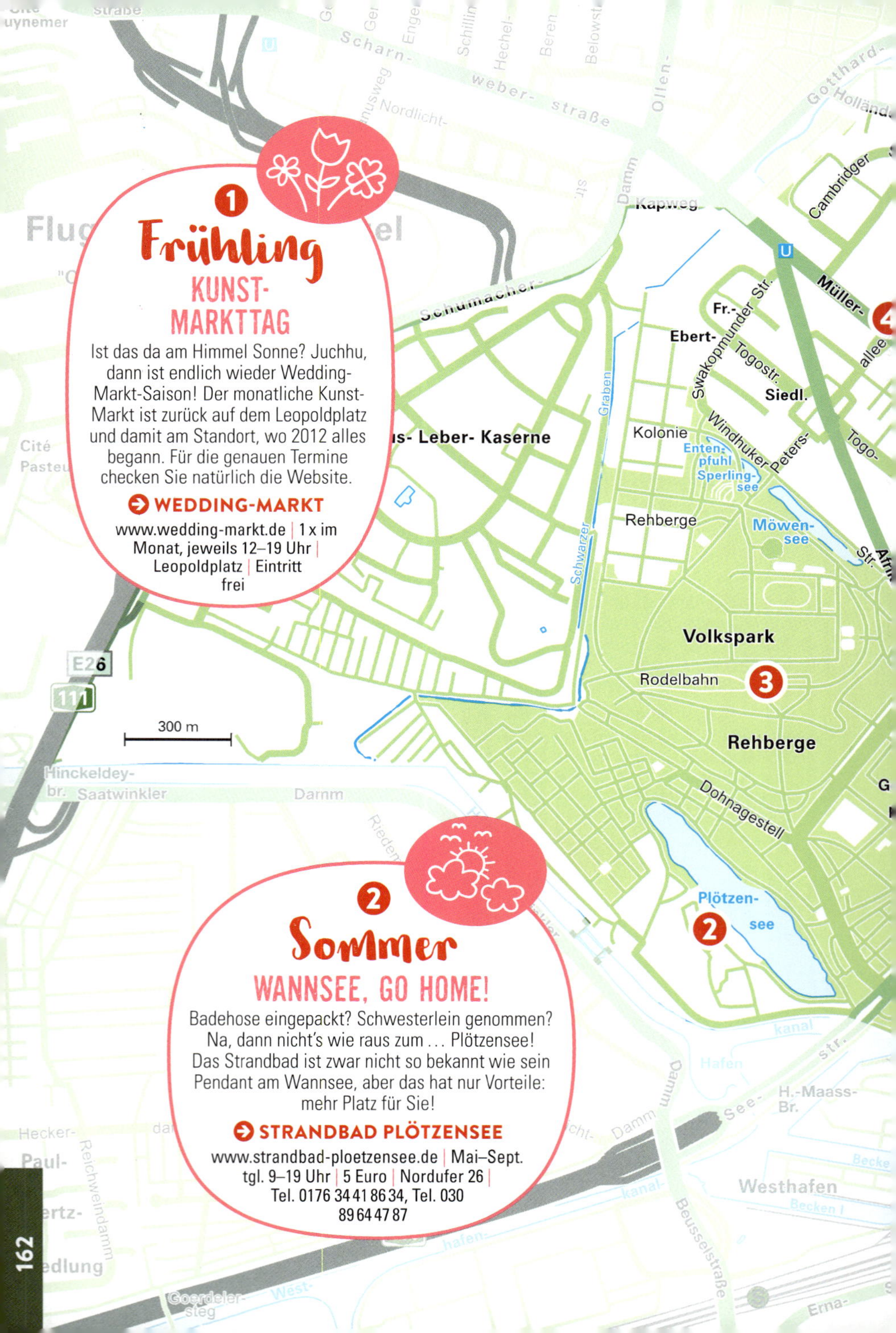

1 Frühling

KUNST-MARKTTAG

Ist das da am Himmel Sonne? Juchhu, dann ist endlich wieder Wedding-Markt-Saison! Der monatliche Kunst-Markt ist zurück auf dem Leopoldplatz und damit am Standort, wo 2012 alles begann. Für die genauen Termine checken Sie natürlich die Website.

➔ WEDDING-MARKT

www.wedding-markt.de | 1 x im Monat, jeweils 12–19 Uhr | Leopoldplatz | Eintritt frei

2 Sommer

WANNSEE, GO HOME!

Badehose eingepackt? Schwesterlein genommen? Na, dann nicht's wie raus zum … Plötzensee! Das Strandbad ist zwar nicht so bekannt wie sein Pendant am Wannsee, aber das hat nur Vorteile: mehr Platz für Sie!

➔ STRANDBAD PLÖTZENSEE

www.strandbad-ploetzensee.de | Mai–Sept. tgl. 9–19 Uhr | 5 Euro | Nordufer 26 | Tel. 0176 34 41 86 34, Tel. 030 89 64 47 87

Wedding

4 Winter

CINEASTENPLÜSCH

An der Kasse noch rasch eine frisch aufgebrühte Tasse Kaffee mitgenommen und dann gemeinsam mit der cineastischen Rentnergruppe in den rot beplüschten, historischen Kinosaal: Das Citykino weiß, wie man das Beste aus dem Winter rausholt.

➔ CITYKINO

www.citykinowedding.de | ab 6 Euro | Müllerstr. 74 | Tel. 01525 9 68 79 21

3 Herbst

SCHWEINE, DIE IN BLÄTTERN WÜHLEN

Unter bunten Blättern durch den Volkspark Rehberge spazieren ist an sich schon schön, aber noch steigerbar. Nämlich mit einem Abstecher zu den Mufflons, Wildschweinen und Fasanen im Wildgehege, um ihnen beim Laubdurchwühlen und Eicheln-Verputzen zuzusehen.

➔ VOLKSPARK REHBERGE

zwischen Afrikanischer Straße, Transvaalstraße und Dohnagestell

REGISTER

FSC
www.fsc.org
MIX
Papier aus verantwortungsvollen Quellen
FSC® C004599

IMPRESSUM

15. Auflage 2018, Beste Stadt der Welt – Berlin 2018 (Cityguides)

Chefredaktion: Marion Zorn
Verlagsredaktion: Susanne Heimburger, Johanna Jiranek
Gesamtredaktionelle Betreuung: derschönstesatz (Lucia Rojas)
Lektorat: Doreen Reeck
Autorin: Juliane Wiedemeier
Ko-Autoren: Christine Berger, Marcus Klose, Thomas Trappe, Phillip Wilke, Cornelia Wolter
Fotografin: Dagmar Schwelle
Bildredaktion: Anja Schlatterer
Kartografie Touren- und Stadtviertelkarten: © MAIRDUMONT, Ostfildern
Vermarktung: MAIRDUMONT MEDIA, media@mairdumont.com
Gestaltung Cover: Karl Anders, Hamburg – Studio für Brand Profiling; Illustrationen Cover: Superherodesign, Stuttgart
Innengestaltung: Superherodesign, Stuttgart

Printed in Germany.

BILDNACHWEIS

mauritius images: (2 re., 56, 112/113), N. Frei (123), haag+-kropp (134 re.), A. Killian (88 o.), Schöttger (74); mauritius images/age fotostock: vedrosn (106); mauritius images/Alamy: AKP photos (125), D. Barba (132), S. Burford (46), S. Fesenko (7 u.), S. French (43), N. Kostenyukova (140), E. Lattes (19 u. li.), H. Sessions (24 o., 30), M. Tielemanns (92), W. Wiskerke (53), Zoonar (101, 110); mauritius images/artpartner (39, 73 o.); mauritius images/blendimages: (2 M., 28), J. Lund (3 li., 78), Peathegee (24 u.); mauritius images/Caia Image: P. Bradbury (95); mauritius images/cala-images: R. Daly (2 li., 4); mauritius images/chromorange: B. Kägi (76); mauritius images/Cultura: D. Lewis-Harrison (98); mauritius images/foodcollection (3 re., 19 u. re., 35, 36, 45, 67, 102, 104, 126); mauritius images/imagebroker: S. Belcher (23 u.), C. Brignell (82), M. Brunner (72), creativ studio heinemann (68), foodcollection (14), M. Hauser (10), O. Maksymenko (134 li.), M. Redmann (62), M. Weber (26), A.-S. Wittwer (81 u.); mauritius images/photononstop: C. Abad (59 u.); mauritius images/pixtal (20); mauritius images/Westend61: S. Kranfeld (109); mauritius images/weststudios (65); A. Schlatterer (70, 91); D. Schwelle (Klappe li. o., Klappe re. o., Klappe re. M., Klappe u., 7 o., 8, 11, 12, 15, 17, 18, 23 o., 31, 33, 34, 37, 38, 41, 48, 51, 52, 54, 59 o., 60, 64, 66, 73 u., 75, 81 o., 84, 87, 88 u., 97, 100, 103, 105, 108, 111, 115, 117, 118, 121, 122, 129, 131, 133, 137, 138, 141, 142, 145); J. Wiedemeier (168)

SCHREIBEN SIE UNS!

LIEBE LESERIN, LIEBER LESER
Wir setzen alles daran, Ihnen möglichst aktuelle Informationen zu geben. Dennoch schleichen sich manchmal Fehler ein – trotz gründlicher Recherche unserer Autoren/-innen.
Sie haben sicherlich Verständnis, dass der Verlag dafür keine Haftung übernehmen kann.
Wir freuen uns aber, wenn Sie uns schreiben:
Marco Polo Redaktion
MAIRDUMONT
Postfach 31 51
73751 Ostfildern,
info@marcopolo.de

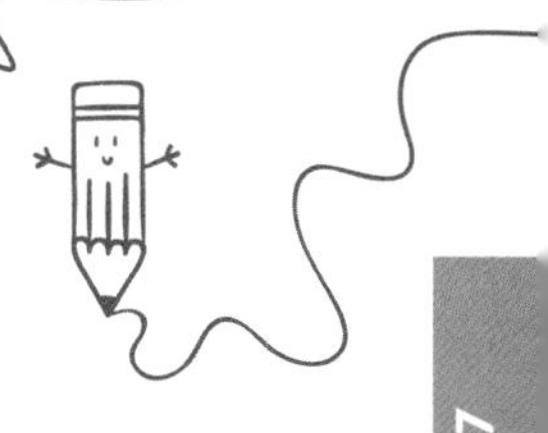

DIE AUTORIN

JULIANE WIEDEMEIER

Juliane Wiedemeier lebte schon in Neukölln, als dort das Bier noch nicht den Vornamen Craft trug und in Eckkneipen floss. Später hat sie in Prenzlauer Berg das Clubsterben überlebt und abgewartet, bis der benachbarte Wedding endlich hip wurde. Als freie Journalistin schreibt sie über solche Veränderungen – die nächste kommt bestimmt! – in Berlin und anderen Städten sowie über Medien.

»Roy Jacobsen zählt seit langem zu Norwegens stärksten literarischen Stimmen.« *Aldo Keel, Neue Zürcher Zeitung*

»Roy Jacobsen ist einer der bedeutendsten norwegischen Gegenwartsautoren.« *Jostein Gaarder*

Norwegen, Anfang des 20. Jahrhunderts, auf einer kleinen Insel weit oben im Norden. Für Hans und Maria Barrøy ist das abgelegene Eiland der Mittelpunkt der Welt. Sie leben mit ihrer Familie von dem, was der karge Boden und das wilde Meer ihnen bescheren. Sie träumen von einem leichteren Leben, doch fortgehen von der Insel, das kommt nicht in Frage. Auch nicht für Ingrid, die einzige Tochter. Dem wachen, wissbegierigen Mädchen ist das Leben mit den Gezeiten, den Fischen und Vögeln, dem Horizont und dem weiten Himmel in Fleisch und Blut übergegangen. Das Meer ist ihr Abenteuer, die Insel ihre Festung. Doch als auch dort in der Abgeschiedenheit neue Zeiten Einzug halten, sieht Ingrid sich vor ungeahnte Herausforderungen und eine ungewisse Zukunft gestellt …

Roy Jacobsen, geboren 1954 in Oslo, ist einer der meistgelesenen Schriftsteller Norwegens. Mit Kurzgeschichten und zwölf Romanen hat er sich auch über die Grenzen Norwegens hinaus einen Namen gemacht. Sein Werk ist in seiner Heimat mit zahlreichen Literaturpreisen ausgezeichnet worden. Zuletzt erschien im insel taschenbuch sein Roman *Der Sommer, in dem Linda schwimmen lernte* (it 4127).

insel taschenbuch 4386

Roy Jacobsen

In jenen hellen Nächten

ROY JACOBSEN

In jenen hellen Nächten

ROMAN

Aus dem Norwegischen von
Gabriele Haefs und
Andreas Brunstermann

[redacted]

Insel Verlag

Die norwegische Originalausgabe erschien 2013
unter dem Titel *De Usynlige*.
Die deutsche Erstausgabe erschien 2014
unter dem Titel *Die Unsichtbaren* im Osburg Verlag, Hamburg.

This translation has been published with the financial support of NORLA.

Erste Auflage 2015
insel taschenbuch 4386
Insel Verlag Berlin 2015

Vertrieb durch den Suhrkamp Taschenbuch Verlag
Umschlagfoto: Yolande de Kort/Trevillion Images, FinePic®
Umschlaggestaltung: ZERO Werbeagentur, München
Satz: Dörlemann Satz, Lemförde
Druck: CPI – Ebner & Spiegel, Ulm
Printed in Germany
ISBN 978-3-458-36086-5

1

An einem windstillen Tag im Juli steigt der Rauch senkrecht empor. Pastor Johannes Malmberget wird auf die Insel hinausgerudert und vom Bauern und Fischer Hans Barrøy empfangen, dem rechtmäßigen Besitzer der Insel und Oberhaupt der einzigen dort lebenden Familie. Er steht auf dem Anleger, den seine Vorfahren aus Ufersteinen errichtet haben, und betrachtet das ankommende Boot, die gebogenen Rücken der beiden Ruderer und, hinter ihren schwarzen Schiebermützen, das lächelnde und frisch rasierte Gesicht des Pastors. Als sie nahe genug herangekommen sind, ruft er: »Sieh an, da komm' ja feine Leut'.«

Der Pastor steht auf und lässt den Blick über das Ufer gleiten, über die Wiesen, die sich zu der kleinen Ansammlung von Holzhäusern hinaufziehen, er lauscht dem Geschrei der Möwen, die auf jedem Fels ihr gänseartiges Quack-Quack ertönen lassen, er lauscht den Seeschwalben und den herumstolzierenden Austernfischern, die im scharfen Sonnenlicht ihre Schnäbel in die weißen Strände bohren.

Als er das Boot verlässt und mit unsicheren Schritten den Steg erklimmt, entdeckt er, was er noch nie zuvor gesehen hat; seine eigene Heimat am Fuße der Felsen auf der Hauptinsel, wie sie von Barrøy betrachtet aussieht, die

Handelsstation und die Schuppen, die kleinen Höfe, die Wäldchen und die Boote.

»Nicht zu glauben, wie klein das ist. Die Häuser sind ja kaum zu sehen.«

Hans Barrøy erwidert: »Ach, ich kannse gut sehn.«

»Du hast wohl bessere Augen als ich«, sagt der Pastor und starrt hinüber zu der kleinen Gemeinde, in der er seit dreißig Jahren seinem Amte nachgeht, die er jedoch noch nie zuvor von solch einem irrsinnigen Standort betrachtet hat.

»Ja, Ihr seid hier noch nie gewesen«, sagt Hans Barrøy.

»Es sind auch zwei Stunden zu rudern.«

»Ihr habt doch wohl Segel.«

»Heute ist es ja ganz windstill«, sagt der Pastor und hält den Blick auf die Heimat gerichtet, denn die Wahrheit ist, dass er Angst vor dem Meer hat und nun ganz ergriffen und aufgeregt ist, nachdem er die friedliche Überfahrt überstanden hat.

Die Ruderer haben ihre Pfeifen hervorgeholt, sitzen abgewandt von den anderen da und rauchen. Endlich kann der Pastor Hans Barrøy die Hand geben und entdeckt im selben Moment den Rest der Familie, die ihm von den Häusern entgegenkommt, Hans' alten Vater, Martin, der seit dem Tod seiner Frau vor fast zehn Jahren Witwer ist, Hans' unverheiratete und viel jüngere Schwester Barbro. Und die Herrscherin der Insel, Maria, die die dreijährige Ingrid an der Hand hält, alle im Sonntagsstaat, wie der Pastor zufrieden feststellen kann, sie haben das Boot wohl schon entdeckt, als es Oterholmen umrundete, jetzt nur noch ein schwarzer Hut im Meer, dort im Norden.

Er geht der kleinen Schar entgegen, die jetzt stehen geblieben ist, mit gesenkten Köpfen, den Blick auf das Gras gerichtet, und reicht einem nach dem anderen die Hand, keiner wagt es, zu ihm aufzusehen, nicht einmal der alte Martin, er hat die rote Mütze abgenommen, und schließlich Ingrid, die, wie der Pastor bemerkt, saubere, weiße Hände hat, nicht einmal Trauerränder unter den Nägeln, die auch nicht abgebissen sind, sondern kurz geschnitten, und dann die kleinen Grübchen, unter denen die Knochen nach und nach hervortreten werden.

Er hält dieses kleine Wunderwerk fest und denkt, dass es sich schon bald in eine hart arbeitende Frauenhand verwandelt, eine sehnige, erdfarbene und schwielige Hand, die Hand eines Mannes, dieses Holzstück, zu dem früher oder später alle Hände hier draußen werden, er sagt: »Schau an, da ist ja die Kleine, sag mir, glaubst du an Gott?«

Ingrid antwortet nicht.

»Natürlich tut se das«, sagt Maria, die Erste, die den Gast direkt anblickt. Doch in diesem Moment macht der Pastor dieselbe Entdeckung noch einmal und geht eiligen Schrittes am Bootshaus vorbei, das wie eine Stufe in die Landschaft eingefügt ist, und hinauf auf eine Anhöhe mit noch besserer Aussicht.

»Donnerkeil, jetzt sehe ich auch den Pfarrhof.«

Hans Barrøy tritt an ihm vorbei und sagt: »Und von hier aus seht Ihr die Kirche.«

Der Pastor eilt ihm nach, bleibt stehen und bewundert die weiß gekalkte Kirche, die wie eine ausgebleichte Briefmarke unterhalb der schwarzen Felsen zum Vorschein kommt, auf denen die letzten Schneeflächen leuchten, wie Zähne in einem verfaulten Maul.

Sie gehen weiter hinauf und reden über Taufen und Fischfang, und Daunen, und der Pastor ist regelrecht erheitert angesichts der Insel, die von zu Hause aus betrachtet einem schwarzen Stein am Horizont ähnelt, sich jedoch als der grünste Garten erweist, wie er in Gottes Namen einräumen muss, so wie vermutlich viele der Inseln hier draußen, mit nur einer oder zwei Familien, Stangholmen, Sveinsøya, Lutvær, Skarven, Måsvær, Havstein, auf jeder eine Handvoll Menschen, die eine dünne Schicht aus Erde beackern und in der Tiefe des Meeres fischen und Kinder gebären, die aufwachsen und dieselbe Erde beackern und in derselben Tiefe fischen; dies ist keine unfruchtbare und karge Küste, sondern eine Perlenschnur und Goldkette, wie er in seinen beseeltesten Predigten zu unterstreichen pflegt. Die Frage ist, wieso kommt er nicht öfter hierher?

Und die Antwort ist: das Meer.

Der Pastor ist eine Landratte, und nur wenige Tage des Jahres sind so ruhig wie dieser, auf den er den ganzen Sommer lang gewartet hat. Doch als er hier am Fuße einer grasbewachsenen Scheunenrampe steht und auf seinen ewigen Pfarrbezirk blickt, wo Gott schon seit dem Mittelalter standgehalten hat, wird ihm plötzlich klar, dass er nicht wusste, wie er aussieht, bis jetzt, es ist geradezu verstörend, als hätte er in all diesen Jahren einen Schleier vor den Augen gehabt oder wäre Opfer eines lebenslangen Schwindels gewesen, nicht nur, was die Größe seiner Pfarrgemeinde betrifft, sondern womöglich auch sein geistiges Wirken, ist das wirklich nicht größer?

Glücklicherweise ist der Gedanke mehr beunruhigend als bedrohlich, eine Metaphysik des Meeres, bei der alle Abstände lügen, und er ist kurz davor, wieder abzuschweifen, aber da kommt die Familie, der Alte hat jetzt die Mütze auf dem Kopf, gleich hinter ihm die hochgewachsene Maria und die robuste Barbro, die der Pastor seinerzeit nicht konfirmieren konnte, aus verschiedenen und ungeklärten Gründen, Gottes wortkarge Kinder auf einer Felseninsel im Meer, die sich also als ein Juwel erweist.

Er bespricht die bevorstehende Taufe mit ihnen, die Taufe der dreijährigen Ingrid, mit dem langen, pechschwarzen Haar und den glänzenden Augen und den Füßen, die vor Oktober wohl kaum in einem Paar Schuhe stecken werden; wo hat sie nur die Augen her, denen die träge Dummheit der Armut gänzlich fehlt?

Im selben euphorischen Atemzug erwähnt er, dass er Barbro bei der Taufe gern singen hören würde, sie hat doch eine schöne Stimme, soweit er sich erinnert ...?

Eine gewisse Verlegenheit breitet sich in der Familie aus.

Hans Barrøy nimmt den Pastor beiseite und erklärt, dass Barbro wohl eine Stimme hat, ja durchaus, doch dass sie die Wörter dieser Choräle nicht kennt, nur die Töne singt, und das war auch der Grund, aus dem sie seinerzeit nicht konfirmiert wurde, abgesehen von einigen anderen Ursachen, wie der Pastor sicher noch weiß.

Johannes Malmberget lässt es dabei bewenden, es gibt allerdings noch eine Frage, die er mit Hans Barrøy zu erörtern wünscht, es geht um die kryptische Grabinschrift, die ihn bekümmert, seit Hans' Mutter dort begraben wurde, ein Vers auf ihrem Stein, gemäß ihrem eigenen Wunsch, der eignet sich nicht für einen Grabstein, er ist zweideutig und predigt nahezu, dass das Leben nicht lebenswert ist. Doch als Hans auch hierauf nichts Besonderes erwidert, kommt der Pastor wieder auf die Daunen zu sprechen und fragt, ob sie welche zu verkaufen haben, er braucht zwei neue Federbetten für sein Haus und bezahlt mehr, als sie auf dem Markt oder von der Handelsstation bekommen würden, Daunenschwere ist Goldschwere, wie man hier draußen sagt …

Endlich haben sie etwas Handfestes und Greifbares zu besprechen und betreten das Wohnhaus, wo Maria in der guten Stube eine Tischdecke ausgebreitet hat, und nach Kuchen und Kaffee und beschlossenem Handel überkommt den Pastor eine tiefe Ruhe und er spürt, wie der Schlaf nun die größte Gnade ist, die ihm widerfahren kann, woraufhin seine Augen zufallen und seine Atemzüge schwerer und länger werden. Mit den Händen im Schoß sitzt er in Martins Schaukelstuhl, ein schlafender Pastor in ihrem Heim, ein sowohl beeindruckender als auch lächerlicher Anblick. Sitzend und stehend bleiben sie so lange bei ihm, bis er die Augen öffnet und schmatzt und aufsteht und so aussieht, als wüsste er nicht, wo er ist. Aber dann erkennt er sie wieder und verneigt sich, wie zum Dank. Sie wissen nicht, wofür er sich bedankt, und er sagt kein Wort, während sie ihn hinunter zum Boot begleiten und sehen, wie er sich neben einem Sack Daunen und einem kleinen Fass Möweneier im Achtersteven auf einen Haufen Netze legt, um gleich darauf wieder die Augen zu schließen, so dass es aussieht, als schliefe er auch, während er sie verlässt. Noch immer ragt der Rauch wie eine senkrechte Säule in den Himmel.

2

Alles Wertvolle auf einer Insel kommt von außen, abgesehen von der Erde, aber deswegen sind sie nicht hier, das ist den Inselbewohnern peinlich bewusst. Hans Barrøy hat seinen letzten Sensenschaft zerbrochen und muss die Heuernte einstellen. Er kann sich keine neue Sense schnitzen und dabei Holz benutzen, das auf der Insel wächst, denn es muss Eschenholz sein, das er von der Handelsstation kaufen kann, oder er muss ein anderes Holz benutzen, das er sich selbst beschaffen kann, gratis.

Er hängt das Sensenblatt an einen Heureuter, läuft über den grasbewachsenen Weg zum Anlegeplatz, schiebt das Boot hinaus ins smaragdgrüne Meer und will gerade an Bord gehen, besinnt sich jedoch anders und geht wieder hinauf zu den Häusern, wo Maria an der Sonnenwand sitzt und eine Hose flickt und aufschaut, als er gerade um die Ecke biegt.

»Wo is die Kleine?«, fragt er übertrieben laut, er weiß, dass Ingrid ihn gesehen und sich versteckt hat, weil er sie suchen und in hohem Bogen wie eine Möwe durch die Luft wirbeln soll.

Maria deutet mit dem Blick in Richtung Kartoffelkeller, und sogleich ruft der Vater mit lauter Stimme, dass sie nun wohl nicht mitkommen kann, wenn er hinüber nach Skogsholmen fährt, und dann bewegt er sich wieder zum

Ufer hinunter, kaum legt er ein paar Meter zurück, als er schon ihre Schritte hört und sich im passenden Moment hinunterbeugt, damit sie auf ihn springen und die Arme um seinen Hals legen und johlen kann, während er wie ein Pferd weitertrabt und Geräusche macht, die er nur hervorbringt, wenn sie beide allein sind.

Dieses Lachen.

Er fragt, ob sie das Schafsfell mitnehmen sollen.

»Ja«, sagt sie und klatscht in die Hände.

Er geht ins Bootshaus und holt eines der Schafsfelle und legt es in den Achtersteven des Bootes, so dass es wie ein Bett aussieht, geht wieder an Land und trägt sie an Bord, und sie aalt sich mit dem Rücken an den Steven, damit sie ihm beim Rudern zusehen und über den Rand des Dollbords lugen und den Kopf hin und her werfen kann, die kleinen Finger wie weiße Sandwürmer auf der pechschwarzen Reling.

Dieses Lachen.

Er rudert um die Landzunge, durch ein Gewirr aus Felsen und Schären, und wählt den geradesten Weg hinaus nach Skogsholmen, während er über die Taufe vor drei Wochen redet, über die Kirche, die für nicht weniger als acht Kinder von den Inseln so prachtvoll geschmückt war, und doch war es nur sie allein, die auf eigenen Füßen ans Taufbecken treten und ihren Namen nennen konnte, als der Pastor fragte, wie das Kind heißen solle, und der Vater sagt, dass sie langsam zu groß ist, um dort wie eine Leiche auf dem Schafsfell zu liegen, anstatt sich nützlich zu machen, zu rudern oder eine Angelschnur zu halten, damit sie einen oder zwei Köhler mitbringen können und nicht nur die Sensenschäfte.

Sie erwidert, dass sie gar nicht größer werden muss, und beugt sich erst zur einen und dann zur anderen Seite hinaus, obwohl er sagt, dass sie in der Mitte des Boots sitzen soll.

Bei Oterholmen lenkt er das Boot zu den Laichgründen an der Südspitze von Moltholmen, ändert nach achtzig Schlägen erneut den Kurs und rudert zwischen den Lundeschären hindurch, wo das Meer bei diesem Wasserstand gerade tief genug ist, bevor er schließlich das Boot mit einem geschickten Manöver in eine Bucht an der Innenseite der Insel steuert, wo er einen Pflock in den Fels geschlagen hat.

Er sagt ihr, dass sie die Vertäuung an Land ziehen soll, und sie steht da und hält das Boot wie eine Kuh am Strick, während er aufsteht und umherblickt, als ob es dort etwas zu sehen gäbe, die Vögel am Himmel, die Felsen dort hinter seiner eigenen Insel, Barrøy, und die lauten Seeschwalbenschreie, ein weißes und schwarzes Blinken, das den Luftraum über ihnen durchpflügt.

Er klettert an Land und zeigt ihr, wie man einen halben Stek bindet. Sie schafft es nicht und wird wütend, er zeigt es ihr, sie machen es zusammen, sie lacht, ein halber Stek um einen Pflock. Er sagt, dass sie im Gletschertopf baden kann, während er in den Wald geht, dort gibt es zu viele Insekten.

»Vergiss nicht, dich auszuziehen.«

In dem kleinen Wald der von Nord nach Süd verlaufenden Talsenke der Insel findet er vier passende Stämme, keine Esche, aber etwas, das so weit im Norden gar nicht wachsen dürfte, einer davon mit einer Krümmung oberhalb der Wurzel, er wird gut auf der Schulter liegen, das ist mehr, als er erwarten durfte.

Er legt sich die Stangen auf die Schulter, klettert wieder den Felsen hinauf und lässt sich neben dem Gletschertopf fallen, in dem sie bis zu den Achseln im Wasser sitzt und ihre Hände betrachtet, sie ineinander verschränkt und auf die Oberfläche klatscht, so dass das Regenwasser ihr Gesicht bespritzt und sie jauchzen und Grimassen schneiden lässt. Dieses Lachen. Und seine Unruhe, die da ist, seitdem die Kleine geboren wurde.

Er lehnt sich zurück und fällt mit den Schultern auf den rauen Fels, stößt sich den Hinterkopf an einem Stein, liegt da und blickt hinauf zu dem Seeschwalbenschwarm und hört sie Fragen stellen, wie jedes Kind sie stellt, sie will, dass er auch ins Wasser kommt, die Platschgeräusche und der kühle Ostwind, das Salz auf den Lippen, der Schweiß und das Meer, er versinkt in einem Wirbel aus Licht und Schatten, steigt wieder empor und späht zu ihr, die jetzt splitternackt im Sonnenlicht steht und fragt, ob sie sich mit ihren Kleidern abtrocknen darf.

»Nimm das hier«, sagt er und zieht sich das Hemd aus und hört sie lachen, wie weiß sein Oberkörper doch ist, so kohlrabenschwarz der Hals und die Arme, er ähnelt einer Puppe, die er einmal für sie gemacht hat, aus Teilen, die nicht zusammenpassen, auch das der gewöhnliche Einfall eines Kindes, die Puppe heißt Oscar, manchmal heißt sie Anni.

Auf dem Rückweg angeln sie drei Köhler, die nebeneinander zu ihren Füßen liegen, während sie in sein Hemd gewickelt dasitzt. Er sagt, dass er es wiederhaben will, da es jetzt zum Abend hin kühler wird. Sie lässt sich rückwärts auf das Fell fallen, umfasst ihre Beine und blickt ihn über die Knie hinweg spöttisch an.

»Du lachst wohl über alles«, sagt er und denkt, dass sie den Unterschied zwischen Spaß und Ernst versteht, dass sie selten weint, nicht trotzig ist oder sich verschließt, nie krank ist und lernt, was sie lernen soll, diese Unruhe, die er ablegen muss.

»Willsse die nich ausnehmen?«, sagt er und deutet mit dem Kopf auf die Fische.

»Die sind schleimig.«

»Wo hasse das denn gelernt?«

»Bei Mama.«

»Mama is wohl etwas etepetete. Das sind wir aber nich, oder?«

Sie steckt zwei Finger in den Mund und überlegt.

»Die Möwen sind hungrig«, sagt er.

Sie rammt die rechte Hand in den Bauch des größten Köhlers, reißt die Eingeweide heraus und hält sie mit Abscheu im Blick empor. Er rudert von einem Fischgrund zum anderen, während sie die Eingeweide über die Reling wirft und den Möwen dabei zusieht, wie sie sich auf die Reste stürzen und fressen und einander in einer Art Wirbel um Leben und Tod bekämpfen. Sie presst die Hand in den nächsten Fisch, wirft den Vögeln die Eingeweide zu, schließlich folgt der letzte, dann beugt sie sich über die Reling und spült die Fische einen nach dem anderen aus und legt sie nebeneinander auf die Planken, den größten nach Steuerbord, den mittleren in die Mitte und den kleinen nach Backbord. Danach wäscht sie sich lange und gründlich die Hände, der kindliche Geist scheint intakt, wie er mit halb geschlossenen Augen feststellt, während er an der Stellung des Boots bemerkt, dass sie weiter über der Reling hängt, um Schlangen ins Wasser zu zeichnen, und er muss ein schiefes Boot zurück an Land rudern, wo er es nur halbwegs hinaufzieht, um die Böcke unterzuschieben, denn die Ebbe hat eingesetzt.

Sie läuft ihm auf dem Weg voraus und schleppt die Fische mit sich, ein paar letzte Blutstropfen fließen an ihren dünnen Beinen herab. Auf seiner Schulter die vier Sensenschäfte, die Axt unter dem Arm, ihre trockenen Kleider in der Hand. Er bleibt stehen und sieht die Sonne im Nordwesten, sie ist matt und nebelverhangen, bald wird sie zu einem Mond werden, es geht auf die Nacht zu, er überlegt, ob er die Sense gleich reparieren oder sich ein paar Stunden Schlaf gönnen soll, bis der Morgentau den Rosengarten überzieht; immer hängt der Tau zuerst im Rosengarten, dort wächst ein seltsames rotes Gras.

3

Was auf einer Insel an Land getrieben wird, gehört denen, die es finden, und Inselbewohner finden vieles. Es kann sich um Kork und Tonnen und Hanf und Treibholz und Flottholz handeln – oder um grüne und braune Glaskugeln, die im Meer Fischernetze festhalten –, wie sie, wenn der Sturm sich ausgetobt hat, der alte Martin Barrøy aus den Tanghaufen wühlt, und sich dann damit in das Bootshaus setzt, um sie mit neuen Netzen zu umwinden, sie werden dann wie neu. Es kann sich auch um ein hölzernes Spielzeug für Ingrid handeln, um Fischkästen und Ruder, Fischhaken, Schnurschnellen, Schöpfkellen, Bretter und Bootsreste. In einer Winternacht wurde ein ganzes Steuerhaus an Land geschwemmt. Sie zogen es mit dem Pferd nach oben und stellten es im Süden auf der Insel in den Garten, und nun kann Ingrid auf dem Stuhl des Kapitäns sitzen und am Steuerrad aus Messing und Mahagoni drehen, während sie auf die Wiesen und Mauern schaut, die sich in Wellen über die Insel ziehen.

Es sind nicht weniger als acht Mauern.

Sie sind aus Steinen gebaut, die aus dem Erdreich nach oben steigen wie die Glaskugeln aus dem Meer, nur viel langsamer, die Steine brauchen viele Winter dazu, und dann können sie sie im Frühjahr aufsammeln und auf die Mauern legen und sie noch höher machen, die Mauern, die die Insel in neun Wiesen einteilen, oder Gärten, wie sie das nennen. Der Südgarten wird am meisten heimgesucht, dort bricht das Meer mit seinem ganzen Ungestüm herein. Dann folgt der Busengarten, von dem niemand weiß, woher er seinen Namen hat, aber es kann an den grünen Graskuppen und den erhöhten Ackerstellen liegen, die großen und kleinen Frauenbrüsten ähneln und die die Schafe nach der Mahd rund und schön weiden. Dann der Steingarten, weil es dort mehr Steine gibt als anderswo. Der Rosengarten, weil das Gras dort rot ist wie unreife Vogelbeeren. Der Stallgarten umgibt die Häuser, der Garten Eden schaut nach Norden, ist aber trotzdem der fruchtbarste, wo die Kartoffeln angebaut werden, dann der Schorfgarten, der Nordgarten und der Notgarten, die alle ihren Namen verdient haben, auch wenn der Nordgarten der grünste von allen ist und Bootshaus und Landungsplatz umhüllt wie ein riesiger grüner Fäustling.

Sie finden tote Tümmler und Alken und von stinkenden Gasen zum Bersten gefüllte Kormorane, sie waten durch fauligen Tang und finden halbe Schuhe und einen Hut und einen Krug und Bruchstücke von fremden Leben, Zeugnisse von Überfluss, Schlendrian, Verlust und Verschwendung und von Unglücken, die Menschen getroffen haben, welche ihnen unbekannt sind und denen sie niemals begegnen werden. Ab und zu finden sie auch eine unfreiwillige Botschaft, die sich nicht entziffern lässt, einen Mantel aus England, die Taschen voller Zeitungen und Tabak, einen Kranz von einem feuchten Grab in der Tiefe des Meeres, die französische Trikolore an einer zersplitterten Fahnenstange und einen schleimigen Kasten mit den intimsten Besitztümern einer exotischen Frau.

Ein seltenes Mal finden sie auch eine Flaschenpost, die eine Mischung aus Sehnsüchten und Geständnissen enthält und an andere gerichtet ist als die, die sie finden, die aber, wäre sie an die richtige Adresse gekommen, die Empfänger dazu gebracht hätte, Blut zu weinen und Himmel und Erde in Bewegung zu setzen. Jetzt öffnen die Inselbewohner sie in ihrer ganzen Nüchternheit und ziehen die Briefe heraus und lesen sie, falls sie die Sprache verstehen, und machen sich auch Gedanken über den Inhalt, kleine vage Gedanken – eine Flaschenpost ist eine geheimnisvolle Vermittlerin von Sehnsucht, Hoffnung und ungelebtem Leben –, und danach legen sie die Briefe in die Kiste für das, was weder besessen noch weggeworfen werden kann, und sie kochen die Flasche aus und füllen sie mit Johannisbeersaft, oder sie stellen sie einfach als Beweis für ihre eigene Leere auf die Fensterbank im Stall, so dass das Sonnenlicht hindurchscheint und grün wird, ehe es sich neigt und sich auf den trockenen Grashalmen auf dem Boden zurechtlegt.

Aber an einem Herbstmorgen findet Hans Barrøy einen ganzen Baum, den der Sturm hochgeschoben und an der Südspitze der Insel abgelegt hat. Einen riesigen Baum. Hans Barrøy traut seinen Augen nicht.

Jetzt senkt sich das Meer im Rhythmus des Windes, und der Baum liegt da wie das Skelett eines urzeitlichen Ungeheuers, ein Walrumpf, mit intakten Wurzeln und Zweigen, aber ohne Nadeln oder Rinde, die hat das Meer verzehrt, eine weiße Tonne Harz, so wertvoll draußen in der Welt, da man damit die Bögen berühmter Geiger einreiben kann, damit ihre Töne rein werden. Es ist eine russische Lärche, die durch Jahrhunderte am Ufer des Jenissei in der Einöde südlich von Krasnojarsk herangewachsen ist, in der die

Taigawinde ihre Spuren hinterlassen haben wie ein Kamm in fettigem Haar, bis eine Frühlingsüberschwemmung mit Zähnen aus Eis den Baum in den Fluss warf und ihn mit sich führte, drei-, viertausend Kilometer nordwärts in die Karasee, und ihn in die Krallen der salzigen Ströme legte, die ihn nach Norden bis an den Rand des Eises brachten, und dann weiter nach Westen, vorbei an Nowaja Semlja und Spitzbergen und bis zu den Küsten von Grönland und Island, wo wärmere Strömungen ihn aus dem Griff der Kälte rissen und wieder nach Nordosten trieben, in einem mächtigen, die halbe Erde umfassenden Kreis, vollendet in einem Jahrzehnt oder zwei, ehe ein letzter Sturm ihn auf eine Insel an der norwegischen Küste warf, so dass er in einer Dämmerung im Oktober von Hans Barrøy gefunden werden kann, der ihn in stummem Staunen betrachtet.

Ein so gewaltiger Baum ist in dieser Gegend noch nie angeschwemmt worden.

Hans Barrøy läuft nach Hause und holt die Familie.

Sie machen sich daran, die Beute zu teilen, sie entfernen die Zweige und zersägen Wurzeln und Äste und stapeln sie an der Nordwand des Stalles auf, als Brennholz, dann machen sie sich über den Stamm selbst her, Holzscheit um Holzscheit. Doch dann liegt da plötzlich eine römische Säule von gut dreizehn Metern, und sie können sie noch immer nicht mit Pferd und Flaschenzügen und der Kraft von fünf Menschen auf den Hof schaffen. Sie vertäuen die Säule und gehen nach Hause und überschlafen die Sache, erschöpft, müde und zufrieden.

Und bei der nächsten Springflut können sie den Baum noch einige Meter höher ziehen, doch da bleibt er dann liegen, eine umgestürzte Marmorsäule.

Hans und Martin schneiden noch zwei große Holzstücke zurecht, sie brauchen einen ganzen Tag dazu, und sie sehen, dass das mit Harz gefüllte Kernholz immer noch rotglühender wird, je näher sie dem Zentrum kommen, hart wie Glas und doch porös unter der Messerklinge. Sie schaben es ab und zerkrümeln es zwischen den Fingern und nehmen einen Geruch wahr, bei dem sie einsehen, dass es unmöglich wäre, dieses Wunderwerk zu zerhacken, nur um es in einem Ofen zu verbrennen. Der Baum ist eine Einheit, die bewahrt werden muss, irgendwann werden sie Verwendung dafür haben, in einer anderen Zeit, oder sie werden ihn verkaufen können, er muss doch ein Vermögen wert sein.

Mit einer letzten Kraftanstrengung wälzen sie ihn auf drei Laufrollen, damit er nicht das Gras berührt, schlagen auf jeder Seite vier Pfähle in den Boden, treiben Bolzen durch die Pfähle und ins Holz. Und da liegt die Säule noch heute, hundert Jahre später, eine weiße Walze vor dem Meer. Es mag aussehen, als habe jemand sie vergessen, es mag aussehen, als habe sie einmal eine Funktion gehabt, als sei sie unentbehrlich gewesen.

4

Niemand kann eine Insel verlassen, eine Insel ist ein Kosmos im Taschenformat, wo die Sterne im Gras unter dem Schnee schlafen. Aber es kommt vor, dass jemand es versucht. Und an einem solchen Tag weht ein sanfter Ostwind. Hans Barrøy hat Segel gesetzt, ein braun imprägniertes Schratsegel. Die ganze Familie ist dabei, außer dem alten Martin, der von dieser Reise nichts hält.

Sie wollen Barbro abliefern.

Barbro ist dreiundzwanzig und muss endlich in Dienst gehen. Sie haben ihr eine Stelle besorgt.

Nachdem sie am Kai bei der Handelsstation vertäut haben, geht Ingrid mit Barbro an der Hand hinauf zum Laden und zur Ortschaft, wo die Bäume in den Himmel wachsen und die Häuser angestrichen sind und so dicht nebeneinanderstehen, dass man ohne Mantel von einem zum anderen gehen kann.

Barbro will niemanden außer Ingrid an der Hand halten, denn sie weiß, was geschehen wird, und sie bleibt vor dem Laden stehen, und alle Blicke richten sich auf sie, die Inselbewohnerinnen, sie sind hier an Land so selten zu sehen.

Ingrid ist fein angezogen, mit blauem Kleid und grauer Strickjacke, mit grünen Eiskristallen an Kragen und Ärmeln. Barbro trägt ein gelbes Kleid und eine Friesjacke, die zu kurz ist, sie sagt, sie will Kandiszucker.

Hans ist ihr nachgelaufen und sagt ja, sie kann Kandiszucker bekommen. Aber nach dem Besuch im Laden will sie nicht weiter zum Hof gehen, wo die Hausfrau, Gretha Sabina Tommesen, versprochen hat, sie als Magd einzustellen, wenn es sie nicht mehr kostet als das Essen und ein Bett. Hans und Maria müssen Barbro weiterschleppen, während Ingrid ganz hinten geht und verstohlene Blicke auf die Kinderschar wirft, die ihnen in einiger Entfernung folgt. Sie hat schon einige von ihnen gesehen, aber nur kurz, in der Kirche und im Dorf, sie weiß den Namen von zweien, erkennt vier Gesichter, aber keins davon lächelt, und sie starrt nicht lange hin, dann läuft sie hinter den anderen her in den Garten, der das weiße Haus mit der schweren dunklen Füllungstür umgibt, die sich nun öffnet und sie in einen anderen Erdteil eintreten lässt.

Aber dort schafft es Gretha Sabina Tommesen, Barbro dreimal »die Idiotin« zu nennen, während sie die Kammer zeigt, in der Barbro zusammen mit der anderen Magd schlafen soll, die ebenfalls von den Inseln stammt, nur ist sie viel jünger als Barbro. Sie erklärt, dass die Idiotin damit rechnen muss, zur Handelsstation geholt zu werden, wenn der Hering kommt, und sei es mitten in der Nacht, wie alle Frauen im Haus.

»Kannse Fisch ausnehmen?«

»Sicher«, sagt Maria. »Se kann auch kochen und karden und spinnen und Socken stricken ...«

»Isse reinlich?«

»Das sehnse doch.«

»Verstehst du, was ich sage, Barbro«, ruft sie Barbro zu, die nickt und zu einer Kristalllampe hochschaut, die über ihrem Kopf hängt, ein Sternenhimmel, in dem die Augen so tief versinken, dass sie dort bleiben und der Nacken steif wird. Als nun Gretha Sabina Tommesen zu Maria sagt, dass die Schwägerin nicht damit rechnen darf, andere Kleider zu bekommen, als sie selbst mitgebracht hat, sieht Hans die Schwester an – deren Blick noch immer auf das neue Sonnensystem gerichtet ist – und fasst einen Entschluss, nimmt sie an der einen Hand und ihren kleinen Koffer in die andere und geht wieder hinaus, macht auch jetzt den Umweg zum Laden und wartet, bis Maria und Ingrid sie eingeholt haben.

Die Eheleute wechseln einen Blick. Er nickt zur Tür hinüber. Sie nickt zurück. Sie gehen hinein und kaufen Zucker und Kaffee, zwei Packungen vierzöllige Nägel, einen Eimer Teer, Sago, Zimt, ein Fässchen Grobsalz, bestellen drei große Säcke Roggenmehl, die in vier Tagen abgeholt werden sollen, und gehen mit ihren Waren wieder hinaus und zum Anleger und steigen in ihr Boot und setzen Segel.

Über der See hängt ein feiner Dunst.

Aber Hans kann seine Schwester nicht ansehen. Er setzt sich auf die andere Seite der Ruderpinne, um das Segel zwischen sich und sie zu bringen. Aber deshalb ist er ja nicht Marias Blick entzogen, sie ist siebenundzwanzig Jahre alt, sie ist stark und kommt von einer anderen Insel, sie hat die Haushaltsschule besucht und hätte überall einen Dienst finden können, aber sie ist auf Barrøy, bei ihm, Hans Barrøy, der fünfunddreißig ist, als er hier versteckt sitzt, vor seiner eigenen Schwester und einer ärgerlichen Scham, sie gehören beide eng zusammen, Scham und Versteck, aber weiterhin ist er Marias Blick ausgesetzt, und der wird nicht weichen, bis Hans zugibt, dass er ein Trottel ist, ein Nicken würde reichen. Dann richtet sie ihren Blick auf die

Wellen und hat dieses ärgerliche Lächeln auf den Lippen, das sie nur noch unbesiegbarer macht.

Der alte Martin steht am Steg und nimmt sie mit schrillem Lachen in Empfang.

»Hab ich's nich gleich gesacht!«

Er watet auf sie zu, hebt den Koffer an Land und führt seine Tochter zu den Häusern, während Ingrid nebenherläuft und vom Dorf erzählt, bis ihre Stimme im Geschrei der Möwen untergeht. Maria und Hans bleiben am Steg stehen und überlegen, ob sie die Karre holen oder die Einkäufe nach oben tragen sollen.

»Das könnwa doch sicher tragen?«

Sie geht vor ihm her. Er lässt die Einkäufe fallen und packt sie bei den Hüften und wirft sie in das hohe Gras, wo nicht einmal Gott sie beide sehen oder Marias halbersticktes Geheul hören kann, und wie sie ihm allerlei Namen gibt, während sie wieder dieses Lächeln hat, das vorhin noch in die Wellen gerichtet war, jetzt hat er es eigentlich wieder hochgeholt. Und danach haben sie keine Lust, weiterzugehen, sondern bleiben liegen und schauen in den Himmel, während sie von einem Tag erzählt, als sie ein Kind auf Buøy war und ein Stall unter dem vielen Schnee auf dem Dach zusammenbrach. Er hört zu und fragt sich, worauf sie wohl hinauswill, wie er das immer tut, was meint Maria und worauf will sie hinaus. Bis Ingrid plötzlich über ihnen steht und fragt, wo sie denn bleiben, Barbro will wissen, was es zu essen geben soll, Hering oder Köhler oder den fetten Butt, den der Vater gestern erwischt hat.

»Ich schneid den Butt klein«, sagt er und erhebt sich und holt doch die Karre und lädt die Einkäufe darauf, und Ingrid noch dazu, und schiebt die Karre bergauf, während

Maria liegen bleibt. Sie ist die Philosophin auf der Insel, die mit dem schrägen Blick, da sie von einer anderen Insel kommt und Vergleiche hat, das nennt sich Erfahrung oder sogar Klugheit, aber es kann ihr auch ein gespaltenes Gemüt geben, es kommt darauf an, wie verschieden die Inseln sind.

5

Sie haben drei Weiden auf Barrøy, vier Birken und fünf Ebereschen, eine davon ist knorrig und in der Mitte rund wie eine Tonne und heißt die Alte Esche, und alle zwölf neigen sich in die Richtung, die die Natur ihnen auferlegt hat.

Auf einer Felskuppe im Westen gibt es auch ein paar kleinere unscheinbare Birken, sie stehen da und halten einander wie umarmt und werden das Liebeswäldchen genannt, spreizen sich indes in alle Richtungen, wenn der Wind bläst.

Darüber hinaus haben sie eine mächtige Weide, die fast flach am Boden liegt und seit ewigen Zeiten so gelebt hat, auf den Knien, auf der Grenze zwischen Rosengarten und Busengarten. Die Vorfahren haben die Steinmauer in einem Bogen um die Weide herumgebaut, anstatt sie zu fällen. Es ist anscheinend der einzige Baum auf der Insel, der nicht gefällt werden kann. Auch fällen sie nicht die anderen, obwohl Holz kostbar und notwendig ist, doch manchmal kommt ihnen der Gedanke. Niemals allerdings denkt jemand daran, die Weide auf der Grenze zwischen den beiden Gärten zu fällen, in gewisser Weise ist sie dort, wo sie liegt, schon gefällt und somit befriedet, wie ein Grab.

In den größten Ebereschen am Haus hängen mächtige Elsternester. Oft verfluchen die Inselbewohner die Elstern, weil sie stehlen und alles vollscheißen, sie reden davon, die Nester herunterzureißen. Aber auch daraus wird nichts.

Wenn dann die aus Zweigen gebauten Nester im Kampf mit einem weiteren Sturm schwanken und überleben, nehmen die Menschen mit stoischer Erleichterung zur Kenntnis, dass auch dieses Mal nichts zerstört wurde, gleichwohl geschieht es häufig.

Wenn Regen oder Schnee einmal senkrecht herunterfallen, bilden sich trockene Kreise im Gras unter den Nestern in der Alten Esche. Dort drängen sich dann die Schafe aneinander.

Besonders die Lämmer scheuen den Regen, sie erleichtern sich gemäß der Natur, so bildet sich ein schwarzer und morastiger Lebenszirkel unter jedem Nest, alles hängt mit allem zusammen, wie ein Mensch nicht in zwei Hälften zerfällt, obwohl er sich vornüberbeugt.

Genauso ist es auf den tausend anderen Inseln des Archipels.

Den zehntausend Inseln.

Da die Landschaft so offen und ungeschützt daliegt, könnte wohl jemand auf den Gedanken kommen, die Küste in ein immergrünes Gewand zu kleiden, Kiefern oder Fichten zum Beispiel, könnte überall im Königreich idealistische Baumschulen errichten und beginnen, große Mengen winziger Fichten zu verschiffen und sie den Bewohnern der kleinen und großen Inseln kostenlos zu übereignen, und sagen, dass Generationen nach ihnen über Brennstoff und Bauholz verfügen würden, wenn sie die kleinen Fichtenbäume auf ihr Land pflanzten und wachsen ließen. Der Wind würde aufhören, die Ackerkrume aufs Meer hinauszublasen, Mensch und Tier würden geschützt in Frieden leben, wo zuvor tagein, tagaus der Wind das Haar zerzauste, die Inseln würden nicht länger wie schwimmende Tempel am Horizont aussehen, sondern einer verwahrlosten Wildnis aus Riedgras und Sauerampfer ähneln. Nein, niemand käme auf den Gedanken, so etwas zu tun, einen Horizont zu zerstören. Der Horizont ist offenbar das Wichtigste, was sie hier draußen haben, der vibrierende Sehnerv in einem Traum, wenngleich sie ihn kaum bemerken und auch keinen Versuch machen, ihn zu beschreiben, bevor das Land so reich wird, dass er zu verschwinden beginnt.

6

Es ist wieder Frühling geworden und der Himmel steht hoch über den Inseln, die Winde sind kalt und verworren und tragen auch ab und zu einen kurzen Schwall von Wärme herbei. Die Austernfischer sind zurückgekehrt und stolzieren in ihrem Federkleid umher wie schwarz-weiße Hühner und nicken mit den Köpfen und stecken die langen roten Schnäbel in den Sand und bohren und bohren und gackern und können nicht anders, der Austernfischer ist ein idiotischer Vogel, kommt aber mit dem Frühling.

Mitten auf dem Fjord flaut plötzlich der Wind ab.

Hans Barrøy muss das Segel raffen und sich an die Ruder setzen. Da legt sich auch Maria in die Riemen, setzt sich hinter ihn und stößt ihn mit den Knöcheln in den Rücken, bis er ruft, dass es weh tut und dass das Weib – verflucht noch mal – nicht rudern kann. Barbro und Ingrid lachen, sie sitzen in ihren blauen und gelben Kleidern dicht nebeneinander auf einem Schafsfell, mit einem kleinen Koffer und der untätigen Ruderpinne zwischen sich.

»Du ruderst nich richtig.«

»Tu ich wohl«, sagt Maria und lässt das eine Ruderblatt fallen, so dass das Boot eine jähe Drehung macht. Barbro lacht wieder, obwohl sie weiß, was geschehen wird, dasselbe wie beim letzten Mal, sie wollen sie loswerden.

Sie machen das Boot wieder bei der Handelsstation fest

und gehen an Land, erst Hans mit dem Koffer, dann Barbro und Ingrid, Hand in Hand, und Maria als eine Art Abschluss, auch sie ist heute festlich gekleidet, um den Ernst zu verstärken, die Entschlossenheit, beim letzten Mal ging es so schief, und niemand von ihnen sagt ein Wort.

Beim Laden gibt es einen neuen Halt, und Kandiszucker, schließlich geht es hinauf zum Pfarrhof, wo sie von der Pastorenfrau, Karen Louise Malmberget, empfangen werden, die erst vor drei Jahren noch Husvik hieß und seltsam jung wirkt neben dem Pastor Johannes Malmberget, der zwei Mal Witwer war, bevor Louise in sein Haus und Leben trat. Sie ist kinderlos, er ist es nicht, er hat fünf Söhne, die alle irgendwo in einer Stadt ein Priesterseminar besuchen, als wären sie ein für alle Mal fortgereist und hätten seitdem vergessen, wo sie eigentlich herkamen.

Karen Louise trägt ein helles Kleid mit einer weißen Schürze, und obwohl sie sich im Inneren des Hauses aufhält, hat sie Strümpfe und Schuhe an den Füßen. Sie begrüßt Barbro – reicht ihr die Hand –, heißt sie willkommen und ist umgänglich und lebhaft, als hätte sie sich gefreut, führt alle in der guten Stube und den Zimmern umher und zeigt ihnen die Möbel und die Nähmaschine und das Bügeleisen und erklärt, wo Barbro schlafen wird, in einem hellen und freundlichen Zimmer im ersten Stock, mit Tapeten an den Wänden und einer Kommode mit einer kleinen Blumenvase und einem Nachttopf mit blauem Stempel am Boden, aus Porzellan.

Sie erläutert, was Barbro machen soll.

Und das ist nicht viel, fast scheint es, als suche die Pastorenfrau Gesellschaft im Haus, vielleicht sogar eine Freundin, sie sind ungefähr im gleichen Alter. In der weiß gestrichenen Küche hält sie ein Kochbuch in den Händen, groß wie eine Bibel, und fragt, ob Barbro lesen kann?

Darauf gibt ihr niemand eine Antwort.

Karen Louise entschuldigt sich und sagt, dass das dumm von ihr war, sie blättert vor zum Kapitel über Marmelade und redet darüber, was Barbro kochen soll, zeigt aus dem Fenster auf eine Armee aus großen und kleinen Beerensträuchern, die nebeneinander aufmarschiert sind und sich in sechs schnurgeraden Reihen bis hinunter zu einem weißen Lattenzaun am Ende des frühlingsbraunen Gartens ziehen, schwarze und rote Johannisbeeren, Stachelbeeren, und an der Felskuppe Himbeeren, von denen Barbro zu berichten weiß, dass es sie auch auf Barrøy gibt, sie haben auch rote Johannisbeeren, und sie weiß, wie viel Zucker hinzugefügt werden muss …

Da muss Hans Barrøy sich setzen.

Er lässt sich auf einen Stuhl fallen, der sich ohne rechten Sinn zwischen zwei Zimmern befindet, als stünde er dort nur zur Zierde, jedenfalls denkt Hans Barrøy, dass wohl noch niemand darauf gesessen haben kann. Und er kommt nicht wieder hoch. Stattdessen beugt er sich vor und legt das Gesicht in die Hände und stützt die Ellbogen auf den Knien ab, so als suche er etwas auf dem tiefsten Grund eines Gedankens, etwas, das er nicht finden kann, als ihn plötzlich das Gefühl überkommt, dass die anderen stehen geblieben sind und ihn ansehen.

Er blickt auf und sagt etwas, er möchte wissen, wo der Pastor ist?

Er ist im Norden der Insel, sagt die Pastorenfrau, wegen einer Angelegenheit bei …

Sie reden ein wenig über diese Leute, die Johannes Malmberget besucht und die Hans kennt, wie es sich zeigt.

Als die Hausbesichtigung fortgesetzt wird und er auf dem zwecklosen Stuhl zurückbleibt, findet er endlich, wonach er sucht, und erhebt sich und läuft ihnen in ein weiteres Zimmer nach und nimmt die Hand der Schwester und schleift sie hinaus auf den Vorhof, begleitet von wilden Protesten, denn Barbro will in dem schönen Haus bleiben. Die anderen folgen und stehen an der breiten Steintreppe und sehen ihn fragend an, Maria ruft etwas, ihr Gesicht ist schmerzvoll verzogen.

»Ich will hierbleiben«, heult Barbro.

»Du wirs' nirgendwo bleim«, sagt ihr Bruder und zerrt sie zum Tor und hinaus auf die Straße, wo er stehen bleibt und um Atem ringt, bis Maria und Ingrid sie einholen. Maria mit dem Koffer, sie fragt, was los ist, mit demselben schmerzverzerrten Ausdruck, der am ehesten Trauer gleicht.

»Nichts«, sagt Hans.

Schweigend gehen sie am Laden vorbei, der Einkauf bleibt heute aus, laufen zur Handelsstation hinunter und klettern an Bord. Hans Barrøy bemerkt, dass der Wind auf Südwest gedreht hat und kräftiger bläst. Er setzt das Segel und treibt das Boot mit einem scharfen Manöver hinaus. Dann kommt auch der Regen. Je weiter sie zur Fjordmündung kommen, desto stärker und dichter wird er. Barbro und Ingrid verbergen sich unter dem Schafsfell. Dort hört er sie jedenfalls lachen, und diesmal macht er keine Anstalten, sich vor jemandes Blick zu verstecken, wozu sollte das gut sein, nicht einmal vor den Blicken Marias, die abgewandt vom Regen dasitzt, während das Wasser durch ihre lange braunen Locken trieft, die immer schwärzer und schwärzer werden und flatterndem Seetang ähneln. Und er kann nicht ihr Lächeln entdecken, das sie beide für gewöhnlich rettet.

Bis tief in die Nacht hinein regnet es in Strömen, ein stürmischer Wind hat sich dazugesellt. Widerstrebend dreht er auf West und Nord und wird kälter und schwächer. Es klart auf, und der Regen peitscht nicht länger gegen die Fenster, als Maria die Augen aufschlägt und das leere Bett neben sich bemerkt. Sie streckt die Hand aus und spürt, dass es auch kalt ist.

Sie steht auf und läuft zu Barbro und Ingrid hinein, bittet sie, sich anzukleiden und ihr hinunter in die Küche zu folgen, wo niemand Feuer gemacht hat. Ingrid fragt, was los ist. Maria hat keine Antwort. Sie entzünden ein Feuer und essen zusammen mit Martin, der auch nichts sagt, danach gehen sie hinunter zum Bootshaus, das Boot fehlt, und beginnen, Netze zu flicken, bei geöffneten Türen, damit sie die ganze Zeit gen Norden blicken können, auf Handelsstation und Kirche und Dorf, sie arbeiten schweigend und abwartend und sorgfältig, bis sie endlich das schräge Segel entdecken, das hinauf und hinab wie ein Sägeblatt durch die brausende See schneidet, es ist das Boot, das schließlich zurückstampft, als es Abend geworden ist.

Hans Barrøy lässt das Segel fallen, das Boot trifft auf die Tragrollen und kommt zur Ruhe. Er steigt über die Ruderbänke, beugt sich in die Vorpiek hinunter und greift nach etwas Zappelndem und trägt ein kleines Schwein an Land, das sogleich im weißen Muschelsand umherläuft und quiekt. Es kostete zwölf Kronen, hat nur ein Ohr und auf der Stirn einen schwarzen Fleck, der dem Einschlag einer Kugel ähnelt. Sie können es nennen, wie sie wollen. In einer braunen Tüte hat er Kandiszucker, er reicht sie Barbro, dann geht er ins Bootshaus, holt Simmgarn und fertigt einen Strick für das Schwein, er knüpft eine Schlinge ans Ende und reicht es Ingrid, die dasteht und das Schwein betrachtet, es frisst schon Gras.

»Das machste nich noch mal«, sagt Maria, wendet sich von ihm und dem Schwein ab und geht hinauf zu den Häusern, um das Essen zu bereiten, während auf dem Gesicht ihres Mannes ein Lächeln erscheint, das Ingrid noch nie gesehen hat. Sie spürt, dass die Mutter wütend ist, den Rest des Abends und den ganzen Tag danach. Doch dann geschieht etwas Unsichtbares und die merkwürdige Stimmung ist verschwunden. Das Schwein wird Grützkopf genannt.

7

Die Häuser auf Barrøy stehen in einem schiefen Winkel zueinander. Von oben her sehen sie aus wie vier Würfel, die irgendwer achtlos verstreut hat, dazu gibt es einen Kartoffelkeller, der im Winter zum Iglu wird. Zwischen den Häusern liegen Steinplatten, es gibt Gestelle, auf denen Kleider getrocknet werden, und Graswege führen strahlenförmig nach allen Seiten, aber eigentlich bilden die Häuser einen Keil gegen den Wind, damit sie nicht umgeworfen werden können, selbst wenn sich das ganze Meer über die Insel ergießt.

Niemand kann sich dieses sinnvolle System als eigenes Verdienst anrechnen, es ist das Ergebnis von kollektiver und ererbter Weisheit, erbaut aus teuer erkaufter Erfahrung.

Aber nicht einmal ein historischer Geniestreich kann verhindern, dass sich im Winter eine Flutwelle aus kompaktem Schnee zwischen Wohnhaus und Stall schiebt, durch die sie sich mit Wassereimern und Melkeimern hindurchkämpfen müssen, wenn sie zu den Tieren und wieder ins Haus wollen. Sie nennen diesen Schnee Welle und verfluchen ihn wie nur wenige andere Phänomene, denn die Welle erhebt sich gern dann, wenn die Nerven blank liegen, im Januar und Februar, im Dezember, ja, im März, eine Mauer aus Sulzschnee zwischen Tieren und Menschen, und Schneeschaufeln hilft nichts, auch wenn sie es trotzdem tun, denn alles wird sofort wieder zugeweht. Die Männer schaufeln Schnee, die Frauen schleppen Wasser und Milch, und meistens müssen die Frauen die ganze Runde um Haus und Stall drehen, und das ist eine lange Wanderung, wenn sie sich in den Windböen nicht einmal aufrecht halten können.

Aber die Häuser haben nicht immer so dagestanden wie jetzt, zwischen der Baumgruppe und dem Beerengarten auf dem höchsten Felsrücken, sie standen weiter unten, in einer einige hundert Meter weiter gelegenen Bucht, die Karvika genannt wird. Dort gibt es jetzt nur noch zwei Grundmauern und die von Tang und Sand überdeckten Reste eines Anlegers. Daran denkt im Alltag niemand auf der Insel, sie wissen eigentlich gar nichts darüber, dass dort einst jemand gelebt hat. Doch selbst in einem Leben zu Fuß auf festem Boden gibt es Augenblicke, da man in anderen Bahnen denkt als den gewohnten, und da geht es einem auf, dass es eine Erklärung dafür geben muss, weshalb die Häuser nicht noch immer drüben in der Bucht stehen, wo sind sie geblieben, diese Häuser, und warum stehen sie dort nicht mehr?

Die Erklärung ist mit ziemlicher Sicherheit tragisch, vielleicht ist sie entsetzlich.

Der alte Martin hat hier die längsten Wurzeln, ist die Quelle mit dem höchsten Status, und er hat ja seine Ansichten darüber, warum und wann die verlorene Zivilisation verschwunden ist, es geht hier um seine eigenen Ahnen, und er erinnert sich auch an ein paar Bruchstücke aus seiner Kindheit, einige Bilder und Sätze und Berichte. Aber er ist nicht mehr der Glaubwürdigste unter ihnen, das liegt an seinem hohen Alter und der natürlichen Schwäche, die nicht nur das Gedächtnis verzehrt, sondern auch seltsame Einfälle und Wunderlichkeiten mit sich bringt, die einen alten Mann in den Augen der Jüngeren lächerlich machen, so dass jede Generation ihre eigenen Wege gehen und sich an das erinnern kann, woran sie sich erinnern will. Auch sie führen sicher irgendwohin, diese neuen Wege, schlimmstenfalls in denselben Kreisen, nur dauert es eben noch so lange.

Aber auch wenn sie rein gar nichts über die Ruinen von Karvika wissen oder wenn sie keine Erklärung dafür haben, was einst zwei Häuser waren und jetzt keine mehr sind, haben sie doch Respekt vor den Ruinen. Sie machen einen Bogen darum, die Kinder spielen dort nicht, die Vögel bauen dort kein Nest, nicht einmal die Eiderenten, und die Menschen kommen nicht auf die Idee, sie abzureißen und die Steine für andere Bauten und Grundmauern zu verwenden, zum Beispiel für die, die sich zwischen den Gärten dahinziehen. Lieber suchen sie sich neue Steine, damit die Reste dort wie ein Denkmal oder ein Friedhof stehen können, unheimlich und überwuchert von Brennnesseln und Weidenröschen, und das Gefühl von etwas aussondern, das zu kalt und zu heiß zugleich ist. Wenn man vom Hügel auf die Ruinen hinabblickt, sehen sie aus wie chinesische Zeichen, geschrieben mit zwei verschiedenen Händen. Im Winter sind sie von Schnee bedeckt, dann werden die Zeichen noch deutlicher, vor dem fauligen braunen Gras, ehe auch das Gras weiß wird.

8

Sie haben oft darüber diskutiert: In welchem Zimmer sollen wir schlafen? In dem, das nach Norden schaut, ist es schweinekalt und unerträglich, wenn im Winter der Nordostwind weht, im Sommer aber kühl und angenehm. Und dann ist es so gut wie lautlos, da der Regen in der Regel von Südwesten kommt und einen Höllenlärm macht, sei es nun Sommer oder Winter. Wenn die Sommer ganz besonders feucht sind und sie weder auf dem Boden noch auf Reutern Heu trocknen können, sagt Hans Barrøy: »Na, Mutter, ich glaub jetzt, wir ziehn nach Norden, hier kann man's doch nich aushalten.«

Wenn im Winter die Eiskristalle auf der Bettdecke glitzern, sagt er das Gegenteil, jetzt ziehen wir nach Süden: »Hier friern wir uns doch tot.«

Sie nehmen die Daunendecken mit von Norden nach Süden und umgekehrt, lassen sich von den Jahreszeiten treiben, denn sie haben in jedem dieser Sparrenräume, die sie Säle nennen, Nordsaal und Südsaal, ein großes Bett stehen. Ingrid schläft in der Kammer, die dazwischen liegt und nach Westen blickt und mitten in der Nacht Sonne hat, in der Jahreszeit, von der sie in den drei anderen träumen, und Barbro in dem, das nach Osten liegt, woher das gute Wetter kommt.

Der alte Martin schläft unten in einer Kammer hinter dem Wohnzimmer. Manchmal hat er die Tür offen stehen, und er hat einen eigenen Ofen, in dem er energisch einheizt, da er so leicht friert, und deshalb ist es auch in den Jahreszeiten im Wohnzimmer warm, in denen man in diesem Landesteil die Wohnzimmer zu gar nichts benutzt, was bedeutet, dass sie manchmal an einem ganz normalen Sonntag im Oktober oder März dort zu Mittag essen. Dann legt Maria eine weiße Decke auf den Tisch.

Diese Decke hat kleine Borten aus winzigen Blumen, roten und gelben, und grüne Lianen, die sie miteinander verbinden, Marias Mutter hat sie gestickt, vor allem aber ist die Decke weiß.

Und Maria will am liebsten im Südsaal schlafen, auch wenn es bei gutem Wetter im Sommer dort zu warm ist, und zu laut bei schlechtem Wetter, im Sommer wie im Winter, denn von diesem Fenster aus hat sie einen Blick über Barrøy und die kleinen Inseln im Süden, und an klaren Tagen kann sie bis nach Hause nach Buøy schauen, wo sie aufgewachsen ist, ihre Vergleichsgrundlage. Der Südsaal ist außerdem ein wenig größer als der Nordsaal, deshalb kann sie ihre Truhe vor der Wand stehen haben, und es gibt außerdem noch Platz für die beiden Nachtkommoden, die der Vater ihnen zur Hochzeit geschenkt hat, den alten Dreck, wie er sie nannte, zudem stammten sie von ihrer Mutter, die viel zu jung an einer Epidemie gestorben ist, von der die Bevölkerung hier so gewaltig dezimiert wurde, dass nur die Stärksten überlebten.

Wollen wir nicht bald sesshaft werden wie anständige Leute, fragt sie, und nicht herumstreunen wie die Zigeuner?

Und nachdem das Schwein Grützkopf ins Haus gekommen ist – es haust in einer Torfhütte, die für den Moment leer steht –, findet Hans, er müsse ein wenig Initiative an den Tag legen, und deshalb nimmt er, als die Eiderentenhäuser – die E-Häuser – repariert und die Kartoffeln gesetzt sind und die Tage für kurze Frist länger, milder und weiter werden und sie eigentlich Torf stechen müssten, Bohrer und Hammer und Dynamit und geht zum Felsvorsprung in der Nordwestbucht, wo geteerte Pfähle lotrecht in den Meeresboden getrieben und im Abstand von jeweils einem halben Meter mit dem Fels verbolzt sind, so dass bei gutem Wetter größere Boote anlegen können, zum Beispiel das Frachtboot der Handelsniederlassung oder das von Hans' Bruder Erling, der jedes Jahr um Neujahr vorbeikommt, um Hans und dessen Leinensysteme aufzulesen, wenn es zu den Lofoten geht. Dort steht auch ein Schuppen, den sie den Lofotschuppen nennen, er ist das ganze Jahr abgeschlossen, denn dort wird die wertvolle Lofotausrüstung aufbewahrt.

Wenn auf dieser Insel wirklich etwas fehlt, dann ist das ein richtiger Kai. Und deshalb steht jetzt der alte Martin, der seit über achtzig Jahren kailos hier lebt, auf dem Hofplatz und schaut gen Norden und fragt sich, ob sein Sohn sich endlich an das Unumgängliche machen wird; sie sammeln seit einem Menschenalter Treibholz, an Material mangelt es nicht.

Aber Hans Barrøy hat andere Pläne. Er bohrt zehn tiefe Löcher in die Felswand, lädt, legt die Lunte und jagt gut drei Kubikmeter Stein in die Luft. Die, die zu groß sind, schlägt er mit dem Hammer in Stücke.

Er geht nach Hause, um Pferd und Wagen zu holen, und bittet Maria, mitzukommen, erklärt ihr unterwegs, dass er lieber »Sprengstein« für die Grundmauern hat, die glatten Steine vom Strand sind nur Unsinn, der »Sprengstein« dagegen, der hat raue Oberflächen, die sich ineinander verbeißen, und danach bewegen sie sich nicht um einen Millimeter. Sie sagt: »Grundmauer?«

Ja, die Lösung für das Problem von Schlaf und Windrichtung ist natürlich, das Haus nach Süden zu verlängern, es ist anderthalbstöckig, wie geschaffen für eine Verlängerung, ein drei, vier Meter langer Anbau wird vor Sonne und Regen schützen, und dann können sie das ganze Jahr lang im Südsaal schlafen.

Er macht sich mit Spaten und Füllhacke ans Werk und reißt einen guten Fuß Torf ab, stößt auf Felsboden und fährt Steine nach Hause und hat schon am nächsten Tag mit der Mauer angefangen, jetzt mit Hilfe von Martin und Barbro. Barbro mag schwere Arbeit, sie packt einen riesigen Stein vom Wagen und trägt ihn fünf Schritte zur Mauer und fragt den Bruder, wo er liegen soll, und lässt den Stein nicht los, bis ihr Bruder ihr die genaue Stelle angewiesen hat.

Aber er zögert, aus Spaß, deshalb wird sie rot im Gesicht und fängt an zu schreien und muss den Stein loslassen. Dann heben sie ihn zusammen hoch und legen ihn an die Stelle, wo er liegen soll. Er fragt sie, wie es denn geht.

»Jau«, sagt Barbro und holt den nächsten Stein.

Martin schüttelt den Kopf über diesen Unfug und möchte wissen, ob die Frau nicht auch mit mauern soll.

Hans aber stellt sich taub, obwohl er sich diese Frage ja auch schon gestellt hat. Doch Maria hat offenbar das Unausweichliche begriffen, wenn das Haus verlängert wird, dann verschwindet der Grund, warum sie im Südsaal schlafen will, ihre Aussicht auf ihre Kindheit dort im offenen Meer. Aber sie bringt es nicht über sich, etwas zu sagen, ehe der Mann den Grundstock gelegt und angefangen hat, das Rüstwerk zu errichten, was ist mit der Aussicht, fragt sie, er ist seit fast einer Woche an der Arbeit.

Und nun bietet sich ihr ein Anblick, wie sie ihn noch nie gesehen hat, denn er setzt sich auf die Mauer und sieht aus, als sei er kurz vor dem Zusammenbruch, als Mann und als Mensch. Martin verzieht sich angeekelt und sagt, zum Henker. Maria bringt es auch nicht über sich, einen Mann zu trösten, deshalb dreht auch sie erst einmal eine Runde über den Hofplatz, nur Barbro kann sich neben den Bruder setzen und fragen, warum er denn flennt, so wie er sie immer gefragt hat, als sie noch Kinder waren. Er winkt wütend ab, wischt sich den Schweiß ab und macht sich wieder mit Spaten und Füllhacke an die Arbeit, reißt die Torfschicht auch innerhalb der Mauer herunter und fährt sie hinunter in den Busengarten, wo damit vielleicht kleine Unebenheiten ausgeglichen werden können.

»Und was jetzt?«, fragt Maria beim Abendessen.

»Was glaubste denn?«, sagt Hans.

Am nächsten Morgen fährt er ins Dorf und hat bei seiner Rückkehr das Boot bis an den Rand mit Zementsäcken beladen, die er auf Pump gekauft hat. Er macht sich daran, Sand zu fahren, und fängt an zu gießen, eine neue Wand innerhalb der bereits fertigen Mauer, danach gießt er auf dem Felsgrund auch eine Art Boden, er wird uneben, aber dicht. Auf den Grundstock nagelt er dann die Verschalung und gießt die Mauer noch einen Fuß höher, soweit der Zement reicht. Als die Verschalungen entfernt werden, sieht es aus, als hätten sie das Haus mit einem grauen Steinkasten verlängert, fünf mal drei Meter, und einen guten Meter hoch.

Es ist eine Zisterne.

Hans Barrøy nagelt einige lange Bretter aneinander, Kante an Kante, und montiert sie als Rinnen unter beiden Dachvorsprüngen, legt zwei Abflüsse schräg nach unten, wo sie sich über der Zisterne treffen und einen Trichter bilden. Er sucht sich einige Bretter und fängt an, einen Deckel zu zimmern. Der sieht aus wie ein Fußboden und ist ebenso solide, sie können darauf sitzen und gehen. In den Deckel wird eine Luke eingelassen, die so angebracht wird, dass sie den Eimern, die hinuntergelassen und hochgezogen werden sollen, nicht ins Gehege kommt.

Der alte Martin lacht beeindruckt.

Da das Wetter an dem Abend, als sie damit fertig sind, auch am Stalldach Abflussrinnen anzubringen, gut genug ist, sitzen sie beim Abendessen auf dem Zisternendeckel. Einen feuchten Juni später ist die Zisterne voll. Das Wasser ist sauber wie Wasser, anders als die Moorbrühe, die die Tiere von jetzt an allein trinken müssen. Nach der nächsten Lofotsaison will Hans dann noch eine Handpumpe besorgen und in der Küche anbringen. Nicht die Pumpe ist die Herausforderung, sondern das Kupferrohr, das unter dem ganzen Haus hindurchgezogen werden muss und wahrscheinlich im Winter gefrieren wird. Das Ideale wäre, die Zisterne nach Norden zu legen, Wand an Wand mit der Küche. Im Nordsaal schlafen sie, wenn es im Süden zu warm ist und der Regen zu viel Krach macht. Wenn es im Norden zu kalt wird, wandern sie mit ihren Bettdecken in den Süden. Es ist ein gutes Leben.

9

Mit den Bewohnern der anderen Inseln tauschen sie Zuchtbullen und Widder aus. Wenn sie einen Widder haben, darf er nicht zusammen mit den Schafen und Lämmern grasen. Er bekommt eine eigene Insel, die Widderholm genannt wird. Dort geht er fast das ganze Jahr umher und frisst Gras und Tang und ist nur um die Weihnachtszeit zu Hause, für einen Monat, und wenn er zu den Schafen soll. Dann holt Hans ihn, und Ingrid ist dabei.

Ingrid hat Angst vor dem Widder, er ist böse. Doch der Vater treibt ihn mit einer langen Gerte hinaus auf eine Landzunge, packt ihn am Fell und ringt ihn nieder und fesselt seine Beine und wirft ihn ins Boot, während Ingrid dabeisitzt und zuschaut und schaudert. Es ist viel Leben in einem Widder. Er ist ein wildes Tier. Mit langen, unbeherrschbaren Zotteln voll salziger Krusten aus Sand und Erde, die neben seinen Hufen zu Boden rieseln, ein schwarzer und wogender Panzer, der nach Meer und Viehstall stinkt. Als sie nach Barrøy kommen, wird ihm ein Strick um den Hals gelegt, und er ist nach der Überfahrt so steif und ungefährlich, dass Hans ihn in den Stall führen kann, ohne auf weiteren Widerstand zu stoßen. Hat er seine Aufgabe erfüllt, bringen sie ihn zurück nach Widderholm, oder manchmal zu einer der anderen Inseln, wo es im Moment keine Schafe gibt.

Alle Inseln haben einen Namen. Eine von ihnen heißt Knuten.

Einmal versuchte der Widder zu türmen. Da schwamm er hinüber nach Knuten. Als sie es bemerkten, ließen sie ihn einfach dort bleiben. Drei Tage später schwamm er zurück. Das wird ihm eine Lehre sein, sagte Hans. Ingrid fand es furchtbar. Wenn er einsam ist, warum schwimmt er dann nicht zu einer Insel, auf der es Schafe gibt? Sie denkt, dass er vielleicht blind sein könnte. Das macht ihn noch erschreckender. Aber selbst ein blinder Widder kann doch wohl hören?

Wenn die Sonne im Flammenmeer dort draußen verschwindet, können sie die Silhouette des Widders vor dem roten Horizont erkennen, ein winziges Insekt auf einem steinernen Floß im Meer. Und bläst der Wind aus der richtigen Richtung, können sie ihn auch schreien hören.

»Jetzt ruft er nach Gott«, sagt Barbro.

Mit dem Widder ist es wie mit anderen Tieren, sie sterben. Aber dann müssen sie begraben werden. Der Widder ist das einzige Tier, das sie nicht essen.

10

Sie essen auch keine Eiderente, aber die ist nun mal kein Haustier, wenngleich sie ihr kleine Steinhäuser bauen, um an die Daunen heranzukommen, und es seit Jahren eine gibt, die unter der Treppe zum Windfang brütet. Wochenlang muss dann die Katze drinnen bleiben. Das mag sie nicht, denn sie darf nur in Martins Kammer bleiben, wo es keine Gardinen gibt, die sie in Stücke reißen kann. Die Katze heißt Bonken, es ist ein Kater, weil sie auf der Insel nun einmal keine Katze halten können, die, wie es heißt, immerfort Junge bekommt, welche Hans dann totschlagen muss, aber mit der Katze ist es wie mit allen anderen auf einer Insel, wo soll sie Junge herbekommen, wenn sie allein ist?

Wenn das Wetter im Frühsommer so schlecht ist, dass man draußen nichts tun kann, holen Maria und Barbro Daunenharfe und Daunenstock hervor und säubern die Daunen. Daunen sind wohl das Kostbarste und Geheimnisvollste, mit dem sie es zu tun haben. Man kann sie anfassen und an das Gesicht halten und eine vage, heilige Wärme erahnen. Man kann sie in der Hand zusammenpressen und nichts anderes spüren als Luft, und dann die Hand wieder öffnen und eine graue Wolke aufstieben sehen, so als wäre nichts geschehen.

Wenn sie die Daunen verkaufen wollen, stopfen sie sie in Leinensäcke und hängen ein Schild an den Zwirn, mit dem sie die Säcke zuknoten. Darauf stehen das Jahr, aus dem die Daunen stammen, der Name der Insel und 1 Kilo. Ein Kilo Daunen ist unheimlich groß und ungeheuer leicht. So ist der hohe Preis, den sie erzielen, im Grunde lächerlich gering. Und deshalb behalten sie viel davon selbst. Das ist Hans' Idee.

Sie behalten sie in ihren eigenen Betten, wie feine Leute in der Stadt, oder lagern sie auf dem trockensten Heuboden über dem Viehstall, bis die Preise besser werden und die Daunen für das Doppelte davon verkauft werden können, was sie sonst im Sommer auf dem Markt oder von Tommesen bei der Handelsstation bekommen, da nun einmal die Daunenpreise am niedrigsten sind, wenn die Leute verkaufen wollen, und nur dann am höchsten, wenn Hans es macht. Er ist der Einzige aller Inselbewohner, der Glück hat mit diesem Geschäft. Was vielleicht daran liegt, dass sich die Bewohner von Barrøy ein wenig mehr leisten können, denn Hans gehört ein ganzer Fanganteil des Fischs, der von den Lofoten kommt. Aber womöglich liegt es auch daran, dass sie geduldiger sind.

Die Inselbewohner müssen geduldiger sein als alle anderen.

Barbro säubert nicht gern die Daunen, ihre Hände sind zu grob, und so muss Ingrid der Mutter helfen, vom Sommer an, in dem sie vier wird. Ingrid liebt die Daunen, erst will sie nur mit ihnen spielen und bringt auf der kleinen Werkbank alles durcheinander. Doch dann hält sie einen Ball aus gesäuberten Daunen in der einen und einen aus ungesäuberten in der anderen Hand, und kann, wie sie entdeckt, den Gedanken nicht ertragen, den ungesäuberten nicht auch zu säubern, er sieht so schrecklich aus mit all den Ästen und Grashalmen und winzig kleinen Muscheln, dass es unmöglich ist, mit ihnen zu leben, ohne zu sterben.

Die Mutter bringt es ihr bei, indem sie sie auffordert, mit geschlossenen Augen dazusitzen und diese beiden Daunenhäufchen behutsam zu betasten, einen gesäuberten und einen ungesäuberten, während sie laut zählt und nur bis zehn oder elf kommt, bevor sie am Lächeln ihrer Tochter erkennt, dass sie nun weiß, worum es geht. Da sagt sie, jetzt hast du etwas gelernt, das du nie wieder vergessen wirst.

Von diesem Augenblick an säubert Ingrid die Daunen viel schneller als Barbro, die somit der Sklaverei entkommt und im Stall oder Bootshaus sitzen und Netze flicken kann wie ein Mann.

11

Barbro kann auch Netze knüpfen, sie kann ganz neue Kabeljaunetze und Heringsnetze und Flundernetze fertigen, ja sogar Dreiwandnetze. Damit verbringt sie die meiste Zeit des Winters, wenn Hans bei den Lofoten ist. Das Schöne an neuen Netzen ist, dass sie sauber und trocken sind und nicht stinken, man kann mit Rundholz und Nadel in der Küche sitzen und knüpfen und knüpfen und die murmelnde Wärme des Ofens im Rücken spüren, egal wie kalt es draußen auch ist.

Martin allerdings mag es nicht, wenn diese Arbeit in der Küche verrichtet wird, Fischernetze sollen draußen bearbeitet werden, im Freien oder im Bootshaus.

Netze in frostiger Kälte zu säubern oder zu flicken ist die schlimmste Arbeit, die es gibt. Es ist die Arbeit, die alle Hände hier draußen an der Küste zugrunde gerichtet hat, denn nur sie allein lässt sich nicht mit Fäustlingen ausführen, und so betrachtet es Martin als ein Privileg, neue und trockene Netze zu knüpfen, dazu wird nicht noch ein Ofen voll glühenden Torfs im Innern des Hauses benötigt, das ist nicht nur überflüssig, sondern töricht, und so muss Martin nicht erneut daran erinnert werden, dass seine Tochter nun einmal so ist, wie sie ist.

Barbro kümmert es nicht, was ihr Vater sagt.

Auch sonst schert sich niemand darum. Es muss erst

vor ein paar Jahren passiert sein, keiner könnte heute noch sagen, was genau es damals war, aber von einem Tag auf den anderen war es nicht mehr Martin, der auf der Insel bestimmte, von da an war es Hans.

Auch wenn sich niemand mehr erinnert, so weiß es Martin noch genau: Es geschah, als er und sein Sohn sich an der russischen Säule versuchten und keine Lösung fanden. Mit einer Eisenstange wollten sie sie auf eine Tragrolle hieven, doch als er zupackte, wich die Kraft aus seinem Körper, so wie das feuchte Moor der Eisenstange weicht. Ein kurzer Knall in den Gedanken. Er musste sich setzen und um Atem ringen, während sein Sohn das ganze Gewicht auf den Schultern trug.

Von da an herrschte ein anderer Ton.

Das merkten auch die anderen.

Sogar Ingrid hat begonnen, sich Unarten einfallen zu lassen. Zum Beispiel will sie sich nicht mit Verboten abfinden, die der Großvater erlässt, und geht stattdessen zur Mutter, die sie dann oft tun lässt, was Martin ihr verbieten will. Zwar geschieht es auch, dass Maria Partei für den Schwiegervater ergreift, dann aber meist willkürlich, so als wäre es ihr schlichtweg einerlei, ob er da ist und irgendetwas sagt oder entscheidet.

Martin hat sich damit abgefunden. Aber er ist zornig geworden. Als er jung war, so wie ein Mann es viele Jahre ist, war er niemals zornig, jetzt ist er es die ganze Zeit. Aber auch darum schert sich niemand. In den Frühsommernächten schläft der Kater auf seinem Bauch, da drinnen in der Kammer. Durch die dünnen Wände können sie ihn schnarchen und den Kater schnurren hören. Das ist lächerlich. Wenn die Eiderente unter der Treppe zum Windfang endlich ihre Eier ausgebrütet und die kleinen Küken den langen Weg zum Meer hinunter geleitet hat, wird der Kater wieder ins Freie gelassen und schläft den Rest des Jahres unter dem Ofen in der Küche, sofern er nicht gerade Mäuse und Vogeljunge jagt.

Bonken, den Kater, ereilte ein tragisches Ende.

Er wurde vom Adler geholt. Es geschah bei der Heuernte. Sie hörten die Schreie, blickten von Heureutern und Rechen auf und entdeckten ihn, einem zerfließenden Tintenfleck ähnelnd, unter den gewaltigen Schwingen eines Seeadlers. Er zappelte und fauchte und schwang die Krallen, und für einen Augenblick glaubten sie, dass er sich losreißen könne. Es gelang ihm auch. Aber erst als er zu fallen begann, merkten sie, wie hoch es war. Sie sahen ihn die Beine ausstrecken, gleich einer Fledermaus, die sich der Flügel bedient, und lotrecht durch die Unendlichkeit stürzen, bevor er plötzlich und ohne jeden Grund mit den Pfoten zappelte, so als wäre er es leid zu fallen und wollte lieber losrennen, doch stattdessen machte er eine halbe Drehung und krachte mit dem Rücken auf den Felsüberhang beim Lofotschuppen.

Das war zu hoch, sogar für eine Katze, sagte Hans. Und so wurde auf der Insel eine Redensart daraus, auf die er immer wieder zurückkam, wenn irgendetwas sogar die Kräfte eines Inselbewohners überstieg.

Ingrid und Barbro begruben den Kater am Rande des Rosengartens und bedeckten das Grab mit einem Herz aus Muscheln. Barbro sang einen Choral. Ingrid weinte. Und ungefähr eine Woche später brachte Hans eine neue Katze mit. Es war ein Weibchen und bekam den Namen Karnot, nach einem Mann, mit dem Hans zur Schule gegangen war und der, wie er meinte, wie eine Katze aussah; sie hatten ihn sogar Katzenmensch genannt, als er noch klein war. Die Katze Karnot war braun und hübsch wie frisch gekochter Süßkäse, graziös und anschmiegsam, und durfte auf dem Küchentisch liegen, wenn die Männer draußen waren. In der Nacht schlief sie am Fußende von Ingrids Bett. Sie nannten sie eine Tageskatze, weil sie genauso lange und zur selben Zeit wie die Menschen schlief. Aber auch Karnot musste drinnen bleiben, wenn im nächsten Frühjahr die Eiderente angewatschelt kam, um ihr Nest unter der Treppe zum Windfang zu richten. Die Eiderente ist ein heiliges Tier.

12

Der Winter beginnt mit einem Sturm. Der wird Der Erste Wintersturm genannt. Es hat auch vorher schon Stürme gegeben, zum Beispiel im August und im September, plötzliche und erbarmungslose Umstürze im Dasein.

Aber die dauern meistens nicht lange, und in einem von ihnen geht das Laub verloren. Es gibt, wie gesagt, nicht viele Bäume auf der Insel, aber es herrscht kein Mangel an Beerensträuchern und Zwergbirken und Weiden, die im Spätsommer gelbe Blätter bekommen, welche dann in wechselndem Tempo braun und rot werden, so dass die Insel für einige Tage im September einem Regenbogen auf Erden ähnelt. Und so sieht sie aus, als ein plötzlicher Sturm über sie hereinbricht und die Farben ins Meer reißt und Barrøy in ein braunes, fiependes Pelztier verwandelt, das die Insel bis zum nächsten Frühling bleiben wird, falls sie bei Schneegestöber oder liegendem Schnee nicht aussieht wie eine weißhaarige Leiche oder der verzaubernde Schnee kommt und verschwindet und wiederkommt und sich in Schneewehen ablegt, wie um das Meer an Land nachzuahmen. Aber sie haben auch solche Stürme schon erlebt, sie können sich sogar an den vorigen erinnern, im vergangenen Jahr.

Der Erste Wintersturm dagegen, der ist etwas ganz anderes.

Er ist jedes Jahr von neuem gewaltig und kommt mit tiefem Ernst, so einen Sturm haben sie noch nie erlebt, auch wenn es im vergangenen Jahr genauso war. Von hier stammt der Begriff *seit Menschengedenken,* sie haben nämlich vergessen, wie es war, da ihnen doch nichts anderes übrig blieb, als die Hölle nach besten Kräften durchzustehen und sie sich dann so schnell wie möglich aus dem Gedächtnis zu schütteln.

Jetzt haben sie einen Sturm über sich, der seit mehr als vierundzwanzig Stunden mit unverminderter Stärke wütet, mit Schaumflocken, die wie gelbe Wollbäusche über die Insel fegen, mit Regen, so hart wie Hagel, und mit einer Springflut, die sich einfach nicht wieder legen will. Hans ist dreimal draußen gewesen und hat auch das angepflockt, von dem er nicht geglaubt hätte, dass man es anpflocken könnte. Er hat gesehen, wie ein Schaf ins Meer geweht wurde, ehe er die übrigen in den Bootsschuppen schaffen konnte, sie haben noch nicht geschlachtet und nicht für alle ist Platz im Stall, und im Schuppen pflockt er sie an dem Boot an, das er noch dazu vertäut, es ist lächerlich, worauf ein Mann so alles verfällt, wenn der Erste Wintersturm über ihn hereinbricht.

Er hat auch den Brunnendeckel mit Pardunen gesichert, dafür hat er mehrere Stunden gebraucht. Und dann muss er die neuen Dachrinnen einsammeln, die auf dem Boden verstreut liegen, und schwere Steine darüber wälzen, ehe er wieder nach Hause kriechen kann, und inzwischen ist er so triefnass und fremd im Gesicht, dass Ingrid ihn nicht wiedererkennt.

Sie mag diese Stürme nicht, mit dem Knacken im Haus und den Trompetenstößen im Schornstein, das ganze Universum in Aufruhr, der Wind reißt ihr die Luft aus der Lunge, wenn sie mit der Mutter in den Stall geht, er treibt das Wasser aus ihren Augen und fegt sie gegen Wände und gekrümmte Bäume und zwingt die Familie, in Küche und Wohnzimmer zu schlafen, wo sie dann doch kein Auge zumachen können. Sogar Martin sitzt still, wenn der Wintersturm mit seiner Insel wütet. Er hat die Mütze auf dem Kopf und die riesigen Hände wie leere, bewegungslose Schalen auf seinen Knien liegen, wenn er sie nicht um Ingrid legt, die zwischen ihm und Tisch und Herd und Speisekammer hin und her läuft und auf dem Torfkasten sitzt und die Beine baumeln lässt, ehe sie zum Großvater zurückläuft und mit seinen Händen herumspielt wie mit einem Teddybären.

Die Gesichter der Erwachsenen sind in Stein gehauen. Sie flüstern und werfen verstohlene Blicke und versuchen zu lachen, durchschauen ihr eigenes Theater und werden wieder ernst, denn die Häuser auf Barrøy stehen zwar noch, aber das ist kein Beweis für etwas anderes als den gestrigen Tag, und einmal standen in Karvika Häuser, aber das tun sie jetzt nicht mehr.

Vor allem ist es schlimm, den Vater anzusehen. Wenn Ingrid es nicht besser wüsste, hätte sie glauben können, dass er Angst hat, aber das hat er nie. Ein Inselbewohner hat niemals Angst, dann kann er doch nicht hier wohnen, sondern muss Sack und Pack nehmen und umziehen und wie alle anderen in einem Wald und einem Tal wohnen, das ist eine Katastrophe, ein Inselbewohner ist düster gestimmt, nicht starr vor Angst, sondern vor Ernst.

Der Ernst will sich auch erst legen, nachdem das Familienoberhaupt noch einmal draußen war und mit Blut im

Gesicht hereinkommt und mit einem Grinsen sagt: »Is ja bloß gutes Wetter.«

Sie brauchen einen Moment, um zu begreifen, dass das ein Witz sein soll, und als sie ihm das Blut abgewischt haben und sehen, dass es nur eine Schramme am Kinn ist, und als er um Kaffee bittet und sagt: »Die alte Eberesche lehnt sich ein bisschen nach Osten«, da begreifen sie, dass der Wind sich auch dieses Mal vom entsetzlichen Südwesten nach Westen gedreht hat, und das ist das erste Anzeichen dafür, dass sich ein Orkan in einen normalen Sturm verwandeln und sich danach nach Norden drehen und schließlich zu einer scharfen Brise zusammensacken wird, ehe er sich endlich so beruhigt, dass sie wieder Wasser in den Stall tragen können, ohne dort mit leeren Eimern anzukommen.

Barbro und Maria können die Eimer fast halb voll zu den Tieren bringen, während Hans nachdenklich in der Küche stehen bleibt und die Wunde an seinem Kinn betastet und ihn eine plötzliche Eingebung erfüllt, und er sagt zu Ingrid, sie solle mit ihm kommen und das Meer ansehen, damit sie lernt, sich nicht davor zu fürchten, jetzt, wo es ganz besonders heftig ist, ganz besonders lehrreich.

Er weiß nicht, wie er auf diese Idee gekommen ist.

Das weiß sie auch nicht. Aber er zieht sie an, während Martin den Kopf schüttelt, und bindet ihr ein Seil um den Leib. Sie gehen hinaus unter den zornschnaubenden Himmel und kämpfen sich nach Süden, waten gegen die Strömung durch einen Fluss aus Wind und Wetter, klettern mühselig über drei Mauern und ducken sich im Windschutz, um Atem zu holen, bringen eine weitere Mauer hinter sich, während der Vater vor jedem Hindernis lacht und Ingrid sich beide Hände vors Gesicht halten muss, um atmen zu können, und so geht es hoch auf die kleine Anhöhe hinter dem russischen Baumstamm, der letzten Schanze, ehe das Gebrüll über sie hereinbricht – wütende Wände aus Wasser, das sich in der schwarzen Nacht aufgetürmt hat und sich auf sie zuwälzt und an Stein und Strand und Felsen zerschlagen wird, dass Muscheln und Eis und Sand sie nur so anfauchen, denn das hier kann niemand ansehen oder begreifen oder erinnern, die Posaunen des Jüngsten Tages, da können sie auch gleich alles wieder vergessen.

»Is nich gefährlich«, schreit der Vater ihr ins Ohr.

Aber das hört sie nicht. Sie hören beide nichts. Er schreit, sie solle mit dem Körper spüren, dass die Insel sich nicht von der Stelle bewegt, auch wenn sie zittert und Himmel und Meer umkalfatert werden, eine Insel geht niemals unter, auch wenn sie bebt, sie ist unerschütterlich und ewig, im Erdball selbst verankert. Ja, es ist eine fast religiöse Erkenntnis, die er in diesem Augenblick mit seiner Tochter teilen will, da er keinen Sohn hat und jeden Tag sicherer wird, dass er auch niemals einen bekommen wird, dass er sich mit einer Tochter abfinden und ihr das grundlegende Prinzip klarmachen muss, dass eine Insel niemals untergeht, niemals.

Später wird Ingrid sich über diesen Abend wundern, das werde ich nie vergessen, wird sie sagen, aber dann ist der Sturm längst abgeflaut, und nur das Unerschütterliche ist noch da, die Frage, ob eine Insel mehr ist als ein Sandkorn. Diese Frage wird nicht durch den Vater ausgelöst, sondern durch die Mutter, die sie, als sie sich wieder nach Hause geschleppt haben, mit lautem Geheul empfängt und sich darüber beschwert, dass sie nicht einmal in den Stall gehen kann, ohne dass dieser Idiot von Mann das Kind in Lebensgefahr bringt, wenn er noch weitere solche Einfälle bekommt – dann sind wir geschiedene Leute und ich ziehe weg!

Nicht zum ersten Mal wird in diesem salzverkrusteten Haus ein solcher Satz gesprochen, sie haben Nerven aus Stahl, aber zum ersten Mal begreift Ingrid, was das bedeutet: Eine Insel kann man verlassen.

Sie fängt an zu weinen und es dauert seine Zeit, bis Maria begreift, dass es nicht der Sturm ist, sondern ihre eigenen Worte, die Ingrid so verstört haben, sie bedeuten doch nichts, sind nur Geräusch und Schnaufen. Aber sie bringt es nicht über sich, das zu sagen, dass sie natürlich Barrøy niemals verlassen werden, das ist eine unmögliche Vorstellung, vor allem jetzt, da Der Erste Wintersturm vor den ächzenden Wänden sein Todesröcheln ausstößt, dann gerät man aus dem Gleichgewicht und kann nicht wissen, dass man nicht wegkommt, wenn man erst auf einer Insel wohnt, dass eine Insel festhält, was sie hat, mit den Kräften, die sie hat.

13

An den folgenden Tagen gehen sie über die Strände im Süden, Hans Barrøy mit einer Heugabel, Martin mit einem Bootshaken und die anderen jede mit einem Rechen. Sie durchsuchen die Tanghaufen, die der Sturm an Land geworfen hat, gewaltige braune Würste auf Feldern und Mauern, miteinander verschlungen wie klebrige, glitschige Seile, reißen sie auseinander und finden Holzstücke und Leinentrommeln und Schöpfkellen und eine zweifelhafte Teedose mit einem Skorpion auf dem Deckel und eine Wanduhr ohne Uhrwerk und ein aufgequollenes Buch ohne Buchstaben, Gegenstände, die sie hochheben und einander mit erstaunten Ausrufen zeigen, ehe sie sie nach oben tragen und in die Karre legen, vor der das krummnackige Pferd angespannt ist, das dasteht und kaut und sich dann ins Gras legt, weil es einfach nicht mehr stehen mag, es liegt wie eine Kuh in seiner eigenen Deichsel.

Das Pferd.

Es ist kein junges Pferd. Das war es auch nicht, als es auf die Insel gekommen ist. Es kam mit dem Boot, dem größten Schiff, das Ingrid je gesehen hat, und wurde mit Seilen und einem Kran an Land gehievt und auf dem Felsvorsprung beim Bootschuppen abgesetzt. Sein Blick war wild und wahnsinnig, es verdrehte die Augen und trat um sich und wieherte und biss. Sie mussten es einfach losschneiden und laufen lassen, bis es zur Besinnung gekommen war. Es sollte doch ein friedliches Pferd sein, das war es jedenfalls gewesen, als es still auf einer Weide bei der Handelsniederlassung stand und eigentlich seine Pflicht getan hatte. Deshalb konnte Hans es so billig kaufen. Für fast nichts.

Aber es war lustig, dem neuen Inselbewohner zuzusehen. Das Pferd lief wie besessen quer über die Insel, machte jählings kehrt, als es im Osten auf Meer stieß, und stürzte davon, bis es auf noch mehr Meer stieß, und drehte abermals und lief nach Norden und warf den Kopf in den Nacken und war geil, der alte Klepper, bis ihm wieder eine Wand aus Meer begegnete, und so machte es weiter, bis es so viele Ecken und Winkel seines neuen Heims besucht hatte, dass es einsehen musste, dass es auf einer Insel war und diese nie wieder verlassen würde, das galt auch für das Pferd.

Aber es war kein liebes Pferd.

Es stand im Stall zwischen den anderen Tieren, aber es brauchte seine eigene Krippe und eine Trennwand zwischen sich und den Kühen, denn es biss und trat, und nur Hans wurde mit ihm fertig, anfangs durch Schläge und Tritte. Aber irgendwann kamen sie zu einer Art Arrangement, das darauf hinauslief, dass das Pferd zumeist machte, was es wollte, und das war schon in Ordnung, solange es Heulasten und Torf und die Mähmaschine zog, die sie nur auf den vier ebensten Wiesen einsetzen konnten, und es konnte auch einen einfachen Pflug ziehen, den Hans beim Kauf dazubekommen hatte, es konnte den Kartoffelacker größer machen und erleichterte ihnen die Arbeit darauf, ja, so lange konnte Hans ein Auge zudrücken, wenn das Pferd sich hinlegte und viel schlief und unberechenbare

Kopfbewegungen machte, so dass Hans' Tochter nicht darauf reiten konnte, nicht einmal, wenn Hans den Zaum hielt. Aber es hatte keinen Namen.

Alles Wilde auf einer Insel hat einen Namen.

Hornklee, Rosenwurz, Storchschnabel, Butterblume, Knabenkraut, Mädesüß, Engelwurz, Glockenblume, Fingerhut, Steinbrech, Kamille und Sauerampfer. Silbermöwe, Alk, Kormoran, Trottellumme, Papageientaucher, Reiher, Schnepfe, Brachvogel, Steinschmätzer und Bachstelze. Wühlmaus und Seeigel, Wechselzahnmuscheln, Gletschertöpfe und Nordwindhöcker, Krähenbeere, Heidekraut, Rhabarber, Brennnesseln und Singschwäne, die zwei Jahreszeiten mit traurigen Trompetenstößen begrüßen … Und alles Zahme hat zwei Namen, Kühe, Kälber, Katzen und sogar das Schwein, das sie erst seit einem halben Jahr haben, aber nicht das Pferd, und das ist gleich doppelt seltsam, da es einerseits ein Haustier ist und andererseits ganz anders als alle anderen seiner Art, aber so ist es eben mit diesem Tier, es hat mit gar nichts Ähnlichkeit.

Jetzt ist die Karre voll und Hans bohrt ihm die Stiefelspitze zwischen die Rippen und bringt es auf die Beine, er schnalzt mit der Zunge und geht neben ihm her durch die Gärten zum Bootshaus im Norden, wo er ihm ein wenig trockenes Heu in einem Leinensack gibt, den er an der Tür festbindet, damit das Tier ihn nicht an sich reißen und damit lostrotten kann.

Sie laden alles ab, was der Sturm mitgebracht hat, und sortieren es, vor allem Holz, das zersägt und gestapelt wird, aber es gibt auch achtundzwanzig Glaskugeln, um die Martin sich kümmern will, fünf Seezeichen mit und ohne Schwimmtonne, eine mit dreißig Faden Leine im

Schlepp, die Hans aufrollt und an einen Haken im Bootshaus hängt. Vier ganze Leinenklammern mit Leinen, fünf Fischkästen, die auf Bootshaus und Lofotschuppen verteilt werden, drei Leinentrommeln, der einen fehlt nur eine Latte, und Martin wird sie reparieren, Holzstangen für ein halbes Trockengestell, eine Luke, die sie nur zu zweit heben können, sechs Seestiefel, alle für das linke Bein, und nur einen, den man nicht mehr benutzen kann, weil jemand die Ferse abgeschnitten hat, aber vielleicht ist sie ja auch abgebissen worden.

Und eine Karnevalsmaske.

Hans hält sie sich vor das Gesicht und will Ingrid damit Angst machen, reißt sie aber wieder weg, denn sie stinkt und muss in heißem Wasser gewaschen werden.

Es ist eine Teufelsmaske, mit roten Blitzen als Augenbrauen und schwarzem Schnurrbart und leeren Augen und hohen weißen Wangenknochen mit roten Wirbeln, die sie gefährlich und gutmütig zugleich aussehen lässt. Ein dummdreistes und glotzendes Gesicht. Es wird sich noch herausstellen, wie schön sie ist, wenn sie von Algen und Schleim und Sandwürmern befreit wird – mit einer eigenen Glut in den Farben, wie geplatzter Lack, eine ganz besondere Tiefe –, und sie wird an die Wand der guten Stube gehängt, wo sie für ein Menschenalter hängen bleibt, bis sie von einem fremden Gast entdeckt wird und er eine hohe Geldsumme dafür bietet. Er sagt, sie sei natürlich nicht so viel wert, wie er bietet, aber dass die Maske hier hänge, ein Fremdkörper in einem schlichten Haus auf einer einsamen Insel, das mache sie besonders interessant, es müsse ein Zeichen sein, meint der Gast, ohne das genauer zu erklären.

Aber dieses Gerede erweckt die Skepsis der Inselbewohner, sie verkaufen die Maske nicht, sie wollen sie weiter an der Wand hängen haben, jetzt wissen sie auch, dass es eine französische Maske ist, es kostet sie nichts, sie zu behalten, sie glauben an Gott, nicht an Zeichen.

Nach dem Sturm finden sie auch fünf geteerte Pfähle, alle mit Bohrlöchern, und viele der Bolzen sind unversehrt, und keiner ist überwuchert. Deshalb nehmen sie an, dass die Pfähle alle vom selben Kai stammen. Irgendwer hat in diesem Sturm einen ganzen Kai verloren, einen ziemlich *neuen* Kai. Und dieser Jemand kann nicht weit weg wohnen, vielleicht sind es sogar Bekannte auf einer Insel im Süden, deshalb ziehen Hans und Martin die Pfähle an Land und legen sie zusammen zu den anderen, die sie dafür gesammelt haben, was eines Tages ihr eigener Kai werden soll, aber auf einen Haufen für sich. Sie sagen einander außerdem, dass so kostbares Treibholz von der Regel ausgenommen werden muss, dass alles, was die Stürme bringen, dem Finder gehört, das ist fast, wie ein Boot zu finden, mit Nummer und Namen, und es gehört dem Besitzer, bis auf weiteres. Aber sie haben jetzt viel Baumaterial, und wenn die neuen Pfähle auch nicht sofort verwendet werden können, ist der Gedanke noch näher gekommen, der Gedanke, dass es nicht mehr möglich ist, hier ohne Kai zu wohnen.

14

Manchmal, im Februar, ähnelt das Meer einem türkisfarbenen Spiegel. Die schneebedeckte Insel sieht aus wie eine Wolke am Himmel. Der Frost macht das Meer grün, und klarer, und träge und zäh wie Gelee. Mitunter erstarrt es zu einer Membran, verwandelt sich von einem Medium in ein anderes. Die Insel hat eine Krempe aus Eis bekommen, die auch die Schären umschließt, sie sind größer geworden.

Ingrid steht in ihrer dicken Strumpfhose zwischen Barrøy und Moltholmen auf einem Boden aus Eis und sieht unter sich Tang und Fische und Muscheln in einer Landschaft, so als wäre es Sommer. Seeigel und Seesterne und schwarze Steine im weißen Sand und Fische, die zwischen wehenden Wäldern aus Tang eilig umherschwimmen. Das Eis ist ein Vergrößerungsglas, klar wie Luft, Ingrid ist sechs Jahre alt und schwebt auf dem Wasser, es ist unmöglich, das Eis nicht zu betreten, wenn es sich erst einmal gebildet hat.

Sie hat gesehen, wie es dicker und sicherer geworden ist, hat Löcher mit einem Stein hineingeschlagen, hat eine Axt vom Vater gestohlen und sie ins Eis getrieben, ist einen Faden nach dem anderen hinausgekrochen, und was sich nicht zerschlagen lässt, darauf lässt sich gehen.

Jetzt läuft sie wie im Schlaf nach Moltholmen hinüber, das ebenfalls einer Wolke am Himmel gleicht, und sitzt im

Schnee und ringt nach Luft, und entdeckt, dass es auch an Land nicht sicherer ist als auf dem Eis. Sie schleicht sich wieder hinaus und läuft zurück, kein einziger Laut ist zu hören, kein Wind, keine Vögel, nicht einmal das Meer.

Sie nimmt Anlauf und schlittert los, rennt und wirft sich auf den Bauch, schlittert wieder zurück zur Insel und ist nicht mehr als zehn oder zwölf Faden vom Land entfernt, als eine Stimme die Stille durchschneidet. Es ist die Mutter, die sie vom Hof aus beobachtet hat und nun angelaufen kommt, mit fuchtelnden Armen und weit aufgerissenem Mund, über Mauern und Felskuppen hinweg, so dass der Pulverschnee von ihren Füßen aufgewirbelt wird.

Plötzlich bleibt sie mitten auf dem Strand stehen, wie vor einer Wand, und läuft hin und her, aufgehalten von einem Hindernis, das nicht da ist. Ingrid muss lachen. Sie nimmt wieder Anlauf und schlittert, die Mutter schreit nein nein und läuft hinter der unsichtbaren Wand weiter hin und her, bis sich irgendetwas in ihrem Blick verändert und sie den ersten Schritt hinaus wagt, mit ausgestreckten Armen, wie ein Seiltänzer, sie hält den Atem an und beißt sich auf die Lippe, und die Aufregung verschwindet erst, als sie die Tochter an sich drücken kann und merkt, dass beide gerettet sind.

Da erstarrt sie und blickt umher, sie kann es nicht glauben; sie schweben.

»Komm«, sagt sie.

Sie machen ein paar unsichere Schritte, nehmen Anlauf und gleiten die letzten Meter auf den Strand zu und lachen und ringen nach Atem. Ingrid reißt sich los und betritt erneut das Eis. Maria schreit wieder nein nein, läuft ihr aber gleich hinterher. Sie halten einander an den Händen und schlittern nördlich am Ufer entlang, in Buchten hinein und um Landzungen herum, zwischen kleinen Inselchen und Schären hindurch, bis sie eine Stimme hören und Barbro entdecken, die mit ihrem Stuhl vom Bootshaus angelaufen kommt und völlig entgeistert zu ihnen herübersieht. Sie gehen an Land und schleifen Barbro mit hinaus, setzen sie auf den Stuhl und wirbeln sie herum, schlittern mit ihr um die Nordspitze der Insel und gehen auch dort nicht an Land, denn sogar Barbro hat inzwischen Blut geleckt, sie wirbeln sie weiter umher, während sie heult und geifert, an Ytterneset vorbei und bis hinunter zu den Ruinen in Karvika.

Dort stapfen sie durch den Schnee ans Ufer und tragen den Stuhl zurück. Barbro darf ihn nicht mit nach draußen nehmen, nicht einmal, wenn sie im Bootshaus sitzen und Netze flicken soll.

Nur Martin geht nicht aufs Eis. Er bleibt drinnen und glaubt nicht, dass es Eis ist, auch wenn sie es ihm versichern. Noch nie hat es hier Eis gegeben, die Gezeiten machen es unmöglich, egal wie stark der Frost und wie groß die Stille auch sein mögen. Und er hat auch nicht die Absicht, dort draußen nachzusehen. Doch als sein Sohn ein weiteres Mal lebend von den Lofoten heimkehrt, ungefähr zur gleichen Zeit wie die Austernfischer, erzählt Martin, dass hier im Winter Eis gelegen hat, um die ganze Insel, es lag nur wenige Stunden, war aber so dick, dass sie darauf gehen konnten, bevor ein starker Wind es aufbrach und an Land spülte, dort lag es mehrere Wochen wie ein Wall aus zerbrochenem Glas, bis es schließlich schmolz, da war es Ende März.

Sein Sohn fragt, ob er völlig den Verstand verloren habe. Und der alte Martin bereut, dass er es erzählt hat.

15

Zwei Tage nach Neujahr entdecken sie ein Licht in der Dunkelheit des Winters. Es ist Onkel Erlings Kutter, der aus der Nacht emporsteigt und, ehe die Inselbewohner sich versehen, mit stampfender Maschine vor der Felskuppe liegen bleibt. Ihre Verwunderung hält nicht lange an. Sie haben auf diesen Augenblick gewartet.

Wenn das Wetter gut ist, schiebt Hans eine wacklige Planke vom Felsen zur Reling hinüber und trägt wie ein Jongleur im Zirkus zehn Langleinen, drei Kästen Flottholz, zwölf Leinenbojen und Tauwerk an Bord, zudem eine schwere Lofotkiste, bei der ihm einer der Tagelöhner helfen muss, und Flickenteppiche und Milchfässer und Ölzeug, während sich Onkel Erling aus dem Fenster des Steuerhauses lehnt, in den Himmel blickt und mit Martin, seinem Vater, schwatzt, der mit den Händen in den Hosentaschen auf der Felskuppe steht, so als hätten sie sich erst gestern gesehen, während es doch eigentlich schon acht Monate her ist, im Mai, als Hans nach der letzten Fangsaison an selber Stelle abgeliefert wurde. Aber nichts ist seitdem geschehen, niemand ist gestorben, kein Kind wurde geboren, und Helga, sie lässt grüßen.

Und wenn das Wetter schlecht ist, legt Hans die Planke aus, aber dann dauert es unendlich viel länger, bis er alle Leinentrommeln an Bord gebracht hat. Auch dann lehnt sich Onkel Erling aus dem Fenster des Steuerhauses und brüllt dieselben Sätze, die vom Wind mitgerissen werden, bevor sie hinüber zur Felskuppe gelangen, während er das schlingernde Boot mit der linken Hand unter Kontrolle hält und es somit jedes Mal, wenn Ingrid glaubt, dass jetzt eine Katastrophe eintritt, und die Augen schließen muss, gerade noch haarscharf an der Felskante vorbeischrammt.

Martin ist noch immer keine große Hilfe.

Er steht da und ist der Skipper auf einer Insel und überlässt es seinem jüngsten Sohn, sich mit der Ausrüstung abzumühen, während er, genauso als wäre es windstill, mit seinem Ältesten im Steuerhaus über irgendetwas Alltägliches redet.

Auch Maria und Barbro sind zur Stelle, sie halten die Arme vor der Brust verschränkt und lehnen sich wie Bretter gegen den Wind, ihre Kopftücher sind flatternde Wimpel. Manchmal ruft Maria einen Scherz zu Onkel Erling hinüber, der grinst und etwas erwidert, das Ingrid nicht versteht, aber von Maria mit einem Lachen quittiert und von Martin überhört wird. Barbro möchte ihrem Bruder gern helfen, die Leinentrommeln an Bord zu bringen, weiß aber, dass auf einem hochseetüchtigen Schiff keine Frauen geduldet werden. Zur Sicherheit gibt es auch weder Waffeln noch Ziegenkäse an Bord, und außerdem wird nie gepfiffen; wer zur See fährt und pfeift, ist so gut wie verloren, egal woran er glaubt, sei es nun Gott oder das Schicksal.

Ingrid friert bis in die Knochen hinein, so ist es immer, wenn sie hier steht und zusieht, wie der Vater verschwindet. Es ist der zweite Tag des Jahres, der traurigste aller dreihundertfünfundsechzig, und er wird mit dem Anblick der schwankenden Achterlaterne abgeschlossen, die sich in der brüllenden Nacht verliert wie ein Funke in einem Ofenrohr.

Dann fällt der Ernst auf die Inselbewohner herunter.

Nicht der Ernst eines Sturms, aber das langsame und grundlegende Studium der Einsamkeit des Jahres und der Insel. Plötzlich sind sie weniger, sie gehen umher, das Oberhaupt der Insel fehlt. Sie werden leise und stumm, gereizt und ungeduldig. Die Lofoten sind zudem ein Ort, von dem man nicht unbedingt mit heiler Haut zurückkehrt, es ist ein Würfelspiel mit dem Tod, über zweihundert Mann gehen jeden Winter unter, es ist etwas, was nicht laut ausgesprochen, sondern nur vage angedeutet wird. Und nirgendwo gibt es Friedhöfe mit mehr Kreuzen über leeren Gräbern als an dieser langen Küste, über die der Herr seine Hand hält.

So vergehen die Tage, im Januar.

Samt drei weiteren Monaten. Mit Frost und Regenschauern und Beelzebub.

Bis der Ernst überraschenderweise von neuer Hoffnung abgelöst wird. Im Takt mit der Sonne steigt sie am schwarzen Himmel empor. Früh im Januar wie ein geschwollenes Auge, dann immer blutiger im Laufe des Februars, bis sie sich endlich und wie erwartet als leuchtender Krater am Himmel entzünden kann; auf gut Glück haben sie einen Mann in die geifernde Dunkelheit geschickt und können nun vielleicht damit rechnen, ihn lebend zurückzubekommen, vielleicht sogar mit den Taschen voller Geld, denn hierauf beruhen trotz allem die Hoffnungen der Inselbewohner, ihr Oberhaupt hat eigene Leinen und das Recht auf einen ganzen Fanganteil.

Sie bekommen auch einen Brief. Einen.

Er wird von Thomas, dem Inselnachbarn auf Stangholmen, gebracht, oder ist Teil einer Sendung von Havstein, wo die Männer im Winter zu Hause bleiben und nur in eigenen Gewässern fischen, in der Regel kommt der Brief an einem klaren Tag in der Osterzeit.

Aber es ist ein kurzer Brief.

Auch ist er nicht so geschrieben, dass sie die Stimme des Mannes und Vaters und Bruders und Sohns hören, sondern ist in einem gestelzten und biblischen Tonfall verfasst, so als entstamme er der Feder eines anderen, den sie nicht kennen. Und sie finden, dass er ihnen dadurch noch weiter entgleitet und es fast dasselbe ist, als hätte er gar keinen Brief geschickt. Das sagt Maria geradewegs heraus, wenn sie jetzt nicht wüssten, dass er, zumindest vorläufig, noch unversehrt ist, dass der Fang so war, wie er bis jetzt eben war, wenn sie nichts über Liegezeiten und einen Trandampfer erfahren hätten, dessen Skipper auch Schuhmacher ist und Hans ein Paar neue Schnürstiefel angefertigt hat, so dass er in den alten nicht länger frieren muss, und das ist ja immerhin etwas, ja, wenn sie es recht bedenken.

Endlich dann kommt er nach Hause, abgemagert, drei Jahre älter und mit einem halbverrückten, von Tatendrang und Müdigkeit gezeichneten Blick, so als könne er nicht entscheiden, ob er sich gleich auf den Bau dieses fehlenden Kais stürzen oder einfach hinlegen soll, ein für alle Mal.

Es sind eigenartige Tage, diese Tage nach dem Tag der Heimkehr, der Heimkehr von Vater und Mann und Bruder und Sohn. Noch dazu ist es Ende April geworden, das Licht hat die Dunkelheit gänzlich vertrieben, es gibt keinen Abend, nur einen Morgen, die Lämmer sind zusammen mit dem Gras gekommen, und die Eiderente ist an Land gewatschelt. Der Abwesende kann sich beruhigt vergewissern, dass alles so ist, wie es ist und immer war, denn stets ist es der Heimkehrende, der sich am Stillstand der Zeit am meisten erfreut.

Im Nordsaal ertönt schon morgens Gelächter, noch bevor die Eltern in die Küche kommen, wo es, nach einer Pause von vier Monaten, wieder nach Kaffee riecht; Frauen trinken keinen Kaffee für sich allein, und Martin spart, wie er sagt. Hans erzählt Geschichten über seinen Aufenthalt im Norden, Anekdoten, die erklärt und ausgeschmückt werden müssen. Immer wieder erwähnt er, wie groß Ingrid geworden ist, fast schon zu groß, um noch auf seinem Schoß zu sitzen, wo sie aber trotzdem sitzt und noch einige Jahre sitzen wird. So wird der Acker bestellt, es kommen Eier und Daunen, und dann die friedlichen Sommermonate, in denen sie rund um die Uhr arbeiten, und schließlich kommt der Herbst, jetzt wird endlich ein Kai gebaut, nicht, wie geplant, aus geteerten Baumstämmen, sondern aus Mauersteinen, was wohl daran liegt, dass in Ingrids glücklicher Kindheit nicht alles so ist, wie es sein sollte, es gibt eine Unruhe in der Welt, sie steht in Flammen.

16

Angeblich müssen zwei Bedingungen erfüllt sein, Geld und Krieg. Und dieser Winter war nicht nur hart, sondern auch geizig, mit magerem Fang. Aber eines Tages im Juni besucht Hans die Handelsstation und hört eine fremde Sprache, Schwedisch. Fünf unbekannte Männer umstehen Kaufmann Tommesen, und einer von ihnen spricht Schwedisch. Die anderen sagen nichts. Aber auch sie sind Schweden.

In der Sälzerei erfährt Hans, dass in Schweden wegen des Krieges die Verhältnisse schlecht sind, die fünf da draußen wollen für Kost und Logis arbeiten, jetzt sollen sie für Tommesen die Grundmauer für einen neuen Stall errichten und danach das Fundament für ein neues Trockenfischlager legen.

Hans wollte eigentlich Salz und Heringstonnen kaufen, jetzt ersteht er dagegen Bolzen, Planken und sechs geteerte Pfähle, dazu hundertsechzig Laufmeter an Brettern, zwei Zoll fünf, für eine Summe, die er nur zur Hälfte besitzt. Er muss sich sein Material bringen lassen. Auch das kann er sich nicht leisten, aber das ist ihm scheißegal.

Als er wieder auf der Insel ist, spricht er unter vier Augen mit Maria, und am nächsten Tag gräbt er am Ufer Löcher für die Pfähle, ohne sich mit Martin zu beraten, nicht vor dem Lofotfelsen, sondern in der Bucht dahinter. Es ist der Anfang zu einem allzu großen Bootsschuppen, der auf Pfählen stehen soll, so dass man von Land her auf einer Art flachen Laufplanke hinaufgehen kann, es soll in der Westwand eine große Tür geben, dazu einen Vorbau und eine Treppe hinunter zum Wasser, an der bei Flut kleine Boote anlegen können. Aber das ist nur der halbe Traum, soweit der Alte sehen kann, als ob sein Sohn nicht genug Nervenkraft für den ganzen hätte, oder nicht genug Geld, wie üblich?

Es regnet den ganzen Juni. Tag und Nacht. Der Mai war zu trocken, jetzt füllt sich die Zisterne wieder, auch die Senken und die Gletschertöpfe, aus denen die Tiere trinken. Die Moorlöcher, wo sie in den letzten Jahren Torf gestochen haben, werden bis über den Rand gefüllt und verwandeln sich in braune quadratische Tümpel, und sie müssen dafür sorgen, dass die Tiere nicht darin versinken.

Und von Ernte kann keine Rede sein.

Aber Mitte Juli kommt plötzlich stabiler Ostwind auf, es klart auf und wird trocken, die moorbraunen Tümpel versickern und ihr Boden wird zu einer schwarzen, rissigen Kruste. Sie können die Hälfte des Heues unter Dach schaffen. Ehe es wieder zu regnen beginnt, ohne Unterlass. Das restliche Heu geht verloren. Doch Anfang September ist der neue Schuppen fertig. Er wird nicht mit Werkzeug und Geräten vollgepackt, die bisher draußen lagen, es gibt fünf Bettstätten, mit frischem Stroh und Flickenteppichen, ein Tisch vor dem Fenster, zwei Stühle und eine Bank.

Drei Tage darauf kommt das Frachtboot von der Handelsstation mit fünf schwedischen Handwerkern. Sie sind zu Fuß aus ihrem eigenen Land gekommen, durch Wald und über Gebirge, dazu haben sie drei Wochen gebraucht, jeder mit einem Sack auf dem Rücken, mit Wegzehrung und Werkzeug; in diesem Sommer hatten sie Arbeit auf der Handelsstation, jetzt sind sie hier.

Sie sprengen sich die Steine, die sie brauchen, aus dem Felsen heraus, und sie mauern nach demselben Prinzip wie Hans, als er die Zisterne gebaut hat. Schon nach einer Woche sind sie höher als der Flutpegel und können in trockener Kleidung arbeiten, es ist ein klarer und schöner Herbst geworden, mit Farben, die sich halten, und einem Föhn, der wie feuchte Atemzüge über Tiere und Menschen streicht. In diesem Altweibersommer können sie zudem einen Teil des verloren gegebenen Heues retten, und eine gute Woche lang ist die ganze Familie auf den kleinen Inseln und mäht, jeden Abend rudern sie das Gras nach Hause und trocknen es am Hang im Süden des Hofes und tragen es dann gleich in die Scheune, es ist grün, aber trocken.

Und die Schweden sind noch einen Meter höher gelangt.

Aber sie fressen unglaubliche Massen. Brot mit Rhabarbermarmelade, das Maria und Barbro backen. Sonntags bekommen sie auch Butter und Kaffee, und jeden Tag kocht Maria Fisch und serviert alles, was sie an alten Kartoffeln haben, sie leert den Erdkeller aus und hat, zum ersten Mal seit sie auf der Insel lebt, die Möglichkeit, ihn ganz zu säubern. Sie putzt und schrubbt und findet drei Mauselöcher, die Hans mit Zement abdichtet. Sie verkleiden eine vom Frost beschädigte Außenwand mit frischen Grassoden, und die neuen Koben werden fertig, ehe die Kartoffeln so weit sind. Sie machen sie aus, während die Schweden sich noch einen Meter in die Höhe mühen. Jetzt ist nur noch die Frage, soll der Boden aus Holz oder Stein sein?

Hans hat alles, was er an Material hatte, für den Schuppen gebraucht, in dem die Gäste schlafen, und außerdem noch etwas mehr, deshalb muss der Boden des Kais ebenfalls aus Stein sein.

Es wird ein Meisterwerk. Er hat Tränen in den Augen, an dem Tag, als er den ersten Schritt darauf machen kann, ein gleichmäßiges und solides Mosaik aus rotem Granit in allen Schattierungen, die Barrøy aufweist, ein Kirchenboden mit Fugen aus weißem Muschelsand. Davor acht fest verbolzte Pfosten, die ins Meer hinabreichen, drei von ihnen ragen einen knappen Meter über den Kai hinaus, damit die Boote irgendwo vertäut werden können. Sie können ein Dampfschiff in Empfang nehmen. Und sie können es festhalten, mit zwei Trossen. Aber jetzt sieht der stolze Lofotschuppen so erbärmlich klein aus, wie ein Klo, fehl am Platze und graugesprenkelt. Hans hat schon seine Pläne gemacht, wie es weitergehen soll, im nächsten Jahr.

Es war seltsam, Fremde auf der Insel zu haben. Plötzlich hat sich die Bevölkerung ja verdoppelt. Und schon in der ersten Woche müssen sie Barbro von der Baustelle weghalten.

»Ich will ficken«, ruft sie, und Maria muss Ingrid die Ohren zuhalten. Die Schwägerin – »is nich richtig im Kopp«.

Barbro ruft noch weitere Sätze, die Ingrid nicht hören darf. Aber Ingrid mag es nicht, wenn ihr die Ohren zugehalten werden, und am Ende begreift sie dann doch, wovon hier die Rede ist, Barbro erzählt es ihr und verrät zugleich, dass einer der Schweden Lars Klemet heißt. Er ist erst zwanzig Jahre alt und spricht als Einziger eine Sprache, die sie versteht. Auch Ingrid mag Lars Klemet, er ist witzig und spricht und spielt mit ihr, wenn er nicht gerade arbeitet, und er kann singen. Das kann auch Barbro. Sie geht mit ihrem Stuhl zum Felsvorsprung und sitzt da wie eine aufmerksame Königin und sieht zu, wie die Arbeiter mauern, schlanke nackte Körper, die vor Schweiß und Salz glänzen und in dem langen Spätsommer brauner und brauner werden, Sehnen und Muskeln, die unter der Haut eines Mannes spielen, wenn er sich voll entfaltet. Sie bäckt und bringt frisches Brot und einen neuen Eimer Marmelade, wenn sie etwas reichlich haben, dann Rhabarber. Lars Klemet ist außerdem der Einzige, der sich im Meer wäscht, deshalb riecht er eher nach See und Tang als nach Pferd, und er sagt zudem, er sei noch nie so gut verpflegt worden, und kneift Barbro in den Hintern, wenn niemand sie sieht, aber wie groß ist die Insel?

Sie misst einen kurzen Kilometer von Norden nach Süden und einen halben Kilometer von Osten nach Westen, sie hat viele Felskuppen und kleine mit Gras bewachsene Senken und Täler, sie ist in tiefe Buchten zerschnitten und hat lange knorrige Landzungen und drei weiße Strände. Und obwohl sie an einem normalen Tag auf dem Hofplatz stehen und die Schafe im Auge behalten können, sind sie doch nicht so leicht zu sehen, wenn sie sich in das hohe Gras legen, das gilt auch für Menschen, sogar eine Insel hat ihre Geheimnisse.

Es spielt auch eine Rolle, dass Maria und Hans und nicht zuletzt Martin nach und nach das Interesse daran verlieren, was Barbro so treibt, es ist Mahdzeit und das Heu muss eingeholt werden.

Als die Schweden endlich aufbrechen – sie geben allen zum Dank die Hand, sogar Ingrid –, erhält jeder zusätzlich zu dem vielen Essen und dem Quartier noch ein Stück Geld, es hat Hans alles gekostet, was er hatte, und noch mehr, aber er weiß, was er dafür bekommen hat, einen Kai aus Steinen, der ewig halten wird, und er kann die Arbeitskräfte nicht wegschicken, ohne ihnen mehr zu geben, als sie verlangen. Sie müssten bekommen, was sie verdienen, aber das hat er nicht, deshalb wird es eine Art Mittelding, damit sind beide Seiten zufrieden. Sie brechen bei einem neuen Regen auf, der Anfang Oktober einsetzt und anhält, und obwohl die Menschen auf der Insel erleichtert aufseufzen, weil sie wieder so viele sind, wie sie es gewohnt sind, finden sie es auch ein bisschen traurig. Es hat schon seine guten Seiten, einen Fremden zu Besuch zu haben. Wenn er wieder abreist, haben sie nur noch sich selbst und denken, dass das vielleicht nicht genug ist. Ein Gast löst eine Sehnsucht aus. Er erzählt den Inselbewohnern, dass ihnen etwas fehlt, dass es wohl auch der Fall war, ehe er gekommen ist, und dass es so bleiben wird.

17

Hans hat ein Fernglas. Das Besondere daran ist, dass er es einfach nur *hat*, irgendwo, und dass er es nie benutzt. Er weiß auch nicht mehr, woher er es hat. Aber jetzt bringen sie Werkzeug und Ausrüstung aus dem vollgestopften Bootshaus in den Schwedenschuppen. Hans findet eine Rolle aus geölter Leinwand, hält sie in der Hand und wundert sich. Die hat zu seiner Ausrüstung gehört, solange er sich zurückerinnern kann. Er wickelt sie auseinander und denkt ganz einfach, da ist das Fernglas, ja …

Es ist ein Weitsichtgerät, es kann vierzigfach vergrößern, ein schwarzes Teil mit Lack und Leder, deutsches Fabrikat mit vier Messingringen und einem Okular, das ebenfalls aus Messing ist, und einer Schraube, um die Sicht einzustellen.

Er zeigt es dem Vater.

Martin sagt dasselbe, ja, da ist das Fernglas.

Auf die Frage, woher es kommt, kann er jedoch keine klarere Antwort geben, als dass sie hier von den Ruinen in Karvika reden, er muss es von seinem Vater geerbt haben, der Lotse und stellvertretender Leuchtturmwärter war, wenn er nicht gefischt hat, es sieht aus, als stamme es von einem Segelschiff.

Hans geht damit hinaus in das klare Herbstlicht und sieht es sich genauer an und fragt sich, warum er als Kind nicht damit gespielt hat. Dann weiß er es wieder. Das durfte er nicht. Er erwähnt es dem Vater gegenüber. Martin lächelt und sagt, auch ihm habe sein Vater nicht erlaubt, damit zu spielen.

Er legt es auf einer Schieferplatte an, die sie auf drei Steine gelegt haben, es ist ein Arbeitstisch vor dem Bootshaus, er geht in die Hocke und stellt den Blick scharf. Er kann die Berge auf dem Festland sehen, so detailliert, als stünde er vor ihnen, sie sind schon vom ersten Schnee bedeckt, er glitzert. Aber das Land hat kein Ufer, auf dem Häuser stehen, wie er weiß. Die Häuser sind verschwunden, hinter dem Meer, die Erdkrümmung hat sie entfernt.

Auch Martin schaut sich die Berge ohne Fuß an.

Sie lächeln.

Hans richtet das Fernglas auf das Dorf, sieht die Kirche, die Handelsstation, den Pfarrhof und die Häuser, eins nach dem anderen, murmelt, da wohnt Konstantin, da Olav … Er kann sehen, wer Vorhänge in den Fenstern hat und wer angestrichene Häuser. Aber dann richtet er sich mit dem Gefühl auf, an einem Ort eingebrochen zu sein, wo er nichts zu suchen hat.

Er reicht das Fernglas seinem Vater. Martin legt es an und kneift auch nicht lange die Augen zusammen, ehe er in eine andere Richtung schaut. Hans hat das Gefühl, dass sie in irgendeinem Punkt einer Meinung sind, dass sie dieses Fernglas vielleicht nicht brauchen. Zu den Lofoten nehmen sie ein kleineres mit, das benutzen sie auch nicht, denn alles, was sie dadurch sehen können, verschwindet sofort, wenn sie nicht hindurchsehen.

Aber dieses Fernglas ist schwer und solide, Industriehandwerk allererster Güte und sicher sehr wertvoll. Hans fällt auf die Schnelle nichts anderes ein, was er hat und das ebenso viel wert ist, der Sextant vielleicht, oder der Kompass auf Erlings Schiff, der ebenfalls ein Erbstück ist.

Sonst noch etwas?

Was hat er eigentlich an Wertgegenständen?

Er geht mit dem Fernglas zum Haus hinauf und bittet Maria, mit ihm in den Südsaal nach oben zu gehen. Dort legt er es an der Fensterbank an und bittet sie, nach Buøy hinüberzusehen, ihrer Heimatinsel. Sie kniet im Bett und schaut nach Hause und fährt zusammen. Er fragt, was sie gesehen hat. Sie sagt, sie sei nicht sicher, kneift das eine Auge zu und konzentriert sich. Er liegt im Bett und sieht zu ihr auf. Sie sagt, sie glaube, Menschen zu sehen. Er sieht ihrer Mimik an, dass sie staunt, als probiere sie einen Geschmack aus und wisse nicht so recht, ob der ihr zusagt.

Lass mal sehen, sagt er.

Er kann die Häuser sehen und sie zählen, achtzehn, alle Scheunen und Bootsschuppen inbegriffen. Ein Boot ist an einem Steg vertäut, es sinkt langsam, bis nur die Mastspitzen zu sehen sind, und steigt ebenso langsam wieder empor. Es wird von der Dünung weggenommen, und die Dünung lässt es wieder auftauchen. Aber er sieht keine Menschen, nur etwas, das er für Schafe hält, vielleicht ein Pferd, ein herbstlich gepflügtes Feld …

Maria nimmt ihm das Fernglas noch einmal weg.

Er legt sich hin, verschränkt die Arme unter dem Kopf und sagt, dass sie kein Geld haben. Sie schaut nicht mehr durch das Okular, sondern richtet ihr Auge auf ihn. Er wiederholt es, und jetzt schaut er sie nicht mehr an. Sie sagt, das habe sie gewusst, in einem Tonfall, als habe dieses Wissen ihr keine Freude bereitet. Und sie schauen beide nicht mehr durch das Fernglas.

Sie fragt, warum er das jetzt erwähnt. Er sagt, dass er das nicht weiß.

Ist es ernst, fragt sie. Er gibt keine Antwort. Sie fragt, wie ernst es ist. Er bereut, es erwähnt zu haben. Etwas geschieht in ihren Augen. Sie schlägt ihn mit dem Fernglas auf den Bauch. Er fragt, ob sie ihn umbringen will. Sie sagt ja und hebt das Fernglas ein weiteres Mal. Er hält ihre Hände fest, verspürt den Drang, ihr die Kleider vom Leib zu reißen und ihr Lächeln hervorzuholen, mitten am Tag, in der Arbeit, im Licht. Stattdessen steht er auf und hört nicht, was sie ihm hinterherschreit, er weiß, was sie schreit, und er geht nach unten und auf den Hofplatz, wo der Vater und Ingrid stehen und ihn ansehen.

»Glotzt'n ihr so?«

Martin sieht aus wie auf frischer Tat ertappt, er dreht sich um und geht mit baumelnden Armen zum Bootshaus hinunter. Hans bleibt stehen und schaut hinter ihm her, überlegt, ob er ihm folgen soll, das Fernglas in der Hand.

Ingrid fragt, was das sei. Er sagt, ein Fernglas. Sie fragt, was *das* sei.

Schau her, sagt er und geht zur Scheunenbrücke, richtet das Fernglas auf ein Grasbüschel und zeigt es ihr. Sie schaut ins Okular und fährt zusammen. Ihr Lachen. Das war nicht immer eine Freude. Sie schaut wieder, auf die Häuser von Stangholmen, und das Lächeln bleibt, bis er sagt, das reicht jetzt, und mit dem Fernglas zum Schuppen weitergeht. Er und der Vater bleiben stehen und sehen einander an, als ob sie mit etwas Ungeklärtem kämpften.

Es dauert nicht lange.

Martin hebt einen Fischkasten mit aufgerollten Rotbarschleinen und Köderbrettern und geht auf den Schwedenschuppen zu. Hans wickelt das Fernglas in das Leinentuch und legt es in eines der obersten Regalfächer, da kann es liegen, bis es das nächste Mal von jemandem gefunden wird, der sagt, ja, da ist das Fernglas, er denkt vage, es müsse doch einen Grund dafür geben, dass ein Auge nur so weit blickt, wie es eben blickt, dass das ein Vorteil für das Auge sein kann, und dafür, was es ansieht, jetzt hat er jedenfalls das vergessen, woran er nicht denken will, das Geld, ihre deprimierendste Vertäuung an das Festland.

18

Schon an den Geräuschen aus der Küche hörte Ingrid, dass irgendetwas nicht so war, wie es sein sollte. Es fehlte ein Geräusch, das Geräusch von Barbro.

Außerdem war die Stimme der Mutter zu laut und brach zu plötzlich ab, als Ingrid die Treppe herunterkam. Draußen herrschte Winter, es war dunkel und windstill. In einigen Stunden würde der Himmel aufgehellt sein, und im Laufe des Tages würden sie vielleicht auch einen Streifen der roten Sonne im Süden erblicken können. Aber Barbro war nicht da. Sie und das Boot waren verschwunden, sie brauchten gar nicht zu suchen, die Spuren führten in nur eine Richtung, durch den Neuschnee zum Bootshaus, wo außerdem beide Türen weit offen standen. Barbro hatte das Segel nicht aufgezogen, sie war gerudert, und auf dem Meer entdeckten sie nichts.

Es gab mehrere Boote, einen großen und einen kleinen Kahn und auch eine Jolle. Aber sie waren alle noch da.

»Wo ist Barbro?«, fragte Ingrid.

»Sie is fort«, sagte die Mutter.

Der Tag verging ohne weitere Worte. Nicht einmal Großvaters Hände waren wie sonst. Er war grau im Gesicht. Als sie sich am Abend hinlegten, durfte Ingrid im Bett des Vaters schlafen, wie sie es früher immer getan hatte, wenn er auf den Lofoten war. Maria sagte, dass die Schafe in den nächsten Tagen mehr Birkenreisig bekommen sollten, weil sie es nicht so schnell in sich hineinstopfen könnten und das Heu für Kühe und Pferd dann länger ausreichen würde. Auch hoffte sie, dass der Frost bald nachlassen würde, dann könnten sie die Tiere hinunter zum Strand treiben, und vielleicht käme auch bald milderes Wetter mit Regen, so dass die Schafe am alten Gras nagen könnten.

Ingrid fragte, ob sie im Bett sitzen und stricken dürfe.

Maria fragte, ob es dafür nicht zu kalt sei.

Nicht, wenn sie sich die Bettdecke über die Schultern legte.

Die Mutter lag neben ihr und erklärte und zeigte ihr, was sie tun musste, bis sie schließlich einschlief. Da legte auch Ingrid das Strickzeug beiseite und schlief ein. Als sie erwachte, sah sie, dass die Mutter immer noch schlief. Auch die Katze schlief noch. Das blasse Licht hinter den Fensterscheiben verriet, dass sie verschlafen hatten. Das hatte sie noch nie zuvor erlebt.

Sie stand auf, ging hinunter in die kalte Küche und legte ein paar Späne und Kleinholz in den Ofen, und danach Torf, so wie sie es von Barbro gelernt hatte, es war Barbro, die über den Ofen geherrscht hatte. Jetzt war es Ingrid. Sie bemerkte, dass die Torfkiste leer war und nahm sie mit hinaus zum Torfschuppen, der an der Nordwand des Stalls lag. Es war kalt. Mit den Füßen fegte sie ein wenig Schnee beiseite, öffnete die auf quietschenden Angeln ruhende Tür und füllte die Kiste, merkte aber, dass sie zu schwer war, und nahm die Hälfte der Torfballen wieder heraus, schloss die Tür und lief zurück zum Haus. Da waren ihre Hände ganz steifgefroren. Sie hielt sie über den Ofen, bis sie rot wurden und es in ihnen zu kribbeln begann. Dann trat sie in die Kammer des Großvaters und sah, dass auch er schlief. Sie rüttelte ihn. Wie aus einem bösen Traum gerissen, fuhr er auf.

»Was zum Teufel«, sagte er, als er die Dämmerung hinter den reifüberzogenen Scheiben sah. »Was ham wir geschlafen.«

Dann legte er sich wieder hin und schlief weiter.

Auch am nächsten Morgen verschliefen die Erwachsenen. Als wären sie faul geworden oder müssten nach langer Belastung ausruhen. Oder als wäre Barbro der Wecker im Haus gewesen, das Uhrwerk, das nun stehengeblieben war. Doch Ingrid stand auf, machte Feuer und holte Torf. Am dritten Tag hörte sie die Mutter mit dem Großvater im Stall streiten, den er so gut wie niemals betrat. Es ging um das Boot, sie waren wütend auf Barbro, weil sie das wertvollste Boot genommen hatte, obwohl es noch drei andere gab.

Aber während Ingrid dastand und lauschte, kam sie noch etwas anderem auf die Spur: Anscheinend wunderte es niemanden, dass Barbro verschwunden war, sogar das Unbegreiflichste kann vorausgesehen und somit akzeptiert werden. Da begriff sie, dass Barbro tot war.

Auch an diesem Abend durfte sie im Bett des Vaters sitzen und stricken. Das Garn war zäh und roch nach Lanolin, es war rostrot und gelb und machte ihre Finger weich und stark, sie konnte sie nach hinten dehnen, bis es knackte, sie tat es, um die Tränen zurückzuhalten. Maria sagte, dass sie damit aufhören solle. Dann sagte sie, sie habe am Wetter erkannt, dass der Frost bald nachlassen werde, und fragte, ob Ingrid, die so begabt im Stricken sei, wohl auch Netze knüpfen könne, Kabeljaunetze?

»Ein bisschen«, sagte Ingrid, so viel, wie Barbro ihr beigebracht hatte, sie hatte ein kleines Viereck aus dickem Zuggarn geknüpft, worin sie das Kleinholz trug, eine Tasche, ein Netz, das sie auch zum Einsammeln der Eier benutzte. Aber das sei gar nicht nötig, sagte sie, während jeder Winkel in ihrem Innern ganz warm wurde, denn sie hätten genügend Netze, Barbro hatte den ganzen Winter nichts anderes getan, und nun käme sie bald zurück.

»Nein«, sagte die Mutter. »Sie kommt nicht zurück.«

»Doch«, sagte Ingrid. »Sie kommt.«

19

Der Frost wurde schlimmer, ein starker Wind aus Nordost setzte ein und verstärkte ihn umso mehr. Ingrid und die Mutter zogen in den Südsaal um, der über Martins Kammer lag. Tag und Nacht ließ er seinen privaten Ofen dort brennen, sie öffneten die Luke am Boden, und die Wärme stieg auf. Wenn die Mutter schlief, konnte Ingrid hören, dass auch der Großvater schlief, so als wohnten sie alle im selben Zimmer.

Bei dem Frostwetter konnte Martin nicht fischen. Sie aßen gepökelten Köhler und Salzheringe und Kartoffeln und Brot und Marmelade. Irgendwann ging ihnen das Birkenreisig aus, aber Martin wollte keinen Seetang sammeln und Stallbrei kochen, dazu war es zu kalt, das hätten sie früher machen müssen, die Tiere mussten zum Ufer gebracht werden.

Ingrid und Maria trieben sie hinunter. Doch an den Füßen der Tiere bildeten sich klirrende Eisbrocken, weshalb sie um sich traten und sich herumwälzten, bis sie von einem Panzer aus Eis umschlossen waren, sie wurden schwerer und schwerer und begannen zu schwanken. Ingrid sah, dass die Mutter ängstlich wurde. Sie scheuchten sie wieder zurück, mussten einige hinter sich herzerren, und erst, nachdem die Tiere über einen Tag im Stall gestanden hatten, schmolz das Eis in ihrer Wolle. In dieser

Zeit bekamen sie Heu, das für die Kühe gedacht war, und den Seetang, den Maria und Ingrid mit einer Dregge abreißen konnten und auf einem Schlitten nach Hause zogen und zu Stallbrei verkochten.

Auch hierbei half ihnen Martin nicht, er lag drinnen und trauerte um seine Tochter. Die Schafe bekamen auch ein wenig Kabeljauleber, zerkochten gepökelten Köhler und alle Essensreste, sie waren zittrig und schwankend geworden.

Dann stand Martin schließlich doch auf, zog sich so viele Sachen an, wie sie auf seinem Körper Platz fanden, schob den kleinen Kahn ins Meer und legte draußen vor dem neuen Kai eine Treibnetzkette aus. Doch die Netze wurden zu Eisschollen, sobald er versuchte, sie aus dem Wasser zu ziehen. Über viele Nächte musste er sie draußen lassen und jeden Tag, so gut es ging, leeren, aber nach zwei Wochen waren sie so voller Algen und Tang, dass kein Fisch mehr hineinpasste, und so musste er sie lassen, wo sie waren, es waren Barbros neueste Netze.

Sie hatten keinen frischen Fisch und kein Fladenbrot, aber Fischleber und Kartoffeln. Nun durften sie nicht in den Keller gehen, weil sonst der Frost auch über ihn hereingebrochen wäre. Sie schaufelten noch mehr Schnee darüber und lagerten die Kartoffeln in Fischkästen auf dem Fußboden der guten Stube, immer genügend für eine Woche. Auf dem Küchenofen buken sie Kartoffelpfannkuchen, die es für gewöhnlich nur vor Weihnachten gab. Im Haus roch es nach Weihnachten. Dann ließ der Frost nach.

Im letzten Winter war es so kalt gewesen, dass die ganze Insel von Eis umschlossen wurde. In diesem Jahr war es noch viel kälter, weil auch der Wind wehte.

20

Ingrid sah das Boot als Erste. Sie stand bis zu den Knien im feuchten Schnee auf der Landzunge am Bootshaus und spürte die Kälte in den Fingern nicht mehr, ja nicht einmal, als sie Schneebälle formte und sie nach den Möwen warf, die glaubten, es handele sich um Futter, und sich darauf stürzten und darum kämpften. Auf dem Kopf trug sie ein einfaches Tuch; in der Eiseskälte benutzte sie drei, und eines vor dem Gesicht. Jetzt nahm sie es ab und winkte damit und spürte zum ersten Mal im Jahr den Wind im Haar, der Winter war vorüber.

Es war nicht ein Boot, sondern zwei, und das zweite hing im Schlepptau. Im ersten saßen vier schwarz gekleidete Ruderer und drei andere Menschen, im hinteren Boot saß niemand, es war Barbros Boot, das zusammen mit Barbro verschwunden war.

Ingrid erkannte es an den Farben des Dollbords und lief zum Haus hinauf, um der Mutter Bescheid zu geben. Aber Maria hatte sie gesehen und war schon auf dem Weg, auch Martin kam heruntergeschlendert, vom neuen Kai, so dass alle am Ufer standen, als der Kiel des ersten Boots das Land berührte.

Im Vordersteven saßen die Frau des Pastors und eine andere Frau, die Maria zuerst nicht erkannte. Im Achtersteven, hinter den Ruderern, saß Barbro in fremden

Kleidern. Sie stand auf und stieg über die Ruder, legte der Pastorenfrau eine Hand auf die Schulter und ging an Land und hinauf zu den Häusern, ohne ein Wort zu sagen. Die Inselbewohner sahen ihr nach, bis sie drinnen verschwand und die Tür hinter sich schloss. Ingrid folgte ihr.

Karen Louise Malmberget sagte, dass Barbro nicht länger bei ihr habe bleiben wollen, sie habe alles versucht, um sie zu halten, doch es sei nicht gegangen, Barbro habe geweint und zurück nach Barrøy gewollt, aber aufgrund von Wind und Frost sei ihnen die Überfahrt erst jetzt möglich gewesen.

Als sie begriff, dass Barbro nicht im Einverständnis aller zu ihr gekommen, sondern getürmt war, und dass sie glaubten, sie verloren zu haben, schlug sie beide Hände vor den Mund. Dann blieb auch Karen Louise stehen und blickte umher, so wie es ihr Ehemann vor einer Ewigkeit getan hatte, starrte hinüber zu dem Ort, von dem sie gekommen war, den sie nie zuvor auf diese Weise gesehen hatte, sie sagte: »Wie schön ihr es hier habt.«

Es war solch ein entsetzlicher Satz, dass Martin Pfui Teufel sagte und ablehnte, als die Ruderer ihn fragten, ob sie ihm beim Hineinsetzen des Bootes helfen sollten. Er betrat das Bootshaus und holte zwei Böcke, ließ die Ruderer das Boot auf die Tragrollen ziehen und lief ebenfalls zum Haus hinauf. Das aber war ein Vorteil, denn nun hatte Maria die andere Frau wiedererkannt, sie hieß Elise Havstein, sie waren zusammen zur Schule gegangen.

Es wurde ein förmliches Wiedersehen. Elise Havstein trug ein Kleid, das sie offenbar nicht selbst genäht hatte, sie war Hebamme und hatte ein weißes Tuch um den Hals, das sie wie eine Nonne aussehen ließ, und Barbro erwartete ein Kind, sie sollte im Laufe des Sommers niederkommen, und Karen Louise hatte Elise hergebracht, damit sie sich mit dem Ort vertraut machen konnte.

Maria verstand es nicht, auf dieser und allen anderen Inseln waren zu allen Zeiten Kinder ohne Hebamme zur Welt gekommen. Aber Karen Louise ließ sich nicht beirren und behauptete, dass Barbro mehr Hilfe benötigte, das habe sie selbst erfahren müssen, Barbro sei nicht wie alle anderen.

Das konnte Elise Havstein bestätigen, sie nickte jedenfalls auf eine Art, die jedes weitere Wort von ihr unnötig machte.

Nachdem die Pastorenfrau eine Art Plan für die Niederkunft skizziert hatte, reichten sie einander erneut die Hände, den Damen wurde an Bord geholfen und die Ruderer ruderten.

Maria fragte sich, warum sie den beiden nichts zu essen und keinen Kaffee angeboten hatte, niemals kam jemand auf die Insel, ohne dass ihm etwas aufgetischt wurde.

Sie lief am Strand entlang und überlegte, wie sie die Neuigkeit ihrer Tochter und ihrem Schwiegervater beibringen sollte. Sie entschied sich, bei Ingrid zu beginnen, sie war inzwischen groß geworden. Auch ihr Ehemann musste in Kenntnis gesetzt werden, sobald er von den Lofoten heimkehrte. Doch sie zögerte, hinauf zum Haus zu laufen.

Sie nahm ihr Kopftuch ab und lief am Strand entlang bis zum neuen Kai, ging in südliche Richtung weiter und hörte die Bäche, die begonnen hatten, den Winter von der Insel hinaus ins Meer zu tragen. Sie setzte sich auf einen Stein, streifte die Schuhe ab und schob die Füße ins Meer, wartete, bis sie weiß und gefühllos wurden, nahm sie wieder heraus und trocknete beide Füße und die Zehen mit dem Kopftuch ab, zog Strümpfe und Socken an und ging nach Hause und betrat die Küche, wo Ingrid mit den Händen des Großvaters spielte, der im Schaukelstuhl saß und Barbro anstarrte, so als warte er auf den endgültigen Beweis, dass sie am Leben war. Barbro sagte keinen Ton. Es war so, als sei sie gar nicht nach Hause gekommen und werde es auch niemals tun.

Maria ging zu ihr und legte ihr eine Hand auf die Schulter und spürte, dass sie nach Rosen und Flieder und Brennnesseln roch, bemerkte, dass ihr Haar geschnitten und so gekämmt war wie bei Frauen aus einem Dorf oder von einer großen Insel. Sie überlegte, ob sie Barbro ohrfeigen sollte, aber ihre Hand blieb ruhig auf ihrer Schulter liegen. Barbro nahm Marias Hand und hielt sie fest und blickte in einen versunkenen Brunnen, bevor sie losließ und die Speisekammer betrat und mit dem Brotkasten wieder herauskam und sagte, dass sie auf dem verfluchten Pfarrhof nichts mehr vermisst habe als ordentliches Essen.

21

Da der Frost aufgegeben hatte und der Wind jetzt von Südwesten kam, mit hartem Regen, zogen Mutter und Tochter wieder in den Nordsaal. Dort konnten sie reden, ohne zu der Luke im Boden hinüberschielen zu müssen und zu wissen, dass Martin unten lag und lauschte.

Ingrid erfuhr, was sie schon wusste, Barbro hatte es am ersten Tag verraten, damit sie vor dem Großvater ein gemeinsames Geheimnis haben könnten. Aber jetzt sagte die Mutter, der Vater habe Angst gehabt, Ingrid könnte wie Barbro sein, als sie geboren wurde, es lag in seiner Familie und kam alle zwei oder drei Generationen vor, da bekamen sie eine Barbro. Aber sie, Maria, habe von Augenblick der Geburt an gesehen, dass Ingrid war, wie sie sein sollte, der Vater aber habe kein Vertrauen zu ihr gehabt, er habe sich gefürchtet.

»Vor was denn?«

Maria holte Luft und sagte, Ingrid könne sich auf sie verlassen.

Das waren gewichtige Worte, und es folgte keine Erklärung, nur einige ausweichende Sätze, die so lange in ihr verschlossen gewesen waren, dass sie eigentlich dort hätten bleiben müssen.

Ingrid brachte es nicht über sich, etwas zu sagen.

Von hier aus ging es nicht weiter.

Aber als der Abend weiterkroch, kam sie auf den Gedanken, dass die Mutter diejenige sei, auf die sie sich *nicht* verlassen könne, die Mutter hatte doch etwas gesagt, das ihr Angst gemacht hatte und das ihr noch immer Angst machte, auch wenn sie stricken durfte, jetzt ohne Decke über den Schultern, es war Frühling. Maria brachte ihr bei, die Maschen für die Sockenferse aufzunehmen, damit sie für den Vater bei seiner Rückkehr von den Lofoten ein Willkommensgeschenk hätte.

Ingrid war sieben Jahre alt.

Aber dieses halbe Gespräch ließ ihr keine Ruhe. Und sie wusste noch immer nicht, welche Frage sie der Mutter stellen könnte, um das Gespräch zu verjagen. Ein harter Ball hatte sich in ihr festgesetzt, ein roter Punkt schwebte vor ihren Augen, ihre Arme zitterten und eine Blase platzte im Stall, als nur Barbro bei ihr war. Barbro, die von den Toten zurückgekehrt war, in fremden Kleidern und mit einem Kind im Bauch, das auch niemandem gehörte.

Sie sagte, wenn Ingrid nicht mit Weinen aufhörte, würde sie wie Barbro selbst werden, es ist, als ob es innerlich regnet, Ölzeug ist da keine Hilfe, man bekommt nur immer größere Angst, aber man kann etwas dagegen tun.

Ingrid sah sie an.

Barbro schippte Kuhfladen durch die Luke in der Wand und sagte, Ingrid müsse sich zusammennehmen, was sie sich da dachte, sei nur ein Beweis dafür, dass sie jetzt groß wurde. Im Herbst würde sie auf Havstein zur Schule gehen. Von da an würde alles anders sein, das ist kein Grund, Angst zu haben. Der rote Punkt löste sich in weißen Dampf auf. Ingrid schlang die Arme um ihre Tante und ließ sie nie wieder los.

22

Hans Barrøy war nicht stark gewesen, als er im Vorjahr heimgekehrt war. Jetzt war er stärker. Auch auf den Lofoten hatte der Frost gewütet, hatte aber die Fischerei kaum behindert. Hans hatte zudem einen Kai auf Barrøy, Onkel Erlings Boot konnte nicht nur anlegen, sondern über einen Tag lang vertäut liegen. Ingrid durfte an Bord kommen, obwohl sie ein weibliches Wesen war, und wurde durch Steuerhaus, Kajüte und Kombüse geführt, es war ein schwimmendes Haus, das unter dem Namen Barrøy segelte.

Die Mannschaft kam an Land und wurde verpflegt. Onkel Erling saß mit Bruder und Vater in der guten Stube und trank Schnaps und Kaffee vor einer weißen Tischdecke und aß Kuchenfladen und lachte lauter, als hier in den vergangenen vier Monaten jemals gelacht worden war, während Maria durch die offene Küchentür hörte, wie ihr Mann sich nach Neuigkeiten erkundigte, und der Schwiegervater antwortete, dass es furchtbaren Frost gegeben habe, doch sie hätten durchgehalten, auch wenn sie fast die Mutterschafe verloren hätten, als die Frauenzimmer sie an den Strand jagten, um sie den Tang abweiden zu lassen.

Maria hielt den Kaffeekessel in der Hand.

Sie stellte ihn weg, ging zum Haken bei der Tür, wo die rote Zipfelmütze des Schwiegervaters hing, packte sie und stopfte sie in den Ofen.

Sie ging mit dem Kessel ins Wohnzimmer, schenkte Kaffee ein und erzählte, was sie getan hatte, kein Mensch trägt noch rote Zipfelmützen, die Mütze sei alt und schmutzig gewesen und der Schwiegervater müsse sich von jetzt an mindestens einmal pro Woche waschen, in einer Bütte im Stall, er sei ein Schwein. Und noch eins: Sechs von Barbros neuen Netzen, mit Schwimmer und Markierung und Stein, standen noch immer wie eine braunschwarze Wand über dem Sund im Süden des Schwedenkais, also müsse Erling sich vorsehen, wenn er nach Süden fuhr, und einen Bogen um Moltholmen machen.

Die anderen starrten sie an.

Ja, und das sei noch immer nicht alles: In einem guten Monat wolle sie nach Mo i Rana reisen und den Sommer dort verbringen.

»Mo i Rana?«

Martin sagte etliche Wörter, die Ingrid besser nicht gehört hätte, als sie dort auf dem Schoß ihres Vaters saß. Er wechselte Blicke mit seinem Bruder. Erling nickte. Hans stellte seine Tochter auf den Boden und ging in die Küche.

Von der guten Stube her hörte es sich an wie ein normales Gespräch. Die Haustür fiel knallend ins Schloss. Ingrid sprang auf und sah aus dem Fenster, wie die Eltern nebeneinander über die frühlingsbraunen Wiesen gingen. Sie unterhielten sich. Der Vater hatte den Arm um die Mutter gelegt, sie lehnte den Kopf an seine Schulter, sie gingen Hand in Hand, ließen einander los, die Mutter schlug die Arme übereinander, der Vater steckte die Hände in die Taschen, sie blieben stehen und redeten und schauten sich um und gingen weiter und verschwanden. Ingrid hatte nichts Seltsames oder Beängstigendes gesehen, sie hatte auch nichts gesehen, was sie nicht verstanden hätte, sie hatte etwas gesehen, was sie niemals vergessen würde.

Von nun an wusch Martin sich, im Stall. Er sagte, was diese Netze anging, so sei der Frost so teuflisch gewesen, dass einfach keine Rede davon sein konnte, sie einzuholen, und danach habe er sie vergessen. Jetzt ruderte er hinüber, schnitt die äußerste Markierung ab, weil er den Anker nicht losbekam, und ließ das Pferd die ganze Bescherung an Land ziehen. Dort blieben die Netze den Sommer hindurch als stinkender Haufen liegen, bis sie im Winter aufhörten zu stinken und sich allmählich in Erde verwandelten, einen kugelrunden Erdhügel zwischen den glatten Felsen, auf dem später Rosenwurz, Sauerampfer und Fingerhut wachsen würden. Es sah seltsam aus, als brauche gerade dieser Erdhügel eine Begründung oder Erklärung. Irgendwann bekam er dann immerhin einen Namen, er wurde Frostauge genannt, Ingrid hatte ihn so getauft.

Es kam so, wie Maria es am Tag der Heimkehr gesagt hatte, abgesehen von der Sache mit Mo i Rana, die wurde nie wieder zur Sprache gebracht. Es waren Worte, die nicht hätten fallen dürfen. Deshalb wurden sie auch nicht so rasch vergessen, so wenig wie das, was Maria Ingrid über die Krankheit und den Vater erzählt hatte, und das, was Barbro über inneren Regen und Sonnenschein gesagt hatte, und über die Schule und die anderen Kinder, die so sind wie sie, dass man keine Angst davor haben muss, groß zu werden.

Als Barbro dann später im Sommer niederkam, unter so großen Qualen, dass Martin und Hans länger als einen Tag das Haus verlassen mussten, nahm Maria das Kind in

Empfang. Elise Havstein kam acht Tage zu spät und bekam in der Küche Kaffee und Spekulatius, während die Ruderer draußen auf der Mauer hartes Fladenbrot mit Butter und Sirup erhielten. An diesem Tag war schönes Wetter. Sie bekamen auch Milch. Und Hebamme Elise blieb lange. Sie kümmerte sich um den kleinen Jungen, der rund und weiß war wie eine Schmalzkugel und brüllte, wenn er nicht gerade von Barbro genährt wurde, die nicht mehr arbeitete, sondern sich in Martins Schaukelstuhl gesetzt hatte. Barbro sang und stillte. Elise Havstein hatte eine Tochter in Ingrids Alter, die Nelly hieß und im Herbst ebenfalls eingeschult werden sollte, sicher würden sie Freundinnen werden. Elise Havstein blieb so lange, dass die Berge auf dem Festland weiß geworden waren, ehe die glitzernden Ruderblätter sich im Norden am Ende des Blickfeldes verloren.

Der Junge wurde Lars getauft, nach dem Schweden Lars Klemet, der mit seinen Kameraden wegen eines Krieges auf der Insel gewesen war und einen Kai gemauert hatte, ehe er dann wieder verschwunden war.

23

Sie stechen Torf. Das muss zwischen den Ernten geschehen, im Juni, damit er lange trocknen kann. Sie benutzen alte Sensenblätter, an die Hans Holzgriffe geschmiedet hat. Nur Hans sticht Torf mit einem Spaten, den er geschliffen hatte, so scharf wie eine Sense. Deshalb ist Hans der Einzige, der bei der Arbeit aufrecht steht. Während die anderen im Moor auf den Knien liegen.

Auch Barbro. Ihr Kind schläft daneben auf einem Schafsfell im Gras.

Die Torfstücke sehen aus wie dicke schwarze und nasse Bücher, sie liegen eine Woche im Heidekraut, bis sie eine Kruste bekommen und Hans und Martin sie kreisförmig auslegen und einen mannshohen runden Turm mit einer Unzahl von schmalen Spalten bauen können, wie Schießscharten, ehe sie die restlichen Stücke in den Zylinder werfen, wild durcheinander, um sich danach zur Mitte des Turmes vorzuarbeiten und ihm schließlich eine Halbkugel als Dach zu geben. Es sieht aus wie kein anderes Dach, weder auf Kirche noch auf Haus, aber kein Tropfen Regenwasser kann es durchdringen, und dann jagt der Wind wie tausend trockene Bäche durch die Spalten im Zylinder und trägt auf der anderen Seite alle Feuchtigkeit mit sich hinaus.

Ein richtig gemauerter Torfkegel ist nicht nur schön, wie ein von Menschen geschaffener Blickfang in der Landschaft, er ist ein Kunstwerk. Während ein schlampig zusammengehauener Torfkegel eine Tragödie ist, was sich zum schlimmstdenkbaren Zeitpunkt zeigt, im Januar, wenn sie mit den Spankiepen auf dem Rücken durch den Schnee gestapft kommen und feststellen, dass der Torf steinhart vor Frost ist. Man kann sich mit Hammer und Axt darüber hermachen. Mit Dynamit. Und die Stücke im Umkreis von einer Meile auflesen und am Ofen trocknen, nur um zu entdecken, dass man keinen Brennstoff vor sich hat, sondern einen zähen schwarzen Lehm, der zu gar nichts zu gebrauchen ist. Außerdem muss man die weite Strecke zur Handelsstation rudern und das kaufen, was man gratis im eigenen Moor hat, wie dumm kann man eigentlich sein?

Ingrid ist die Einzige, die nicht sticht, sie ist wieder zu klein, sie dreht halbgetrocknete Torfstücke um und stellt sie hochkant auf wie Dominosteine im Fischgrätenmuster, so dass der Wind sich dazwischen hindurchstehlen und sie trocknen kann, der warme Landwind, der jetzt seit vielen Tagen über die Insel streicht, aber nun ebbt er vollständig ab.

Sie merken es gleichzeitig.

Sie unterbrechen die Arbeit, heben die Blicke, sehen einander an und horchen.

Plötzlich ist auch kein Vogelschrei mehr zu hören. Kein Rascheln zwischen den Grashalmen und keine summenden Insekten. Das Meer ist glatt, das Gurgeln zwischen den Ufersteinen ist verstummt, es gibt keinen Laut mehr zwischen den Horizonten.

Eine solche Stille gibt es fast nie.

Das Besondere daran ist, dass sie auf einer Insel auftritt. Das macht sie heftiger als die Stille, die sich unerwartet über einen Wald senken kann. Im Wald ist es oft still. Auf einer Insel gibt es so wenig Stille, dass die Menschen innehalten und sich umsehen und sich fragen, was wohl passiert sein mag. Die Stille lässt sie staunen. Sie ist geheimnisvoll, an der Grenze zu prickelnder Erwartung, sie ist eine gesichtslose Fremde im schwarzen Umhang, die mit lautlosen Schritten über die Insel wandert. Wie lange sie andauert, hängt von der Jahreszeit ab, die Stille kann im Winter bei Frost länger dauern, wie damals, als hier Eis lag, während sie im Sommer immer eine winzige Pause zwischen einem Wind und einem anderen ist, zwischen Ebbe und Flut, oder das Wunder, das in einem Menschen geschieht, während er zwischen Einatmen und Ausatmen innehält.

Dann schreit plötzlich wieder eine Möwe, ein neuer Windstoß kommt von nirgendwo, und das wohlgenährte Kind wacht auf dem Schafsfell auf und brüllt. Sie können das Werkzeug packen und weiterarbeiten, als wäre nichts geschehen. Denn genau das ist geschehen, nichts. Man spricht von der Stille vor dem Sturm, davon, dass die Stille ein Vorzeichen sein kann, ein Ladegriff, oder davon, dass sie etwas bedeuten kann, das man lange in der Bibel suchen muss, um ihre Reichweite zu begreifen. Aber die Stille auf einer Insel ist nichts. Niemand spricht darüber, niemand erinnert sich daran oder gibt ihr einen Namen, egal, wie stark sie davon betroffen sind. Es ist der kleine Einblick, den sie in den Tod tun können, während sie noch am Leben sind.

24

In diesem Frühjahr kam Hans Barrøy mit neuem Werkzeug von den Lofoten zurück. Es wurde in das Bootshaus gebracht, in dem die Schweden logiert hatten. Dann wurden zwei der Kojen entfernt und zu einer Tischlerbank mit Schraubstock zusammengehämmert, den Hans ebenfalls mitgebracht hatte. Martin kam und betrachtete die neuen Hobel, die Bohrwinde, Sägeblätter sowie eine Wasserwaage, welche die Dinge auch ins Lot bringen konnte.

»Das wa doch wohl ziemlich teuer?«

Hans gab keine Antwort.

Er hatte auch ein paar dünne Kiefernleisten mitgebracht, golden wie Sirup, sie waren mit seinen Langleinen und der Ausrüstung ausgeladen worden. Nun hielt er seinem Vater ein paar schmale Messingscharniere vors Gesicht und fragte, ob er nicht seine idiotische Mütze vermisse?

Martin fasste sich an den blanken Schädel und wollte wütend von dannen ziehen. Das geschah jedoch, nachdem er ein weiteres Mal die wartenden Netze im Meer vergessen hatte, und so lief er stattdessen los und holte das Boot hervor, zog die Netze an Land und verbrachte den Rest des Tages damit, sie zu säubern und auf dem Gerüst hinter dem Bootshaus zum Trocknen aufzuhängen, es ähnelte einer Kleiderwäsche und sollte von der ganzen Welt wahrgenommen und bewundert werden.

Drei Tage später erwachten die Inselbewohner von einem furchtbaren Getöse in der Küche unten. Ingrid lief hinunter und sah, dass das Fenster an der Westwand herausgerissen war und von einem neuen ersetzt werden sollte. Der Vater mühte sich ab, trieb Keile ein, richtete aus und setzte Nägel, dann kamen innen und außen neue Fensterfutter und Verkleidungen hinzu, und auch eine schräg stehende Latte, um den Regen abzuhalten. Es war ein Flügelfenster. Ein Fenster mit zwei Fächern, das geöffnet werden konnte.

An der Außenseite schraubte er zwei Haken ein und fügte einen Pflock für jeden hinzu, so dass die Fenster nicht im Wind umherschlagen konnten, wenn sie geöffnet waren. Diese Arbeit hätte schon zu Martins Zeiten ausgeführt werden sollen, wie so viele andere, denn sie hatten keine Backstube auf Barrøy, sie buken in der Küche und mussten die Tür offen stehen lassen, um den Dunst hinauszubekommen, und der Dunst wollte nicht hinaus. Jetzt konnten sie stattdessen das Fenster öffnen. Es stand dann so gut wie den ganzen Sommer offen, auch bei leichtem Regen, da es, ähnlich wie alle anderen neuen Sachen, die ganze Zeit in Gebrauch sein musste. Dann schlossen sie es. Dennoch konnte es stets geöffnet werden, wie beispielsweise als Maria einige Monate später ihren Leuten auf dem Kartoffelacker zurufen sollte, dass das Essen fertig war.

»Wascht euch die Pfoten.«

Die andere Veränderung war größer. Es ging um den neuen Kai, dem ein anständiger Schuppen fehlte, ein Haus. Im August wurde das Material mit dem Frachtboot der Handelsstation gebracht und auf dem Land unter einem alten

Segel gestapelt. Maria kam, zählte alles durch und rechnete aus, was es kosten würde, sagte aber nichts, so wie sie es immer unterließ, etwas zu sagen.

Und Hans tat so, als bemerke er nichts.

Hans und sein Vater zimmerten einen Monat, bauten auf der Erde die Dachstühle zusammen und hievten einen nach dem anderen mit Flaschenzügen hinauf und begannen Anfang September mit der Holzverkleidung. Sie besprachen, mit welcher Wand sie beginnen sollten, und einigten sich auf die Längswand nach Südwesten, wo das Wetter für gewöhnlich herkam, so dass sie im Windschatten stehen konnten, während sie den Rest des Hauses verkleideten. Martin merkte es sich, dass er an dieser Entscheidung beteiligt war.

An dem Morgen, als sie die erste Giebelwand in Angriff nehmen wollten, kam Wind auf. Hans sah in den Himmel und entschied, dass es hier für einen Menschen nichts mehr zu tun gab.

Sie liefen nach Hause und sahen vom neuen Küchenfenster aus zu, wie der Sturm das Bauwerk in Stücke riss und gleich Streichhölzern nach Norden hinaus in den Fjord trug. Im Laufe der Nacht ließ das Unwetter nach. Am nächsten Morgen ließen sie das Boot zu Wasser, ruderten umher und sammelten alles auf, was sie finden konnten. Sie holten die Reste von Inseln und Schären und sprachen auch mit Thomas auf Stangholmen, der die Geschehnisse durch sein Fernglas beobachtet hatte und hinausgefahren war und einen Teil des umhertreibenden Materials in Sicherheit gebracht hatte. Sie fanden nahezu alles.

Am Tag danach begannen sie, an derselben Stelle einen neuen Grundstock zu errichten. Aber sie verbolzten ihn besser. Anfang Oktober stand ein neues Gebälk fertig an seinem Platz. Eine Woche später war die Südwestwand zum zweiten Mal verkleidet. Sie bekam mehr Pardunen und Verstrebungen als erforderlich. Und auch die anderen Wände wurden so gesichert. Ende des Monats kam der erste Schnee. Da hatten sie vier Wände verkleidet und waren dabei, Latten auf das Dach zu legen.

Aber eines Nachmittags wurde der Himmel seltsam, und wenn der Himmel nicht nur dunkel, sondern auch seltsam und tief und schwer zu lesen wird, dann ist das ein Zeichen in sich selbst, ein Zeichen für das Schlimmste. Sie nutzen die folgende Stunde, um das Bauwerk mit allem zu verankern, was sie an Trossen und Tauwerk fanden. Unmittelbar nach Einbruch der Dunkelheit erschallte der erste Donner über der Insel.

Da hatten sie sich ins Haus verkrochen.

Diesmal wurde ihnen der Anblick der Verwüstung erspart. Sie vollzog sich in der Tiefe der Nacht. Doch sie konnten die Geräusche hören. Dieser Sturm war auch zäher, und es vergingen fast zwei Tage, bevor sie das Boot besteigen und das Material auflesen konnten. Dieses Mal fanden sie viel weniger. Hans rechnete aus, dass sie nach dreitägiger Suche noch ungefähr sechzig Prozent des Hauses übrig hatten, und viele Holzteile waren so ramponiert, dass sie nur noch als Feuerholz verwendet werden konnten.

Am Tag danach verbolzten sie einen neuen Grundstock, nun aber so, dass das Haus um neunzig Grad gedreht wurde, die Erker nach Norden und Süden zeigten und die Längswand auf den Kai im Westen ausgerichtet war. Das würde sicher dumm aussehen. Aber nicht sie waren es, die hier bestimmten. Als Anfang Dezember der

Frost einsetzte, war das Gebälk zum dritten Mal fertig, mit Dachstühlen, die gut einen halben Meter tiefer lagen als ursprünglich gedacht. Aber dann ging ihnen das Baumaterial aus. Sie setzten die letzten vorhandenen Stützbalken, verpackten das Lattenwerk zu einem riesigen weißen Weihnachtsgeschenk und gingen nach Hause, jetzt sollte der Winter entscheiden, stünde das Bauwerk im Frühjahr noch, könnten sie es dann verkleiden.

Aber auch der folgende Tag war ebenso friedlich.

Sie saßen in der Küche und blickten hinaus in die fahle Morgendämmerung, auf die neue Schöpfung da draußen auf dem Felsvorsprung, sie ähnelte nicht länger einem Weihnachtsgeschenk, sondern einem Eisblock, auf allen Seiten lag das Meer schwarz und still wie Leim unter einem sternenlosen Himmel.

Hans stand auf und ging in die Speisekammer, wo der Almanach hing, und sah, dass es der Tag der heiligen Barbro war, der vierte Dezember. Er musste lächeln, kam wieder heraus, öffnete das Flügelfenster und schaute hinaus, dort war beinahe eine neue Stille. Stabil und allumfassend, ein summender Frieden, der einen glauben lässt, dass er dauern kann, und nachdem Hans ein paar Worte mit seinem Vater gewechselt hatte, zogen sie sich an und liefen hinunter zum Bootshaus, setzten das Boot aufs Meer, nahmen den größten Kahn in den Schlepptau und ruderten zur Handelsstation. Dort beluden sie den Kahn mit allen Materialien, die sie bekommen konnten, kauften zwölf Kilo Nägel, eine Dose Kaffee und zwanzig Kilo Mehl, ruderten wieder zurück und begannen noch am selben Nachmittag mit der Verkleidung der Südwestwand. Kurz nach Mitternacht war sie fertig.

Sie schliefen ein paar Stunden und nahmen am nächsten Morgen das Frachtboot in Empfang, das noch mehr Material brachte. Im Laufe des Tages und Abends verkleideten sie die nächste Wand und aßen auf der Baustelle das Essen, das Maria und Barbro zu ihnen hinuntertrugen. Auch in der folgenden Nacht arbeiteten sie. Nach einem weiteren Tag waren alle Wände verkleidet. Das alte Küchenfenster war in den Nordgiebel eingesetzt worden, zwei große Türen konnten zum Kai hin geöffnet werden, und die andere Längswand hatte eine schmale Tür bekommen, die auf den alten Lofotschuppen zeigte. Es sah aus, als ob sich die beiden Häuser mit offenen Mündern begafften. Jetzt konnten sie anfangen, die Dachlatten zu vernageln.

Das dauerte zwei Tage.

Maria und Barbro trugen weiter Essen zur Baustelle hinunter, standen ansonsten unten und reichten das Baumaterial hinauf. Auf den Firstziegel wurden zwei breite Planken gelegt. Dann zwei weitere. Danach kamen die Latten hinzu, und so kam die Frage auf, was für ein Dach sie haben wollten. Es sollte ein Schieferdach sein, entschied Hans, die hatte er bei vielen Häusern auf den Lofoten gesehen, auch auf dem Festland, er würde den Schiefer im Winter kaufen und mit Onkel Erlings Kutter nach Hause transportieren.

Martin gefiel der Gedanke an Schiefer überhaupt nicht, der würde nur abblättern wie die Seiten in einem Buch ohne Einband und dann im Meer verschwinden. Aber sein Sohn wollte nichts hören. Er war damit beschäftigt, Löcher in den Fels zu bohren, für zwei Drahtseile, die sich zu jedem der beiden Dachvorsprünge hinaufstrecken sollten, mit Spannschrauben, so dass das Haus der Takelage eines Segelschiffs ähnelte. Es war das einzige Haus auf der Insel, das Pardunen bekam. Noch immer wussten sie nicht, ob es ein Fortschritt oder eine Niederlage war, das sollte der Winter entscheiden.

Doch bis nach Weihnachten blieb es ruhig, auch als Onkel Erling anlegte und alle zusahen, wie Hans seine Langleinen und die Ausrüstung an Bord brachte. Jetzt half sogar Martin bei den Leinentrommeln. Und Barbro hatte das Kind auf dem Arm, den kleinen Lars, der zappelte und lachte. Ingrid bemerkte, dass es nicht länger traurig war, den Vater zu verabschieden. Es stimmte sie höchstens wehmütig. Sie winkten, gingen heim und nahmen die Einsamkeit in Angriff.

25

Ingrid geht jetzt zur Schule. Am ersten Tag rudert die Mutter sie hinaus nach Havstein. Unterwegs lachen sie viel. Maria kann einiges erzählen, über ihre eigene Schulzeit, es scheint, als habe sie Sehnsucht danach. Ingrid fragt, ob Maria auch einmal ein Kind war. Maria lacht und sagt ja und sieht plötzlich aus wie eine Mischung aus einem Geheimnis und einer Frage. Dann sagt sie mit ernster Stimme, dass sie keinen so guten Vater hatte, wie Ingrid ihn hat. Ingrid fragt, ob Marias Vater böse war. Maria sagt nein. Ingrid weiß nicht, was sie sonst noch fragen soll, und Maria hat nicht mehr zu erzählen.

Sie rudern in eine Schar Papageientaucher hinein, und Maria fordert Ingrid auf, die Farben auf den Schnäbeln der Vögel zu zählen. Ingrid sagt, das sei langweilig, sie habe das früher schon gemacht. Auch sie rudert ein bisschen. Denn es ist ein weiter Weg. Dann setzt sie sich auf die vordere Ruderbank und spürt den Rücken der Mutter an ihrem eigenen, während Havstein aus dem Meer emporsteigt und eine Krempe aus Land mit vielen Häusern bekommt. Eines davon ist weiß. Das ist das Wohnhaus von Gut Havstein, wo die Wanderschule untergebracht ist, mit einem Lehrer und fünfzehn Schülern, acht von ihnen sind neu. Sie alle kommen von verschiedenen Inseln, einige größer als die anderen, aber alle sind klein.

Zwei Wochen werden sie in der Mansarde des Gutshauses schlafen, danach kommen sie für zwei Wochen wieder nach Hause, während der Lehrer Olai Christoffer Christoffersen auf einer anderen Insel unterrichtet.

Nachdem er ihnen beigebracht hat, die Hand zu heben und um Sprecherlaubnis zu bitten, bevor sie etwas sagen, stellt er seine erste Frage, es geht darum, ob sie schwimmen können?

Die neuen Schüler blicken einander fragend an, die erfahrenen starren auf ihre Tische hinunter. Ingrid hebt die Hand und sagt, dass ihre Mutter schwimmen kann.

»Das werdet ihr auch lernen, und zwar schon heute«, sagt Lehrer Olai mit seinem merkwürdigen Akzent, denn sie sind Inselbewohner, und für Inselbewohner ist es ebenso wichtig, dass sie schwimmen wie dass sie segeln und rudern und beten können. Dann befiehlt er den Neuankömmlingen, sich draußen auf dem Hofplatz in zwei Reihen aufzustellen.

Sie tun, was er sagt, und marschieren zu einer Bucht auf der anderen Seite der Insel, wo es einen genauso weißen Sandstrand gibt, wie Ingrid ihn zu Hause auf Barrøy hat. Dieser Strand allerdings bildet fast einen ganzen Kreis und ist durchgehend flach, so dass er bei Ebbe im Trockenen liegt und die Sonne den Sand erwärmen kann, der wiederum das Wasser erwärmt, wenn die Flut wieder einsetzt. Am östlichen Ende führt eine gerade, glattgescheuerte Klippe entlang, so als wäre eine Straße in den Fels gehauen worden. Dort stellt sich Lehrer Olai mit einer langen Bambusstange hin, die noch länger ist als der Langhaken, den Ingrids Vater benutzt, um einzelne Fische an Bord zu holen, und beordert sie ins Wasser, in Unterwäsche.

Das Wasser ist kalt, doch dafür, dass sie im Meer sind, ist es auch warm. Abwechselnd halten sie sich am Ende der Stange fest, während Lehrer Olai auf der Klippe umherläuft und das ein oder andere sagt, das sie nicht verstehen, dieweil er sie im Wasser hin und her dirigiert, wie zappelnde weiße Fische. Sie platschen mit den Füßen und werden zurechtgewiesen, bis sie es richtig machen. Dann stellen sie sich bis zum Hals ins Wasser und lernen, Armbewegungen zu machen, bevor sie schließlich den Kopf unter Wasser halten müssen, wieder und wieder, und wer nicht eintauchen will, bekommt einen Hieb mit der Bambusstange verpasst; auf diese Weise lernen sie, den Atem anzuhalten, das ist eine Kunst für sich.

Zu guter Letzt sollen sie sich kopfüber ins Wasser stürzen und die gelernten Arm- und Beinbewegungen machen, denn da sie jetzt den Atem anhalten können, spielt es keine Rolle, ob sie den Kopf über oder unter Wasser haben. Lehrer Olai sieht auf die Uhr und behält die Sonne und die Wasserlinie im Auge, und sie dürfen nicht eher wieder herauskommen, bis alle blaue Lippen haben und mit den Zähnen klappern.

»Das war ein guter Anfang«, sagt er.

In nasser Unterwäsche marschieren sie zurück zum Gut, betreten das Haus durch den Hintereingang, so dass sie niemand sehen kann, und steigen zur Mansarde hoch, wo sie schlafen sollen, die Jungen in der Nordmansarde und die Mädchen in der Südmansarde, dort finden sie etliche durch die Räume gespannte Leinen, auf die sie die nasse Unterwäsche hängen sollen, um danach die zweite Garnitur anzuziehen, die sie von zu Hause haben mitbringen müssen.

Nach drei Tagen können alle schwimmen, und es gibt einen Wettkampf. Er findet in strömendem Regen statt und besteht darin, dass sie quer durch die Bucht und wieder zurückschwimmen und dann mit der Hand die Bambusstange berühren sollen, die jetzt wie eine gelbe, an zwei Tauenden befestigte Schlange unterhalb der Klippe treibt, wo Lehrer Olai steht und sieht, dass Nelly Elise gewinnt. Sie ist die Tochter der Hebamme. Und da es nicht sein kann, dass ein Mädchen gewinnt, kommt Lehrer Olai zu dem Schluss, dass sie wohl vorher schon schwimmen konnte. Nelly stottert außerdem und protestiert nicht. Auch will sie im Klassenzimmer nichts sagen, egal wie sehr Lehrer Olai sie auch ermahnt, und das tut er so lange, bis er schließlich aufgibt. Nelly ist stark.

Ingrid ist es nicht. Sie freut sich darüber, mit den anderen zusammen zu sein, und ist nicht im Geringsten ängstlich, sondern nur gut gelaunt, und lacht die ganze Zeit. Aber das wird ihr verboten. Es ist nicht gestattet, in einem Klassenzimmer zu lachen, aus drei Gründen, die Lehrer Olai an seinen langen dünnen Fingern aufzählt: Es stört, es ist ansteckend und es sieht dumm aus.

Ebenso wenig ist es gestattet zu lachen, während man isst.

Ingrid versteht nicht, was er meint. Nicht zu lachen, wenn man lachen muss, ist genauso, als dürfe man eines seiner Beine nicht behalten.

Aber das Leben ist eine Hölle, *das* lernt sie jedenfalls, und so hört sie auf zu lachen und beginnt stattdessen zu weinen. Jede Nacht. Sie liegt in einem Bett mit Nelly, die immer noch nichts sagt, und sehnt sich mit intensiven Flammen in der Brust nach Barrøy zurück. Der rote Punkt ist wieder da. Sie steht auf und läuft halbnackt in den Regen hinaus und um das Haus herum, hinunter zum Meer und wieder hinauf zum Strand, wo sie schwimmen gelernt haben. Ohne einem Menschen zu begegnen. Dann wieder zurück, denn auch Havstein ist eine Insel, egal wie gut man schwimmen oder rudern kann. Sie steigt zur Mansarde hoch, zieht die nassen Sachen aus und hängt sie auf die Leine, schlüpft in trockene Wäsche und legt sich wieder hin und weint erneut, bis Nelly den Mund öffnet und sagt, dass sie aufhören soll. Sie sagt auch: »Du ha-ha-hast verflixt schönes Ha-Ha-Haar.«

Nelly fragt, ob sie Ingrids Haar bürsten und ihr einen Zopf flechten darf. Das darf sie. In dieser Nacht und in den folgenden Nächten. Es muss sein. Und als Maria eine Woche später kommt und sie abholt, sagt sie dasselbe: »Was hasse für schönes Haar.« Als nähme sie ihre Tochter erst jetzt richtig wahr. Auf dem Weg nach Hause sagt sie auch: »Wie ernst du bis.«

Ingrid erzählt nicht viel von ihren ersten zwei Wochen in der Hölle; dass sie geweint und sich übergeben hat, und dass sie ein Brennen im Bauch gespürt hat und ihr zweimal schlecht geworden ist. Dafür erzählt sie, dass sie schwimmen gelernt hat, dass es dort Türen mit Schlüssellöchern gibt, und Räume, die man nicht betreten darf, dass sie von Buchstaben und Zahlen erfahren hat, und sich selbst in einem großen Spiegel betrachten konnte, der in der guten Stube des Hauses hängt, einmal war die Tür nicht verschlossen.

Maria sieht sie lange an, so, als suche sie nach etwas.

Von Nelly hat Ingrid das Schweigen gelernt, denn das Komische mit der Ansteckung ist, dass sie sowohl für Gutes als auch für Böses gilt. Und jetzt hat sie vierzehn Tage frei. Genau in dieser Zeit hämmern Vater und Großvater das erste Haus für den neuen Kai zusammen. Jeden Tag darf Ingrid dabei sein und ihnen Nägel und eine Wasserwaage reichen, die der Vater von den Lofoten mitgebracht hat, das Instrument, das dafür sorgt, dass alles, was ins Lot gebracht werden soll, auch ins Lot kommt, und alles, was in Waage gebracht werden soll, in Waage gebracht wird.

26

Martin sagt, die Rossschäre heiße nicht ohne Grund Rossschäre, und Stierholm sei von unreinem Fahrwasser umgeben. Diese Tiernamen seien Warnungen, Zeichen, die die wahren Namen der Felseninseln und ihr eigentliches Wesen verdecken sollten, sie seien die Signatur des Teufels, des Leibhaftigen. Sie haben auch eine Bocksschäre und einen Widderholm. Aus demselben Grund. Huftiere. Vierbeinig. Ein Pferd an Bord zu haben, widerstrebt zum Beispiel sämtlichen Instinkten und passiert nur im äußersten Notfall, zur Fracht. Stellt euch doch bloß vor, was es für eine Hölle ist, einen Zuchtbullen herzuschaffen, oder wenn die Kühe fortgebracht werden müssen, das ist niemals nur normale Mühe, an der ganzen Operation stimmt ganz einfach etwas nicht, man *spürt* es, im Leib.

Der Sohn hält dieses Gerede für Greisenmärchen und Aberglauben, im Gegensatz zum Glauben, denn der beruht in Gott, der über Schicksal und Wetter und Fischerglück entscheidet, wovon sich jeder überzeugen kann. Aberglaube dagegen, der geht mit Torheit einher.

Aber auch Hans ist nachdenklicher geworden, seit seine Tochter zur Schule geht, die alte Unruhe ist wieder da, wegen der Schweigsamkeit, die Ingrid sich zugelegt hat, und wegen dieses seltsamen Ernstes, der jetzt ihre Augen füllt. Und während sie da in einer Arbeitspause auf dem Bretterstapel sitzen, fällt sein Blick auf das Pferd, das drüben im Rosengarten grast, und er fragt den Vater, als ob endlich der richtige Augenblick gekommen sei, wozu sie diese Kreatur eigentlich brauchen, ein Pferd?

Es steht acht Monate des Jahres im Stall und frisst anderthalbmal so viel wie eine Kuh, es zieht Mähmaschine und Pflug und auch eine Ladung Heu, aber den Torf schleppen sie in der Regel selbst, also ist das Pferd vielleicht etwas, woran sie sich eben gewöhnt haben, wie an eine Unsitte, einen Klotz am Bein?

Alt ist es noch dazu, uralt.

Martin begreift, dass der Sohn ihm mit einer Art Zugeständnis entgegenkommt, er war nämlich skeptisch, was diese Investition betraf, deshalb sagt er, das Pferd sei damals eine kluge Anschaffung gewesen, auch wenn es im Boot gekommen sei, wie hätten sie es denn sonst herschaffen sollen … Weiter führt er diesen Gedankengang nicht aus, und Hans kann selbst die Schlussfolgerung ziehen.

Er geht in den Lofotschuppen und holt das Gewehr, sie führen das Pferd ins westliche Moor – man zeigt Frauen in einem Haus nicht, dass man ein Pferd tötet – und erschießen es und graben es an derselben Stelle ein, wie einen durchgedrehten Widder. Dafür brauchen sie den Rest dieses Tages und einen guten Teil des nächsten. Aber sie lassen sich nicht stören, sie sagen, das verdammte Tier, und sie wischen sich den Schweiß ab und gehen zurück zur Baustelle und schreinern weiter, sie haben schon angefangen, die Südwand mit Brettern zu verkleiden, und sie freuen sich auf die Fertigstellung, denn dann sind sie bei der Arbeit am übrigen Haus vorm Wind geschützt.

Doch Hans Barrøy verspürt noch immer eine Unruhe,

wenn er seine Tochter ansieht oder den Blick über die Insel gleiten lässt und registriert, dass nichts mehr so ist wie es war. In jedem wachen Augenblick weiß er, wo die Tiere sich befinden, jedes einzelne, denn hier gibt es Adler und steile Hänge, aber jetzt ertappt er sich immer wieder dabei, wie er sich aufrichtet und nach dem fehlenden Pferd Ausschau hält, bis ihm dann einfällt, dass es tot ist, und dann schreinert er weiter.

Das wiederholt sich.

Er denkt über die Macht der Gewohnheit nach und fragt sich, ob er bereut, das Pferd getötet zu haben, während er sieht, dass sich der Himmel mit Bewegungen füllt, es ist der erste Sturm, der jeden Moment den Neubau zerstören wird.

Sie können nur von neuem anfangen.

Nachdem der Sturm auch das nächste begonnene Haus mitgenommen hat, beginnt Hans Barrøy, in der Bibel zu lesen. Er nimmt sie mit zu den Lofoten und blättert darin, an Feiertagen und wenn sie an Land liegen. Als sie dann im April wieder gen Süden fahren, mit gehisster Flagge, um denen, die schon warten, zu signalisieren, dass ein weiteres Mal alle lebend zurückkehren, erscheint es ihm als gutes Omen, dass auf dem Felsvorsprung doch wirklich das Rüstwerk des neuen Hauses aufragt, so unversehrt, wie er es vier Monate zuvor in der winterlichen Dunkelheit verlassen hat, nur ein wenig grauer. Im Laderaum haben sie einen Stapel Schieferplatten, mit denen er nun bald das Dach decken wird.

Er zieht keine weitläufigen Schlussfolgerungen aus der Tatsache, dass dieser gewagte Neubau überlebt hat, sondern wird von einer gewaltigen Erleichterung erfüllt, und zu allem Überfluss steht seine Tochter am Kai und hält einen kräftigen kleinen Wicht an der Hand und zeigt auf die Flagge am Mast und sagt dem Kleinen etwas ins Ohr. Der Vater sieht ihr altes Lächeln, und das macht ihn fast fertig, auch wenn sie kein Sohn ist. In diesem Jahr hat er auch Lofotgeschenke mitgebracht, das war im vergangenen Jahr anders, da hatte er nur Werkzeug und Material für die Fenster, in diesem Winter hatte er andere Gedanken im Kopf.

Auch Martin bekommt ein Geschenk, ein Rasiermesser mit einem Elfenbeinschaft. Die anderen bekommen Stoff für Kleider und Zucker und Ingrid eine Spieldose und ein Buch namens *Der Samariter und der Esel.* Lars bekommt nichts.

Ingrid bekommt auch einen Spiegel. Zum dritten Mal sieht sie ihr Spiegelbild. Das erste Mal war im vergangenen Jahr auf Havstein. Außerdem durfte sie mit dem Spiegel spielen, den die Mutter in ihrer Truhe hat und sonst nicht herausnimmt, als sie einmal mit roten Flecken im Gesicht aus der Schule kam und nichts essen wollte.

Jetzt kann sie sich nach Herzenslust spiegeln.

Sie spiegelt auch Lars, der aber nichts davon begreift. Sie spiegelt die Katze und den Großvater, und der Vater zeigt ihr, wenn sie vor dem Spiegel sitzt und schreibt, dann wird die rechte Hand zur linken und die Buchstaben werden unleserlich, sie wird umgekehrt, als könne sie gleichzeitig eine andere sein und sie selbst.

Sie geht nach oben und versteckt den Spiegel in der Truhe, die sie in ihrem Zimmer hat.

Alle Frauen haben eine Truhe, diese hier hatten sie schon, noch ehe sie einen Stuhl bekamen. In den Deckel von Ingrids Truhe ist ein Name eingraviert, Petrine, und eine Jahreszahl. Petrine war Hans' Großmutter. Aber Maria passt darauf auf, dass der Inhalt der Truhe so ist, wie sich das gehört. Wenn das nicht der Fall ist, kommt es vor, dass sie etwas herausnimmt.

Das brauchst du nicht, sagt sie zum Beispiel von einer Tasse oder einem Tuch, und gibt ihr stattdessen etwas aus ihrer eigenen Truhe. Auch die wird Ingrid eines Tages erben. Also ergibt sich die Frage, ob es notwendig ist, etwas aus der einen in die andere Truhe zu legen. Aber das ist es. Es geht um Zeit und Alter, um zwei Sippen, die zu einer zusammengefügt werden sollen. Ingrids Truhe ist einigermaßen im Gleichgewicht, darüber sind sie und Maria sich fast einig.

Als Hans und Maria über die Insel gehen und er alles wiedersieht, erwähnt er nicht, dass er im Winter viel an das Pferd gedacht hat, sondern teilt ihr mit, dass er vielleicht ein wenig frömmer geworden sei. Er sagt auch, es sei schön, wieder zu Hause zu sein, sie haben sogar ein eigenes Wort dafür: heimlieb. Das ist nicht unbedingt ein positiver Zustand für einen Mann, deshalb sagt Maria, er sei sicher weder frömmer noch heimlieber geworden, nur älter, er habe jetzt einige graue Haare an den Schläfen.

Er verspürt eine überraschende Erleichterung, die nichts mit der Sache zu tun hat, und er bemerkt, dass auch auf Marias Kopf einige graue Haare gewachsen sind. Aber als sie den letzten Hang auf dem Rückweg zu den Häusern hochgehen, ertappt er sich abermals bei der Entdeckung, dass etwas fehlt, ein Tier, ein Pferd.

Er bleibt stehen und fragt, wie viele Lämmer sie in diesem Frühling bekommen haben, und er hört sie zählen und sieht sie auf die Lämmer zeigen. Er tritt zwischen sie und zählt selbst und hört die Namen, die sie den Lämmern gegeben haben, und weiß, dass von nun an nichts mehr so sein wird, wie es war. Ein Jahr ist vergangen, es kehrt nicht zurück, und wenn er jetzt Maria fragte, wie es eigentlich um Ingrid steht, würde sie nichts anderes antworten als immer, als ob er noch immer seinem eigenen Blick nicht trauen könnte.

27

Lars war erst sieben Monate alt, als er sich an Barbros Netzmaschen hochzog und schwankend stehen blieb, ehe er dann rückwärts kippte und mit dem Kopf aufschlug. Das wiederholte sich. Eine Woche später konnte er aufrecht stehen und sich an einem Kabeljaunetz festhalten und sich in der Küche umschauen. Lars stand gern.

Ingrid packte ihn bis zum Bauch in Schnee, so dass er auch draußen stehen und mit den Armen fuchteln konnte. Er hatte blonde, fast buttergelbe Haare, aber braune Augen und rote Apfelbäckchen. Er war erst acht Monate alt, als er mitten in der Küche ohne Hilfe aufstehen und gehen und fallen und wieder aufstehen und stehen und etwas aus der Speisekammer holen konnte, denn obwohl er kaum etwas sagte, begriff er, was sie sagten, und kannte den Unterschied zwischen Tasse und Löffel und Kästchen.

Als der Schnee wegtaute, konnte Lars vom Haus zum Stall und zu der letzten Torfhütte gehen. Im März fror es dann. Es regnete, der Frost kam und es wurde noch glatter, ein Mantel aus Eis legte sich über die Insel, und sie mussten Eisstachel an die Schuhe binden. Ingrid zog den Jungen auf dem Schlitten über die ebensten Wiesen, sie zog Haken durch alte Filzsocken und machte auch für ihn Eisstachel, es war, wie ihm noch einmal das Gehen beibringen zu müssen.

Anfang April verschwand er zum ersten Mal, dann noch einmal, beide Male fanden sie ihn am Strand, wo er mit einem Stöckchen im Boden bohrte. Beim Lammen mussten sie ihn auf dem Hofplatz anbinden. Aber wenn Ingrid keine Schule hatte, passte sie auf ihn auf, von dem Moment an, wenn er aufstand, bis er dann schlafen ging. Ansonsten war er mit dem Großvater im Stall und spielte mit Schwimmkugeln und Leinen oder saß in einer Leinentrommel und aß trockenes Brot. Am Tag vor Hans' Rückkehr von den Lofoten schob Martin Lars' kleine Hand in einen Teereimer und ließ ihn zwei Abdrücke an die Schuppenwand setzen, zwei kleine rechte Hände, die aussahen wie Hasenköpfe und die niemals verschwinden werden.

Der Teer verschwand auch nicht von seiner Hand, und als sie am Pfingstsonntag zum Gottesdienst auf die Hauptinsel rudern wollten, schrubbte Barbro sie so hart, dass sie rot wie Blut wurde und in einem Fäustling versteckt werden musste. Lars ging auf seinen Füßen vom Boot zur Kirche hoch. Danach verabredeten sie mit Pastor Johannes Malmberget, den Jungen am ersten Sonntag im August taufen zu lassen, auch wenn sie zugeben mussten, dass er keinen Vater hatte.

»Wir haben alle einen Vater«, sagte Johannes Malmberget. »Wir sind die Kinder Gottes.«

Diese Worte sind eigentlich gelogen und nur als Trost gemeint, denn alle kommen von zwei Orten, und Lars war zum einen der Sohn eines Fremden und zum anderen der Sohn Barbros, und deshalb hing über ihm ein doppelter Verdacht. Aber auch einige Erwartungen, und Hoffnung. Als er in diesem Jahr immer weiter heranwuchs, verloren sich jedoch Verdacht und Hoffnungen und tauchten nur wieder auf, wenn er etwas zerbrach oder etwas leistete, und eigentlich tat er beides nicht.

Jetzt lief er vom Friedhof zum Ufer hinunter, blieb stehen und sah den Großvater an, der schon vorausgegangen war und mit dem Rücken zum Land auf der Ruderbank saß und das Gesicht in den Händen verbarg. Der Alte hörte den Jungen im Wasser platschen, rührte sich aber nicht.

Die anderen kamen hinterher und fanden ihn in derselben verschlossenen Haltung vor. Da Lars hinausgewatet war und bis zum Bauch im Wasser stand, wussten sie, dass etwas nicht stimmte.

Maria fragte, was denn passiert sei.

Martin sagte durch seine Finger hindurch, er sei zum letzten Mal in der Kirche gewesen. Sie fragten, warum. Er gab keine Antwort, aber als sie fragten, ob es wegen Kajas Grab sei, nickte er und sagte, er könne es nicht mehr ertragen, die Inschrift auf ihrem Grabstein zu lesen, sie hätten niemals diesen Vers daraufsetzen dürfen, der Pastor habe recht, sie müssten den Vers entfernen.

Maria nannte ihn einen Trottel und sagte, er solle Platz machen. Die restliche Familie stieg an Bord und Lars wurde in eine Decke gewickelt. Auf der Heimfahrt fragte Ingrid, was denn mit dem Grabstein der Großmutter los sei, ohne Antwort zu erhalten. Sie fragte noch einmal. Maria fragte, warum sie so herumquengelte. Ingrid ließ nicht locker. Maria sagte, sie wisse es nicht, sie habe die Schwiegermutter nicht mehr gekannt, Ingrid müsse den Vater fragen. Ingrid fragte den Vater. Der lächelte und sagte, es sei ein schöner Vers, ihre Großmutter habe gewusst, was sie tat. Ingrid nickte und sah erst ihre Mutter an und dann den

Großvater, der ganz vorn im Boot saß, mit dem Rücken zu ihnen, und seine Hände anstarrte.

Als sie beim Schuppen an Land kamen, sagte er, was zum Teufel sie eigentlich mit dem riesigen Kai da hinten sollten, mit einem neuen Haus, wo sie doch bloß zwei Boote und zwei Kähne hätten.

Maria schüttelte den Kopf.

Hans sagte nichts. Barbro hob Lars in die Luft und kitzelte ihn. Martin ging zu den Häusern hoch und Ingrid ging auf, dass er ihr leidtat. Das war ein ganz neues Gefühl. Sie hatte nicht die geringste Ahnung, woher es kam. Am nächsten Tag war das Gefühl verschwunden. Aber es stellte sich in Augenblicken wieder ein, die eigentlich mit etwas ganz anderem gefüllt waren. Dann nahm sie es wieder wahr, als das Gefühl von der Rückfahrt vom Friedhof, den Ruderschlägen und den Gesichtern. Aber sie gewöhnte sich nie daran und erzählte niemals jemandem davon.

28

Ingrid sitzt im großen Zimmer von Gut Havstein mit der Schreibtafel auf den Knien, sie presst die Knie aneinander, hält einen Griffel in der Hand und schaut aus dem Fenster auf eine tiefstehende Februarsonne, die bald das bucklige Glas verlassen wird. Sie hat fertig geschrieben. Sie weiß, dass jedes Wort richtig geschrieben ist. Sie spürt die Wärme des Ofens, sie weiß, dass ihre Fäustlinge zusammen bei denen der anderen hängen, dass ihre Stiefel neben denen der anderen stehen, dass draußen auf dem Gang ihr Mantel neben den Mänteln der anderen hängt. Sie ist eine der anderen. Sie kommt von einer Insel, die anderen kommen von einer anderen. Sie sind zusammen. Sie lacht nicht mehr, wenn sie das nicht soll, sie hat die Haare geflochten. Sie schaut Lehrer Olai an, bis der ihren Blick spürt und aufblickt.

Aber er sagt nichts. Sie warten. Auf die anderen, die noch immer schreiben. Dann fragt Olai mit flüsternder Stimme über drei gesenkte Köpfe hinweg, ob sie fertig sei. Ingrid nickt. Auch er nickt und schreibt weiter im Klassenbuch, während Ingrid ihren Blick wieder zum Fenster wandern lässt, wo die Sonne aus dem Glas gleitet und in ein dunkles Dreieck auf dem mit Sand gescheuerten Boden wandert, das Segel eines Bootes, das durch das Zimmer treibt und den Tag mit sich nimmt, bald kommt Gabriel mit den Lampen, Gabriel ist ein stummer Hausgeist und der Älteste von allen, es ist Sonnabend und Ingrid fährt nach Hause.

Aber zum ersten Mal sehnt sie sich nicht nach Hause.

Sie steht auf, ohne um Erlaubnis zu bitten, und geht nach vorn, legt die Tafel vor Lehrer Olai auf den Tisch und sieht sein verdutztes Gesicht, dreht sich aber dennoch um, holt Kleider und Stiefel und nimmt ihre kleine Schultasche und verlässt das Zimmer, noch immer ohne um Erlaubnis zu bitten und ohne ihn eines Blickes zu würdigen.

Sie geht hinaus auf den Gang und zieht sich an und geht hinaus in den Frost, zehn Minuten – sie hat auf die große Wanduhr geschaut – ehe die Schule zu Ende sein wird, und sie geht weiter zum Hafen hinunter, wo der Großvater mit zwei ebenso alten Männern redet und über irgendetwas lacht. Zum ersten Mal sehnt sie sich nicht nach Hause. Zum ersten Mal hat sie keine Angst. Sie ist neun. Und ihr fällt auf, dass der Großvater, wenn er mit Fremden zusammen ist, anders ist als bei seiner Familie. Sie denkt, dass sie das auch ist.

Sie stellt sich mit einem Lächeln vor ihn. Er erwidert das Lächeln. Er legt ihr eine große Hand um die Wange. Dann lässt er die Hand sinken und redet weiter mit den beiden Männern, als wäre gar nichts geschehen, und Ingrid geht zum Boot hinunter und setzt sich auf die mittlere Ruderbank. Martin kommt nicht, er redet.

Ingrid erhebt sich und löst die Vertäuung und setzt sich an die Ruder, fängt an zu rudern und ist schon weit draußen, als der Großvater sie entdeckt und am Kai hin und her läuft und ruft. Er fuchtelt mit den Armen und ruft, sie solle zurückkommen. Aber das tut sie nicht. Ingrid rudert.

Es ist ganz still, das Meer ist spiegelglatt, die kleinen Felsinseln sind weiß, mit schwarzen Rändern, das Meer ist grün. Sie rudert mit langen, langsamen Schlägen und ist schon fast zu Hause, als ein fremdes Boot mit zwei Ruderern sie einholt und der Großvater an Bord des Bootes springt und nicht weiß, ob er schimpfen oder lachen soll, das sieht sie ihm an, dem alten Mann, den sie besser kennt als irgendeinen anderen Menschen. Er sagt, jetzt könne sie verflixt noch mal auch allein bis ganz nach Hause rudern, er persönlich werde sich auf die Achterbank setzen und rauchen.

29

Als Barbro auf Barrøy aufwuchs, hatten die Mädchen keine Stühle. Wenn sie aßen, standen sie am Tisch. Von allen Frauen im Haus saß nur ihre Mutter, Kaja, und damit begann sie erst, nachdem sie ihren ersten Sohn bekommen hatte. Als Kaja starb, wollte Barbro ihren Stuhl haben. Hans aber wollte ihn Maria überlassen, die er gerade geheiratet hatte. Kurz danach heiratete auch sein Bruder Erling, der Ältere von beiden, und zog auf eine andere, reichere Insel. Somit bekamen sowohl Barbro als auch Maria einen Stuhl, ungefähr zur selben Zeit. Und schon als Ingrid drei Jahre alt war, baute der Vater auch ihr einen Stuhl, mit Armlehnen, auf die sie ein Brett legten, worauf sie sitzen konnte, um dann die Füße auf dem Sitz abzustellen, bis sie so groß geworden war, dass sie das Brett entfernen konnten.

Eine Epoche war vergangen.

Nichts davon wurde besprochen. Es lässt sich auch nicht mehr sagen, ob es an Barbros Forderung lag, dass die Frauen sitzen konnten, oder an einer Idee, die Hans von den Lofoten mitgebracht hatte. Es wurde einfach nur getan, so wie sich die Menschen plötzlich einen neuen Weg durch die Wildnis bahnen und er ihnen gefällt und sie ihn immer wieder gehen, bis schließlich ein Pfad daraus wird, der nur ein anderes Wort für Gewohnheit ist.

Barbro konnte sich aber erinnern, wie es war, ohne

Stuhl zu leben, und deshalb schleppte sie ihn überall mit sich herum, in das Bootshaus auf dem Kai, und auch hinaus in die Natur, wo sie dann saß und auf die Tiere und in den Himmel schaute, und auf die Austernfischer am Strand. Ein Möbel im Freien. Dadurch wird der Himmel zur Zimmerdecke und der Horizont zu Wänden in einem Haus, das sich die Welt nennt. Nie zuvor hatte jemand so etwas getan. Und auch niemals konnten sie sich daran gewöhnen.

Dann musste ein weiterer Stuhl getischlert werden, für Lars. Den baute Hans an der Hobelbank im Schwedenhaus. Barbro beobachtete ihn, brachte ihm Kaffee und Essen. Er versuchte, sie fortzujagen.

Doch sie stellte sich einfach vor die Tür und wartete, aber da draußen im Regen konnte sie nicht stehen, und so bat er sie, wieder hereinzukommen und Hobelspäne aufzufegen und das Werkzeug wegzuräumen, wenn er es nicht mehr brauchte.

Es wurde der schönste Stuhl auf der Insel. Ähnlich dem von Ingrid, mit Armlehnen, auf die ein Brett gelegt werden konnte, aber auch mit ein paar Schnitzereien in der obersten Rückenlehne, Kronblätter einer Blume, die niemand von ihnen je gesehen hatte. Der Stuhl hatte auch ein ovales Loch im Sitz, durch das Lars scheißen konnte, in einen Topf darunter, es war sowohl ein Stuhl als auch ein Klo, bis Lars dann alt genug wurde, um auf das Klo an der Wand zum Stall zu gehen, das auch die anderen benutzten.

30

Ab und zu kommt Besuch von den anderen Inseln. Dann bekommen die Gäste Kaffee und etwas zu essen, und sie reden unentwegt und wild durcheinander, denn die Wörter häufen sich an in den Inselbewohnern, und einmal müssen sie raus. Wenn sie sich leergeredet haben, fahren sie wieder nach Hause und sammeln neue Sätze auf. Aber niemals kommt ein Fremder zufällig zu Besuch.

Doch was ist das?

Es beginnt mit einem grauen Schatten, der sich über die schimmernden Wellen im Osten erhebt und nach und nach zu einem Boot wird. Hans entdeckt es zuerst, es hat kein Segel, nur ein Mann ist an Bord, und noch immer ist es so weit entfernt, dass sie genügend Zeit haben, um alles über ihn herauszufinden, noch bevor er ankommt. Zunächst einmal befindet er sich in unbekanntem Gewässer, daran gibt es keinen Zweifel, und außerdem ist er auch keine Leuchte, was das Rudern betrifft, dann muss er wohl aus dem Landesinneren kommen?

Aber seine Bewegungen strahlen etwas Zielbewusstes aus, so als wolle er tatsächlich hierhin kommen, nach Barrøy, und da müssen sie sich wohl fragen, ob er irgendetwas Besonderes über sie gehört hat, was ihn auf die Idee zu einem Besuch brachte, oder ob sie ihn kennen oder er ein entfernter Verwandter ist.

Allerdings haben sie weder Bekannte noch Verwandte auf dem Festland.

Dann will er ihnen womöglich etwas verkaufen, das hat es zwar noch nie gegeben, kann aber nicht ausgeschlossen werden. Oder handelt es sich um eine Nachricht, die überbracht werden soll?

Das allerdings macht normalerweise Thomas aus Stangholmen oder einer der Ruderer von der Handelsstation. Aber worum könnte es sich in diesem Fall handeln, eine Todesbotschaft?

Hans überlegt, wer von seinen nächsten Verwandten gestorben sein könnte, und kommt zu dem Schluss, dass wohl kaum ein Fremder geschickt worden wäre, aber es gibt ja wohl noch andere Nachrichten …?

Wie zum Beispiel?

Dann erkennt er plötzlich das Boot, es ist das von Adolf in Malvika, da drinnen am Fuß der Berge, und Adolf verleiht seine Boote nicht, vor allem nicht an Leute, die weder rudern können noch wissen, wo sie sich befinden. Also breitet sich eine Woge des Ungewissen vor dem Ankommenden aus, bis die Inselbewohner schließlich zu allem Überfluss entdecken, dass er furchteinflößend aussieht, wie er da so aufrecht in dem schwankenden Boot steht, mit langem schwarzen Haar und Bart und Augen, die nicht in dieselbe Richtung blicken.

Der erste Gedanke ist, ihn wieder hinaus aufs Meer zu jagen. Aber sie sind höflich und neugierig, stehen reglos da und sehen ihn an Land steigen und hören ihn schnell und laut reden, mit einem Akzent, den sie nicht kennen. Sie verstehen, dass er vor irgendetwas getürmt ist, einer Bestrafung, sagt er, und dass sie sich seiner erbarmen sollten.

»Ich sehe, dass ihr einfache Leute seid, die Menschen wie mich nicht gewohnt sind, hier könnt' ich's mir ohne Probleme gemütlich machen, aber das will ich nicht, ich möchte eure Gastfreundschaft genießen …«

Hans beruhigt es, dass der Fremde belesen wirkt. Und die Stimme ist vertrauenswürdig, vielleicht auch deswegen, weil es bei diesem brutalen Aussehen mit Schweigen allein viel schlimmer wäre. Er nickt dem Rest der Familie beschwichtigend zu, sagt aber zu dem Fremden: »Hier könnse nich bleim.«

Das ändert alles.

»Ich hab aber gesacht, dass ich hier bleim will«, erwidert er, ihren Akzent nachäffend, und grinst und wirft sich einen Ranzen über die Schulter und lässt das Boot liegen, ohne es zu vertäuen, und geht zu den Häusern hinauf und lässt sie staunende Zeugen seiner Invasion in ihr Reich werden.

Martin stapft hinaus und kümmert sich um die Vertäuung. Sie setzen das Boot auf den Strand und sehen einander an, drehen es halbwegs herum, so dass die bemalte Breitseite vom Meer aus erkennbar wird, Adolfs Boot auf trockenem Land, wo es nicht hingehört, es soll ein Signal sein, ein Hilferuf, an dessen Wirkung sie selbst nicht glauben.

In den Fußstapfen eines Strafgefangenen gehen sie hinauf, alle Blicke auf Hans gerichtet, er spürt es förmlich, und während sie zusehen, wie der Fremde das Wohnhaus betritt, so als wäre es sein Zuhause, weiß Hans, was er zu tun hat, er muss diesen Mann töten.

Vor der Tür findet eine kleine Versammlung statt, die eigentlich nur ein Zögern ist, bevor Hans schließlich als

Erster hineingeht, dann Maria und Ingrid und Barbro mit Lars auf dem Arm, obwohl er vier Jahre alt ist und herumzappelt und runterwill.

Martin bleibt draußen und stellt sich an das Flügelfenster und sieht die Familie da drinnen aufgereiht an den Wänden stehen, gleich Bettlern in der eigenen Küche, während sich der Eindringling auf Hans' Platz gesetzt hat und sie einen nach dem anderen betrachtet, als überlege er, welche Befehle er seiner Dienerschaft geben soll.

»Wer bis'n du?«, sagt er zu Ingrid, ohne dass sie einschätzen können, ob er sie jetzt nachäfft oder nicht. Ingrid lässt die Mutter los und tritt vor und nennt ihren Namen. Der Fremde nickt, scheint aber auf nichts Interessantes zu kommen, worum er sie bitten könnte, und richtet den Blick stattdessen auf Barbro und wiederholt die Frage. Barbro antwortet nicht.

»Habter nix zu essen?«

Sie verstehen die Wörter, verharren aber reglos, so, als ob sie nicht wüssten, wo sich die Sachen befinden, die Tür zur Speisekammer, der Ofen, die Kaffeemühle und die Eimer auf der Bank neben dem Abflussbecken, das Hans im Frühjahr von den Lofoten mitgebracht hat, das alles scheinen sie noch nie zuvor gesehen zu haben, und der Eindringling wirkt nicht nur so, als wohne er dort, sondern auch so, als fühle er sich auf eigenem Grund und Boden recht wohl. Er wiederholt das Wort *essen*, sie zucken zusammen, und Ingrid bringt es fertig, ihn zu fragen, was er denn haben will?

Er antwortet mit lauter Stimme, so, als wären sie taub, dass sie doch wohl Brot haben dürften und Butter, Fleisch ... »Ich hab da draußen Kühe gesehen, Kälber ...«

Maria öffnet die Tür zur Speisekammer. Der Unbekannte ruft ihr irgendetwas hinterher. Sie bleibt stehen und blickt über die Schulter. Und dann kann Hans nicht mehr dort stehen bleiben, sondern verlässt seine drei Frauen und seinen Neffen und geht hinaus, ohne die Worte zu beachten, die ihm der neue Eigentümer nachruft, doch sie hallen in seinen Ohren nach: »Wo, zum Teufel, willst du'n hin?«

Hans geht hinunter zum Kartoffelacker, wo sie die Arbeit unterbrochen hatten, als das Boot zum Vorschein kam, und setzt sich mit dem Rücken zum Haus hin.

Ingrid kann ihn vom Fenster aus sehen. Der Großvater folgt ihm nach und setzt sich neben ihn. Sie reden. Es hat angefangen zu regnen. Mit dem viel zu großen Kind auf dem Schoß setzt sich Barbro in den Schaukelstuhl, betrachtet den Unbekannten, der ihren Blick erwidert, sie nachäfft, derweil sie vor- und zurückschaukelt und Lars kneift, damit er ruhig sitzen bleibt, und der Fremde sieht aus, als würde er gleich explodieren, während Maria das Essen auf den Tisch stellt. Da kann auch Ingrid nicht mehr im Haus bleiben.

Sie sieht auf ihre Hände, die schwarz sind von all der Erde, wagt aber nicht, ohne Erlaubnis hinauszugehen. Und sie fragt nicht die Mutter, sondern den Fremden, der Brot und kalten Fisch bekommen hat, sie fragt, ob sie gehen darf.

Er sagt, sie könne tun, was sie will.

Sie verneigt sich und läuft hinunter zum Kartoffelacker und stellt sich vor den Vater, der zwischen den Furchen kniet und voller Wut Kartoffeln in eine Kiste wirft, das macht er sonst nie. Hans Barrøy ist kein Mann, der auf den Knien liegt, es sind die Frauen, die die Kartoffeln auflesen, die er dann in den Kisten wegfährt. Jetzt sieht es aus, als bete er. Ingrid bleibt stehen, bis er fragt, was sie denn so glotzt.

Er wiederholt die Frage.

Hinter ihm sieht Ingrid den Großvater sitzen, mit den Händen auf den Knien. Er schüttelt den Kopf. Der Vater steht auf und hebt die Hand, als wolle er sie schlagen. Sie verspürt keine Furcht. Er lässt die Hand wieder sinken und blickt zu seinem Vater, der kommt und sich neben ihn stellt.

Sie sagen etwas zueinander. Ingrid kneift die Augen zusammen.

Schulter an Schulter verlassen die Männer den Garten Eden und laufen hinüber zum Kai und verschwinden im Lofotschuppen, kommen wieder heraus mit dem Harpunengewehr, womit sie für gewöhnlich Schweinswale schießen, der Großvater hat einen Hammerschaft dabei, und dann gehen sie zurück zum Haus und verschwinden darin.

Ingrid will sie aufhalten, bekommt aber keinen Ton heraus und läuft ihnen nach und stellt sich draußen vor das Küchenfenster und schaut durch das regennasse Glas, kann aber nichts erkennen. Als sie zum Windfang hinüberläuft, geht die Tür wieder auf und der Fremde kommt rückwärts heraus, plötzlich wirkt er kleiner.

Hinter ihm folgt erst der Vater, das Gewehr an der Schulter angesetzt und den Ranzen in der Hand, den er dem Fremden zuwirft. Dann folgen Barbro mit Lars auf dem Arm und schließlich der Großvater, der über die Schwelle stolpert, nach vorn stürzt und dem Unbekannten den Hammerschaft ins Gesicht rammt, so dass auch er hinfällt, mit lautem Geheul.

Ingrid sieht, dass der Vater das Gewehr anlegt und ein Auge zukneift. Maria legt ihm eine Hand auf den Arm. Der Großvater rappelt sich wieder auf. Der Unbekannte hat Blut im Gesicht, er flucht, und dann ist da plötzlich etwas mit seinen Kleidern, etwas, das sie erst jetzt entdecken, er ist gut angezogen, trägt einen teuren Anzug, die Weste hat glänzende Knöpfe, die Hose ist gebügelt, aus einer der Taschen ragt eine Goldkette hervor, ein reicher Mann, der rückwärts und in südliche Richtung die Wiesen überquert, mit der ganzen Truppe im Schlepptau.

Beim Boot bleiben sie stehen und sehen einander an.

Der Fremde fährt sich mit der Hand durchs Gesicht und zuckt mit den Schultern. Während Hans weiter das Gewehr auf ihn gerichtet hält, sehen sie zu, wie er sich mit dem Boot abrackert. Dann klettert er an Bord, legt sich in die Riemen und beginnt zu rudern, mit denselben hilflosen Schlägen, die ihn hergebracht haben, zuerst auf Malvika und die Berge zu, wo er herkam, dann nach Norden und schließlich nach Osten in Richtung Handelsstation. Er verschwindet in einem grauen Schauer, kommt wieder zum Vorschein und verschwindet ein für alle Mal in weiterem Regen.

Sie sind völlig durchnässt. Sie wissen nichts von ihm, weder wie er heißt noch wo er herkam oder hinwill. Sie wissen nur, dass er da gewesen ist. Ingrid sieht zum Vater, der nicht zurückblickt, sondern Arm in Arm mit Maria zurück zum Hof geht, das Gewehr in der Armbeuge, Martin fuchtelt mit seinem Hammerschaft herum, und Barbro lässt endlich Lars herunter, damit er laufen kann, wie er will.

In der nächsten Nacht wird Ingrid von Booten geweckt, die aus allen Richtungen angefahren kommen, es nützt nichts, sich wegzudrehen, es nützt nichts, in eine andere Richtung zu blicken, die Augen zu schließen, zu vergessen oder zu laufen, denn die Füße bewegen sich genauso wenig wie die Augenlider.

Sie geht zu den Eltern hinein und weckt Maria, sieht der Mutter an, dass sie sie gerne wieder hinausschicken möchte. Doch dann entscheidet sich Maria anders und steht auf, kommt mit in Ingrids Kammer und legt sich neben sie, Ingrid fragt, ob der Mann wiederkommt.

»Nein«, sagt die Mutter.

Das sagte sie aber auch, als Barbro verschwunden war.

Und als Ingrid am nächsten Tag den Vater auf dem Kartoffelacker stehen sieht, während er umherblickt, so als halte er nach einem Boot Ausschau, oder einem Pferd, und sagt, dass er es bereue, das Schwein nicht umgebracht zu haben, dass es idiotisch war, ihn in einem Boot entkommen zu lassen, das ihm nicht gehörte, Adolfs Boot, da begreift Ingrid nicht, wieso er es nicht getan hat. Nichts ist von der Insel verschwunden, nichts wurde gestohlen oder zerstört. Und trotzdem hat der Fremde etwas von dem geraubt, was ihnen hier am wichtigsten war, etwas, das sie nie zurückbekommen können. Ingrid glaubt, dass es etwas mit der Verteilung zu tun hat, mit denen, die die Küche verlassen haben, weil sie nicht mehr darin bleiben konnten, und denen, die geblieben sind. Ingrid ist ein sentimentales Kind.

31

Hans Barrøy tritt in einen Nagel und ruiniert sich einen Zeh, er entzündet sich. Mit jedem Tag hinkt er mehr und mehr und muss ins Krankenhaus in der Stadt, um den Zeh amputieren zu lassen. Als er zurückkommt, geht er am Stock, sie haben ihm nicht nur einen Zeh abgenommen, sondern zwei, und jetzt kann er nicht zu den Lofoten fahren, wie Maria entscheidet.

»Wovon solln wir dann lebm?«

»Du kanns nich mit'm *Stock* aufs Meer«, sagt sie.

Darin ist sich Onkel Erling mit Maria schön einig, als er kurz nach Neujahr mit seinem Kutter angefahren kommt. Hans soll die Fischerei im Winter einem der Kameraden überlassen, sagt Erling, als Ausgleich für die Benutzung seiner Ausrüstung einen halben Fanganteil bekommen und ansonsten zu Hause bleiben und in heimischen Gewässern fischen, *mit* Stock, ha ha.

Hans ist einverstanden und stellt seine halbe Ausrüstung zur Verfügung, er steht mit der Familie am neuen Kai und sieht den Barrøy'schen Kutter zum ersten Mal seit fünfzehn Jahren ohne ihn verschwinden.

Das geschieht am Morgen des dritten Januar.

Wer in den Stall gehen soll, geht in den Stall. Während Hans stehen bleibt und umherblickt. Das ist eine komische Situation, und es gibt nichts zu sehen. Der Horizont ist irgendwo da draußen, das Land ist irgendwo da drinnen. Er kann das Meer hören. Aber das ist auch alles. Dann setzt er sich in Bewegung und sammelt alles auf, was er an Material finden kann, und beginnt im Haus auf dem Kai, Bänke zu tischlern. Daran arbeitet er weiter, bis sie am folgenden Tag fertig sind. Zwei Bänke. Da sagt er zu Barbro, dass er ihr beibringen will, wie man Köder an den Langleinen befestigt.

»Kann ja wohl 'n Köder anne Leine machen«, sagt Barbro.

»Jau, aber du solltse auch repariern«, sagt Hans. »Und orndlich zusammenlegn.«

Das kann Barbro nicht. Barbro steckt gerne Heringsstücke auf die Haken und legt die Leinen in der Trommel fein säuberlich zu einem Kreis zusammen, aber das Wirrwarr wird nur immer vertrackter, je mehr sie sich damit abmüht. Ingrid dagegen kann das, wenn sie nicht in der Schule ist. Und Maria, wenn sie nicht im Stall steht oder das Essen bereitet.

Es wurde ein seltsamer Winter, ein Winter ohne Leerraum, Einsamkeit und Ernst. Der schönste Winter in Ingrids Leben, der pure Sommer. Sogar das Wetter war so, wie es sein sollte. Hans und Martin standen jeden Morgen in aller Frühe auf, wie bei der Ernte, legten im Abschnitt zwischen Barrøy und Havstein vier Trommeln Leinen aus und saßen an der Außenseite der Insel, wenn das Wetter es zuließ. Sie legten auch ein paar Netze aus.

Immer noch mehr Netze.

Bereits Mitte Januar wurde das erste Trockengestell aufgebaut. Bisher hatten sie auf Barrøy kein anderes Gestell als das, worauf sie die Netze trockneten. Jetzt errichteten sie zuerst eines, und dann ein weiteres. Ende März hatten sie drei, alle auf den Anhöhen im Westen. Im Laufe dieser Monate trockneten sie dort zwölf Tonnen Fisch, und das ist gar nicht schlecht für zwei Mann und zweieinhalb Frauenzimmer im Köderverschlag, das sind fast drei Tonnen Stockfisch. War das Wetter schlecht, blieben sie an Land, und es war Maria, die bestimmte, was schlechtes Wetter war. Es ging ihnen so gut, dass sie bei der geringsten Brise zu Hause blieben.

Aber Hans bereute ein weiteres Mal, dass er das Pferd abgeschafft hatte, denn sie mussten den Fisch hinüber zu den Trockengestellen schleppen.

Er dachte gründlich darüber nach. Die Rechnung mit einem Pferd ging immer noch nicht auf, all das Futter, das es für sich beanspruchte. Die Familie trug den Fisch in Kästen, die er auf ihre Rücken spannte, und Lars zog die Fische durch den Schnee hinter sich her, immer zwei und zwei. Es war eine enorme Arbeit. Aber kann das Gestell, verflucht noch mal, nicht direkt hinter dem Kaihaus stehen, wo sie sie ausnehmen und paarweise zusammenbinden? Nein, das kann es nicht, ein Trockengestell muss auf nacktem Fels stehen und nicht über Gras und Moor, wo Gase und Fliegen und Armageddon in die Fische hinaufgeschickt werden.

Hans geht auch in den Stall, ein *Mann* im Stall.

So etwas Verrücktes hat Martin noch nie gehört.

Und so begann Ingrid, sich wieder nach Hause zu sehnen, als sie auf Havstein die Schulbank drückte und Rechnen und biblische Geschichte und Lieder lernte, auch wenn sie Freunde gefunden hatte, nach denen sie sich dann sehnte, wenn sie zu Hause war. Und im Laufe dieses Winters wurde ihr wohl ein weiteres Mal klar, dass sie nach Barrøy gehörte, eine Insel, die keine Jahreszeiten mehr hatte, und wo man nicht die ganze Zeit zu sein brauchte, um zu verhindern, dass sie verschwand.

Aber wenngleich der Winter anders wurde, wurde es der nächste Sommer auch. Anfang Mai kam Onkel Erling mit den Leinen, es war fast nur zerfetzter Kram, und die Saison dort oben war mager ausgefallen. Ebenso mager war auch der Erlös, den sie für ihren eigenen Stockfisch bei der Handelsstation bekamen, denn hier bei den Inseln sei der Fischfang gut gewesen, meinte Kaufmann Tommesen.

»Könnt ja mit eurer Ware nach Åsvær rudern und sehn, was ihr da kriegt.«

Außerdem sei es keine prima Ware. Tommesen meinte, es sei zu viel sekunda.

So wurde in diesem Sommer nichts aus einem neuen Haus auf Barrøy. Aber im Laufe des Junis schälten Hans und Martin Torf vom Berg südlich des Felsvorsprungs ab und versetzten eines der Trockengestelle dorthin, damit der Transportweg etwas kürzer wurde, und die anderen beginnen sich zu fragen, was das zu bedeuten hat, ob Hans etwa vorhat, noch einen Winter zu Hause zu bleiben, sich dort zur Ruhe zu setzen, wie sie zu werden?

Ist das überhaupt möglich?

Hans und Maria entscheiden, dass es möglich ist, sie sind freie Menschen, sie sind stark, und zusammen.

Nun allerdings hat Hans keine Ausrüstung, die er mit dem Bruder in den Norden schicken kann, er braucht den Rest der Langleinen selbst. Außerdem wird es schwieriger, an Köder heranzukommen, Heringe, kleine Köhler, so dass sie im Januar mehr mit Netzen als mit Leinen fischen müssen, auch an der Außenseite der Insel. Aber dort ist das Wetter plötzlich so gut wie unmöglich. Vieles der Ausrüstung von Netzknüpferin Barbro geht verloren. Bis zur Erschöpfung knüpft sie neue Netze. Auch sie gehen verloren. Im Februar reißt der Sturm eines der voll beladenen Trockengestelle um. Sie müssen die Fische noch mal waschen und wieder aufhängen, und Hans wacht immer öfter auf und muss hinunter in die Küche und das Wetter beobachten und einheizen und im Kreis herumlaufen und Kaffee vermissen, er muss nach den Booten und den Trockengestellen sehen, getrieben von derselben Unruhe, die der Fremde hinterlassen hat, diese eigenartige Reue. Hätte er ihn getötet, dann könnte er niemals zurückkommen. Zwar sieht er auch jetzt nicht die Spur von ihm, aber er will trotzdem nicht verschwinden, und Hans fragt sich, ob vielleicht andere Missgeburten in seinen Gedanken herumspuken würden, wenn er das Nötige getan, ihm das Leben genommen hätte.

Gedanken können nur von erschöpfender Arbeit ausgelöscht werden. Jetzt hat er beides.

Es wurde eiskalt und windstill, und in den Wochen vor Ostern hatten sie Erfolg auf dem Meer. Dann zeigte sich, dass es ein Jahr ohne Frühling werden würde, eines dieser Jahre, in denen der Frühling erst im Laufe eines Nachmittags Anfang Juni auftaucht; bis dahin gibt es nur Eis und Schneeregen, und danach schrägen kalten Regen, der auf Ernte und Tiere und Menschen eher tödlich als erlösend wirkt.

Es ging so weit, dass Hans Barrøy sich zu fragen begann, ob seine Insel zu klein geworden sei, ob er im Laufe dieser zwei Winter eine wertvolle Erfahrung gemacht habe, oder ob er seinem Schicksal begegnet sei, denn lasst uns den Tatsachen ins Auge sehen, wie er zusammenfasste, erst ein guter Winter mit einer *guten* Ausrede, um zu Hause zu bleiben, und dann ein erbärmlicher Winter, erfüllt von purer Gemächlichkeit. Zu allem Überfluss würde es noch mindestens ein weiteres Jahr dauern, um die ganze Misere wieder aus der Welt zu schaffen, jetzt hatte er nämlich weder Netze noch Langleinen. Und das alles wegen eines Zehs. Zweier Zehen. Jedenfalls war er jetzt nicht länger heimlieb.

Im Landesinneren wurde eine Eisenbahn gebaut, die Nordlandbahn, für so manchen armen Teufel die Rettung. Jetzt wurde sie auch Hans Barrøys Rettung. Er war ein guter Sprengmeister, mit einem scharfen Blick für die Geheimnisse des Gebirges. Sobald das Heu auf den Reutern hing, legte er vom Kai ab, und kam erst Mitte Dezember zurück, hohlwangig, aufrecht und schlaflos wie eine Sommernacht, aber mit neuer Ausrüstung, Langleinen, Bojen und Haken, und stärker vor Lofotfieber brennend als je zuvor.

Die Weihnachtstage verbrachte er im neuen Haus auf dem Kai und bereitete die Ausrüstung vor, acht Leinentrommeln. Dann hatte er noch eine Neuerung eingeführt, da Martin so alt geworden und Lars immer noch so klein war, eine Kabelwinde, die ganz hinten im Bootshaus montiert wurde, so dass sie sich dabei helfen konnten, wenn die Boote hinein oder hinaus sollten, man musste nur kurbeln, wie bei einem Schleifstein.

Maria und Barbro buken und füllten noch eine Kiste mit Lebensmitteln für vier Monate, kümmerten sich um Bettwäsche, Kleidung … Im Nebenfach: Brille, Rasiermesser, Kampfertropfen, Bleistift, Zuckerstücke … Und am zweiten Januar nahmen sie erneut Abschied von einem Vater und Bruder und Ehemann und Onkel, winkten und riefen wild durcheinander, während Onkel Erlings Achterlaterne schwankend in der winterlichen Dunkelheit verschwand und es einem Begräbnis ähnelte. Dann gingen sie nach Hause und nahmen die Einsamkeit und den Ernst in Angriff, Barbro, Maria, Ingrid und Lars, eine vierköpfige Bevölkerung. Denn Martin lag an diesem denkwürdigen Tag in seiner Kammer, er war jetzt nur noch ein halber Mann, uralt und entkräftet, nach den zwei härtesten Wintern seit Menschengedenken. In den nächsten Monaten würde er schlafen, gründlich, mochte sein Sohn lange auf den Lofoten bleiben, mochte das Glück auf seiner Seite sein.

32

Martin arbeitete fast überhaupt nicht mehr. Früher hatte er im Winter ganz in der Nähe der Insel mit einigen Netzen gefischt, jetzt begnügte er sich mit einer kleinen Ausfahrt pro Woche, mit der Schleppangel. Dabei nahm er Lars mit. Lars war eifrig und wild. Martin holte auch Torf ins Haus, wenn er in der richtigen Stimmung war, zündete die Tranlampen an, die sonst niemand anfassen durfte, zerlegte Fische und sagte Barbro, wie sie dieses oder jenes tun solle, ohne dass es nötig gewesen oder befolgt worden wäre. Ansonsten spielte er mit dem kleinen Lars, dem Schweden, den er behandelte wie sein eigenes Kind.

Sie krochen auf dem Boden herum und rauften. Lars sprang auf, robust und mit hartem Zugriff, und zog den Großvater an den Haaren. Martin fand, er greife zu fest zu und setzte sich ebenso energisch zur Wehr. Er spielte den Verletzten, der sich rächen wollte, und der Junge lief mit perlendem Lachen aus dem Zimmer. Der Großvater jagte ihn um die ganze Insel. Bis er müde wurde. Und er wollte nicht spielen, wenn er schlief. Die Katze Karnot war noch immer da, sie war so alt wie Martin und schlief jetzt auf seinem Bauch. Wenn er Mittagsschlaf hielt, kam Lars mit einem Stück Holz herein und schlug zuerst die Katze und dann den Großvater.

»Nein, und nein, dass man so alt geworden ist«, sagte

Martin und stand auf und ging hinaus und sah nach, ob er irgendetwas tun könnte. Das konnte er in der Regel nicht. Er hackte ein wenig Holz und zeigte Lars, wie man das machte.

Ingrid will nicht mehr Holz hacken, sie bäckt Fladenbrot, Kuchenfladen, Brot, sie kann melken, separieren und buttern und Süßkäse kochen und spinnen und stricken und rudern und schwimmen. Ingrid kann so gut wie alles. Sie kann Daunen säubern, Netze flicken, Leinen auslegen, Fisch ausnehmen – Männerarbeit –, Fische zum Trocknen aufhängen – zur Not Frauenarbeit –, Möweneier sammeln, Beeren pflücken und Kartoffeln ausmachen – seltsamerweise Männer- und Frauenarbeit. Aber auf dem Kartoffelfeld ist es wie beim Torfstich, der Vater steht, die Frauen liegen auf den Knien. Auch Martin liegt auf den Knien. Wenn er nicht auf dem Rücken liegt.

Es gibt auf der ganzen Welt keine Zwölfjährige, die mehr kann als Ingrid, sie ist eine Tochter des Meeres, die die wogenden Wellen nicht als Gefahr oder Bedrohung sieht, sondern als Weg und Lösung, für fast alles. Eines Tages, als der Vater wieder ausgefahren ist, sagt sie zu Lars, sie könnten das Boot nehmen und nach Norden nach Stangholmen rudern, zu Thomas und Inga, und fragen, ob es dort Tabak für den Großvater gibt. Martin jammert seit Neuestem so sehr, weil er weder Kaffee noch Tabak hat.

»Geld hab ich«, sagt sie.

Das hat sie von der Mutter bekommen, weil sie Heringe ausgenommen und eingesalzt und auf der Handelsstation verkauft hat, seither liegt das Geld in Ingrids Truhe.

Sie setzen das Boot aufs Wasser, das ist mit der neuen

Kabelwinde ganz einfach, sie hissen Segel und haben schon fast die halbe Strecke hinter sich gebracht, als die Mutter sie entdeckt und angerannt kommt. Sie stellen sich taub, bei dem guten Wind kommen sie rasch voran, und sie sind schon so dicht vor Stangholmen, dass sie Häuser und Felskuppen sehen können.

Aber auf Stangholmen gibt es keinen natürlichen Hafen, nur eine lange Untiefe, und sie müssen zwischen einigen Schären hindurchsegeln, und als sie das Segel fallen lassen, steht da Thomas und brüllt, ebenso wütend wie Maria.

»Schert euch nach Hause, habt ihr denn das *Wetter* nicht gesehen!«

Zeigt gen Himmel, schüttelt den Kopf und schimpft.

Es kommt zu keinem Handel, sie rudern nicht einmal ganz bis an Land, aber Ingrid will nicht unverrichteter Dinge kehrtmachen, sie sieht zudem kein schlechtes Wetter und Lars sieht auch keins.

Sie setzen das Segel wieder und kreuzen zwischen den kleinen Inseln, hinüber zur Handelsstation, und vor ihnen liegt nur noch das Hafenbecken, als der erste Windstoß ihr die Leinen aus der Hand reißt und droht, das Boot umzuwerfen. Lars heult und geht beinahe über Bord. Ingrid legt den Achtersteven wieder vor den Wind, kann fast das ganze Segel einholen und steuert auf einen grünen Flecken an der Felswand zwischen Handelsstation und Kirche zu, es ist nicht Ingrids Kurs, es ist der von Wind und Meer, das Meer bäumt sich immer heftiger auf, sie nehmen bei jedem Ruderschlag Wasser, und sie schreit, Lars solle zum Bug gehen und mit der Trosse an Land springen, *ehe* sie auf den Fels auftreffen, sonst fällt er auf die Nase.

Sie treffen nicht auf den Fels auf, sondern auf den grünen Fleck, und das Boot schneidet sich mit einem feuchten Stöhnen in eine weiche Decke aus Gras und Tang und bleibt stehen, während das Ruder in den Windstößen hin und her schlägt wie eine Tür.

Sie kommen an Land und versuchen, das Boot höher zu ziehen. Aber das lässt sich nicht bewegen, und Ingrid weiß, was passieren wird: Die See wird sich noch weiter hochschieben, das Wasser wird weiter steigen, und das Boot wird langsam aber sicher zu Kleinholz zermahlen werden, das kostbare Boot.

Und das will sie einfach nicht mit ansehen.

Sie zieht Lars mit sich auf die Felsen. Auf die Handelsstation zu. Sie sind triefnass von Regen und Meer und niemand sieht sie weinen, auch nicht, als sie in den Laden kommen und vor Margot stehen, die den Tresen bewacht, die kräftige Margot, die sie erkennt und fragt, was in aller Welt sie bei solchem Wetter hier machen. Dann verliert sie vollkommen die Fassung, als ihr aufgeht, dass die beiden allein sind.

»Wir brauchen Tabak für Opa«, heult Lars.

»Was denn für Tabak?«

»Für Opa, für Opa …«

Er kommt nicht mehr weiter, der Rotz fließt. Ingrid muss aufhören zu weinen und ihn abwischen. Er reißt sich los und stürzt hinaus. Sie läuft hinterher und fängt ihn auf einer Wiese, wo er plötzlich stehen geblieben ist, als ob sein Körper stecken geblieben wäre, er bebt und klappert mit den Zähnen.

Sie geht mit ihm zurück und sie setzen sich auf den Kokskasten und wissen nicht, was sie sagen sollen. Oder tun. Ingrid kann wieder anfangen zu weinen. Sie sind an Land, aber sie wollen aufs Meer. Dann merkt sie, dass der Wind nachlässt. Sie tritt unter dem Vordach hervor und merkt, dass auch der Regen nachgelassen hat, im Süden klart es auf, der Himmel ist hell.

Sie gehen wieder hinein und kaufen Kandiszucker und einen Eimer Sirup, bezahlen und gehen, ohne Margots Rufe zu hören, laufen zurück zum Boot und sehen es noch an derselben Stelle dümpeln, weiterhin unversehrt.

Sie schöpfen Wasser und schleppen das Boot mit Hilfe der Wellen ins Tiefe und rudern los.

Ingrid kann es nicht glauben.

Sie rudern gegen die Brecher und beide mit einem Ruderpaar. Lars zuerst in ihrem Takt, dann immer mehr durcheinander, während er etwas ruft, er zählt, wie ihr aufgeht, und steigert den Takt immer weiter, bis sie nicht mehr mit ihm mithalten kann. Sie haben die letzte Felseninsel schon hinter sich. Lars wird seekrank und muss sich erbrechen und verliert ein Ruder, sie sehen es mit einem Winken verschwinden. Ingrid rudert. Lars geht in die Knie, liegt in Embryostellung auf dem Boden im Wasser und hält sich die Ohren zu. Ingrid rudert und ihr ist heiß und vor ihren Augen tanzen rote Punkte, ihre Arme zittern und ihr Rücken brennt, sie rudert und wartet mit jeder Faser ihres Körpers auf den letzten Windstoß, das Zeichen dafür, dass das hier nicht geht, denn es *kann* nicht gehen, es ist zu weit, das Meer zu wild, und der Wind wird immer stärker, um sie herum ist alles weiß, und ihr ist klar, dass sie verloren sind, als ein Stoß das Boot durchfährt, sie sind auf Grund gestoßen.

Aber hier gibt es keine Schäre.

Sie sind gegen ein anderes Boot gestoßen.

Sie dreht sich um und erkennt den großen Kahn. Maria und Barbro an den Riemen, der Großvater aufrecht stehend inmitten der gewaltigen Wogen, steife, weiße Gesichter und Stimmen ohne Klang, der Großvater, der einen Fuß aufs Dollbord setzt, wartet, sinkt, steigt, wartet und wie ein junger Mann in das Boot springt und ihr die Ruder aus der Hand reißt, sie zwischen die Ruderbänke schiebt, wo sie neben Lars liegen bleibt und zum Großvater hochschaut, sieht, wie er das eine Ruder wie eine Brechstange in den nächsten Brecher bohrt und das Boot umdreht, so dass sie das Meer hinter sich haben, um sich dann zu setzen und vornüber gebeugt an den Rudern zu sitzen, die wie zwei schwarze Flügel in den Wind ragen.

33

Als Ingrid aufwachte, war sie tot. Sie lag auf dem Rücken in einem schmalen Bett in einem leeren Zimmer und sah Licht im Fenster, Sonne. Aber die Decke war keine Daunendecke, sie war bleischwer, und ihr Rücken tat weh, die Arme zitterten und die Gedanken schliefen.

Sie konnte sich nach rechts drehen und eine weiß gestrichene Tür sehen. Ein Zimmer mit Boden, Wänden und Decke, alles weiß gestrichen, und ein einziges Bett, darin lag sie, und ein Fenster, das starrte sie an, und eine Tür, die musterte sie. Sie überlegte, ob die Tür wohl geöffnet werden könnte, wo sie hinführte, ob *sie* die öffnen könnte, als ein Geräusch aus der Ferne in das Weiße eindrang, es konnte Lachen sein.

Sie hieß Ingrid. Sie war zwölf Jahre alt, ihre Haare waren trocken und gekämmt, aber nicht geflochten, sondern lagen wie ein Kranz um ihren Kopf. Sie hielt den Atem an. Atmete aus und schloss die Augen. Öffnete sie wieder. Sonnenlicht im Fenster. Kein Wind, kein Geräusch, das ferne Lachen.

Sie schob die schwere Bettdecke zur Seite und setzte sich auf. Sie konnte die Glieder bewegen, sie konnte sich auf unsicheren Beinen erheben und vor dem Fenster stehen und eine quadratische Wiese sehen, die ganz abgegrast war und aussah wie ein grünes Blatt Papier auf einer braunen

Tischplatte. Darauf waren Menschen. Zwei lagen still und stützten sich auf den Ellbogen ab. Es waren Männer, die lebten und miteinander sprachen. Zwei andere Gestalten standen ein Stück weit weg, es waren Frauen, auch sie sprachen, aber ebenso lautlos, und zwischen ihnen lief ein Junge mit einem langen Stock und zeichnete Figuren auf den grünen Bogen. Die Erwachsenen drehten sich um und schauten hinter ihm her, lachten und riefen ihm etwas zu.

Ingrids Finger waren Krallen.

Sie wusste, wer die Menschen waren, die Mutter und Barbro und der Großvater, der kleine Junge war Lars. Und ein fremder Mann. Jetzt kam auch eine fremde Frau ins Bild. Die anderen drehten sich um und lächelten sie an. Sie gab ihnen kleine weiße Tassen, füllte sie aus einer Kanne, und Ingrid erkannte Stangholmen, der fremde Mann war Thomas und die fremde Frau war Inga. Ingrid war einige Male hier gewesen, und sie hatten einander oft zugewinkt. Als sie den Blick hob, konnte sie in der Ferne Barrøy erkennen.

Sie war auf der falschen Seite des Meeres.

Das Schlimme: Sie konnte die Krallen gerade machen und sehen, dass die Fingerknöchel rot und zerschrammt waren. Sie schaute ihre Knie an, die unter dem Hemd hervorschauten, und sah das Blut, das als dünner Bach über die Kniescheibe und weiter die Wade hinablief, dann ein weiterer Strom auf der Innenseite des anderen Knies. Sie öffnete den Mund, um zu schreien, und hörte nicht einen Ton. Dort unten auf dem grünen Blatt erstarrten alle und glotzten zu ihr hoch, sie sah, wie die Mutter den Mund öffnete, wieder schloss und loslief, auf sie zu.

Das Gute: Sie ruderten zusammen nach Hause. Maria und Ingrid im Boot, Barbro und Lars mit je einem Ruder im Kahn. Martin saß auf der Achterbank und lachte über sie, erzählte ihnen, was sie alles nicht konnten, vor allem nicht rudern. Das Meer war glatt mit langen, trägen Dünungen. Es war Oktober. Sie ruderten um die Wette. Die Mutter hatte ihr das mit dem Blut erklärt. Ingrid begriff, dass sie nicht härter rudern durfte als Maria. Lars und Barbro waren als Erste da. Lars jubelte. Die Kühe brüllten im Stall. Die Schafe lagen im Garten Eden und aßen Kartoffelkraut. Vom Dach des neuen Schuppens hob ein Adler ab. Von dem einen Trockengestell ein anderer. Aber das Blut war geflossen. Und als Ingrid sich umdrehte, konnte sie Thomas und Inga als kleine Punkte auf der südlichsten Landzunge von Stangholmen sehen.

»Jetzt musste denen winken«, sagte die Mutter. »Damit die sehen, dass wir zu Hause sind.«

Ingrid stieg auf den Felsvorsprung und winkte und dachte an alles, was sie vergessen musste, an den Mann, der gekommen war und etwas gestohlen hatte, von dem sie nicht gewusst hatten, dass es da war. Und da hinten winkten sie zurück mit einem grünen Schal, den nannten sie den Signalschal. Sie hatten auch einen roten, den nahmen sie, wenn sie Hilfe brauchten. Hinter ihr sagte Maria, sie solle mit in den Stall kommen, während Barbro Essen machte. Und sie fragte: »Wassn das?«

Ein brauner Klumpen unten im Boot. Kandiszucker. Aber der Sirupeimer war unversehrt. Ingrid hob ihn hoch, wog ihn mit beiden Händen und spürte, wie wichtig es war, sein Gewicht, dass er unversehrt war, und trug ihn nach oben.

34

Nelly ist zu Besuch. Es ist Ostern, Karfreitag und Niedrigwasser, die kurze Zeitspanne im Jahr, wenn die Insel am größten ist und sie zu Fuß durch schneeweißen Sand um das ganze Reich gehen können, abgesehen vom Felsvorsprung und dem neuen Kai, da ist es immer so tief, dass Lars hineinspringen kann, die anderen springen nicht. Aber Ingrid ist einmal um die ganze Insel geschwommen, bei Hochwasser, da ist die Insel besonders klein, es war in einem wärmeren Sommer als alle anderen.

Jetzt geht sie die Runde zusammen mit Nelly, die hier ist, weil ihre Mutter Verwandte besucht. Der Vater wird nicht erwähnt, die Geschwister auch nicht.

Nelly stellt Fragen, die auf Barrøy noch nie gestellt worden sind: Warum habt ihr keine Schlüssellöcher in den Türen? Wer ist der Vater von Lars? Warum hast du keine Geschwister? Was sagt dein Großvater?

Ingrid versteht, von welchen Fragen sie der Mutter nichts erzählen darf. Aber über die wichtigste muss sie lange nachdenken, muss sie immer wieder abwägen, die Frage, warum sie keine Geschwister hat, die Kinder auf den anderen Inseln haben doch neun oder dreizehn. Nelly hat sechs Brüder, und auf Stangholmen sind fünf Mädchen und drei Jungen aufgewachsen, die Kinder von Thomas und Inga, und eins nach dem anderen ist weggegangen, als sie die Schule hinter sich hatten, jetzt kommen sie nur noch zurück, um im Sommer bei der Mahd zu helfen, sonst sind die beiden allein, sie sind so lange schon allein, wie Ingrid sich erinnern kann.

Aber sie haben zwei Schals zum Winken, der eine ist grün, der andere rot.

Nelly hat an Barrøy auch allerlei auszusetzen: Zum einen sind hier keine anderen, wie bei ihr auf Lauøy, wo nicht weniger als vier Familien wohnen. Und hier gibt es keinen Hund? Und die Häuser sind nicht angestrichen. Nellys Haus ist auch nicht angestrichen, aber eins, das nicht ihrer Familie gehört, ist rot, es ist das einzige Haus, das sie von der Schule auf Havstein aus sehen können, so dass Nelly es ihnen zeigen konnte, der Stall ihrer Nachbarn.

Nelly isst auch nicht so gern gekochten Köhler und Leber. Aber das ist offenbar übertrieben, denn sie isst so viel wie Lars. Und es gibt vieles, was sie mag, ob sie das nun sagt oder nicht: Spekulatius mit Butter, Rhabarbermarmelade aus dem vergangenen Jahr, frische Milch, hartes Fladenbrot, die Daunendecke, unter der sie neben Ingrid im Nordsaal schläft, auf Lauøy haben sie keine Daunen. Sie findet es auch schön, dass sie einen eigenen Stuhl hat, auf dem sie während der Mahlzeiten sitzt. Es ist Hans' Stuhl, er ist noch immer auf den Lofoten, deshalb sitzt sie oben am Tisch, wie eine Königin, und dort hat sie wohl noch nicht oft gesessen, und sie schaut hinüber zu Martin, der am anderen Ende sitzt. Und um eine ganze Insel zu gehen, auf Ebbestreifen, wie über die Krempe eines riesigen Hutes, und Möweneier zu sammeln und in ein kleines Netz zu legen, das ist auch nicht auf allen Inseln möglich.

Nelly ist zudem eine tüchtige Arbeiterin, auch wenn Maria sagt, sie hätten frei und solln machen, wasse wolln, was auch ganz neu ist, jedenfalls für Ingrid.

Sie hat sich einen Zopf geflochten, der wie ein Seil zwischen ihren Schultern hin und her peitscht, wenn sie Lars hänseln und ihn dazu bringen, hinter ihnen her über die Sanddünen zu laufen. Lars ist ein kräftiger Bursche, und jähzornig, aber klein gewachsen. Sie bewerfen ihn mit Eiern und die Dotter laufen wie glühender Honig über sein wütendes Gesicht. Ingrid ist gern gemein. Und Lars ist dumm genug, sich mit dem trockenen Heidekraut abzuwischen, und sieht aus wie ein Seehase, als er nach Hause kommt. Ingrid wird mehr ausgeschimpft denn je, die kostbaren Eier. Aber sie wird zusammen mit Nelly ausgeschimpft. Während Lars Anlauf nimmt und ihr ins Gesicht schlägt, so dass Maria ihr Stoffreste in die Nasenlöcher stopfen muss, um das Blut anzuhalten.

Auch mit Martin gibt es Probleme, wie dann, wenn er nicht schläft, sondern umherstapft und in seiner eigenen Welt nicht vorhanden ist, da Lars nur den Mädchen hinterherläuft.

Er ist zudem schroff und brummt, deshalb fragt Nelly, was er sagt, auch das ist eine Frage, worauf es keine Antwort gibt, selbst wenn Ingrid alles versteht, was er sagt, auch das, was er verschweigt.

Aber was ist mit der Tatsache, dass sie keine Geschwister hat?

Anfangs sagt Nelly, sie habe Heimweh. Aber als der Tag näherrückt, fängt sie an zu schluchzen und Luft stoßweise aus ihren Nasenlöchern zu pressen. Maria sagt, Barbro und Ingrid brauchten nicht mit in den Stall zu kommen,

Nelly reiche, und sie redet mit ihr unter vier Augen. Und als sie wieder herauskommen, ist Nelly fast wie bei ihrer Ankunft, obwohl sie noch immer nicht nach Hause will, sie will für den Rest ihres Lebens auf Barrøy wohnen, das ist der schönste Ort, wo sie je gewesen ist.

Martin fragt beim Mittagessen, ob sie denn schon an so vielen Orten gewesen ist.

Nelly sagt, sie sei auf Havstein und auf Lauøy gewesen, und einmal mit ihrem Vater in der Handelsstation, aber eigentlich kaufen sie anderswo ein, in Åsvær, und da war sie noch nie.

Martin lacht. Das tut Nelly auch. Er fragt, wie ihr Großvater heißt, und es stellt sich heraus, dass er viele Winter lang mit ihm fischen war, in Træna. Deshalb stellt er weitere Fragen, die Nelly versteht und auf die sie antwortet.

Dann stellt auch Lars eine Frage, nämlich, wie viele Brüder sie habe.

Sie zählt die imponierende Truppe auf, und Lars stellt noch eine Frage, diesmal an Barbro gerichtet, weshalb *er* keine Brüder hat.

Und es wird still.

Lars lässt seinen Blick zu Ingrid hinübergleiten, von ihr zu Maria, und dort lässt er ihn haften, während sie sehen können, dass er nachdenkt, dass die Schwarte nur so kracht, ehe er den Mund aufmacht, als Martin sich erhebt und sagt, nein, jetzt müsse er aber nach dem Kalb sehen, das gestern krank war, und Ingrid fragt, ob Lars noch ein Ei in die Fresse haben will.

Darüber lachen alle, nur Lars nicht.

Er springt auf und läuft hinter dem Großvater her.

Als sie im Bett liegen, hört Ingrid Nelly im Schlaf schniefen und Wörter murmeln, die sie nicht verstehen kann. Aber sie empfindet eine tiefe Dankbarkeit, weil sie den bewusstlosen Wehklagen eines Menschen lauschen darf, der Barrøy nie im Leben verlassen will, und der ihr die Haare geflochten hat, als es ihr Leben galt.

Maria und Barbro rudern sie wieder hinüber.

Ingrid sitzt in ihrer Sonntagskleidung mit weher Nase neben Nelly und sieht den Großvater und Lars zu Hause auf dem Felsvorsprung, ein alter Mann und ein kleiner Junge auf ihrer Insel, die immer kleiner wird, während Nelly schluchzt und hustet und nicht einmal den Versuch macht, ihre Tränen zu verstecken, als könne sie endlich nach Herzenslust weinen und wolle sich die Gelegenheit nicht entgehen lassen, das Versäumte aufzuholen. Als sie Havstein erreichen, ist sie bleich und gefasst. Sie gehen zum Gut hoch und winkten Maria und Barbro zu, die schon wieder auf dem Meer sind. Barbro hebt ein Ruder und winkt zurück. Ingrid ist hier und dort zu Hause. Und sehr glücklich.

35

Über ein Jahr wird vergehen, bevor sich die Gelegenheit bietet, eine Antwort auf die Frage nach den Geschwistern zu bekommen, so etwas verschwindet nicht einfach.

Es ist ein mörderisch heißer Sommer, der heißeste Sommer seit Menschengedenken. Himmel und Meer sind zu einem dunstigen Brei zusammengekocht, der von morgens bis abends auf ihnen lastet und das Gras kurz und braun und die Kartoffelpflanzen schlaff macht und Mensch und Tier schwitzen und keuchen lässt. Halbnackt laufen sie herum, umringt von Fliegenschwärmen, auf einer tropischen Insel am Polarkreis.

Hans trägt den Ofen aus dem Schwedenhaus hinaus auf den Felsvorsprung, denn drinnen können sie nicht länger kochen. Sie schlafen bei offenen Fenstern und Türen und baden jeden Tag. Im Meer. Auch der alte Martin badet, er planscht im Wasser, genauso wie Hans und Barbro, während Lars kopfüber vom Felsvorsprung ins Wasser taucht und Maria und Ingrid hinüber nach Moltholmen schwimmen und auf den Klippen in der Sonne sitzen und die Augen schließen und an gar nichts denken, bis sie dann wieder zurückschwimmen.

Barrøy ist ein Paradies.

Doch schon Anfang Juni ist der neue Brunnen versiegt. Dann trocknen auch die Moorlöcher aus, eines nach dem anderen, und schließlich sogar die Gletschertöpfe auf Skogsholmen, es wird geradezu absurd. Und da es keinen Wind gibt, müssen Hans und Martin rudern, wenn sie mit Eimern und Bottichen zur Handelsstation hinüberwollen. Aber auch da ist das Wasser ausgegangen. Sie müssen zum Bach, der bei Malvika aus dem Gebirge stürzt, wie schön wäre doch jetzt ein wenig Wind in den Segeln, hier, wo sie doch sonst immer welchen haben.

Sie machen zwei Fahrten pro Tag, dann schmerzen die Rücken so, dass der Tag vorbei ist. Die Menschen trinken zwar nicht viel, aber mehr als üblich, und die Tiere können nicht genug bekommen.

Schließlich verschwinden auch die letzten Schneeflecken im Gebirge, der Bach bei Malvika trocknet aus, die Möwen erheben sich nicht mehr in die Luft, sondern weichen nur aus, wenn Lars ihnen hinterherjagt, und paddeln ansonsten auf dem zähen Meer herum, das zu einer Wüste geworden ist.

Hans führt leise Gespräche mit Maria, müssen sie schlachten?

Maria weicht aus, es ist die Frage eines Mannes, und er entscheidet. Und von einer verzweifelten Eingebung übermannt, gibt er ihnen Hacke und Spaten, sie müssen anfangen zu graben, auf dem Grunde des alten Brunnens im Moor, der ebenfalls ausgetrocknet ist.

Hans und Lars hocken unten in einem dunklen Loch und fluchen und kämpfen mit Fliegen und Mücken, derweil die anderen einen Eimer rostroten Staubs nach dem anderen heraufziehen und ihn über Unebenheiten auf Land und Wiesen verteilen. Die Menschen sind aus Erde geboren und mit unzerreißbaren Bändern an sie geknüpft, aber jetzt sitzt sie nicht nur unter Nägeln und Fußsohlen, sondern auch in Poren und Gedanken, in Ohren, Haar und Augen, zu guter Letzt erobert die Erde das innerste Oval auf dem Rücken, dort, wo die tastenden Hände in ihrer hysterischen Jagd nach Mücken und Bremsen nicht hingelangen.

Aber sie können in einem Meer baden, das zur Abwechslung einmal warm ist, die Körper sondern braune Wolken ab, aus denen sie hinausschwimmen, weiß und neu geboren, und sich das Salz von den Lippen lecken, bevor sie wieder hinaufgehen und sich erneut auf die Arbeit mit dem Brunnen stürzen. Sogar eine Insel muss Grundwasser haben, sie schwimmt ja nicht wie ein Schiff auf dem Meer, sondern ist am Innern der Erde vertäut, Hans hat es zuvor schon gesagt, und da unten ist Wasser, es *muss* dort sein.

Eine gewisse Verzweiflung ist in das Dasein getreten, der Ernst steht in das Weiße des Auges geschrieben, das hier ist gefährlich, es ist eine so widernatürliche Gefahr, dass sie unmöglich hätte vorhergesehen werden können, wann hat es zuletzt solch einen Sommer gegeben?

Wurde so die Zivilisation in Karvika ausgerottet?

Trockenheit?

Hier draußen?

Eines Nachmittags hören sie in der Ferne das Geheul von Lars aus der Grube, und der nächste Eimer ist voller Lehm, feuchtem Schleim.

Waren sie schon vorher mit Erde bedeckt, nimmt es jetzt total überhand. Lars und Hans ziehen sich nackt aus und arbeiten dort unten wie ein Trupp Heizer in einer Maschinerie von biblischen Ausmaßen, ihre Verwünschungen werden von einem feuchten Echo eingehüllt, und wenn sie über die Leiter nach oben steigen, um eine Pause zu machen, können die anderen sie nur anhand ihrer Größe voneinander unterscheiden.

»Wie geht's denn?«

»Jau …«

Als sie beim nächsten Mal frisch und sauber aus dem Bad gestiegen kommen, bleibt Hans plötzlich mitten auf der Wiese stehen und sagt Pssst und hält sich die Hand ans Ohr, er hat etwas gehört, das Geräusch von Wasser. Da rinnt es auch aus seinen Augen, und die anderen müssen wegsehen. Er fängt an zu rennen, die anderen rennen hinter ihm her und legen sich bäuchlings in einem Kreis um diese Schusswunde auf der Insel und starren auf ein schwarzes Auge hinunter, das wütend zurückstarrt, sie kriegen keinen Ton heraus.

Das Wasser riecht nach Furz und Moor und Öl, ist aber nicht von einem regenbogenfarbenen Schimmer überzogen. Hans lässt die Familie Fetzen von alter Bettwäsche über Eimer und Fässer spannen, wie ein Sieb. Schon beim ersten Eimer können sie bis auf den Grund hinuntersehen. Er geht an die Kühe, die ihn schnaufend umstehen. Im nächsten Eimer ist das Wasser klarer, das rieselnde Geräusch ist stärker geworden, deutlich wie ein Bach. Und am nächsten Morgen errichten sie eine Hebekonstruktion über dem Brunnenloch, ein fünf Fuß großes Zelt aus schlanken Fichtenstämmen mit Flaschenzug und Seilen, darunter baumelt ein schwingendes Brett, auf dem Lars sitzen kann. Mühsam lassen sie ihn hinunter, an der Wasseroberfläche schöpft er einen Eimer nach dem anderen voll, die sie dann heraufziehen und den muhenden und blökenden Tieren geben, jetzt scharen sich auch die Schafe um die Eimer, in Panik und Erlösung. Die Inselbewohner können Kaffee mit dem Wasser kochen. Und als der Abend kommt, können sie es auch so trinken, wie es ist, es ist eiskalt und schmeckt nach nichts.

Noch in derselben Nacht wässerten sie den Kartoffelacker. Am nächsten Vormittag war er zwar genauso trocken wie zuvor, doch die Kartoffelpflanzen hatten sich halbwegs aufgerichtet. Immer wieder ließen sie Lars hinunter und zogen ihn herauf, er schöpfte und schöpfte, den ganzen Tag und auch die nächste Nacht wässerten sie den Kartoffelacker, das Wasser rann perlend durch die staubigen Furchen und verdampfte, aber die Pflanzen richtete sich weiter auf. So ging es eine Woche.

Dann kam der Regen.

Und übergoss sie mit dem Gefühl, eine Woche wie keine andere hinter sich gebracht zu haben, sieben heilige Tage, von dem Moment an, als sie Wasser unter ihren Füßen gefunden hatten, bis zu dem Augenblick, als sich der Himmel über ihnen öffnete. Reiche und verzweifelte Tage, der endgültige Beweis dafür, dass sie ihr eigenes Schicksal beherrschten. Von Anfang Juni bis Ende Juli war die Insel braun wie ein Novembertag gewesen. Nun wurde sie grüner als je zuvor, nicht einmal der Rosengarten war rot. Dann wechselten Sonne und Regen einander ab, und sie konnten eine magere Heuernte einfahren. Auch die Mahd auf den Holmen war mager, aber es war besser, vor Weihnachten zu schlachten als mitten im Sommer. Und als Ingrid eines Nachmittags neben der Mutter auf dem Rücken im frisch gemähten Schorfgarten lag, ahnte sie, dass sie überlebt hatten und dass die entscheidende Frage gestellt werden konnte, in einer neuen Freiheit, weshalb hatte sie keine Geschwister?

Maria stützte sich auf die Ellbogen und sagte, dass man Kinder nicht *habe*, sondern sie *bekomme*, sie seien Geschenke. Obwohl ihr eine innere Stimme sagte, dass sie besser schweigen sollte, fragte Ingrid, wieso einige sie dann *bekämen* und andere nicht.

»Vermisste welche?«, fragte die Mutter spitz. Doch dann besann sie sich anders und fragte, ob Ingrid sich an Nellys Aufenthalt im Jahr zuvor erinnern könne, Nelly habe geweint, als sie zurück nach Hause sollte, und zwar deswegen, weil sie auf Barrøy niemand hänselte, wenn sie stotterte, nicht einmal Lars, dafür könne sich Nelly bei Maria bedanken, und Ingrid solle sich bloß nichts einbilden.

Ingrid sah sie verständnislos an.

»Sie hat Geschwister«, sagte Maria vielsagend. Und Ingrid wollte wissen, was das zu bedeuten habe, so als wolle sie wieder und wieder hören, dass die Einsamkeit etwas wert sei, doch ein Schatten hatte sich über ihr Gesicht geschoben, es war Lars, der geräuschlos zu ihnen gekommen war und sich in die Sonne gestellt hatte. Maria blickte ihn mit zusammengekniffenen Augen an und fragte, wo der Großvater sei.

»Ruht sich aus«, sagte der Junge.

Er hatte zu große Hosen an, von denen Barbro die Beine abgeschnitten hatte und die von Trägern gehalten wurde, die sie aus Netzgarn geflochten hatte, so lief er den ganzen Tag herum, barfuß, halbnackt und wild, er hatte den Körper eines Erwachsenen, war sieben Jahre alt und sollte bald zur Schule gehen.

»Und wo?«, fragte Maria.

»Da«, sagte der Junge und zeigte in eine Richtung, die Maria aufblicken ließ, zu einem Teil der Insel, wo sich Martin niemals aufhielt, wo sich niemand aufhielt, sie schaute nach Karvika und zu den Ruinen. Aber die Augen fanden nicht, wonach sie suchten. Sie stand auf und bürstete sich das Stroh vom Rock, hielt weiter Ausschau, bis ein kleiner Laut aus ihrem Mund hervordrang und sie zu rennen begann. Ingrid und Lars sahen ihr verblüfft hinterher.

36

Martin hatte sich zum Ausruhen in den Schatten gelegt, ein Mann, der nicht genug Sonne bekommen konnte, es sah aus, als schliefe er, so wie er immer schlief, allein die Katze Karnot fehlte auf seinem Bauch.

Maria wandte sich um und hielt die Kinder auf, entdeckte ihren Mann, der die Sense beiseitegelegt hatte und mit ruhigen Schritten angelaufen kam. Auch Barbro kam aus dem Haus, abwartend, alle kamen, wie auf ein Signal.

Hans ging neben seinem Vater in die Hocke und legte ihm eine Hand auf die Wange. Niemand sagte etwas. Er richtete sich auf, blickte Lars an und sagte, dass er mit ihm kommen solle, um etwas aus dem Kaischuppen zu holen. Ingrid hörte sie reden, Lars sprach aufgeregt, der Vater erklärte etwas, Ingrid hörte nicht, was es war.

Sie kamen mit der Leiter zurück, die sie für die Brunnenarbeiten benutzt hatten, sowie mit zwei der Flickenteppiche, auf denen die Schweden geschlafen hatten. Hans legte einen davon über die Leiter. Er und Barbro hoben den Vater hinauf, breiteten den anderen Flickenteppich über ihn, hoben die Leiter an und trugen ihn zum Bootshaus und legten die Leiter auf die Tragrollen, wo das Boot für gewöhnlich stand. Danach schlossen sie beide Türen und auch die Luke am Boden, damit keine Vögel zu ihm hineinkommen konnten.

Am nächsten Morgen fuhren sie mit zwei Booten hinüber. Barbro und Hans ruderten das große Boot. Im Achtersteven saßen Ingrid und Maria. In der Vorpiek hockte Lars, total aufgelöst. Sie hatten den Kahn mit Martin auf der Leiter im Schlepptau, es war windstill.

Sie legten am Steg unterhalb der Handelsstation an. Hans ging hinauf und kam mit Pastor Johannes Malmberget zurück, dem er über die steile Treppe nach unten helfen musste. Der Pastor gab einem nach dem anderen die Hand und sagte die tröstenden Worte, die er so oft schon ausgesprochen hatte, ohne dass es ihm zu einer Gewohnheit geworden war. Erst vor kurzem sei der Dampfer mit Eis gekommen, sie könnten die Leiche ins Kühlhaus bringen.

»Habter Kleider mitgebracht?«

Ja, sie hatten ein Bündel mit Kleidung, Martins besten Anzug.

Und der Sarg?

Ja doch, sie hatten Geld.

Hans und Barbro trugen die Leiter mit dem Vater über die Treppe ins Kühlhaus hinein und setzen sie auf zwei Böcken ab, zwischen mannshohen, mit Sägespänen bedeckten Stapeln aus Eisblöcken, die im letzten Winter aus einem See im Landesinneren geschnitten worden waren und sogar den heißesten Sommer seit Menschengedenken überlebt hatten, es war beruhigend und kalt dort drinnen, und tropfstill.

Sie traten wieder auf den Kai hinaus, wo sich im Sonnenlicht eine Handvoll Menschen eingefunden hatte. Einer der Arbeiter von der Handelsstation kam herbei und gab Hans die Hand und sagte etwas, das Hans eigentlich nicht zu hören brauchte. Auch Barbro gab er die Hand. Es wurde über das Begräbnis gesprochen. Pastor Malmberget bat um Entschuldigung, dass er ihnen nicht noch einmal über die steile Treppe nach unten folgen könne. Hans sagte, das sei nicht schlimm. Sie reichten einander erneut die Hände und gingen hinunter und setzten sich in das Boot und ruderten wieder nach Hause, mit dem Kahn im Schlepptau.

Die Katze Karnot und Lars trauerten am meisten. Lars schrie und zertrümmerte alles, was ihm in die Finger kam. Hans war stumm. Barbro weinte, wenn sie sich unbeobachtet glaubte. Marias Gesicht war starr und grau, so, wie während der Trockenheit, als sie gedacht hatte, dass sie die Tiere verlieren würden.

Und Ingrid konnte feststellen, dass manche wahrhaftiger trauerten als andere, zuallererst sie selbst. Sie ging hinaus auf den Felsvorsprung beim neuen Kai und hoffte, dass eine mächtige Hand sie von dem Felsen fegen und so lange in der Tiefe festhalten würde, bis sie zerbarst, denn sie hatte weder die Kraft, um selbst zu springen, noch konnte sie in Stücke zerfallen, auch wenn sie nach allen Kräften schluchzte, bis Maria kam und sie vom Fels zerrte und sie bat, sich zusammenzureißen, jetzt würde sie vielleicht auch begreifen, was sie getan hatte, als sie mit Lars in dem Boot davongerudert war, Martin sei ein alter Mann gewesen, und Kinder seien Kinder, das sei ein Unterschied, so groß wie das Meer.

Ingrid krümmte sich und war eine Schlange, die sich wand und zu einem harten und lautlosen Knoten wurde. Sie durfte neben der Mutter im Nordsaal schlafen, derweil der Vater allein im Süden lag, und bevor sie einschlief, kam die alte Flamme zurück, in den Bauch, wie damals, als sie sich gefragt hatte, ob sie der Mutter oder dem Vater trauen könne, oder überhaupt irgendwem.

Am Tag, an dem das Begräbnis stattfinden sollte, legte Onkel Erling am neuen Kai an. Mit dem Kutter voll von Familienmitgliedern, von denen Ingrid viel gehört, die sie aber nur zum Teil gesehen hatte, die vier Schwestern des Vaters, mit Ehemännern, die drei jüngeren Schwestern der Mutter, mit zwei Ehemännern, Onkel Erling und seine Frau Helga mit ihrem alten Vater, samt fünfzehn Vettern und Kusinen in allen Altersstufen, im Laufe des vergangenen Tages von den verschiedenen Inseln abgeholt und hierher nach Barrøy gebracht, um die noch fehlenden aufzulesen.

Sie stiegen an Bord und drückten Hände und grüßten wortlos nach rechts und links, so dass sich eine ungeheure Ruhe über diese Arche ausbreiten konnte, die im anhaltenden Sonnenschein hinüber zur Handelsstation dampfte.

Sie konnten die Laufbrücke der Handelsstation benutzen, standen einen Augenblick da und beobachteten die sichere Vertäuung eines Schiffes, bevor sie alle zusammen in einem schwankenden Tanz hinauf zum Laden und zum Dorf liefen, der wohl windigsten Gemeinde im ganzen Schreckensreich des Herrn, herausgeputzt in schwarzem und glänzendem Sonntagsstaat, ein langsamer Marsch zur Kirche hinauf, wo mit Pastor Johannes Malmberget am Ruder alles verlief, wie es sollte, seine hübsche Frau und zwei kleine Söhne, einschließlich Thomas und Inga von Stangholmen, die kraft der Ruder herübergekommen waren, wie üblich, und ein knappes Dutzend anderer Inselbewohner, mehr Menschen, als Ingrid je um sich gehabt hatte, alle mit gesenkten Köpfen den wohlgewählten Worten Malmbergets zustimmend, der über Martins dreiundvierzig Winter im offenen Boot auf dem Meer bei Træna sprach, deshalb habe er so grobe Hände gehabt. Bei solch einem Leben ist es auch eine Gnade Gottes, dass sie nun eine Leiche in die Erde senken können, auch wenn das Meer ein Himmel ist, das dürfen wir niemals aus den Augen verlieren, besonders nicht hier draußen, und dass der Alte genau da eingeschlafen ist, wo er am liebsten einschlafen wollte, Martin Konrad Hanssen Barrøy, auf seiner eigenen Insel, und schon bald hier neben seiner lieben Kaja ruht, seiner Gattin für eine etwas zu kurze Zeit, damit ist eine der Willkür des Wetters ausgesetzte Sehnsucht in Erfüllung gegangen, so müssen wir das sehen, während wir hier mit zitternden Lippen und Flut in den Augen stehen, seufzte Johannes Malmberget und wischte sich mit einem roten Taschentuch den Schweiß vom Schädel, bevor er den Blick auf die zerklüfteten Felsen richtete und dem Kirchendiener das Signal gab, den Sarg in etwas hinunterzulassen, das in Ingrids Augen bedrohlich dem Brunnen ähnelte, den sie vor gut einem Monat gegraben hatten, Amen, es war nicht auszuhalten.

Auf dem Heimweg fiel Hans plötzlich etwas ein, er griff dem Bruder ins Steuerrad und wendete, um die vergessene Leiter und die beiden Flickenteppiche zu holen, die draußen vor dem Kühlhaus auf dem Kai lagen, sie war so gut wie neu, die Leiter.

Ingrid war sprachlos.

Nicht, dass sie im Laufe des Tages besonders viel gesagt

hätte. Und die Worte des Pastors wurden von einem deutlichen Stimmungsumschwung an Bord zusätzlich durcheinandergewirbelt, die Stille auf dem Friedhof sollte doch ewig währen, sogar der Wind hielt den Atem an, doch drüben an der Ladeluke erschallte Gelächter, an der Backbordreling hielt eine der Tanten Maria umarmt, die sich den Mund zuhielt, um nicht auch in Lachen auszubrechen. Die jüngsten Kinder hatten begonnen, an Deck umherzurennen, ungestraft. Und durch das Fenster oben im Steuerhaus konnte Ingrid eine Branntweinflasche auf dem Kompass balancieren sehen, der einzig lotrechte Gegenstand in der trägen Dünung, sowie fünf grüne Gläser, die zwischen ihrem Vater und seinen Männern hin und her gingen.

Sie legten auf Barrøy an, die Ladeluken wurden geöffnet, und kistenweise wurden Speisen und Getränke an Land gebracht, Bettzeug und Kleider. Und ein Schwarm unbekannter Menschen ergoss sich auf die Insel und erkannte jeden erdenklichen Winkel wieder.

»Kennze noch den Nordwindhöcker?«

»Da is der weiße Strand ...«

Felsen, Wiesen, Buchten ... es gab nicht einen Flecken Land, über den diese Fremden nicht genauestens Bescheid wussten und den sie mit Freuden wiedersahen. Ingrid war plötzlich nicht mehr eine feste Bewohnerin auf der eigenen Insel, mit all ihren Schätzen und Geheimnissen, sondern ein Gast, der staunend das Lebenswerk anderer betrachtete, so wie es einmal war und immer sein wird, denn keine Kindheit kann verschwinden.

Eine Schwester des Vaters fiel auf die Knie und grub ein überwuchertes Eiderentenhaus aus, das Ingrid noch nie gesehen hatte, dann fand sie noch eines, von dem Ingrid ebenfalls nichts wusste, säuberte es und wollte Schiefersteine haben, um es zu richten, und verriet Ingrid, wo sie sie finden könne. Den Gästen brauchte nichts gezeigt zu werden, sie wussten, wo sich die Daunen befanden und wo der Fisch stand, wo der Adler sein Nest hatte, und sie kannten alle Verstecke und Schubladen in der Speisekammer. Sogar die Kinder, die nie zuvor hier gewesen waren, hatten die verstörende Tendenz, sich ganz zu Hause zu fühlen, gingen ins Bootshaus und in den Kaischuppen und kramten dort herum, zwei halbwüchsige Jungen ließen den Kahn zu Wasser, ohne um Erlaubnis zu fragen, und nahmen Lars mit, der lachte und zeigte und vergessen hatte, was für ein Tag es war, der außergewöhnlichste Tag, während die Mädchen wie kleine schwarze Zelte an Land standen und nicht mitfahren wollten, sondern nur glotzten und sich als Geschwister fühlten, vermutlich weil ihre eigenen Inseln so viel näher beieinanderlagen als an Ingrids, die die abgeschiedenste von allen war.

Aber vor Ingrid stand ein Mädchen in ihrem Alter und sah sie mit wehmütigem Blick an, der unter schweren, dunklen Augenbrauen hervorstach, sie sagte auch etwas, doch da erklang wieder Marias Lachen, die sich mit den Schwägerinnen daran gemacht hatte, die Kammer des Großvaters zu leeren, um sie auszuscheuern und alle Spuren zu löschen.

»Bissu die Ingrid?«

Ingrid nickte, es war noch zu früh, um etwas zu sagen.

»Ich bin die Josefine aus Gåsvær.«

Ingrid nickte wieder und sah die Katze Karnot zwischen den fremden Beinen umherstreichen, nachdem sie aus dem eigenen Zuhause gescheucht worden war, das sie sich nach Martins Tod zu verlassen geweigert hatte, nun lief sie hinunter zum Bootshaus und sah aus, als plante sie fortzuschwimmen.

Am Strand hatten der Vater und Onkel Erling ein Feuer entzündet. Die alten Flickenteppiche gingen in Flammen auf. Eine der Tanten kam mit ein paar alten Kleidern angelaufen, danach die Mutter mit dem Bettzeug des Großvaters, die Funken stoben an diesem goldenen Augusttag zum Himmel empor, dann kam auch noch Barbro mit Martins Strohmatratze, sie war die robuste kleine Schwester in einer siebenköpfigen Geschwisterschar, wurde gedrückt und verhätschelt und gehänselt, sie leuchtete wie eine Sonne und bekam das Haar zu verschiedenen Frisuren gekämmt, derweil sie auf ihrem Stuhl unter dem offenen Himmel thronte. Jetzt saß sie auch nicht mehr allein da, alle Stühle waren draußen, auch der Stuben- und der Küchentisch, es gab Kaffee und Essen und Kuchen und Branntwein, wer keinen Stuhl hatte, lag auf Flickenteppichen oder im Gras und aß und trank und feierte im Gewirr der Stimmen und des Gelächters und all dem anderen, das zum Leben gehört und nicht zum Tod.

Ingrid wollte wieder zum Felsvorsprung laufen und ins Meer gefegt werden. Aber dem stumpfen Blick von Kusine Josefine war nicht zu entkommen. Dann spürte sie auch, wie sich die Muskeln unfreiwillig zu einem Lächeln verzogen, als einer der Onkel zum freudigen Applaus der anderen umkippte. Ein paar Tränen bahnten sich den Weg, aber das Lächeln hielt, und sie beantwortete alle Fragen, bis die Nacht wie leichter Regen auf die unendliche Menschenmasse herniederfiel, welche Barrøy in eine Stadt verwandelt hatte, eine fremde Stadt, es war zum Verrücktwerden. Und hinter alldem sah sie die ganze Zeit ihre Mutter, so, wie sie sie noch nie zuvor gesehen hatte. Sie verstand sie nicht. Es war ein ebenso seltsames Gefühl, wie einen Großvater zu bedauern.

37

Es ist Jahr und Tag her, dass sie auf Barrøy den Kai bekommen haben. Für Hans Barrøy war dieser Kai nicht nur ein Triumph und ein bautechnisches Meisterwerk, sondern auch ein verpflichtender Beginn einer Fortsetzung. Er hat zudem mehrere wichtige Briefe geschrieben und mit seinen Anliegen an Besprechungen bei Verkehrsgesellschaft, Molkerei und Regierungsbezirk teilgenommen.

Was aber nichts genützt hat.

Doch nach dem Tod des Vaters muss er noch einen Versuch machen, und jetzt nimmt er Maria mit auf die Hauptinsel. Die drei, die auf dem Steg stehen und sie im leichten Regen verschwinden sehen, denken, dass nun etwas Entscheidendes heraufzieht.

Es geht darum, Barrøy an die Milchroute zu binden, die dreimal pro Woche zwischen der Handelsstation und Havstein und zwei weiteren Inseln verkehrt und Milcheimer an Bord nimmt und im Notfall für die Inselbevölkerungen auch als Passagierschiff fungiert, auch wenn es sich nur um einen ausrangierten Fischkutter handelt, ganz zu schweigen davon, dass dieses Boot alle Probleme damit vereinfacht, den Bullen zur Kuh oder die Kuh zum Bullen zu schaffen. Hans hat zudem eine Seekarte bei sich, die er auf dem Küchentisch des Ratsvorsitzenden ausrollt, um ihm zu zeigen, dass der Umweg über Barrøy ein kurzer wäre.

Aber ihnen wird bloß unverbindliches Wohlwollen gezeigt, und es fallen einige Worte über die Finanzlage in der Gemeinde, die noch nie so angespannt war, die Sache fällt zudem nicht ins Ressort dieses Ratsvorsitzenden, behauptet er.

Maria registriert, dass kein Kaffee serviert wird, und das hat nichts mit der Finanzlage zu tun, und das Gespräch dreht sich im Leerlauf, ehe es dann plötzlich eine philosophische Dimension annimmt, dem Ratsvorsitzenden fällt nämlich ein, dass Hans Barrøy seit vielen Jahren den Bedarf der Zivilisation an einem Seezeichen sabotiert, einem Leuchtfeuer oder einer Steinpyramide, nach denen die Schiffe navigieren könnten, auf Barrøy oder auf einer der dazugehörigen Felseninseln oder Schären, der Grundbesitz von Barrøy liegt ja immerhin mitten in der Fahrrinne, genauer gesagt, auf deren Außenseite.

Hans möchte wissen, was das mit der Sache zu tun hat, und muss sich anhören, dass der Ratsvorsitzende eine Idee hat, vielleicht können sie ein inoffizielles Geschäft machen, sein Sohn arbeitet nämlich im Leuchtturmwesen, und wie wäre es, die drei wöchentlichen Anlauftermine der Milchroute gegen eine Steinpyramide zu tauschen, zum Beispiel auf Skarvholmen, was sagt Hans Barrøy dazu, sich ausnahmsweise einmal ein wenig nützlich zu machen und nicht nur eine Schäre im Meer zu sein?

Er weiß nicht, was er antworten soll.

Das bringt ihn um seine nächtliche Ruhe.

Er will lieber eine Steinpyramide als ein Leuchtfeuer. Aber er will am liebsten weder das eine noch das andere, will nicht am Küchenfenster sitzen und auf einen schwarzen

Knochen glotzen, der auf seinem Horizont nach oben weist, womöglich noch mit einer weißen Bauchbinde und oben einem Eisenwimpel. Und dann sind da ja auch die dafür nötigen Arbeiten, es würde Monate mit Leuten und Herumgerenne bedeuten. Und wie viele Kühe kann er denn füttern, wenn er zum Beispiel das Moor auf Gjesøya trockenlegt, der Insel neben Barrøy, das hätte schon vor Generationen gemacht werden sollen, und drittens: Will er denn diese drei wöchentlichen Anlandungen wirklich, wenn er sich das alles überlegt?

Die Frage wird mit anderen Worten immer mehr zugespitzt, je größer die Gefahr wird, dass sein Wunsch sich erfüllen könnte.

Das alles hängt mit dem Tod des Vaters zusammen.

Damit, wie es mit der Insel weitergehen soll.

Schon ist ein Jahr vergangen, und manche Jahre sind länger als andere, er krümmt sich zusammen und wirft den Kopf in den Nacken, ringt in seinem Gehirn mit einer endgültigen Entscheidung und lässt Maria den nächsten Brief schreiben, sie hat eine schönere Handschrift und etliche andere sprachliche Vorzüge. Sie fahren zusammen hinüber und liefern den Brief ab, wieder beim Ratsvorsitzenden, mit einer Kopie für die Meierei, erhalten auf der Stelle eine mündliche Zusage und segeln wieder nach Hause, Himmel, das ging ja schnell, während der Überfahrt kichern sie fast ein wenig, zwei Jugendliche, die sich für die Welt geöffnet haben, sie sind ein fester Punkt auf der Karte geworden, ein sichtbarer Punkt.

Aber als die Milchroute zwei Wochen später zum ersten Mal Barrøy anläuft und sie alle fünf auf dem neuen Kai stehen und die Trosse auffangen – eine reicht, denn das Boot muss nur einen Eimer Milch an Bord nehmen, und das ist so wenig, dass der Kapitän, mit dem Hans zur Schule gegangen ist, herablassend über die frisch gemalte Nummer auf dem Eimer und die Tatsache lächelt, dass deswegen so ein Geschrei gemacht wurde, auf den anderen Inseln liefern sie zehn oder gar zwanzig Eimer – da begreift Hans Barrøy, dass er dem Teufel einen Finger gegeben hat und stehenden Fußes Gjesøya trockenlegen muss, daran führt kein Weg vorbei.

Er lässt in diesem Herbst Eisenbahn Eisenbahn sein und rudert mit Lars, der eigentlich eingeschult werden müsste, hinüber nach Gjesøya und fängt an, Gräben auszuheben. Mit Hacke und Spaten. Sie achten darauf, dass es abschüssig ist, und legen Steine und Reisig in die Gräben, hier draußen zwischen den Felskuppen kann es große Wiesen geben.

Aber es ist eine gewaltige Arbeit, sie zerstört Körper und Geist, und schon nach zwei Wochen kommen ihm Zweifel, ob es überhaupt durchführbar ist. Nicht, dass er sich schon geschlagen geben will. Barbro begleitet sie einige Wochen lang, Barbro ist stark, wenn sie den Spaten schwingt. Nach einem weiteren Monat heuern sie zwei arbeitslose Jugendliche von der Hauptinsel an. Aber die wollen Bezahlung, Geld, das die Inselbewohner nicht haben.

Als endlich der Frost kommt, richtet Hans Barrøy sich auf und führt ein entscheidendes Gespräch mit sich selbst: Dieses neue Land, das hier vor ihm liegt und das er mit erschöpfter Zufriedenheit betrachten kann, ist unbeschreiblich schön, daran kann es keinen Zweifel geben, aber gehört es wirklich *ihm*, so sehr wie die anderen Wiesen?

Es ist ein fast makabrer Gedanke, der andeutet, dass er Erdarbeit nicht mag, dass er ein Mann der See ist, eher Fischer denn Bauer, eher Jäger denn erdgebundener Leibeigener. Was nur als leicht extravagantes zusätzliches Feld gedacht war, wird zu einer existentiellen Eiterbeule.

Der Gegensatz zwischen Meer und Land war immer schon da, in Gestalt einer Unruhe oder einer Sehnsucht: Wenn er auf dem Meer ist, hat er Heimweh, und wenn er die Finger ins Erdreich bohrt, ertappt er sich immer wieder dabei, wie er Fischgründe und Tiefe anstarrt. Aber es gab bisher in diesem Hin und Her ein Gleichgewicht, eine gegenseitige und erträgliche Abhängigkeit, die sich jetzt zu verschieben droht?

Er kann sich in diesem Wirrwarr nicht zurechtfinden, stattdessen geht er zu Lars und sagt, er kann auf das Reisig pfeifen, mit dem er sich gerade herumschlägt, sie werden für dieses Jahr die Arbeit niederlegen.

Sie sammeln ihr Werkzeug ein und rudern in dem Schweigen nach Hause, das immer zwischen ihnen herrscht, wenn Lars es nicht über sich bringt, zu fragen, was denn los sei, und Hans so tut, als begreife er nicht, was der Junge wissen will, jetzt weiß er es selbst auch nicht, es ist ein natürliches Schweigen. Die beiden Jugendlichen werden bezahlt und fahren am selben Nachmittag mit der Milchroute los. Und mit einem Eimer Milch.

Da ist die Unruhe wieder: Barrøy bekommt Käse für diese Milch.

Sowie Butter, Sauerrahm, Sahne, was sie früher selbst produziert haben. Ja, sie produzieren es noch immer, aus der Milch, die sie behalten, aber ist das ein Fortschritt, sie brauchen Bargeld, für Haus und Boot und alles, was mit dem Meer zu tun hat, nicht den gleichen Käse, der andernorts von anderen hergestellt worden ist.

Er hat sich noch nie so jämmerlich gefühlt.

Aber inzwischen ist es Dezember, die Jahreszeit, wenn Entscheidungen aufgeschoben werden dürfen. Er macht mit Lars bis kurz vor Weihnachten weiter und arbeitet sich zu einer Art Gleichung durch. Nach einem weiteren Winter auf den Lofoten kommt er nach Hause und kauft Holz, vier Ölfässer und hundert Laufmeter solide Bretter, aus denen er im Süden von Barrøy ein Floß zimmern kann, um die Tiere über den Sund nach Gjesøya zu flößen, das wird auch auf vielen anderen Inseln so gehandhabt.

Gjesøya ist also keine Wiese für die Heumahd geworden, sondern eine Weide. Für die Jungtiere. Während die Kühe weiterhin zu Hause grasen. Jetzt können sie mehr Milch produzieren. Und weitere Jungtiere übersetzen.

Als Lars eingeschult wird, wird er an seinem ersten Schultag von Maria und Barbro nach Havstein gebracht, nicht rudernd, sondern auf einem von Barrøys zwei Milcheimern sitzend. Er ist noch immer klein, deshalb macht niemand großes Gewese darüber, dass er ein Jahr zu spät kommt. Dazu ist er ein heller Kopf, er kann lesen. Und zu Hause auf Barrøy sitzt Hans und hat abermals das Gefühl, ein Jahr weggeworfen zu haben.

Dennoch war es ein wichtiges Jahr. Viel wichtiger als die zwei vorangegangenen, die er weggeworfen hat. Obwohl er die Reichweite seines Handelns noch immer nicht überblicken kann. Sein Vater fehlt ihm.

38

Im selben Herbst soll die Steinpyramide errichtet werden. Aber das geschieht in Hans Barrøys Abwesenheit, denn nun muss er wieder arbeiten gehen, Eisenbahn und Bargeld gehen vor.

Es geschieht auch in Ingrids Abwesenheit, sie wird konfirmiert und wird zusammen mit fünfzehn anderen Jugendlichen von den Inseln unterrichtet und wohnt so lange bei Karen Louise Malmberget, passt auf ihre beiden Söhne auf, wenn sie nicht gerade in der Bibel liest, lernt, in einem Haus zu dienen, und das noch dazu mit Nelly und Josefine und einem anderen Mädchen, besser kann es doch gar nicht kommen? Karen Louise erwartet zudem wieder ein Kind, es wird das achte des Pastors, und keins von ihnen ist gestorben.

Das bedeutet, dass nur Maria und Barbro auf Barrøy sind, als die Leuchtturmgesellschaft eintrifft. Sie besteht aus einem Trupp von elf Arbeitern, auch sie haben Boot und Floß und sind gekleidet wie eine Mischung aus Wanderarbeitern und Vorarbeitern, eine vornehme Art von Arbeitern, mit Schirmmütze, Weste, blanken hohen Stiefeln und Wollpullovern, in denen sie aussehen wie Ingenieure. Sie haben Manieren und sind höflich, wenn sie Schlachtvieh oder Fisch oder Fladenbrot kaufen wollen, und sie geben recht viel Geld aus. Sie schlafen in einem mit Eisen beschlagenen Boot namens Glunten II, das am neuen Kai vertäut ist, wenn sie nicht bei gutem Wetter gleich neben der Baustelle ankern können.

Aber bereits am ersten Tag kommt es zu einem Missverständnis, das Maria nicht aufklärt oder das ihr egal ist. Sie beginnen nämlich nicht auf Skarvholmen mit der Arbeit, sondern an der Südspitze von Barrøy selbst. Es wird auch keine Steinpyramide, sondern eine Eisenkonstruktion, vier stehende T-Träger werden in den Felsboden getrieben und einbetoniert, und oben wird ein mannshohes Leuchtfeuer angebracht, ein weißer Leuchtturm mit einem roten Hut, der aus der Ferne aussieht wie ein Insekt oder wie ein schwebender Zirkusclown. Das Leuchtfeuer wird mit Petroleum betrieben und es soll vom 1. Oktober bis zum 1. März brennen, und dann – aber durch die rote und weiße Farbe gut zu sehen – für das restliche Jahr erloschen sein.

Jetzt ist es bald November.

Auf Barrøys Südspitze brennt also seit fast einem Monat ein pulsierendes Licht, als der Bahnarbeiter heimkehrt und an die Decke geht, ein ewiger marktschreierischer Weihnachtsbaum auf seiner eigenen Insel!

Aber er trifft auf keinerlei Verständnis, weder bei Maria noch bei Barbro. Sie zeigen ihm hundertzweiundzwanzig Kronen, die sie als Grundstücksmiete erhalten haben, und erzählen, dass sie für alle Zukunft ein kleines, aber festes Einkommen haben werden, weil sie das Leuchtfeuer hüten und warten sollen. Sie sind nicht nur Milchproduzenten und ein fester Punkt auf der Karte geworden, sondern auch Leuchtturmwärter und Gehaltsempfänger und stehen beim Staat in Lohn und Brot.

Das erträgt Hans Barrøy nicht.

Er kann bei niemandem in Lohn und Brot stehen.

Er fährt am nächsten Tag mit der Milchroute, ohne Maria. Aber schon als Barrøy sich hinter ihm im Meer verliert, fängt er an, über die Tatsache nachzudenken, dass er nicht *rudert* oder segelt, sondern mit der neuen Route fährt, im Sonntagsstaat, als schwäche das die Klage, die er vorzubringen gedenkt, und dieser unorthodoxe »Handel«, den sie eingegangen sind, bei welcher Instanz soll er überhaupt Klage führen?

Er steht im Steuerhaus zusammen mit seinem alten Schulkameraden, Paulus, der seit Jahrzehnten diesen friedlichen Posten bekleidet und fest bezahlt wird, ohne etwas anderes tun zu müssen, als in sauberem Fahrwasser zwischen der Handelsstation und den Inseln hin und her zu fahren und an Land zu liegen, wenn er will.

Auf Havstein hilft Hans, die Milch an Bord zu bringen, nicht weniger als einundzwanzig Eimer von den fünf Höfen, die sie in den Laderaum hinablassen und auf den Ballastblöcken befestigen, eh sie weiter nach Skarven fahren, wo sie abermals fünf Eimer an Bord nehmen, danach elf auf Lutvær, um dann ziemlich spät am Abend bei der Handelsstation anzukommen. Und nun ist es zu spät, um den Ratsvorsitzenden aufzusuchen, deshalb geht er in den Fischerschuppen, der den Inselbewohnern zur Verfügung steht, heizt im Ofen ein, kocht Kaffee und überschläft die Angelegenheit.

Auch am nächsten Morgen geht er nicht hoch ins Dorf. Dort liegt nämlich der Dampfer am Kai der Handelsstation, die Verbindung zwischen der Hauptinsel und dem Festland. Und in ihm passiert etwas. Er geht an Bord und fährt mit in die Stadt, sucht das Fischereihaus auf und schafft vier neue Leinentrommeln an, acht Rollen Langleinen, Hakenschnüre, Haken, Hanfnetze und Messer. Danach kauft er Kaffee und einen Sack Zucker, einen Sack Erbsen und einen Eimer Räucherwürste, eine Weihnachtstischdecke, drei Hefte mit Weihnachtsgeschichten für Kinder, zwei Flaschen Schnaps, acht Meter blaugeblümten Kleiderstoff und eine Kommode mit sechs Schubladen sowie ein eingerahmtes Gemälde eines Segelschiffes.

Er fährt am selben Nachmittag mit dem Dampfer zurück, übernachtet abermals im Fischerschuppen, bringt die Waren mit der Milchroute hinüber und ist genau achtundvierzig Stunden nach seiner Abreise wieder auf Barrøy.

Dort wird er von der Familie empfangen, die mit zwei Milcheimern bereitsteht.

Nicht die Kommode macht den stärksten Eindruck auf die anderen, sondern die Weihnachtshefte und die Tischdecke. Aber noch haben sie sich das Möbelstück nicht genauer angesehen, das perfekt in die gute Stube passt.

Dann macht Maria eine Entdeckung. Sie öffnet die Schubladen, die gleiten wie geölte Räder über geschmierte Schienen, die Kommode hat geschwungene Beine mit kleinen Löwenfüßen, Schnitzereien vorn an allen Schubladen und vier abgerundete Ecken, und auf einem Messingschild auf der Rückseite liest sie »Möbelschreiner Kofoed & Sohn, Nidaros«.

Sie fragt, was der Mann denn da für einen Einfall hatte. Er fragt, ob sie die Kommode nicht schön findet. Sie fragt, wie viel die gekostet hat. Er sagt, dass er das nicht mehr weiß. Sie fragt, ob er keine Quittung erhalten hat. Er sagt nein. Sie zieht die Schubladen heraus und schiebt sie wieder hinein und nimmt den vagen Geruch von Kampfer und Hibiskus und Kirschen wahr, sie weiß nicht, was es ist, sie riecht etwas Exotisches, und sie sieht den Mann an, der ihnen den Rücken zukehrt und Hammer und Nägel in der Hand hält und das Bild des Segelschiffes neben das Fenster im Osten hängt. Er überzeugt sich davon, dass es gerade hängt, geht in die Küche und setzt sich in den Schaukelstuhl des Vaters und schenkt sich einen Schnaps ein und zündet die Pfeife an und sagt, morgen wird geschlachtet. Sie hatten nicht immer ein Schwein auf Barrøy, aber in diesem Jahr haben sie eins. Und morgen soll es sterben.

Auf der anderen Seite des Tisches sitzen Ingrid und Lars und lesen die Weihnachtshefte. Auch Barbro liest ein Weihnachtsheft, es hat Bilder. Maria fängt an zu kochen. Sie essen, trinken Kaffee, und Barbro bittet Lars, Weihnachtskarten an die Verwandtschaft auf Buøy und Gjesvær zu schreiben, die sie der Milchroute mitgeben können. Sie ist stumm vor Bewunderung für seine Hand und seine Schrift.

Als die Kinder im Bett sind, schenkt Hans drei Schnäpse ein und gibt Maria und Barbro jeder einen und schiebt die hundertzweiundzwanzig Kronen zurück über den Tisch, so dass sie in diesem Winter nicht anschreiben lassen müssen, wenn er auf den Lofoten ist. Maria sagt, das sei nicht nötig. Er sagt, doch, das sei es wohl. Sie sagt, dass es eigentlich nicht sein Geld ist. Er wird wütend und springt auf und geht nach oben und ins Bett. Das Geld liegt noch immer auf dem Tisch. Da steht auch Maria auf und geht schlafen. Barbro hört Stimmen im Südsaal. Dann Stille. Sie leert ihr eigenes Glas und dann Marias, legt im Ofen nach und nimmt das Geld mit hoch in ihre Kammer. Auch Barbro hat eine Truhe.

39

Nach den Konfirmationsvorbereitungen auf dem Pfarrhof findet Ingrid, dass Barrøy langweilig ist. Da hilft es auch nicht, dass dort jetzt ein Leuchtfeuer steht, das fremde Schiffe durch die Dunkelheit leitet. Es ist nicht so, dass sie sich woanders hinsehnt, sie sehnt sich nach einem anderen Barrøy oder möchte die Insel mit in die Welt hinausnehmen und sie mit all dem anfüllen, was ihr fehlt, und das ist nicht wenig, Ingrid ist zum Bersten voll mit irgendetwas anderem, so dass sie es als reinste Schinderei empfindet, Torf zu holen oder in den Stall oder den Kartoffelkeller zu gehen, mit Barbro Netze einzuholen und Fische auszunehmen, Frauen beschäftigen sich nicht mit solchen Dingen, sie stehen vor einem Spiegel und singen im Chor und warten auf einen Brief, der bald kommt, sie lachen mit ihren Freundinnen und gehen in kleinen Grüppchen und in ähnlich aussehenden Kleidern spazieren, während der Himmel azurblau ist und sie das Meer nicht hören, nicht einmal in der Ferne.

Seltsamerweise geschieht im Laufe der nächsten Winter auf Barrøy noch viel weniger, die Nächte sind so schlaflos, dass Ingrid sich fragt, ob sie krank ist, und sie bleibt liegen, bis die Mutter sie aus dem Bett scheucht, sie hat hier draußen niemanden, den sie lieben kann, Barrøy ist mit seinen monotonen Wasser- und Windgeräuschen, die sie vorher kaum wahrgenommen hat, nicht wiederzuerkennen, sie treiben sie zum Wahnsinn, genauso wie die Möwenschreie und die Austernfischer und die Eiderenten und die idiotischen Kormorane, die wie verkohlte Mönche da draußen auf den Schären stehen und ihr Federkleid in den Wind drehen, Ingrid muss hier weg und irgendwo in Dienst gehen, sie muss.

Aber die Welt will sie nicht haben.

Die Welt hat plötzlich einen Überfluss an solchen wie Ingrid, Maria sucht und hört sich um, sowohl mit als auch ohne Wissen der Tochter, doch es ist, wie es ist, und der Vater sagt, sie könne mit zu den Lofoten kommen und als Köchin arbeiten. Dagegen allerdings setzt sich Maria zur Wehr, sie ist selbst Köchin auf den Lofoten gewesen, damals, als sie Hans kennenlernte, und das reicht. Und besonders gereizt wird die Stimmung, wenn Lars zu Hause ist und Ingrid mit aufs Meer schleppen will und sie doch allzu sehr eine Frau geworden ist. Trotzdem kommt sie mit und streicht die Ruder, während Lars das Boot im Gleichgewicht hält und Netze einholt und Fische ausbluten lässt und wie wild bei der Arbeit ist, in dieser Hölle, in der er zu Hause ist.

Eines Tages jedoch zeigt ihr Maria endlich den Brief, in dem steht, dass sie eine Anstellung bekommen hat, beim Sohn von Kaufmann Tommesen von der Handelsstation, er heißt Oskar, und seiner jungen Frau Zezenie, die irgendwo aus dem Süden des Landes stammt, sie haben zwei Kinder, die in einem neu gebauten Haus gegenüber der Handelsstation betreut werden sollen.

»Wollz ja schon vor Jahr'n fortgehn.«

Ingrid nickt.

»Da wird's ja jezz einfacher«, sagt Maria, so als wüsste sie genau, dass alle Wege zurückführen. Vielleicht ist es auch Neid. Oder der Beginn eines Vermissens. Aber die Milchroute ist zu einer Uhr geworden und hat ihnen dieselbe Zeitrechnung wie auf dem Festland gegeben.

Mutter und Kinder Tommesen warten bereits, als Ingrid bei der Handelsstation an Land geht, sie begrüßen einander, und Zezenie ist nett und zurückhaltend und spricht mit einem sonderbaren Akzent. Ingrid trägt ihren kleinen Koffer den Hügel hinauf, fort vom Meer und den herzzerreißenden Geräuschen und hinein in die Stille. Das neue Heim hat Drachenköpfe am Dachfirst und einen Wetterhahn und ist umgeben von hohen, wogenden Bäumen, deren Blätter in der Abendbrise rascheln, aber auch das ist eine Form von Stille.

Ingrid kommt sich dumm vor, während sie durch die Tür gehen, wie damals, am ersten Schultag, doch Zezenie bemerkt es nicht, auf eine rücksichtsvolle Art, und sie zeigt ihr das Zimmer, so als hätte sie es mit eigenen Händen erschaffen.

Ingrid bewundert Kommode und Schrank und bemerkt nicht, dass die Frau des Hauses dicht an ihr vorbeigeht und schnuppernd überprüft, ob Ingrid vielleicht schlecht riecht, dann aber versteht sie es doch, als Zezenie ihre Hände ergreift, um sie noch einmal herzlich willkommen zu heißen, und dabei ihre Fingernägel untersucht, die allerdings Maria geschrubbt hat, so dass Ingrid, während die Inspektion durchgeführt wird, ruhig stehen bleibt, und beim Hinuntergehen in die Küche, wo die Besichtigung fortgesetzt wird, denkt, dass sie das Examen bestanden hat und es somit weitergeht: Ein Kachelofen mit blauen Fliesen aus der Stadt Delft in Holland wird trotz allem auf dieselbe Weise beheizt wie ein schwarzer Ofen auf Barrøy, er wärmt zwar nicht so gut, dafür aber länger, und Koks ist auch nicht schwieriger als Torf, er ist sogar einfacher.

»Hier siehst du die Stuben«, sagt Zezenie, drei Zimmer, die eine Art Steigung hinauf zu dem privatesten bilden, wo ebenfalls ein Kachelofen steht, den Ingrid allerdings nur einmal täglich anheizen soll, um fünf Uhr, damit er um sieben warm ist, wenn der Hausherr von der Arbeit kommt, und da ist die Uhr, nach der sie sich orientieren soll, ein Erbstück mit Pendeln und römischen Ziffern und Messinggewicht, das sie jeden vierten Tag einmal aufziehen muss. Ansonsten hat sie hier nichts auszurichten, und die Kinder dürfen hier nicht spielen.

Ingrid fragt sich, weshalb sie eigentlich einmal ängstlich war, und denkt, dass das vielleicht an ihr selbst gelegen hat, an ihrem zu langen Zögern, dort draußen auf der Insel, und nicht daran, dass die Welt sie nicht haben wollte, das hat sie vielleicht falsch eingeschätzt und will sich hüten, es noch einmal zu tun, denn der Verdacht, dass die Mutter sie vielleicht zurückgehalten hat, Marias Einsamkeit, der kommt ihr gar nicht.

40

Nach der glücklichen Konfirmationszeit auf dem Pfarrhof wurde der Übergang zum Leben beim Kaufmannssohn und seiner Frau nicht so überwältigend. Doch dafür wurde er kompliziert. Zunächst einmal waren die Kinder ganz anders als die des Pastors. Das älteste Kind, Felix, war sieben und ging aus irgendeinem Grund nicht zur Schule. Er schrie wie ein Tier, wenn er nicht bekam, was er wollte, dann floh die Mutter aus dem Zimmer und überließ es Ingrid, den Kleinen zu beruhigen.

Das zweite Kind war ein dreijähriges Mädchen, Suzanne, das die meiste Zeit in einer Wiege lag, die groß genug für einen Mann war, und sich für nichts zu interessieren schien. Oder sie wurde in einem kleinen, blumengeschmückten Holzwagen herumgefahren, sogar im Freien, von Ingrid, wenn sie zum Einkaufen geschickt wurde oder von der Handelsstation Fisch holen sollte.

Ingrid genoss diese Ausflüge zum Laden als ein täglich wiederkehrendes Ereignis, ein Kind vor sich herschiebend, das machte sie fünf Jahre älter, sie wurde zu einem Wesen mit Verantwortung. Sie legte Wert auf ihre Kleidung und redete mit den Menschen, sobald sie angesprochen wurde, und lächelte, so dass die Leute weitersprachen, Ingrid war ein freundliches und umgängliches junges Mädchen von den Inseln, zum Erstaunen aller.

Aber da war dieses schwache Kind, das noch in die Windeln machte und nicht einmal aufrecht auf dem Boden sitzen konnte, geschweige denn einen Schritt gehen. Ingrid meinte, die Kleine könnte vielleicht krank sein. Davon allerdings wollte Zezenie nichts hören, Suzanne sei nur ein wenig zart. Das klang fast vornehm, wie Porzellan.

Auch mit der Hausfrau stimmte irgendetwas nicht, falls das nicht einfach zu ihrem Stand gehörte. Sie konnte dasitzen und etwas nähen und plötzlich mit einem Ausruf aufspringen und hinauslaufen und unten in der Handelsstation verschwinden, wo ihr Mann Oskar seit dem Verfall seines Vaters das Zepter schwang, und dann mit einem Lächeln auf den Lippen oder völlig in Tränen aufgelöst zurückkommen, mit zerzaustem Haar, manchmal auch in beiden Stimmungen gleichzeitig. Dann wunderte sie sich darüber, dass Ingrid Felix etwas zu essen gegeben hatte, was sowohl gezwungenermaßen erfolgt war, um sein Geschrei einzudämmen, als im Großen und Ganzen auch deswegen, weil die Uhr geschlagen hatte.

Die Mutter tätschelte vorsichtig seinen Kopf, so als hätte sie Angst, sich zu verbrennen, und lief dann hinauf in den ersten Stock und legte sich hin, nachdem sie zuerst das Fenster geöffnet und gelüftet hatte – etwas, wovon Ingrid noch nie gehört hatte, dass man ein Zimmer lüftete, in dem es keinen Dunst gab –, und ließ sich erst nach Anbruch der Dämmerung wieder blicken, nachdem Ingrid den Kindern schon längst das Abendessen serviert hatte und der Hausherr gekommen war und sich in das hinterste Zimmer gesetzt hatte, um seine Pfeife zu rauchen.

Ingrid konnte hören, wie die Eheleute in der Küche lachten und stritten und einander anschrien und danach wieder lachten, in einem derart atemberaubenden Tempo, dass sie nach einer guten Woche anfing, früh ins Bett zu gehen, weil sich am Abendtisch dann dieselbe ermüdende Atmosphäre entfaltete, sie glaubte nicht, irgendetwas Vernünftiges auf die Fragen des Ehepaars erwidern zu können oder zu verstehen, worüber sie lachten.

Der Kaufmannssohn war höflich und distanziert, unklar und heiter. Er sammelte Briefmarken in einem großen Album sowie Kupferstiche von Napoleon und dänischen und schwedischen Königen, die in Norwegen regiert hatten, er verteilte sie dann über den großen Wohnzimmertisch, und es war Ingrids Aufgabe, sie wieder in der richtigen Reihenfolge zusammenzulegen. Auch hatte er so eine bestimmte Art, sie anzusehen und ihr zuzuzwinkern, wenn Zezenie nicht hinsah. Und außerdem konnte er keinen Fisch zerlegen, er warf sich bloß ein großes Stück Kabeljau auf den Teller und stach die Gabel hinein und führte Fisch und Haut und Gräten zum Mund, nur um dann alles wieder herauszufummeln, was nicht in den Magen gehörte.

Außerdem trug er eine Brille, die ständig beschlagen war. Ingrid fragte, ob sie sie putzen solle. Da schaute er sie mit einem so diffusen Blick an, dass sie nicht mitbekam, was er erwiderte. Ingrid dachte, dass er womöglich an irgendetwas litt, dass er gebrechlich war, wie sein Sohn, mit dem er niemals sprach, es war ein Haus, in dem Eltern und Kinder in verschiedenen Welten lebten.

All das war ja eine Enttäuschung nach der anderen, in einem reichen Haushalt, wo es überhaupt keine Notwendigkeit dafür gab, dass irgendetwas nicht mit Ingrids Erwartungen übereinstimmte.

Darüber hinaus gab es nicht viel zu tun, sie hatten nicht einmal Tiere, und jede Woche kam eine ältere Frau von einem kleinen Hof in einer Schlucht hinter der Kirche und putzte alle neun Zimmer, mit Ausnahme von Ingrids, darum musste sie sich selbst kümmern, sowie die Küche, mit Schmierseife. Sie kam im Dunkeln und ging im Dunkeln und bekam oft keinen Lohn, wie Ingrid bemerkte. Zezenie stand mit nicht einmal gequältem Gesichtsausdruck da und sagte, sie habe heute kein Geld, Ingeborg könne doch wohl so lange anschreiben lassen?

Die Alte sagte nie etwas, war stumm und krummgebeugt und von einem seltsamen Geruch umgeben, Schmalz? Aber sie scheuchte die Kinder weg, so als ständen sie im Weg, was sie aber nicht taten, wofür Ingrid schon sorgte, Ingrid sorgte für das meiste, sie hatte das Haus zu dem ihren gemacht, auch dessen seltsame Gebräuche, sie hatte angefangen, es zu verteidigen, sogar vor sich selbst, bald würde sie wohl auch den Fischverzehr des Hausherrn als ein völlig normales Phänomen betrachten können.

Ingrid war kaum drei Monate im Haus, als ein Bote von der Handelsstation kam, um zu berichten, dass Oskar Tommesen den Dampfer in die Stadt genommen hatte, aber nicht zurückgekehrt war.

Das konnte zwar sicher viele Ursachen haben, nur keine plausiblen, und den Rest des Abends lief Zezenie im Haus umher und krallte die Finger ineinander und war außerstande, die Fragen zu beantworten, die Ingrid glaubte von Zeit zu Zeit stellen zu müssen, als Dienstbotin.

Als der Mann am nächsten Tag nicht wiederauftauchte, und auch nicht am folgenden, hörte die Mutter schlichtweg auf, sich für die Kinder zu interessieren, und spukte wie ein ungepflegter Geist durchs Haus und zählte Möbel und Inventar zusammen und schrieb das Ergebnis in ein Buch mit steifem Einband, ehe sie anfing, ihre Sachen zu sortieren und in große Koffer zu packen. Auch in der Nacht gab es Geräusche im Haus, das Licht brannte, drei Tage und zwei Nächte. Dann verschwand auch sie, ohne ein Wort, war einfach nicht mehr da, als Ingrid eines Morgens aufstand und hinunterging, um einzuheizen und Kaffee zu kochen, es war tropfstill und dunkel, so still wie es nie zuvor gewesen war.

Ingrid wartete, bis die Uhr schlug, holte die Kinder aus dem Bett und gab ihnen zu essen, und machte sich ans Warten. Nichts geschah. Sie ging hinauf und klopfte an die Schlafzimmertür des Ehepaars, keine Antwort, sie schaute hinein, ein gemachtes Doppelbett und nicht ein Mensch.

Ingeborg kam, um sauber zu machen, begriff anscheinend, was vorgefallen war, und murmelte ja, jetzt käme es wohl so, wie es kommen müsste, dieser Konkurs, auf den alle gewartet hatten, er habe vielleicht nicht in den Sternen gestanden, aber zumindest zwischen den Zeilen in der Zeitung.

Ingrid hatte keine Ahnung, was ein Konkurs war. Sie las auch nicht die Zeitung, die dreimal pro Woche kam, und als die Alte murmelte, das Ehepaar Tommesen junior sei sicher nach Amerika gefahren, drehte sich alles in Ingrids Kopf.

Ingeborg hatte noch nicht einmal ihren Mantel ausgezogen, sie saß in der großen leeren Küche und trank zum ersten Mal Kaffee, aus einer Tasse mit Goldrand, und konnte berichten, dass es mit dem Haushalt schon bergab gegangen sei, seit der Alte krank geworden war.

Ingrid verspürte eine konfuse Erleichterung darüber, dass das Ganze zumindest nichts mit ihr zu tun hatte. Unzweifelhaft hatte es aber dennoch mit ihr zu tun, denn nun saß sie hier mit zwei Kindern, die nicht ihre waren. So wurde dann auch nichts aus dem Hausputz, Ingeborg trank ihren Kaffee aus und sagte, dass sie wohl nicht zurückkommen werde.

»Un was soll ich jezz machen?«, rief Ingrid.

»Nein, was solln wa da machen?«, sagte die Alte und ging.

Ingrid bereute, dass sie nicht schon früher zu weinen angefangen hatte, denn jetzt, als es niemand sah, war es ja zu spät.

41

Von ihrem Fenster aus hatte Ingrid Aussicht auf das Meer und die Inseln. Barrøy war dunkler als die anderen, was vielleicht daran lag, dass es dort mehr Gras als Klippen und Felsen gab. Sie schaute jeden Abend hinüber, sagte gute Nacht und sah die Insel dann am Morgen wieder, manchmal ganz deutlich, andere Male wie einen schwebenden Schatten, jetzt war es Herbst und dunkel und es gab nichts zu sehen.

Sie stand auf und machte das Essen, löschte die Lampen und spielte mit den Kindern, zündete die Lampen an, spielte mit den Kindern, Felix war mit Baden an der Reihe, Abendessen, Suzanne ins Bett, dann Felix, der nicht ein einziges Mal nach der Mutter fragte, aber im Haus umherlief und die Möbel mit einem Prügel bearbeitete, den Ingrid ihm wegnahm, was zu noch mehr Geschrei führte.

In der folgenden Nacht schlief sie überhaupt nicht. Doch abermals stand sie um sechs Uhr auf, bereitete Frühstück für drei und aß allein, wartete neben zwei unbenutzten Tellern, bis es an der Zeit war, hinaufzugehen und die Kinder zu wecken, sie gab ihnen zu essen, zog sie an und begab sich mit ihnen auf einen Spaziergang durchs Dorf, es regnete, und sie sollte wohl zu irgendwem hineingehen und fragen, was jetzt zu tun war.

Doch zu wem?

Sie war auf dem Pfarrhof, aber dort war alles dunkel. Sie ging wieder nach Hause und spielte und aß und wusch ab, entzündete die Lampen und zog die Uhren auf, heute musste niemand gebadet werden, Gott sei Dank.

Dann schlief sie wie ein Stein.

Erwachte aber von der Stille. Und davon, dass sie weinte. Sie öffnete das Fenster, hörte das Meer und schlief wieder ein, stand auf und lief hinunter und deckte den Tisch für drei Erwachsene und zwei Kinder, sie war die einzige Erwachsene, wartete, bis das Licht die Fenster ausfüllte, weckte die Kinder und zwang Felix, sich anzukleiden, gab ihm eine Ohrfeige, als er herumbrüllte. Sie ging mit Suzanne nach unten, und Felix kam quengelnd hinterher, halb angezogen. Sie half ihm, auch den Rest anzuziehen, und sagte, dass ein Siebenjähriger, der sich selbst nicht anzuziehen vermag, bloß eine Schande sei. Er lief hinaus, nur auf Socken, sie lief hinterher und zerrte ihn wieder herein und zwang ihn, sich an den Tisch zu setzen. Nach dem Essen half sie ihm mit dem Mantel, zog Suzanne an und lief mit beiden Kindern hinunter zum Kai und wartete auf den Dampfer.

Der Dampfer legte bei leichtem Schneetreiben an, löschte Waren und nahm Milch und Fisch an Bord und dampfte wieder davon.

Was hatten die verstohlenen Blicke zu bedeuten?

Es gab noch einen Spaziergang durchs Dorf, vielleicht würden sie ja jemandem auffallen. Aber niemand blieb stehen und niemand fragte etwas oder sagte ach wie schön, dass sie zwei reiche Kinder mit sich herumführte. Sie ging wieder nach Hause und zündete die Lampen an und kochte Essen und badete Suzanne und saß da und predigte tauben Ohren, bis sie einschlief, auch Suzanne erwähnte die Mutter nicht.

Am nächsten Tag kam der Dampfer ebenfalls.

Und fuhr wieder fort.

Ingrid lief mit den Kindern durchs Dorf. Ohne Aufsehen zu erregen. Margot vom Laden sagte, selbstverständlich kommen die Eltern zurück, ließ aber auch durchblicken, dass Ingrid vielleicht nicht alle Waren mitnehmen sollte, die sie auf die Theke gelegt hatte, wer würde dafür bezahlen …?

Ingrid sah sie mit leerem Blick an.

Es gab Gerede über neue Besitzer der Handelsstation, aber …

Noch eine schlaflose Nacht. Und am nächsten Morgen kamen weder die neuen noch die alten Besitzer. Ingrid packte den kleinen Koffer und stand wieder mit zwei Kindern am Kai und sah den Dampfer ankommen und ablegen.

Aber da lag ja auch die Milchroute und nahm leere Milchkannen an Bord, der umgebaute Fischkutter von Paulus, dem Jugendfreund des Vaters.

Ingrid lief mit Suzanne auf dem Arm und Felix an der Hand über die Laufplanke und sagte, dass sie mit hinüberwolle. Paulus, der hinter dem Fenster im Steuerhaus hockte, erwiderte, das käme nicht in Frage. Ingrid ging wieder an Land und holte den Koffer und den kleinen Wagen, hob Suzanne hinein und deckte sie zu und setzte sich auf die Luke des Laderaums und hielt den Wagen zwischen den Knien fest. Felix setzte sich neben sie. Paulus kam aufs Deck herunter und wiederholte, dass er sie nicht mitnehmen könne, dafür brauche er die Erlaubnis der Eltern, außerdem sei das Wetter schlecht, es sei noch nicht einmal sicher, dass er auf Barrøy anlegen könnte. Ingrid erwiderte nichts. Sie weinte und war steif wie ein Stock. Felix war stumm.

42

Sie wurden von Barbro und Maria empfangen, die im scharfen Wind auf dem neuen Kai von Barrøy standen und wie aus allen Wolken gefallen auf das Deck hinabstarrten, wo Ingrid eingeschlafen war und nun steif und wie gerädert erwachte. Die Kinder waren seekrank geworden und hatten sich erbrochen. Sie konnten sie mit Mühe an Land schaffen, Paulus fluchte und hob eins nach dem anderen hinauf, auch den Wagen, für den hier draußen nun gar keine Verwendung war. Aber sie konnten ihn immerhin wie eine Bahre zwischen sich tragen, während Suzanne darin lag.

Felix kam wieder zu Kräften und ging auf eigenen Füßen. Und jetzt hielt er Ingrid an der Hand. Ingrid musste ihre Geschichte vier- und fünfmal erzählen. Und als sie ins Warme gekommen war, war sie bis zum Bersten gefüllt mit einem Gefühl, das niemand in Worte fassen kann, der Erleichterung darüber, wieder zu Hause im Gefängnis auf dem Meer zu sein, mit zwei fremden Kindern, die sie nicht ausstehen konnte.

Zwei Tage darauf fuhr Maria hinüber, in dem Versuch, Klarheit in dieses Mysterium zu bringen, kam aber unverrichteter Dinge wieder zurück, aus dem Großvater der Kinder war kein vernünftiges Wort herauszuholen, die

Pastorenfrau war noch immer nicht zurück und Margot aus dem Laden …?

Noch eine Woche verging.

Bei schlechtem Wetter und zwei Tagen ohne Milchroute. Maria fuhr noch einmal hinüber, mit demselben mageren Ergebnis.

Inzwischen schlief Suzanne zusammen mit Ingrid, während Felix allein im Doppelbett im Nordsaal lag. Er schrie jetzt nicht mehr, nachdem er es einmal versucht hatte und von Barbro zum Schweigen gebracht worden war, sie hatte ihn in den Stall gezerrt und ihm das Melken beibringen wollen, denn das konnte ihr Sohn, obwohl er ein Mann war. Felix weinte und molk und sagte nie, dass er jemanden vermisste. Er wollte Spielzeug und bekam Werkzeug zum Spielen. Dann hörte er auf zu weinen. Sie gaben ihm Kleider, aus denen Lars herausgewachsen war. Und nach drei Tagen fuhr er mit Ingrid aufs Meer hinaus, obwohl er weder rudern noch Fische ausweiden konnte, ein Junge, der in einem Fischerdorf aufgewachsen war?

Aber Ingrid war geduldig und wieder in ihrem eigenen Fahrwasser. Felix gehorchte und machte seine ungeschickten Versuche und kam auch am nächsten Tag wieder mit. Er holte Holz und Torf, wenn er darum gebeten wurde, und kurbelte zusammen mit Barbro den Separator, und im Haus kroch Suzanne über den Küchenboden und plapperte und schien vorzuhaben, sich jeden Moment auf eigene Füße zu stellen.

Mit Hilfe von Lars' Stuhl wurde sie an das Töpfchen gewöhnt. Maria hielt sie zwischen den Knien und ließ sie los, sie fiel. Barbro tat es auch. Suzanne fiel und kroch und fiel, und später am selben Abend kletterte Felix auf Barbros

Schoß und ließ sich einfach nicht von dort vertreiben. Sie blieb so sitzen, bis er eingeschlafen war. Dann trugen sie ihn nach oben und legten ihn ins Bett. Und Ingrid spürte diese Kraft, die nur ein Vogel versteht, wenn er mit ausgebreiteten Flügeln auf einem Hügel sitzt und alles Weitere dem Wind überlassen kann.

Als die Kinder zehn Tage auf der Insel waren, kam Lars aus der Schule auf Havstein zurück. Rudernd. Er hatte unterwegs gefischt, vertäute das Boot am Fallreep unter dem Kran auf dem Schwedenkai, schaute hoch und blickte in ein fremdes Gesicht.

»Wer bisten du?«

»Bin der Felix«, sagte Felix.

Lars kletterte hoch, hievte den Fisch auf den Kai und verteilte ihn über die Arbeitsbank, während Felix zusah. Er zerschnitt das meiste und salzte es in einem Kasten ein und zerlegte den Rest zu Frischfisch, warf die Stücke in einen Eimer und trug ihn zusammen mit seiner Schultasche nach Hause. Felix lief hinterher. Als sie in die Küche kamen, fragte Lars wieder, wer der Junge sei. Die Mutter gab ihm dieselbe Antwort. Felix. Das tat auch Ingrid, die am Fenster saß und strickte. Auf dem Boden saß ein kleines Mädchen und nagte am Schaft eines Fischhakens.

»Und wer bist du?«, fragte Lars.

»Suzanne«, sagte Ingrid.

Lars stellte den Fischeimer auf die Bank neben die Wassereimer, obwohl er wusste, dass die Mutter sie dort nicht haben wollte. Sie fing an zu schimpfen. Lars grinste. Sie fragte, ob die Überfahrt gutgegangen sei. Er sagte ja.

»Ja, das Wetter ist jetzt gut«, sagte Barbro und begann,

die Fischstücke ein weiteres Mal zu waschen, was nicht notwendig gewesen wäre, da Lars das doch schon getan hatte. Er stand dabei und sah ihr mit demselben Grinsen zu.

»Was grinsten so?«, fragte Barbro.

»Über dich«, sagte er und ging in den Anbau und zog Jacke und Stiefel aus. Als er wieder hereinkam, stand Felix mitten im Zimmer und sah ihn an. Lars setzte sich an den Tisch. Felix stellte sich vor ihn.

»Jetzt musste Kartoffeln holen«, sagte Barbro.

Felix fuhr zusammen und ging hinaus, kam mit einem Eimer zurück und reichte ihn Barbro. Sie schaute hinein und schien zu überlegen, ob sie etwas sagen sollte.

»Wasn los, Mama?«, fragte Lars. »Sind das nich genug Kartoffeln?«

»Doch, schon.«

»Ja, wasn dann?«

»Gar nix, was redstn du?«

»Ich seh doch, was ich seh.«

»Ja, und was siehste denn?«

Lars gab keine Antwort. Er schaute zu Ingrid hinüber und wartete, bis sie fragte, ob er auf Havstein Nelly gesehen habe. Lars überlegte und sagte ja. Ingrid strickte und fragte, wie geht'sn der Nelly so? Lars zuckte mit den Schultern und sah das Strickzeug an, fragte, was das werden solle. Ingrid hielt es hoch und zeigte ihm einen Pulloverärmel. Er streckte die Hand über den Tisch und befühlte das Teil.

»Für wen isn das?«

»Für mich.«

Ingrid schob den Arm in den Ärmel und zeigte es ihm, ballte die Faust und spreizte die Finger wie Blütenblätter, so, wie Zezenie Kleider anprobierte, um das Handgelenk saß ein linksgestricktes Bündchen und um den Oberarm zog sich ein Sternenmuster, die Wolle war blau und die Sterne weiß, sie hatte das Garn selbst gefärbt. Lars nickte. Ingrid strickte. Maria kam aus dem Stall und entdeckte Lars, stellte einen Sahneeimer ab und ging in die Speisekammer, um ein Sieb zu holen, sah Lars wieder an und sagte: »Du muss das Boot einziehen, es gibt Sturm.«

»Nach'm Essen«, sagte Lars.

»Jetzt!«, sagte Maria und ging wieder hinaus.

Lars sah Felix an, der ihn noch immer anstarrte.

»Willste mitkommen?«

»Ja«, sagte Felix.

43

Am Tag, ehe Lars zurück zur Schule musste, konnte die Milchroute bei Barrøy nicht anlegen, aber das war zwei Tage später möglich. Da war Lars noch immer da, vom Wetter gefangen.

Und Hans Barrøy ging auf seiner eigenen Insel an Land, einen guten Monat zu früh von den Bahnarbeiten heimgekehrt. Er hatte einen schwarzen Schlauch um den Oberkörper gewickelt, wie eine Schärpe, ein Holzkasten wurde zusammen mit seinem Sack an Land gehievt. Die anderen begriffen nicht, warum er jetzt kam.

Aber sie freuten sich.

Die Erleichterung über einen Mann, der lebendig nach Hause kommt, auch wenn er unerwartet kommt. Im Land und in der Welt herrscht die Krise, niemand hat Geld, die Menschen müssen ihre Höfe verlassen, andere verlieren ihre Arbeit, und der Sprengtrupp, den er geleitet hat, wurde mit so wenig Lohn nach Hause geschickt, dass er ihn schon ausgegeben hat, und zwar dafür: Der Schlauch war ein Ölschlauch, aber er war neu und sauber und konnte genauso gut Wasser leiten wie Öl, und hier sind Pumpe und Sieb und Röhrenstücke. Die hatte er im Kasten, auch Gewinde für Kupferrohre, nun würden sie endlich Wasser in der Küche haben, das hätten sie schon längst tun sollen, und jetzt musste es geschehen, ehe der Boden gefror.

»Aber wer bis du?«, fragte er Felix, der angelaufen kam und Barbro an der Hand nahm und größere Ähnlichkeit mit Lars hatte, als den anderen bisher aufgefallen war, eine Wiederholung von Lars, noch dazu in dessen Kleidern.

Neben ihm stand der eigentliche Lars, ein Mann von zwölf, und schaute zur Mutter hoch und fragte, ob er bleiben könne, er wolle nicht wieder nach Havstein. Sie warf einen Blick zu Paulus, der auf Deck stand, die Hände in die Seiten gestemmt, was wird nun, jedenfalls will er seine Trossen zurückhaben.

Ehe Barbro antworten konnte, ließ Lars den Sack auf den Kai fallen und lief nach Süden. Sie blieben stehen und schauten hinter ihm her. Hans lachte und sagte zu Paulus: »Dann kannste fahren.«

Hans löste die Trossen. Paulus zog sie an Bord und schüttelte den Kopf und verschwand im Steuerhaus. Dann gingen sie mit Kasten und Sack und Ölschlauch und zwei leeren Milcheimern nach Hause, es war wirklich eine Uhr, diese Verbindung, die sie jetzt zum Rest der Welt hatten, ein Uhrwerk, wenn auch nicht gerade gut geölt.

Am nächsten Morgen schickte Hans die Kinder über die Insel, um in den Torfkiepen Moos zu sammeln. Er schlug ein Loch in die Grundmauer unterhalb der Speisekammer und an dem folgenden Tag lagen Lars und er darunter auf dem Rücken und zimmerten einen schmalen, zehn Meter langen Holzkasten unter den Bodenbrettern. Felix und Ingrid standen draußen und reichten ihnen Material hinein, wenn sie danach riefen, denn der Brunnen lag im Süden und die Küche im Norden. Dann montierten sie das Sieb einen guten Meter unter dem Wasserspiegel, zogen den

Schlauch durch den Kasten, bohrten ein Loch in den Boden und führten ihn weiter in die Küche, er war nur einen halben Meter zu lang. Dort brachten sie die Pumpe über dem Ausgussbecken an und montierten die Rohre.

Aber das Moos war noch nicht trocken. Es war auf dem Scheunendachboden verteilt und sollte zur Isolierung um den Schlauch im Kasten gelegt werden. Und noch immer war der Frost nicht gekommen. Die Frage war, ob es eilte.

Das tat es.

Hans fing an, das Moos in der Küche zu trocknen, in acht Fischkästen, die er über dem Ofen unter die Decke hängte. Im Haus roch es nach Sommer, Heumahd, vor allem oben bei Felix und Lars, die jetzt beide im Nordsaal schliefen, auch dort gab es eine Luke im Boden.

Hans fuhr mit dem Boot zur Handelsstation hinüber und versuchte, mit dem alten Kaufmann zu sprechen. Der wohnte jetzt bei einem älteren Ehepaar und wurde verpflegt für eine Bezahlung, die sie nicht mehr bekamen, und murmelte etwas von einer Tragödie, die seinem Sohn widerfahren war. Er hatte von den Kindern gehört, ja, weinte und sagte: »Die sollen bleiben, wo sie sind.«

»Wo denn?«, fragte Hans. »Auf Barrøy?«

Der Alte starrte die Wand an.

Hans kannte diesen Mann schon sein ganzes Leben lang, ein Fürst und ein Häuptling an der Küste, er hatte ihn zahllose Male verflucht, einen, der von der Arbeit anderer lebte, aber dass er hier lag, als elendes Resultat seines eigenen Lebens, das gab ihm nichts.

Er ging wieder und suchte den Pastor auf, der nach einem Herbst in der Nachbargemeinde wieder da war.

Auch Johannes Malmberget hatte von den Kindern gehört und von Ingrids Mühe, aber er sagte zur Entschuldigung der Leute aus dem Dorf, die sähen die Sache wohl wie alle anderen, das mit den Reichen, denn das Leben sei eine Hölle. Es spreche zudem einiges dafür, dass der junge Tommesen sich das Leben genommen habe, sagte Malmberget mit gedämpfter Stimme. Und seine Frau ist in einem Heim in Bodø, es muss ja wohl reichen mit der Schadenfreude, er wolle das am nächsten Sonntag in seiner Predigt erwähnen, an der arbeite er gerade, ob Hans einen Schnaps wolle.

Ja, bitte, einen Schnaps trank er gern.

Er bekam drei. Und sie blieben sitzen, ohne weiter zu kommen, als dass sie abwarten müssten, ob Zezenie vielleicht Familie habe, ob die sich meldeten, was der Pastor aber kaum glaubte, ohne dass Hans begriff, weshalb. Und dann sagte er einfach: »Vielleicht kannst du sie nehmen?«

»Wen?«

»Die Kinder.«

»Ich?«

»Ja, du?«

Johannes Malmberget sah auf seinen Schoß hinunter, ließ seinen Blick an den Wänden entlangwandern, dann schaute er wieder Hans Barrøy an, schlug die Augen zu einer Art Abbitte nieder und murmelte, die Fürsorge im Dorf, das sei ja so eine Sache, die sei eher ein Armenwesen, die Kinder seien reich, oder reich gewesen. Die beiden Blicke schienen einen stummen Kampf auszufechten, darum, was man mit den Reichen macht, wenn sie arm werden, die umgekehrte Logik, die Geschichte rückwärts, was so sinnlos ist, wie dass das Wasser aufwärtsfließt.

Karen Louise kam und blieb in der Tür stehen und sah aus, als habe sie vor, ihnen etwas anzubieten, verschwand aber sofort wieder, und die beiden saßen noch eine Weile da, bis Hans Barrøy aufstand, für den Schnaps dankte und dem Pastor die Hand reichte.

Auch der Pastor dankte.

Hans Barrøy ging in den Laden und kaufte ein, mehr als er sich leisten konnte, aber er hatte noch immer eine Art Namen, und segelte in rosa Abendlicht über den Fjord, das einen Wetterumschwung, Ostwind und Frost ankündigte. Er dachte an das Moos in den Kästen in der Küche und murmelte: »Matutinum, matutinum …«

Das ist Latein und bedeutet morgen, morgen, das hatte er in einem Predigtbuch beim Bahnbau gesehen und die Wörter waren in ihm haften geblieben, wie Ziergegenstände, die sich im Mund gut anfühlten, und ihm war selten feierlich zumute darüber, dass er wieder auf seiner eigenen Insel war, er, der die Kunst beherrschte, Heimweh zu haben, ohne zugrunde zu gehen, jetzt war es zudem endlich entschieden, drinnen beim Pastor, dass, wenn alles zusammenbricht, die Insel standhält, das wusste er doch, aber er hatte es nie so religiös empfunden wie jetzt, wo die Welt schief stand und er eine schwerere Last auf den Schultern hatte denn je, dachte er, und ließ das Segel herunter, damit das Boot die letzten Faden an den Steg gleiten und den Kiel ins Holz setzen konnte.

Aber er ging nicht zum Haus hoch.

Er lud die Waren aus, zog das Boot ein, setzte sich auf die Türschwelle und nahm die Pfeife hervor und stellte fest, dass er die Finger der rechten Hand nicht ausstrecken konnte, als ob er noch immer das Ruder festhielte. Dort blieb er sitzen und rauchte und schaute nach Norden in das rosa Licht, das langsam blau wurde. Und dort wurde er von den anderen tot aufgefunden.

Er war so steif, dass er noch immer zu sitzen schien, als sie ihn hingelegt hatten. Sie konnten ihn nicht gerade biegen, und das konnten sie nicht ansehen, deshalb legten sie eine Decke über ihn, und wer es schaffte, das Boot wieder zu Wasser zu bringen und zurück zur Handelsstation zu fahren, um Bescheid zu sagen, das war Lars.

44

Es war der sinnloseste Tod an einer langen Küste. Hans Martinsen Barrøy war erst fünfzig und stark wie ein Bär. Pastor Malmberget kam heraus, den Mund voller Wörter wie heimgesucht und Leid und einigen maritimen Vokabeln, er vergaß nie, wo er tätig war, und er hatte die gleiche Todesangst vor dem Meer wie immer. Gibt es etwas Entsetzlicheres als Wellen, dachte er, als er erschöpft im strömenden Regen ankam und mit schwimmenden Augen feststellen konnte, dass Maria die Hände in den Schoß gelegt hatte und stumm geworden war. Dasselbe galt für ihre Tochter Ingrid.

Und was war mit dem Blick dieses Lars?

Barbro kehrte ihm den Rücken zu und schimpfte mit der Kleinen und wollte den Pastor nicht ansehen, das Dasein im Hause war zusammengebrochen und Johannes Malmberget musste alle Entscheidungen selbst treffen, die Leiche an Land schaffen und die Beerdigung in die Wege leiten.

Als der Tag gekommen war, sorgten Adolf von Malvika und Thomas von Stangholmen dafür, dass die Familie abermals bei entsetzlichem Wetter geholt wurde, zu der erschütterndsten Beisetzung, die der Pastor jemals verrichtet hatte, ehe er dann Hände drücken und seine Rituale murmeln konnte. Er wollte in regelmäßigen Abständen hinauskommen und nach ihnen sehen und sich auch um die Kinder kümmern. Nur, um sich das Einzige anhören zu müssen, was Maria an diesen Tagen sagte, nämlich, ob er ihnen denn auch noch die Kinder wegnehmen wolle.

Am Tag nach der Beerdigung stand Lars auf und heizte ein, schnitt die Fischkästen ab, die noch über dem Herd hingen, weckte Ingrid und sagte, sie solle für Maria und Barbro Kaffee kochen. Ingrid wollte nicht aufstehen.

Lars sagte, ihr bleibe nichts anderes übrig.

Etwas war mit seinem Blick.

Den restlichen Tag lagen er und Felix auf dem Rücken unter dem Boden und stopften Moos in den Leitungskasten und nagelten ihn wieder zu. Dann mauerten sie das Loch in der Grundmauer zu. Lars ging nicht mehr in die Schule, das konnten alle sehen, die Augen im Kopf hatten. Er ruderte mit dem Boot und Werkzeug hinüber nach Moltholmen und schlug einen Bolzen in den Felsen. Felix war dabei und musste einen Lappen um den Bohrer halten, damit es nicht spritzte, wenn Lars mit dem Hammer schlug. Felix fragte, was das werden sollte.

Lars sagte, das werde er schon noch sehen.

Sie ruderten zurück nach Barrøy und gingen in das neue Kaihaus und holten fünf Netze, ruderten wieder nach Moltholmen mit einem Flaschenzug und einem Seil, befestigten den Flaschenzug, zogen das Seil hindurch und ruderten zurück nach Barrøy, wo sie ebenfalls einen Bolzen anbrachten. Dann zogen sie eine Kette aus fünf Netzen aus und sperrten den halben Sund ab, zogen sie noch ein Stück weiter, so dass sie in der Mitte stand.

Barbro hatte sie vom Haus aus gesehen und kam und

fragte, was sie denn machten. Lars sagte, jetzt könnten sie vom Land aus fischen, auch bei Unwetter, dass im Sund Kabeljau und Köhler schwammen, und Flundern, im Sommer konnten sie Lachs erwischen. Er wollte auch den Sund zwischen Barrøy und Gjesøya und zwischen Barrøy und der nächsten Felseninsel sperren, das machte fünfzehn Netze.

Barbro schüttelte den Kopf.

Lars sagte, Hans habe davon gesprochen, das zu tun, wenn er so alt wäre, dass er es nicht mehr ins Boot schaffte. Barbro ging zurück zum Haus und erzählte Maria, was sie machten. Maria reagierte nicht, sie und Ingrid saßen mit ihrem Strickzeug auf dem Schoß da und schienen sich gegenseitig nachzuahmen. Barbro machte sich ans Kochen. Jetzt konnte Suzanne neben dem Tisch stehen und sich an der Tischkante festbeißen. Niemand lachte über sie. Sie fiel und kam wieder auf die Beine und biss in die Tischkante und lachte. Ingrid weinte und strickte, bis Lars hereinkam und sagte, sie müsse mit hinüber nach Gjesøya kommen, der Sund sei zu breit, das Wetter zu schlecht und Felix zu klein.

Felix kam hinterher und schrie, er sei nicht zu klein.

Sie fuhren alle drei los, schlugen an der Nordspitze von Gjesøya und auf jeder der Kormoranschären einen Bolzen ein und setzten im letzten Sund drei Netze. Nun war Abend. Sie gingen in den neuen Schuppen und schnitten gesalzenen Fisch zurecht und holten Kartoffeln aus dem Keller und gingen zurück ins Haus. Barbro sagte, es sei auch Zeit, dass sie kämen.

»Jetzt kann die Suzanne stehen«, sagte sie und wusch die Kartoffeln, während die anderen sich setzten und Suzanne ansahen. Lars ließ den Blick zu Maria hinüberwandern, die mit offenen Augen zu schlafen schien. Er sagte, sie hätten zum ersten Mal genug Stühle auf Barrøy.

»Nein, haben wir nicht«, sagte Maria.

Mehr sagte sie an diesem Tag nicht.

Am Tag darauf sagte sie gar nichts.

Lars, Ingrid und Felix holten die Netze ein und füllten drei Kästen mit Kabeljau und Köhler und machten den Fisch im Kaihaus zurecht, banden den Kabeljau paarweise zusammen, trugen ihn zu den Trockengestellen und hängten ihn auf, schnitten Filets vom Köhler und brachten sie mit nach Hause, es waren große Stücke. Barbro zermahlte sie und briet Fischfrikadellen und kochte Kartoffeln und Möhren, und Suzanne konnte drei Schritte gehen, ehe sie fiel.

So vergingen die Tage.

Ohne dass Maria etwas gesagt hätte. Ingrid schlief bei ihr im Südsaal, Felix und Lars im Nordsaal, Suzanne bei Barbro. Ingrids Kammer stand leer. Dort wohnte niemand.

Als zehn Tage vergangen waren, fragte Lars Maria, ob sie Geld hätten, sie brauchten Waren. Maria gab keine Antwort. Ingrid hörte, was er gesagt hatte, und ging mit ihm nach oben in den Südsaal, zeigte ihm, was sie in der Einlegekasse in Mutters Truhe hatten, sagte, vor Weihnachten werde auch die Molkerei bezahlen, aber nur wenig. Er sagte, sie müsse mit ihm in den Laden kommen und vor Weihnachten einkaufen, wiederholte, er wollte Felix nicht mitnehmen.

»Wieso denn nich?«

»Der wird seekrank.«

»Du doch auch.«

Lars sagte, er sei daran gewöhnt, und dass Felix im Boot so oft stürzte und Wunden an den Händen hatte, die wegen Salz und Frost nicht heilten. Ingrid sagte, sie werde sie sich ansehen. Sie gingen in die Küche und fragten Maria, was sie aus dem Laden brauchten. Sie gab keine Antwort. Jetzt hatte sie schlecht zu riechen begonnen. Ingrid beschloss, sie zum Waschen zu zwingen, und wusste zugleich, dass ihr das nicht gelingen würde. Sie fragte Barbro, was sie brauchten. Barbro erwähnte allerlei Waren, Möhren, Zucker … Lars schrieb es auf einen alten Donnerstag, den er aus dem Almanach gerissen hatte, und steckte ihn in die Tasche. Dann hörten sie das Signal und gingen hinaus, um die Milchroute in Empfang zu nehmen.

Sie tauschten Milcheimer. Aber an Deck stand eine Truhe, die Ingrid schon erkannte, als Paulus Seile darum zog, um sie an Land zu hieven, es war Zezenies Aussteuer. Sie zog Paulus beiseite und sagte: »Die Mama is krank.«

»Was ist denn los?«

»Ich glaub, sie hat's mit'n Nerven.«

Paulus befestigte auch das zweite Seil und half ihnen, die Kiste nach Hause zu bringen, stellte sie auf die Küchenbank und fing an, mit Maria zu reden, die noch immer nicht antwortete und auch nicht zu bemerken schien, dass er da war. Er blieb stehen und schaute sich um. Lars und Felix starrten ihn aus blutunterlaufenen Augen und mit Salzstreifen im Gesicht an, lange, nasse, verfilzte Haare. Paulus fragte, ob sie schliefen. Lars sagte, ja, sie schliefen ein bisschen. Suzanne stand schwankend neben dem Herd und hielt sich mit der einen Hand an Barbros Kittel fest, die andere hatte sie im Mund. Barbro kehrte ihm den Rücken zu, als sei er nicht da, der Milchschiffer, er war doch nie hier. Dann rief sie gegen die Wand, dass die Jungen *nicht* schliefen, die waren doch die ganze Zeit auf dem Meer, es war schrecklich, sie würden noch zugrunde gehen.

Paulus sagte, Ingrid sollte mit ihm zurück zum Boot kommen, er habe etwas für sie. Sie kam mit und hörte ihn sagen, das mit Maria sei ernst, er werde Bescheid sagen und jemand werde kommen und ihnen helfen.

Er ging an Bord und holte einen Brief, sah sie dann forschend an und fragte, ob auch sie nicht schlief. Ingrid sah zuerst den Brief an und dann ihn. Er schüttelte den Kopf und löste die Vertäuung und sagte, sie müsse die Jungs vom Meer weghalten, so wie es jetzt aussah. Barbro hat recht, sagte er.

Ingrid sagte ja.

Er ging wieder an Bord und setzte im scharfen Wind hinaus.

Zu Hause in der Küche hatten sie die Kiste geöffnet. Die enthielt ein Service mit dem Aufdruck »Königszelt«, »Made in Poland«, es war in die Zeitung gewickelt, die Ingrid nicht gelesen hatte, als sie Magd bei Tommesens gewesen war.

Sie wickelten ein Stück nach dem anderen aus, stapelten alles auf dem Küchentisch und bewahrten das Papier auf. Es gab zwölf große flache Teller mit Goldrand und Blumenmuster, zwölf große tiefe Teller, zwölf kleinere, zwölf Teetassen und zwölf Untertassen. Das Einzige, wovon es keine zwölf gab, waren Kaffeetassen, es gab nur elf, und eine hatte keinen Henkel. Dann gab es zwei Saucieren und zwei Schüsseln mit Deckeln, für Kartoffeln, und dazu vier große Schalen, zwei runde und zwei ovale, zwei Sahnekännchen in unterschiedlicher Größe, eine Zuckerdose mit Deckel, eine Kaffeekanne mit Deckel und eine dicke runde Schüssel, von der sie einfach nicht wussten, wozu die gut sein sollte, aber sie war genauso schön wie alles andere. Barbro sagte, sie könnten rote Grütze darin haben, sozusagen als Zwischenstation zwischen Kochtopf und Tellern. Ganz unten in der Kiste lag ein grüner Samtbeutel mit Goldschnur und vierundzwanzig winzigen Silberlöffeln, die waren schwarz.

Barbro schaffte für alles Platz in der Speisekammer. Lars und Felix trugen die Kiste nach oben in den Nordsaal. Ingrid kochte Heilbutt mit einigen Tropfen Essig im Wasser und zwei Lorbeerblättern, wie sie es von Zezenie gelernt hatte. Sie aßen von den neuen Tellern und es gab Sauerrahm dazu. Suzanne zerbrach einen Teller. Barbro aber ging einfach in die Kammer und holte noch einen, und sagte, wenn sie den auch noch zerbrach, würde sie Prügel bekommen. Nach dem Essen kümmerte sich Ingrid um Felix' Wunden und sagte, er müsse die einige Tage lang trocken halten. Felix blickte Lars fragend an.

45

Drei Tage lang fuhren sie nicht aufs Meer hinaus, sondern fischten von der Landseite mit Netzen und nahmen den Großteil des Kabeljaus aus und hängten ihn zum Trocknen auf, salzten den Rest ein, molken und fütterten die Tiere und ließen die Schafe draußen herumlaufen, bis die vor dem Sturm kapitulierten und sich vor der Stalltür drängten, sie wollten hinaus, wenn sie drinnen waren, und wieder hinein, wenn sie draußen waren.

Und es wurde nichts aus einem Einkauf im Laden.

Ebenso wenig gelang es Ingrid, Maria zu waschen. Als das Wetter sich beruhigt hatte und sie bereit waren hinüberzufahren, kam Pastor Malmberget mit der Milchroute, in Begleitung eines Arztes. Der untersuchte Maria und entschied, dass sie mitgenommen werden musste. Ingrid packte den kleinen Koffer, den sie und Barbro benutzen wollten, als sie geglaubt hatten, die Insel verlassen zu können.

Nachdem die drei abgefahren waren, sagte Ingrid zu Lars, dass sie mit der Fahrt zur Handelsstation noch warten sollten. Lars fragte, warum, es fehle an so gut wie allem. Ingrid antwortete nicht. Da sagte auch Lars nichts mehr.

Ingrid zog die Bettwäsche im Südsaal ab und kochte sie in einem Topf, der im Schwedenschuppen stand, und hängte sie dort zum Trocknen auf. Dann zog sie neue Bettwäsche auf und sagte, Barbro brauche sich jetzt nicht mehr darüber zu beklagen, dass es in ihrem Bett so eng sei, von jetzt an würde Suzanne bei ihr schlafen. Barbro sagte, das sei nicht nötig. Ingrid sagte, dass sie die Entscheidungen treffe. Barbro lächelte und schwieg. Suzannes Bettwäsche wurde in den Südsaal gebracht, und Ingrid begann, ihr das Laufen beizubringen, systematisch und gnadenlos, sie zog sie an und nahm sie mit nach draußen. Bei Regenwetter liefen sie im Kaihaus oder im Bootshaus herum, oder in der Stube.

Lars und Felix fischten, sowohl vom Boot als auch mit Netzen von Land aus. Felix' Wunden verheilten und rissen wieder auf, sie ähnelten weißen, geschwollenen Mündern mit kleinen, blutroten Zungen. Aber er fiel nicht mehr so oft hin und bekam keine neuen Verletzungen. Ingrid und Barbro molken und fütterten die Tiere und kochten das Essen. Mit jedem weiteren Tag konnte Suzanne besser laufen und hatte auch angefangen zu sprechen.

»Ofen is heiß.«

»Ja.«

»Rohr auch.«

Zwei Tage vor Weihnachten hatte sich der Wind so weit gelegt, dass sie zur Hauptinsel rudern konnten, um einzukaufen, sie wagten es nicht, das Segel zu setzen, und Felix war ständig übel, er erbrach sich und wollte sterben, wurde aber wieder lebendig, sobald er festen Boden unter den Füßen spürte. Seit zwei Monaten hatte er sein Zuhause nicht mehr gesehen. Aber dort stand das Haus, dunkel und groß, mit dem knarrenden Wetterhahn hinter hohen, kahlen

Bäumen, und Felix wirkte nicht einmal so, als erkenne er es wieder. Dann jedoch sagte er: »Da is zu Hause.«

»Nein«, sagte Ingrid.

Sie gingen zum Laden und kauften einen Sack Möhren, Lars schwor hoch und heilig, dies sei das letzte Mal, dass sie dafür Geld ausgeben sollten, sie würden selbst auf Barrøy Möhren anbauen. Und sie kauften Petroleum und Mehl und all die anderen Sachen, die er im November auf den vergessenen Donnerstag geschrieben hatte, und ohne dabei auf die Fragen von Margot zu antworten, die wieder freundlich geworden war, von Ingrid allerdings die kalte Schulter gezeigt bekam und von Lars als Speckfut bezeichnet wurde, als sie wieder draußen waren.

Felix lachte beeindruckt. Nun schien er sein Elternhaus gar nicht mehr wahrzunehmen. Aber Ingrid bemerkte etwas: Es war nichts Seltsames mehr an Lars' Blick.

Auch auf dem Rückweg setzten sie kein Segel, sie ruderten, und da standen Barbro und Suzanne wartend am Ufer, beide weinten. Die anderen fragten, was passiert sei. Barbro antwortete nicht, warf sich nur den Möhrensack über die Schulter und lief hinauf. Ingrid sagte zu Suzanne, dass sie sie nicht mehr auf dem Arm tragen wolle, nein, niemals mehr. Sie müsse es selbst zum Haus hinauf schaffen, auch wenn sie dabei krabbeln müsste.

Das tat sie auch die letzten fünfzig Meter, aber die ersten Hügel schaffte sie auf zwei Beinen.

Am folgenden Tag war es fast windstill. Der Himmel war blauschwarz und glänzend wie Wasser mit Meeresleuchten. Die Familie ruderte nach Skogsholm hinaus, um den schönsten Wacholderstrauch als Weihnachtsbaum auszuwählen, so wie sie es jedes Jahr am Tag vor Heiligabend taten. Ingrid hatte den Brief gelesen, der mit Zezenies Aussteuer gekommen war. Er enthielt ein Geheimnis, das sie nicht mit den anderen teilen wollte, denn darin stand mit Tinte geschrieben, dass Zezenie in einem Krankenhaus in Bodø sei, aber bald zurückkommen werde, auch wenn Handelsstation und Haus versteigert worden seien, wenngleich sie noch nicht von Fremden bewohnt würden.

Damit konnte Ingrid nichts anfangen.

Auf der Fahrt hinaus sagte sie, dass sich Lars und Felix waschen sollten, sobald sie wieder zu Hause wären, und zwar in einer Leinentrommel, im Stall, und sei es auch noch so kalt. Außerdem sollten sie vor Onkel Erlings Eintreffen die Langleinen des Vaters in Ordnung bringen, damit er sie mit zu den Lofoten nehmen könne, dafür bekämen sie mindestens einen halben Fanganteil, und das waren mehrere hundert Kronen. Ingrid wusste, wie die Langleinen zusammenmontiert werden mussten. Das wusste auch Lars. Und Felix konnte es lernen.

46

Aber sie schafften es nicht rechtzeitig. Der Barrøy'sche Kutter legte bereits am zweiten Weihnachtstag an, mit einem aufgebrachten Onkel Erling am Steuer, dieser verfluchte Pastor hatte es erst zwei Tage vor Weihnachten geschafft, ihn über den Tod seines Bruders zu informieren, per Telegramm, das mit einem Boot an allzu vielen Inseln vorbeitransportiert werden musste, und jetzt hatten sie noch nicht einmal die Vorbereitungen für die Fangsaison abschließen können. Erlings Frau Helga war auch mitgekommen und ihr achtzehnjähriger Sohn, Arnold, sowie drei weitere Fischer.

Aber wo ist denn Maria?

Nein, ach Gott, nein, hier geht ja alles zugrunde.

Sie hatten ein halbes Schwein und einen Eimer Würste mitgebracht. Helga und Barbro und Ingrid schrubbten das ganze Haus und heizten überall ein, auch in der Kammer vom alten Martin, wo Helga sich mit Koffer, Bibel, einer bestickten Decke und einem Weihnachtsaltar einrichtete, während die Mannschaft an Bord übernachtete.

Lars wollte zu den Lofoten mitfahren, aber das kam nicht in Frage, sie arbeiteten dort auf offenem Meer, und er war erst zwölf. Lars meinte, er könnte ja an Land bleiben, im Schuppen stehen und Köder an die Langleinen hängen.

»Dafür ham wir schon genügend Leute«, sagte Erling

und befahl ihm, auf Barrøy zu bleiben und sich um die Familie zu kümmern. Und weiter zur Schule zu gehen. Helga würde so lange hierbleiben, bis Maria zurückkäme.

»Se kommt doch, oder?«

Das wussten sie nicht.

Im Laufe der ganzen Weihnachtszeit standen Lars und Ingrid und Felix mit der Mannschaft im Kaihaus und bereiteten die Ausrüstung vor, knüpften Schnüre an Senksteine und brachten Ordnung in Glaskugeln und Bojen und Leinentrommeln, konnten zwei ganze Leinenreihen mit Hans' Hauszeichen versehen und würden somit nach Onkel Erlings großzügiger Berechnung einen ganzen Fanganteil bekommen.

Am dritten Januar waren sie fertig, und die Mannschaft dampfte bei starkem Wind in Richtung Norden ab, während Ingrid und Lars und Felix am Kai zurückblieben und eigene Pläne hatten.

Es lief nämlich nicht so reibungslos mit Helga.

Helga war enttäuscht darüber, dass Maria nicht da war, und versteckte ihre Gefühle auch nicht. Darüber hinaus störte es sie, dass niemand mit ihr über die Eltern reden wollte und alle ihr den Rücken zukehrten, wenn sie herauszufinden versuchte, was geschehen war. Noch dazu war sie reinlich und fromm und mischte sich in den Haushalt der Schwägerin ein, so als ob Barbro nicht wüsste, wie ein Haus zu führen war. Und dann wollte sie auch nicht, dass Felix mit hinaus aufs Meer fuhr, ein Siebenjähriger in einem offenen Boot im Winter, wo hat man so etwas schon gehört?

Barbro sagte, die Besucherin solle nicht so großzügig in ihrer Kammer Torf verbrennen, denn davon hätten sie nicht mehr viel übrig. Helga hatte keinen Überblick über die schneebedeckten Torfsoden, begann in der Nacht zu frieren und brauchte eine zusätzliche Bettdecke. Außerdem wollte sie am liebsten nicht den Stall betreten, sie war nämlich die Frau eines Fischkutterkapitäns und hatte zu Hause auf Buøy ein eigenes Dienstmädchen. Nicht einmal Suzanne wollte etwas mit ihr zu tun haben, dafür sorgte Ingrid schon, und Felix sagte kein Wort, wenn sie ihn um etwas bat, sondern stellte sich stattdessen neben Barbro und wartete ab, bis diese ihm etwas anderes auftrug. Das tat er dann.

Mit dem Schulbesuch lief es weiterhin schlecht, Lars blieb ganz einfach auf der Insel, setzte eine Miene auf wie ein Mann, für den die neue Verwalterin Luft war. Solange Felix es aushielt, war er mit ihm auf dem Meer, ansonsten fuhr Ingrid mit hinaus. Sie hängten den Kabeljau zum Trocknen auf und aßen den Köhler, den sie nicht als Köder verwendeten, auch den Schellfisch, aus dem Helga Fischfrikadellen buk und den sie vom polnischen Porzellan aßen, und es waren kaum zwei Wochen des neuen Jahres vergangen, als sie eines Abends in Martins altem Schaukelstuhl saß und Suzanne durch das Zimmer hin und her rennen sah und sagte, nein, so langsam könnte sie wohl wieder nach Hause fahren, hier war ja alles in schönster Ordnung.

Zwei Tage später fuhr sie mit Paulus hinüber, mit Bibel und Altar und allem anderen. Ingrid umarmte sie als Einzige zum Abschied. Barbro lächelte freundlich, hielt Suzanne an der Hand und erklärte der Kleinen, wie sie nun einem Boot zuwinken müsse, das eine Insel verlässt.

»Jetzt mussu schön winken.«

Als Paulus das nächste Mal anlegte, machte er das Boot mit beiden Trossen fest und kam auf den Kai hinauf, er wollte mit Lars reden, wollte wissen, ob sie ihm ein paar Kisten Kabeljau liefern könnten, wenn er vorbeikäme, so viel Milch hätten sie ja derzeit nicht zu bieten, sie würden fast denselben Kilopreis bekommen, der auch bei der Handelsstation gezahlt wurde, wo es einen neuen Besitzer gab, einen Bang Johansen, sie hätten dort wieder angefangen, Fisch aufzukaufen.

»Wieso nich'n selben Preis?«, fragte Lars.

»Fracht«, erwiderte Paulus.

»Muss *du* doch nich bezahlen.«

»Was'n?«

»Öl?«

Paulus setzte ein schiefes Lächeln auf und sagte, dass sie sich schon einigen würden, wenn es so weit wäre. Lars sagte, er wolle für jede Lieferung eine Quittung haben, mit dem Kilogewicht pro Kasten, sie hätten eine Fischwaage auf der Insel, das angegebene Gewicht sei dann ganz korrekt, und außerdem wollten sie sofort bezahlt werden.

Darüber musste Paulus herzlich lachen und sagte, von so etwas habe er noch nie gehört, er wolle mit Ingrid reden. Lars holte Ingrid, die herunterkam und dasselbe wie Lars sagte. Sie wurden handelseinig, mit der Einschränkung, dass Paulus nicht jedes Mal bezahlen sollte, sondern nur jedes dritte Mal, also einmal pro Woche, und er auch nicht mit Zinsen belastet werden würde, wenn das Wetter so schlecht war, dass er nicht anlegen könnte. Darüber mussten alle lachen. Ingrid und Lars blickten einander merkwürdig an.

Im Laufe der folgenden Woche bekam Paulus 391 Kilo, in der Woche danach 443, dann gab es nur noch achtzig Kilo. Das lag daran, dass Lars und Ingrid bei einem Einkauf im Laden erfahren hatten, dass Paulus den Fisch nicht im rohen Zustand an die Handelsstation verkaufte, sondern auf einem eigenen Gestell trocknete, das er auf den Klippen unterhalb seines Hofes errichtet hatte, weil Trockenfisch nun einmal wesentlich besser bezahlt wurde als roher Fisch, selbst dann, wenn nur ein Viertel des Gewichts übrig blieb. Sie gingen los und inspizierten dieses Trockengestell von Paulus und sahen, dass es ebenso gut wie ihr eigenes draußen auf Barrøy platziert war, auf blankem Fels. In der vierten Woche gaben sie ihm daher nur zwei Kästen mit nicht mehr als achtzehn Kilo Fisch in jedem. Er wollte wissen, ob sie bei dem guten Wetter in ihren Betten lagen, he he.

Lars erwiderte, dass sie einen Großteil der Netze und Leinen verloren hätten, und erhielt eine schriftliche Bestätigung über den Erhalt der 36 Kilo, einschließlich ein paar säuerlicher Bemerkungen darüber, dass das Trockengestell dort drüben plötzlich schon beinahe durchhing. Lars kümmerte sich nicht weiter darum, ging nach Hause und verkündete, dass sie von nun an den ganzen Kabeljau, auch den Lumb, selbst aufhängen und dann alles bei der Handelsstation verkaufen würden, wenn die Käufer und Kürer dort im Juni hinkämen, so hätten auch Hans und Martin es immer getan.

Paulus allerdings ließ sich nicht abspeisen, jetzt wollte er den Fisch aufgeschnitten haben, fertig für das Einsalzen bei der Handelsstation, zu einem Preis, den sie nicht ablehnen konnten. Ingrid und Barbro standen im neuen Kaihaus und schnitten Kabeljau auf, wogen ihn und legten ihn in Kästen, bedeckten ihn mit Schnee, wenn der Herrgott sie damit versorgte, und Paulus bezahlte sofort. Dann wollte er auch noch die Fischköpfe und die Rücken haben, getrocknet, so, wie sie es auf den Lofoten machten. Sie bekamen Nadeln und begannen, Köpfe aufzufädeln und Rücken zu bündeln, und hängten auch diese zum Trocknen auf das Gestell, daraus sollte dann Guano werden, wofür sie ebenfalls bezahlt würden.

Lars hatte begonnen, alles auszurechnen, Notizen zu machen und Pläne zu schmieden und in neuen und unbekannten Bahnen zu denken, er wollte das Geld selbst verwalten. Darauf ließ sich Ingrid nicht ein. Sie schrien einander an. Barbro entschied, dass *sie* das Geld behalten und ihnen das Übriggebliebene auszahlen würde, wenn der Frühling kam. Auch Felix sollte seinen Anteil bekommen. Lars protestierte und sagte, er arbeite viel härter als Felix.

»Machste gar nich«, sagte Barbro und fragte, was sie mit den Kabeljauköpfen und -rücken vorhätten, die draußen am Gestell hingen.

»Das is Guano«, sagte Lars.

»Was is das'n?«

»Weiß nich.«

»Das is Dünger«, sagte Ingrid. »Für'n Export.«

Barbro fragte, was Export sei.

»Die verkaufen das im Ausland«, sagte Felix.

Alle sahen ihn mit ernstem Blick an.

»Wo hasse das denn gelernt?«

»Zu Hause.«

Ingrid fragte, ob es sonst noch etwas gäbe, das er ihnen beibringen könnte, was er *zu Hause* gelernt habe. Darauf konnte Felix nichts erwidern. Lars nannte Ingrid ein altes Weib, Ingrid drohte ihm mit dem Messer. Barbro sagte, sie sollten aufhören.

»Ihr seid alle gute Kinder – alle zusammen.«

»Wir sind keine Kinder«, sagte Felix. »Wir sind erwachsen.«

Barbro lachte und ging zurück zum Haus. Ingrid schnitt Fisch auf und Lars meinte, sie arbeite nicht sauber genug, es hänge noch zu viel Fleisch an den Rücken. Ingrid fragte, ob sie es ihm beibringen solle. Zögernd stimmte Lars zu. Sie lehrte ihn, den Fisch der Länge nach aufzuschneiden. Felix schaute zu und fragte, wo sie das denn gelernt habe.

»Von Papa.«

Lars fragte, wieso ihm das nicht auch ordentlich beigebracht worden sei, von Hans. Ingrid vermied es zu sagen, dass der Vater nicht *sein* Vater gewesen war. Lars konzentrierte sich auf den Fisch. Felix sah Ingrid an und fragte: »Sind wir Geschwister?«

Ingrid fragte, weshalb er das wissen wolle.

Und da er darauf nicht antworten konnte, erwiderte sie, dass er und sie weder Mutter und Sohn noch Geschwister seien. Aber davon wollte Felix nichts wissen. Und während Lars auf dem Kai stand, um den Rest des Fangs an Land zu ziehen, flüsterte sie Felix zu, dass er Lars' Bruder sei, Lars allerdings wisse nichts darüber, wir wollen es geheim halten. Felix' Augen glänzten. Das konnte Ingrid nicht mitansehen, sie sagte, dass sie hier keine Zeit mehr verschwenden könne, und ging nach Hause und erinnerte sich an den

Brief von Zezenie, was viel zu oft geschah, mehrmals am Tag fiel er ihr ein, wie ein plötzliches Zucken im Gehirn, und so konnte sie nicht weitermachen, sie musste ihn verbrennen.

47

Februar. Schweres feuchtes Schneetreiben und gelber Schaum wogten über die Insel. Und das Meer war weiß, aber sie hatten Leinen auf der Außenseite der Insel und mussten sie einholen, bevor das Wetter noch schlechter wurde.

»Was meinste?«, sagte Lars. »Wolln wir los?«

»Ja«, sagte Felix.

Sie bestiegen das Boot und ruderten um die Kormoranschären herum. Dort waren die Verhältnisse ganz furchtbar, und sie waren gerade dabei, die Leinen einzuholen, als Felix kopfüber ins Meer stürzte. Lars zog ihn mit dem Langhaken wieder an Bord, war dann aber derart erschöpft und gefühllos, dass er nicht rudern konnte. Sie trieben quer über die Wellen, während Lars dalag und Felix festhielt, der nicht sprechen konnte, bis sie im Sund gegenüber Moltholmen nach Barrøy gelangten. Lars brachte den Jungen an Land und wollte zwei Dinge gleichzeitig tun, ihn nach Hause tragen und das Boot retten.

Er schaute in das Schneetreiben und bemerkte das Eis. Auf dem ganzen Weg.

Und wie weit ist es nach Hause?

Lars hob Felix auf den Rücken und ging los. Es war ein weiter Weg, und Felix schaffte es nicht, sich festzuhalten. Ingrid sah sie vom Haus aus und kam angelaufen und half ihnen über das letzte Stück. Sie brachten Felix in die Küche, wo Barbro ihm die Kleider vom Leib riss und ihn massierte und klopfte und ihn auf die Bank und unter eine Bettdecke legte und weitermassierte, während er vor sich hin brabbelte und mit den Zähnen klapperte. Lars stand kreidebleich daneben und sagte, sie müssten das Boot bergen. Und die Leinen. Ingrid sagte, er solle den Mund halten. Das sagte auch Barbro, und dass er die Kleider ausziehen solle, er auch, und zwar sofort. Er wiederholte, dass das Boot gerettet werden müsse, und lief wieder hinaus. Ingrid zog sich an und folgte ihm durch den Schneesturm bis zum Boot, das mit einem gähnenden Loch an der Seite ans Ufer schlug. Auch die Ruderpinne war zerbrochen. Aber beide Ruder waren da, und auch die beiden leeren Leinentrommeln. Lars riss sich die Jacke herunter und stopfte sie in das Loch, mit Hilfe der Ruder schoben sie das Boot wieder hinaus und ruderten durch den Sund, während das Meer mittschiffs hereinströmte, manövrierten es am Felsvorsprung beim Schwedenkai vorbei, zogen es hinauf und schöpften das Wasser heraus und schoben es weiter hinauf, so hoch sie kamen.

Lars schrie, sie müssten wieder hinaus und die Leinen retten, mit dem Kahn. Ingrid fragte, ob er den Verstand verloren hätte. Wütend lief er hin und her. Ingrid rief, er dürfe nicht länger auf dem Meer arbeiten, wenn er völlig verrückt sei. Er schüttelte sich und grinste und fragte, ob sie glaubte, dass Felix sterben würde. Ingrid sagte nein.

Auch sie bekam Schüttelfrost und musste ins Bett.

Felix lag in der Küche und brabbelte. Barbro saß neben ihm, auch in der Nacht, das wollte Suzanne ebenfalls. Ingrid vermisste sie und stand auf und legte sich neben dem

Ofen in die Küche und sagte, dass sie wieder gesund sei. Barbro brachte sie wieder nach oben, und Ingrid tat kein Auge zu, bis Barbro mit der schlafenden Suzanne auf dem Arm hereinkam und sie neben Ingrid legte, sich auf die Bettkante setzte und fragte, ob sie Angst vor der Dunkelheit hätte. Ingrid sagte nein. Barbro fragte, ob sie Gespenster gesehen hätte. Ingrid sagte ja. Barbro sagte, das komme vom Fieber. Aber jetzt habe sie kein Fieber mehr. Das könne sie an ihrer Stirn fühlen. Ingrid nickte. Als Suzanne am nächsten Morgen erwachte, fragte sie Ingrid, ob sie ihr das Stricken beibringen könnte.

»Du bis zu klein«, sagte Ingrid.

Suzanne erwiderte, das habe ihre Mama auch gesagt.

»Wer is denn deine Mama?«, fragte Ingrid. Suzanne sah sie verständnislos an. »Ich dachte, das bin ich?«, sagte Ingrid. Suzanne lächelte zögernd. Ingrid sagte, dass Suzanne ihr dabei zusehen könne, wenn *sie* strickte, auf diese Weise werde sie es schneller lernen, wenn die Zeit gekommen wäre. Suzanne war einverstanden. Außerdem könnte sie das Zählen lernen, nicht nur an den Fingern, sondern auch an den Maschen.

48

Lars wurde nicht krank. Als der Sturm sich gelegt hatte, ging er hinaus und stellte fest, dass er das verschneite Boot nicht bewegen konnte. Er holte Barbro. Gemeinsam konnten sie es umdrehen und auf zwei Böcke bugsieren, so dass er das Loch im Rumpf von beiden Seiten untersuchen konnte. Es war größer, als er geglaubt hatte, auch eins der Spanten war zerbrochen. Barbro schüttelte den Kopf. Lars fragte, ob Felix sterben würde.

Barbro sagte nein und jetzt könnte er bereuen, dass er nicht richtig zugesehen habe, wenn Hans Boote reparierte.

»Was weißtn du davon«, sagte Lars.

»Man braucht zwei«, erklärte Barbro vielsagend und ging zurück zum Haus, drehte sich dann aber um und rief, dass sie ihm helfen könnte, und festhalten, während er das Spant befestigte, den Rest müsse er allein schaffen.

Lars ging in den Schuppen, wo Hans Material gelagert hatte, und fand einige Längen astfreier Tanne. Er sägte ein passendes Stück ab, riss das ramponierte Brett von der Bootsseite und nahm es als Maß. Aber es fehlten zwei Stücke, er lief rein und raus und musste zwischen den Arbeitsgängen neu messen und sägen und hobeln und hinauslaufen und rechnen und messen. Als er fertig war, schaffte er es nicht, es richtig zu biegen.

Barbro kam und sagte, er solle das Brett mit ins Haus

nehmen, es in feuchte Tücher wickeln und es für ein oder zwei Tage in einer Bütte unter dem Herd liegen lassen, dann würde es weicher werden. Lars fragte, ob sie das tun könnte, er wollte nicht in der Küche sein und Felix röcheln hören, er ging nicht einmal zum Essen hin. Barbro sagte, er müsse das selbst tun, sie werde alte Kleider für ihn heraussuchen.

Lars sagte, dann müsse es eben auch so gehen.

Nein, sagte Barbro. Er müsse auch essen.

Er kam mit ins Haus und tat wie ihm geheißen und warf einen kurzen Blick auf Felix, der zitternd auf der Bank lag und nicht bemerkte, dass Lars da war. Lars ging zurück zum Schwedenkai und suchte nach passendem Holz für ein neues Spant. Er fand keins. Im Schuppen gab es zwei Fenster, eins blickte nach Norden und eins nach Süden. Er blieb stehen und schaute durch das, das nach Norden blickte, das Meer war schwarz und glatt. Wie Blei. Wie Teer.

Er blieb stehen und schaute, bis er nichts mehr sah.

Er ging hinaus und hinter die Felskuppe beim Bootsschuppen und ließ den Kahn zu Wasser, er war älter als das beschädigte Boot, hatte lange im Schuppen gestanden und war trocken und leck. Aber er war leicht zu rudern. Lars ruderte um die Nordspitze und nach Süden durch den Sund, als er auf der Insel seine Mutter entdeckte. Sie stand da und winkte mit beiden Armen.

Er wollte vorbeirudern, aber ihre Stimme zog ihn an Land. Er fragte, was sie wolle. Sie sagte, er könne die Leinen nicht allein einholen. Er legte an. Barbro stieg an Bord und schob ihn zur Seite, setzte sich an die Ruder und ruderte vorbei an den Kormoranschären und fand die erste

Wimpelstange. Lars holte die Fangleinen ein und Barbro manövrierte das Boot. Sie füllten anderthalb Fächer mit Fisch, vieles war alt und angefressen, aber einiges brauchbar. Und sie konnten beide Leinen hochholen.

Sie ruderten zurück zum Kaihaus und hievten den Fisch an Land. Lars nahm aus und Barbro legte in Kästen, holte Schnee und bestreute den Fisch damit. Als sie fertig waren, kam Paulus um die Landspitze und legte am Kai an, nahm die paar Spritzer Milch und auch den Fisch an Bord, war mit dem Fisch zufrieden, auch wenn es kein grandioser Fang war und vielleicht auch ein wenig grob zerschnitten. Lars sagte, er werde für einige Tage nichts mehr bekommen, und wollte erklären, warum nicht, als Barbro sich einschaltete und sagte, sie müssten das Boot reparieren.

Paulus nickte und ging wieder an Bord.

An diesem Abend hörte Felix auf zu röcheln. Seine Augen waren rot, wässrig und unklar, aber er lächelte über den Rand der Bettdecke hinweg und wollte etwas zu trinken und auch ein wenig zu essen. Er aß nicht viel, schlief rasch wieder ein, schlief aber ruhig. Lars fragte noch einmal, ob er sterben würde.

Die Antwort war dieselbe.

Am nächsten Morgen stand er als Erster auf, machte Feuer und sah, dass Felix atmete. Felix öffnete die Augen und sah ihn an. Lars fragte, ob er sprechen könne. Felix nickte.

»Wie geht'sn so?«

»Jau …«

Felix wollte sich aufsetzen, schaffte das aber nicht. Lars fragte, wie es *jetzt* ging. Felix murmelte noch einmal jau und blieb liegen, während Lars erklärte, dass er nach Skogsholmen rudern und nachsehen wollte, ob er dort passendes Holz für ein neues Spant fände. Es muss Kiefer sein, sagte er, aber Wacholder kann auch gehen. Felix ließ seinen Blick zum Fenster wandern, wo Schnee auf den Sprossen lag, und fragte, wie das Wetter sei. Lars sagte, es sei gutes Wetter. Felix blinzelte. Lars ging hinaus und in das Bootshaus und ließ abermals den Kahn zu Wasser. Der war noch immer leck, und er musste Pausen einlegen und schöpfen, aber er fand die Felsscharte auf der Innenseite von Skogsholmen und vertäute an dem Bolzen, den Hans dort angebracht hatte, ging mit Axt und Säge auf die Anhöhe und machte sich an die Suche. Es wurde jetzt hell.

Er suchte, bis es ganz hell war.

Dann wurde es wieder dunkel, als ein neues Schneegestöber vorübertrieb. Das war still und schwer. Das Meer sah noch immer aus wie Teer. Als es abermals hell wurde, fand er einen alten verkrümmten Wacholder, nahm die Axt, um die dicksten Wurzeln aus dem gefrorenen Hang zu befreien und fluchte, weil er die Schneide verdarb, hieb eine Wurzel nach der anderen ab und sägte den Stamm einen knappen Meter über der Wurzel ab, er war dick wie ein Arm, wie der Arm eines jungen Mannes.

Er ging zurück zum Boot, schöpfte und ruderte nach Hause. Als er Moltholmen umrundete, wartete Barbro schon auf ihn. Lars fragte, was sie dort mache. Sie fragte, ob er gefischt habe. Er sagte nein und wollte wissen, wie es Felix ging.

»Dem geht's gut«, sagte Barbro.

Sie zogen das Boot an Land. Lars ging mit dem Wacholderstumpf in den Schwedenschuppen und fing an, ihn zurechtzuschneiden. Der muss erst getrocknet werden, sagte Barbro.

»Hä?«

Sie erklärte, dass er kein frisches Holz für Spanten benutzen könne, aber Wacholder sei besser als Tanne, wenn es sich um frisches Holz handele. Er fragte, warum. Barbro sagte, dass Wacholder sich weniger zusammenzieht und sich auch weniger ausdehnt, Wacholder ist zäh und träge, Lars fragte, was er denn ihrer Meinung nach tun solle. Sie sagte, er müsse es mit dem Wacholder eben einfach probieren, und ging zurück zum Haus, während er das ruinierte Halbspant abschlug und als Maß nutzte und bis zum Einbruch der Dunkelheit weiterarbeitete.

Als er zum Essen ins Haus kam, saß Felix aufrecht unter der Decke auf der Bank und hustete. Seine Augen waren noch immer rot, aber er aß ein wenig und fragte mit unhörbarer Stimme, ob Lars das Holz gefunden habe. Lars sagte ja und erklärte, er werde die Stücke am nächsten Tag vernieten. Er fragte Barbro, ob sie Wasser über das Brett gegossen habe, das in der Bütte unter dem Tisch lag. Sie sagte ja. Lars ging wieder hinaus und arbeitete, bis er zurückkam und ins Bett ging, inzwischen schlief Felix schon allein in der Küche.

Als Lars am nächsten Tag aufstand, war es vor dem Fenster dunkel. Er zog sich an und ging nach unten und sah, dass Felix noch immer schlief, er konnte seinen Atemzügen anhören, dass er lebte und nicht tot war.

Er aß und ging auf den Schwedenkai und suchte sich Nägel und zwei Hämmer und übte auf einem Amboss das Vernieten. Er fand Teer und Hanf, wärmte den Teer in einem Eimer auf einem Primuskocher an und schnitt zwei Längen Hanf zurecht. Nach dem Essen kam Barbro mit ihm und lag auf einem Flickenteppich unter dem Boot und hielt es fest, während Lars vernietete. Das Boot hatte jetzt ein helles Brett und ein helles Halbspant zwischen den anderen, die schwarz vor Teer waren. Sie ließen es zu Wasser und gingen an Bord und ließen sich vor dem Wind treiben. Einige Tropfen sickerten durch. Barbro sagte, es sei gute Arbeit. Aber was war mit der Ruderpinne? Lars sagte, das werde er morgen in Ordnung bringen. Sie ruderten um die Landspitze und zogen das Boot hoch und stellten es gerade. Barbro ging nach Hause. Lars holte sich einige Eimer, füllte das Boot mit Meerwasser, bis es über der Bruchstelle stand, damit das Holz sich jetzt ausdehnen konnte. Als er fertig war, war Wind aufgekommen. Er ging zum neuen Kai und flickte die Fangleine, die sie gerettet hatten. Er überlegte, ob er die auch waschen sollte.

Mitten in der Saison Leinen waschen?

Er ließ es, hängte stattdessen die Leinenspulen zusammen mit den restlichen Netzen und Leinen über das Köderbrett. Es war dunkel und dichter Schnee fiel, als er nach Hause ging. Im Küchenfenster entdeckte er ein Gesicht. Es war Felix, der aufgestanden war und auf ihn wartete.

49

Die Sonne steht hoch am Himmel und die Vögel haben zu ihrem strahlenden Wirrwarr zurückgefunden, es glitzert in mageren Schneewehen, die noch auf der Insel liegen und sie wie ein Zebra aussehen lassen. Barbro sitzt draußen auf ihrem Stuhl und knüpft Netze. Und Suzanne weicht keinen Fingerbreit von Ingrids Seite, während Ingrid im ersten Licht eine Entdeckung gemacht hat, dass die Vorstellung, dass nicht nur ihr Vater weg ist, sondern auch die Mutter für immer verschwunden, dass diese Vorstellung, die nicht zu ertragen ist, die wie harte Windstöße über sie hereinbricht, dass die sich wieder legt, und dann sind die Eltern noch immer da, wenn sie an etwas anderes denkt, während ihre Augen über die Insel gleiten, und die ist, wie sie immer schon war.

Sie hat noch eine andere Entdeckung gemacht.

Sie war beim Liebeswäldchen in der Sonne eingeschlafen und erwacht und war allein.

Sie stand auf und sah sich um und konnte Suzanne nicht entdecken. Sie fing an zu suchen und fand sie nicht. Sie lief los, nach Norden und nach Süden, wie ein eingesperrtes Pferd. Sie fing an zu schreien. Sie bekam keine Luft mehr und lief und schrie, bis ihre Eingeweide ihr in der Kehle steckten und sie nicht wusste, wer sie war und was sie tat. Und fand Suzanne im Süden der Insel, wo sie am Strand neben dem Floß hockte und Muscheln sammelte, eine runde Muschel hochhielt, weiß wie Schnee und größer als zwei Kinderhände, sie war kugelrund.

Ingrid begriff, dass sie Mutter geworden war.

Es war ein entsetzliches Gefühl.

Sie sammelte die Muscheln in ihrer Schürze und nahm Suzanne an die Hand und ging mir ihr nach Hause, die Stallzeit näherte sich. Ingrid erzählte, dass sie als kleines Kind gedacht hatte, Muscheln seien Geld, weil sie das Perfekteste seien, was man auf einer Insel finden könne. Sie hatte große Mengen gesammelt und sie in Haus und Stall auf allen Fensterbänken verteilt, bis die Mutter eines Tages gesagt hatte, sie müsse sich eine Stelle suchen, um den Schatz zu vergraben.

Jetzt ging sie mit Suzanne los und versuchte, ihn wiederzufinden. Suzanne war irgendwann in diesem Winter sicher vier geworden, dachte sie, und ihr fiel ein, dass sie nicht einmal wusste, wann die Kinder Geburtstag hatten. Wenn sie an Suzanne und Geburtstage und diesen Schatz dachte, den sie nicht wiederfanden, dachte sie nicht an das andere, und abermals war die Insel so, wie sie sein sollte.

Alles ändert sich auf einer Insel, wenn dort nur noch Kinder sind. Und Barbro. Aber Barbro war doch niemals ganz erwachsen? O doch. Und ist Ingrid ein Kind? Nein, sie ist seit zehn Jahren erwachsen. Und Lars ist das seit seiner Geburt. Sie sind drei Erwachsene und zwei Kinder. Jetzt haben sie fünfzehn neue Lämmer bekommen und nur eins begraben müssen, es war schwarz und die Mutter war krank und hatte keine Milch, das andere musste ein Flaschenlamm werden. Sie haben außerdem drei Kälber, da hat Barbro bei der Geburt geholfen. Ingrid redet davon, dass sie auf Gjesøya weitergraben müssen, die Arbeit wiederaufnehmen, die Hans begonnen hat. Aber Lars erinnert sich an die Stille zwischen ihm und dem Onkel, als sie von der Insel losgefahren sind, und er hat zudem den Blick aufs Meer gerichtet, wie Hans, das hat auch Felix, und jetzt will er also anfangen, Steine über die Insel zu tragen, von den Ruinen in Karvika, und im Süden des Schwedenschuppens eine Mole anlegen?

Ingrid hört nicht zu.

Sie pflügen mit Barbro als Pferd das alte Kartoffelfeld wieder auf, ab und zu mit Lars. Aber es wird zu keinem Möhrenfeld, sie wissen nicht, wie sie das machen sollen. Sie waschen Netze und reparieren Eiderentenhäuser. Und noch immer wird auf Gjesøya nicht gegraben, sie fragen sich, *wann* sie das tun sollen.

Ingrid und Suzanne sammeln Eier, testen sie im Wasser und legen sie in feuchten Sand in kleine und große Fässer. Ingrid gibt Suzanne zwei Hände voll Daunen und erklärt ihr den Unterschied zwischen dem, was bloß fein, und dem, was ein göttliches Wunder ist. Während Lars und Felix Torf stechen, bis sie vor Erschöpfung und Langeweile sterben, und Lars sagt, das sei die übelste Scheißarbeit aller Zeiten. Es ist heiß und feucht, auch wenn sie unten in einem kühlen Loch sind und aussehen, als ob sie mit Kohle arbeiteten, oder es regnet und sie sind nass und lehmverschmiert unten in demselben Loch und wüten mit Hans' alten Torfstechgeräten und werfen Klumpen hoch ins Gras, wo niemand ist, um sie hochkant zu stellen, sie müssen in regelmäßigen Abständen hochklettern und es selbst tun.

Aber dann hören sie Paulus' Motor und legen das Werkzeug hin und steigen hoch und gehen zum Kai, während gleichzeitig Ingrid und Barbro und Suzanne das Haus verlassen, so dass sie zusammen ankommen und sehen, dass neben den leeren Milcheimern an Paulus' Deck zwei Damen in Mantel und Kleid stehen. Sie erkennen die eine, es ist die Pastorenfrau Karen Louise Malmberget, wie immer ein zartes, strahlendes Licht im Nordlandstag. Aber die andere erkennen sie nicht, es ist Maria Helena Barrøy, die aus dem Krankenhaus zurückkehrt und aschgraue Haare hat und eine Haut, die aussieht, als habe sie niemals die Sonne erblickt, weil sie einem Leichnam im Grab gehört.

Aber wenn sie Maria nicht erkennen, so erkennt Maria doch sie, auch Felix und Suzanne, die sich nicht an sie erinnern. Sie geht langsam auf den Kai und legt ihnen die Hand auf den Kopf und lächelt träge und reagiert mit demselben ausgelaugten Lächeln auf das Schluchzen von Ingrid, die sie begraben hat, zusammen mit dem Vater, für immer. Auch Barbro muss sich umdrehen und sich an Karre und Eimern zu schaffen machen.

Nun kommt auch Paulus auf den Kai und möchte wissen, ob der Fisch schon trocken ist und ob er ihn für einen Preis kaufen kann, der fast derselbe ist wie auf der Handelsstation bezahlt wird.

»Wieso nich fürn selben?«, fragt Lars.

»Fracht«, sagt Paulus.

»Aber du brauchst doch fürs Öl nich zu blechen«, sagt Lars.

Paulus sagt, da könne er wohl recht haben.

»Aber ist es prima Ware?«

»Ja«, sagt Lars.

Paulus sagte, den Preis müsse der Kürer bestimmen.

Lars schaut verstohlen hinüber zu der unkenntlichen Maria und der schluchzenden Ingrid, die Heimkehrerin hat einen Nimbus um sich, den niemand zu stören wagt, ehe Ingrid sie an die Hand nimmt und nach oben führt, die anderen im Schlepp, Lars hört Karen Louise Malmberget zu Felix sagen, dass er – aussieht wie der Leibhaftige selbst.

»Wieso biste denn so schwarz?«

Er hört Felix lachen und dreht sich zu Paulus um und sagt, sie werden den Trockenfisch selbst zur Handelsstation bringen und für den Preis verkaufen, der dort bezahlt wird.

»Ja, habt ihr Geld?«, fragt Paulus und sieht aus, als wisse er etwas. Lars sagt, sie hätten für die Leinen, die sie im Winter auf den Lofoten hatten, vollen Fanganteil erhalten. Paulus fragt, ob sie das Geld denn schon bekommen haben. Lars sagt ja, Erling war vor etwas über einem Monat da und hat mit ihnen abgerechnet, sie haben auch die Leinen zurückbekommen und werden sie für den nächsten Winter wiederherstellen.

»*Bares* Geld?«, fragt Paulus ungläubig.

»Ja«, sagt Lars und findet, dass das Gespräch lang wird, er will hinter den anderen her und feststellen, ob er Maria nicht doch wiedererkennt. Aber Paulus nimmt seine Schirmmütze ab und sagt, er habe wohl nur sekunda auf seinem Trockengestell.

»Wurmfliegen?«, fragt Lars.

»Ja.«

»Da ist's zu warm.«

Paulus steigt mit seiner seltsamen Miene an Bord. Lars

hebt die Trossen und hat etwas zum Nachdenken, er denkt, dass es etwas gibt, das er nicht weiß, über die Welt und Preise und nicht zuletzt die neuen Besitzer der Handelsstation. Deshalb geht er trotzdem nicht hinauf ins Haus, sondern hinüber zum Bootshaus und lässt das Boot zu Wasser und trifft bei der Handelsstation ein, als gerade ein Frachter aus Bergen anlegt, und gleich ist am Kai großes Gewimmel, obwohl eigentlich alle schon Feierabend gemacht haben.

Er geht hoch und steht herum wie ein neugieriges Kind und erfährt, dass Pökelfisch geladen wird und dass der neue Besitzer ein sehr junger Mann ist, Mitte zwanzig. Lars hat ihn bisher einmal kurz gesehen und staunt darüber, dass er gekleidet ist wie ein Arbeiter, während Tommesen immer Schlips und Weste trug, der einzige Unterschied zwischen dem neuen Besitzer und seinen Leuten ist, dass er lauter redet als sie und die Hände in den Taschen hat.

Lars nutzt die Gelegenheit, als der Kürer zwischen den Lagen aus Salzfisch hindurchgeht und auf die zeigt, die seine Leute auseinandernehmen und auf dem Boden der Sälzerei auslegen sollen, damit er feststellen kann, wie viel Prozent von diesem Fisch sekunda sind, ein Prozentsatz, der für die ganze Partie maßgebend wird, eine Stichprobe. Lars hat das schon früher gesehen und weiß, dass es ein kritischer Augenblick ist für die Finanzen der Handelsstation, die riskante Abrechnung nach einem ganzen Winter. Dennoch fragt er den Besitzer – ihm fällt jetzt ein, dass der Bang Johansen heißt –, ob er Trockenfisch kaufen will und, wenn ja, zu welchem Preis.

Bang Johansen schaut nach unten, versteht aber nicht, was Lars gesagt hat, denn seine Aufmerksamkeit richtet sich auf den Kürer, der auf eine Lage gezeigt hat, und es scheint eine gute Wahl zu sein, gesehen mit Bang Johansens Augen, ein verstohlenes Lächeln huscht über sein Gesicht, und er bittet Lars, die Frage zu wiederholen, was Lars tut, und Bang Johansen murmelt eine Summe und sagt zugleich, als verkünde er ein Dogma oder eine Geschäftsidee, dass die Zeiten schwer sind und die Fracht teuer und so weiter. Aber der Preis, den er nennt, ist höher als der, von dem Lars nach Paulus' Reden zu träumen gewagt hat. Er fragt, wann er liefern kann. Endlich sieht Bang Johansen ihn an und fragt, wovon er da redet. Lars wartet, bis er die nächste Frage stellt.

»Hast *du* Fisch?«, fragt Bang Johansen.

»Ja.«

»Bist du von den Inseln?«

»Ja.«

»Ja, dann musste deinen Vater schicken.«

Lars will schon sagen – ich bin selbst mein Vater. Aber er wartet, bis Bang Johansen abermals begreift, dass er etwas Dummes gesagt hat, und hinzufügt: »Wie viel haste denn?«

»Weiß noch nich ganz.«

»Ja, ja, dann einfach her damit.«

»Und Daunen? Nehmt Ihr auch Daunen?«

»Hast du auch Daunen?«

»Ja.«

»Wie viel?«

»Weiß noch nich ganz.«

»Ja, ja, dann einfach her mit den Daunen, dann werden wir ja sehen.«

Lars will schon sagen, dass die Daunen von Barrøy nichts sind, was man sich so einfach ansieht, dass sie reiner sind als Gold, aber auch das lässt er auf sich beruhen, er sagt: »Und Eier?«

Da lacht Bang Johansen laut und sagt, er nehme auch gern Eier.

»Aber wo zum Teufel haste dich so schwarz gemacht?«

Auf dem Heimweg fällt Lars wieder die Frage ein, die Hans ihm einmal gestellt hat, als sie im Schorfgarten saßen und auf den neuen Schuppen und den Kai hinüberschauten, an einem matten Sommerabend, als ihre Gedanken das ganze Himmelsgewölbe umspannen konnten, ob Lars sich schon überlegt habe, was auf Barrøy fehle. Lars fand, Barrøy sei genauso, wie es sein sollte. Ein Boot, sagte Hans. Mit Motor. Ein größeres Boot. Ein Kutter. Oder zumindest eine Shark. Es sieht doch idiotisch aus, so ein Kai aus Felssteinen, an dem kein Fahrzeug fest vertäut ist, und dann noch ein neues Haus darauf.

»Issn schlechter Hafen«, hatte Lars geantwortet, es muss irgendwann im Vorjahr gewesen sein oder noch ein Jahr früher, er hatte gerade erklärt bekommen, warum die Milchroute bei Unwetter nicht anlegen konnte.

»Aber wir ham Steine genuch«, sagte Hans dann, für eine Mole sechs Meter vor der Landspitze beim Schwedenschuppen, Strömung und Wellenverhältnisse würden sich im Sund verwandeln.

Lars hat seit dem Tod des Onkels viel darüber nachgedacht, und über die Ruinen in Karvika, wo es so viele Steine gibt, und er sah sie vor sich, als er in den Abend hinausruderte, während sich auch die Begegnung mit Bang Johansen in seine Überlegungen mischte, dem Mann mit den Händen in der Tasche, der über den Preis für Trockenfisch redete. Und weitere Ideen fielen in den feinen Rhythmus der Ruderschläge, die Frage, ob es vielleicht noch mehr gab, was auf Barrøy fehlte, und ob es jetzt *seine* Aufgabe wäre, das zu ermitteln und etwas daran zu ändern, wenn man zum Beispiel Barrøy mit anderen Inseln vergleicht oder anderen Orten, es war eine schwindelerregende Vorstellung, in einem ganzen Winter angesammelte Gedanken, obwohl er überhaupt nichts hatte, womit er sie vergleichen könnte.

50

Während Lars bei der Handelsstation ist, sitzt Ingrid in der Küche und sieht die Mutter an, die sich auf ihrem Stuhl niedergelassen hat und abwechselnd aus dem Fenster und auf ihre Tochter und die anderen schaut und mit weißen schmalen Lippen unter allzu deutlich hervortretenden Wangenknochen lächelt und sich für den Kaffee bedankt, so als wäre sie zu Besuch in einem fremden Land, und für die Kuchenfladen, die Barbro auf dem polnischen Porzellan serviert.

Maria nimmt Kaffeetassen und Teetassen zur Hand und untersucht sie eingehend und nickt, so als wäre sie jetzt noch mehr zu einem Gast im eigenen Haus geworden, ansonsten liegen ihre Hände im Schoß.

Ingrid geht hinaus und hinein, und weint, wenn sie draußen ist, und lächelt, wenn sie drinnen ist.

Karen Louise folgt ihr und sagt, dass sie miteinander reden müssen, es geht nicht um Marias Zustand, sondern ums Geld. Es ist nämlich so, dass der Vater das Eigentum, die Insel Barrøy, Hofnummer 55, Flurnummer 1, beliehen hat, das hat er auch früher schon getan, Pastor Malmberget hat sogar einmal eine Kaution für ihn übernommen, Hans hat es immer zurückgezahlt, das ist nicht der Punkt, aber jetzt wird eine neue Rate bei der Sparkasse fällig, am ersten Juli, eine Summe von dreihundert Kronen, außerdem haben sie im Laden noch eine beträchtliche Rechnung offen, für Waren, die sie im Winter bekommen haben, ob Ingrid eigentlich klar ist, was es bedeutet, wenn Barrøy von der Bank übernommen wird, das ist vielleicht gar nicht mal das Schlechteste, dann könnten sie sich neues Land drüben auf der Hauptinsel zulegen, Karen Louise hat bereits mit Paulus gesprochen, er ist kein Bauer und will verkaufen, zu einem angemessenen Preis, wie sie atemlos und errötend erklärt, um danach den eindrucksvollen Plan mit der Bemerkung abzuschließen, dass sie es ja hier im Winter wohl ganz schwer gehabt haben müssen, sie wirkt, als spräche sie mit einer Patientin.

Ingrid kann diesem Menschen nicht widersprechen, Karen Louise ist schließlich so etwas wie die Regierung in der Gemeinde, und so bittet sie sie zu warten und geht hinauf in den Südsaal und holt dreihundert Kronen von dem Geld, das sie von Onkel Erling bekommen haben, und geht wieder hinunter und reicht Karen Louise Malmberget das Geld und fragt, ob sie das für sie übernehmen kann, bei der Sparkasse, aber was die Rechnung im Laden betrifft, so kann die nicht allzu hoch sein, denn sie haben im Laufe des Winters immer gleich bezahlt.

Karen Louise schießt noch mehr Röte in die Wangen.

Ingrid fasst sich ein Herz und bittet Karen Louise um eine Quittung, einen Beweis dafür, dass sie dieses Geld bekommen hat und dass es zur Sparkasse gebracht werden soll und sonst nirgendwohin. Karen Louise fragt, wo sie denn diese große Summe herhat, und murmelt, dass das mit der Quittung wohl nicht nötig sei.

Ingrid geht wieder hinein und setzt sich neben die Mutter und fragt, was das für Flecken sind, die sie da an den

Schläfen hat. Maria lächelt. Karen Louise kommt ebenfalls herein und setzt sich und trinkt einen Schluck kalten Kaffee und lehnt ab, als Barbro ihr neuen anbietet, sie schaut zu Suzanne, die auf Ingrids Schoß krabbelt und einen verstohlenen Blick auf Maria wirft.

»Wer is die Frau?«

»Das is die Mutter«, sagt Ingrid und setzt sie auf Marias Schoß, dann geht sie zur Kommode in der Stube und holt Papier und Tinte hervor und setzt sich zum Schreiben hin. Karen Louise liest mit verkniffenem Gesichtsausdruck und sagt, dass Ingrid das Datum vergessen hat und welcher Tag es ist. Ingrid trägt das Datum ein. Karen Louise unterschreibt und sagt, dass das wirklich nicht nötig ist, und nein, jetzt hört sie den Bootsmotor von Paulus.

Aber es ist nicht die Milchroute, es sind allenfalls die lautlosen Ruderschläge von Lars, der das Boot vertäut und den Hügel herauf und in die Küche kommt und sich umblickt, als wäre er in eine Grabkammer eingedrungen, und da liegen die Quittung und das Geld auf dem Tisch, er fragt, was das denn ist.

»Geh dich waschen«, sagt Ingrid. »Und nimm Felix mit.«

»Was issen das da?«, wiederholt Lars.

Ingrid antwortet nicht. Karen Louise steckt das Geld in eine braune, mit grünen Perlen besetzte Tasche aus Leder. Ingrid faltet den Bogen zusammen und fächelt sich damit Luft zu, bis Karen Louise schließlich aufsteht und sagt, dass Lars sie nach draußen begleiten soll.

Ingrid beobachtet sie vom Fenster aus, Lars, der mit der Pastorenfrau zum Kai hinunterläuft und stehen bleibt und den Mund aufreißt und ihr irgendetwas entgegenschreit. Karen Louise, die sich die Ohren zuhält und sich nach vorn beugt. Lars, der weiterschreit, bis sie sich noch mehr zusammenkrümmt und dann aufrichtet und mit schnellen Schritten zum Kai läuft, während Lars sich umdreht und wie vom Teufel geritten zum Haus rennt und in die Küche stürzt und nach dem Feuerhaken greift und Ingrid damit auf den Kopf schlägt, dass das Blut nur so auf Tisch und Quittung spritzt. In Ingrid dreht sich alles. Sie hört seine Stimme. Und sieht Barbro die Arme um Lars legen. Er reißt sich los und tobt und schreit. Sie richtet sich wieder auf und betastet die Wunde an der Stirn, sieht das Blut und greift nach dem Feuerhaken und schlägt ihn Lars auf die Stirn, zweimal. Da schreit auch Barbro, zerrt den Jungen zur Seite und legt die Arme um Ingrid, die zappelt und beißt. Felix steht mit weit aufgerissenen Augen daneben. Suzanne lächelt, mit einem Finger im Mund. Und Maria setzt sie ab und steht auf und tritt an das Abflussbecken und legt die Hände um die Pumpe und bewegt sie auf und ab und probiert das Wasser und bewegt die Pumpe schneller und schneller, und Barbro lässt Ingrid los und geht zu Maria und legt auch die Arme um sie und stoppt das Wasser.

»Wasser, Wasser …«

Es wird still.

Lars fällt plötzlich ein, dass er nach dem Fisch sehen muss, denn jetzt darf es nicht wärmer werden. Er geht hinaus zum Trockengestell, mit Felix im Schlepptau. Felix fragt, ob es weh tut, die Wunde an seiner Stirn. Lars leckt das Blut ab, das er mit der Zunge auffangen kann, und kriecht unter das Trockengestell, inspiziert die Bäuche der

Fische, einen nach dem anderen, und entdeckt weder Fliegeneier noch irgendeine andere Teufelei. Felix wiederholt seine Frage. Lars antwortet nicht, er rechnet aus, zählt und lässt den Blick über die Insel gleiten, um sich einer Sache zu vergewissern. Er sagt: »Wir gehn zu Mama und holen warmes Wasser.«

Am Haus sieht er Ingrid und die Mutter auf den Hofplatz treten, Maria in dem hellen Kleid, auch Ingrid trägt ein Kleid, sie hält Maria an der Hand, als wäre sie ein Kind, die Mutter oder Ingrid, da kommt auch Suzanne, sie gehen in südliche Richtung durch die Gärten und schrecken die Vögel auf, die aufstieben und wieder herunterfallen, wie flatternde weiße Papierblätter, Lars kann auch ihre Stimmen hören, nicht aber, worüber sie reden, er wiederholt, dass sie zu Barbro gehen und warmes Wasser holen werden.

51

Sie haben zwei Besorgungen im Dorf zu machen, die erste beim Pastor. Dorthin begibt sich Ingrid allein, gegen Lars' Willen, er und Felix bewachen das Boot mit dem Trockenfisch und den Möweneiern, derweil Ingrid im Pfarrhof sitzt und einen Schock bekommt.

Das liegt daran, dass der Pastor auf schonende, wenngleich gnadenlose Weise alle Verfügungen aufzählt, die Hans Barrøy im Laufe der Jahre getroffen hat, es ist zwar nicht so, dass Ingrids Vater hier auf Erden besonders viel hatte, womit er jonglieren konnte, so sieht es Malmberget jedenfalls, aber dennoch wollte Hans die Insel Barrøy ja nicht nur bewohnen, sondern auch ausbauen, so wie ein jeder Nachkomme mehr als nur das Ererbte hinterlassen möchte, das ist ein Kreislauf, ein Lebensreigen, ein Gesetz. Dies aber bedeutet, dass all das, was Ingrid ihr ganzes Leben lang als einen unerschütterlichen Fels im Meer betrachtet hat, doch nur ein morsches Floß war, das der Vater mit Müh und Not an der Oberfläche halten konnte.

Ingrid bleibt sitzen und überlegt, ob die Mutter wohl von alldem gewusst hat, und fragt auch danach. Der Pastor sagt, dass er es nicht weiß, und wirft ihr dabei einen Blick zu, den sie so versteht, dass sie doch bitte andere danach fragen möge, wer immer das auch sein sollte.

Zur Sicherheit sagt Ingrid nichts mehr.

Malmberget steht auf und geht auf lautlosen Teppichen umher und serviert ihr Himbeersaft und sich selbst Kaffee, setzt sich wieder und öffnet eine Schublade und kommt zur Sache, welche darin besteht, dass Ingrid einen Grundbuchauszug und ein paar Quittungen erhält sowie den Totenschein des Vaters und eine Übertragungsurkunde für das Grundeigentum. Jetzt ist sie die rechtmäßige Eigentümerin von Barrøy, die Alleinerbin, da es weder Söhne noch zurechnungsfähige Ehegatten gibt, es handelt sich hier um einen hochoffiziellen Akt, den Hauch von etwas Größerem, als sie selbst es sind, was sich sogar auf den stillen Raum überträgt, in dem ein namenloser Apostel von seinem Versteck an der Wand auf sie herniederblickt.

Ingrid ist wie erstarrt.

Sie schwillt aber auch vor Stolz, innerlich, und liest alles durch, was auf der Übertragungsurkunde geschrieben steht, die Auflistung der kleinen und großen Inseln und Schären in ihrem Reich, sobald sie mündig ist, Ödland, Nutzflächen, die Rechte an Wasser und Torf und Beeren und Fischen und Holz und Treibgut … gotische Schrift, gestrichelte Linien, blaue Tinte, schwarze, vornehme Handschrift, rotes Siegel …

Der Pastor fragt, wie es ihrer Mutter geht.

Ingrid blickt auf und denkt nach.

Sie sagt, dass sie es nicht weiß, sie schläft nicht mehr mit der Mutter in einem Zimmer, sondern mit Suzanne und der Katze im Südsaal, Maria ist allein in Ingrids alter Kammer. Am Tage sitzt sie in der Küche oder auf einem Stuhl in der Sonne, wie eine zweite Barbro, ist nur ab und zu im Stall und kocht selten, langsam, und sie müssen sie eine Stunde im Voraus darauf einstimmen …

Der Pastor nickt.

Wir haben zu viele Kühe, sagt Ingrid, und zu wenig Land. Und wir brauchen ein Pferd. Sie hat es nachgerechnet, ausgehend davon, dass der Vater eine lebende Maschine war, die zwanzig Dekar Land mit der Sense bearbeiten konnte, im letzten Jahr hatte Lars drei Dekar geschafft, Barbro zwei und Ingrid eins. Sie könnten zwar eine der Kühe vor die alte Sensenmaschine spannen, aber das wäre eine furchtbare Schinderei und die Milch würden sie auch verlieren, sie könnten die Kuh auch auf dem Kartoffelacker benutzen, wenn sie nur mit Pflugmesser und Holzbrett arbeiten, und dann war da noch das Verhältnis zwischen Weideland und Nutzfläche, das war nicht so, wie es sein sollte …

Pastor Malmberget glaubt, Zeuge eines Rechenstücks zu sein, und denkt, dass Ingrid auf der Jagd nach der goldenen Formel für die Landwirtschaft auf Barrøy ist, dem rechten Verhältnis zwischen Tieren und Land und Menschen und Meer, einem delikaten Gleichgewicht, das mit Sorgfalt erhalten werden muss, damit so und so viele dort leben können, nicht mehr und nicht weniger, nur genauso viele, wie es jetzt dort sind.

Er lächelt, lobt ihre Reife und öffnet abermals die Schublade – wie zum mahnenden Abschluss – und schiebt ein paar weitere Bögen über den Tisch, die Kopien zweier Taufscheine, von Felix und Suzanne, und sagt, sie müsse dafür sorgen, dass Felix im Herbst zur Schule kommt, auf Havstein, Johannes Malmberget hat sich bereits die Freiheit genommen, ihn dort anzumelden.

Ingrid steht auf und sagt ja, auch wenn sie weiß, dass es nicht einfach wird, wenn *sie* schon im Laufe eines Jahres Mutter geworden ist, dann ist Lars Vater geworden und mehr als das. Und er selbst hat keine Pläne, wieder die Schulbank zu drücken.

Doch Ingrid ist durch diese Begegnung nicht kleiner geworden.

Sie verneigt sich und denkt, dass, obwohl sie nicht gewagt hat, das schwierigste Thema anzusprechen, und der Pastor ebenso wenig, nämlich die Frage nach der Zukunft der beiden Kinder, die Antwort darauf allerdings auch nicht durch diese beiden Kopien näher gerückt ist, die sie zusammen mit der Übertragungsurkunde und dem Beweis, dass ihr Vater tot ist, in den Umschlag steckt.

Lars und Felix sind von der Handelsstation heraufgekommen und haben sich auf den Kokskasten vor dem Laden gesetzt, und Lars glaubt, irgendetwas in Ingrids Gangart sehen zu können, als sie vom Pfarrhof herunterkommt, mit dem Umschlag, den sie sich unter den Arm geklemmt hat, sie sieht aus wie eine Lehrerin. Er springt vom Kasten herunter und fragt, was denn nun ist mit dem Boot, mit Maschinen, haben sie genügend Geld, kann der Pastor eine Kaution stellen …

Ingrid sagt, dass sie kein neues Boot anschaffen werden, sondern ein Pferd.

»Pferd?!«

Lars hat nie etwas Dümmeres gehört, sie hatten doch früher schon mal ein Pferd, das arbeitet einen Monat und steht elf Monate herum und frisst.

»Willste ganz Barrøy allein abmähn?«, sagt Ingrid. »Mit der Sense?«

Darauf kann Lars nichts erwidern. Ingrid sagt, dass sie ein Pferd *ausleihen* werden.

»Von Adolf in Malvika, der hat drei Pferde.«

»Wie solln das da hinkommen, soll's schwimmen?«

Ingrid erklärt, dass Paulus das Pferd transportieren wird, genauso, wie er es mit Kühen und Zuchtbullen macht. Lars: »Dann wird's wohl nich so teuer?«

»Aber wir werdn nur zwei Kühe ham.«

»Wieso?«

Sie erklärt, dass zwei Kühe exakt so viel Milch geben, dass die Milchroute auch weiterhin zu ihnen kommt, und davon sind sie abhängig geworden. Allerdings unterlässt sie es zu erwähnen, dass die Milchroute auch als Transport zur Schule benutzt werden kann, und verschweigt auch den Teil der Rechnung, der besagt, dass es mit nur zwei Kühen auch weniger Arbeit im Stall geben wird, Barbro kann Netze knüpfen und Ingrid fischen und Beeren pflücken und … alles andere, derweil Maria …, auch die Mutter erwähnt sie nicht.

»Und wir werdn mehr Schafe anschaffen.«

Die Schafe sollen von nun an weniger Zeit auf Barrøy verbringen und länger auf Skogsholmen und Knuten und Gjesøya grasen, vom Beginn der Schneeschmelze bis so weit wie möglich in die Zeit hinein, wenn der Schnee wieder einsetzt.

Auch dazu weiß Lars nicht viel zu sagen, sie sind zur Handelsstation heruntergekommen und wollen ihr zweites Geschäft abwickeln.

Lars manövriert das Boot unter den Hebekran. Sie hieven das bleischwere Fass mit Eiern an Land und auch den Trockenfisch. Bang Johansen hört Getöse auf dem Kai und kommt heraus und fragt, was sie da treiben.

Er will auch die Eier im Wasser testen, also schlägt er den Fassdeckel auf, fegt ein wenig Sand beiseite und nimmt vier große Möweneier und zwei Eiderenteneier heraus, und alle sinken hinunter, so, wie sie sollen, aber er hat sie in eine Spülwanne gelegt und nicht in einen Eimer, die ist fast einen Meter tief, er muss sich über den Rand beugen und halbwegs untertauchen, um sie wieder heraufzuholen, und sein Oberkörper wird nass. Sie lachen über ihn, er lächelt und fragt: »Wie viel Eier habter denn da im Fass?«

»Achtzig«, sagt Lars.

»Habter noch mehr?«

»Noch'n Fass. Kommt morgen.«

Bang Johansen nickt und macht sich daran, den Trockenfisch zu inspizieren, den sie auf einen Bretterrahmen gelegt haben, und hat auch daran nichts auszusetzen. Der Preis allerdings sei seit dem letzten Mal gesunken, was an den Märkten liege …

»Speckfut«, sagt Felix.

»Was sagst du da?«

Felix will es wiederholen. Ingrid verpasst ihm eine Ohrfeige: »Er weiß ja nich ma, wovon er redet.«

»Tu ich wohl«, sagt Felix und kriegt noch eine geknallt. Lars sieht grinsend auf die Kaiplanken hinunter und Bang Johansen schüttelte den Kopf und sagt verfluchte Blagen und blickt wieder auf den Fisch und fragt, was denn nun werden soll. Ingrid bittet ihn, die Partie zu wiegen und ihr eine Quittung zu geben, auch für die Eier. Er wiegt unter der Aufsicht aller und kommt auf dasselbe Kilogewicht, das sie mit eigenen Händen auf der Insel errechnet haben. Und sie bekommen die Quittungen.

»Und was is mit den Daunen?«

Ingrid bleibt ganz ruhig und sagt zu Bang Johansen, dass sie später über die Daunen sprechen werden.

»Wieso?«

Die Art, wie er fragt, seine Augen und sein Gesicht. Sie fragt, ob er wirklich Daunen haben will. Er sagt, selbstverständlich will er die haben. Ingrid hat es schon früher erlebt, zusammen mit dem Vater, da setzte der Kaufmann einfach einen Preis an, zu dem der Vater ja oder nein sagte und dann nach Hause fuhr, und sei es auch ohne Geschäftsabschluss. Sie fragt, wie der Preis für Daunen in diesem Jahr ist. Bang Johansen antwortet ihr. Sie wiederholt, dass sie darüber nachdenken will, aber erst müssen sie den restlichen Fisch einholen, das dauert drei, vier Tage, und die Eier. Bang Johansen nickt.

»Jaja, die Eier.«

Auf dem Heimweg sitzen Lars und Felix an den Rudern, Ingrid sitzt auf der hinteren Ruderbank, mit einem braunen Umschlag auf dem Schoß, und spürt den milden Sommerwind im Haar.

»Worüber grinste denn?«, sagt Lars.

»Nichts«, sagt die Königin von Barrøy, die hinaus in ihr Reich gerudert wird, von zwei Untergebenen, die weder ahnen, welche Pläne sie hat, noch etwas von diesen zu hören bekommen, bevor sie in die Tat umgesetzt werden. Das hat sie von ihrem Vater gelernt. Das Schweigen. Und die Überraschung. Die Übertragungsurkunde und die Kopien im Umschlag. Nein, sie hat es von der Mutter gelernt. Oder doch nicht? Sie weiß es nicht mehr und lächelt nicht mehr. Sie vermisst sie beide, so wie sie sie noch nie vermisst hat, seit sie tot sind. Und Lars schaut in eine andere Richtung.

52

Hans Barrøy hatte drei Träume gehabt, er träumte von einem motorisierten Boot, einer größeren Insel und einem anderen Leben. Die beiden ersteren Träume brachte er oft und gern zur Sprache, mit nah und fern, über letzteren redete er nie, nicht einmal mit sich selbst.

Auch Maria hatte drei Träume: weitere Kinder, eine kleinere Insel und – ein anderes Leben. Anders als ihr Ehemann dachte sie oft an letzteren, und dieser Traum wurde immer nur größer und schwerer, als die beiden ersten verblichen und sich immer mehr verloren.

Als ihr Mann starb, begann sie zu bereuen.

Es gibt nichts Zerstörerischeres, als einen Traum zu bereuen. Sie bereute, dass sie die Insel für zu groß gehalten hatte, mit der vielen, endlosen Arbeit, und dass sie sich weitere Kinder gewünscht hatte, denn sie hatte doch Ingrid.

Danach stahl sich eine Bedrohung an sie heran, das Gefühl von damals, als der Sträfling gekommen war und etwas gestohlen hatte, von dem sie nicht wussten, dass sie es besaßen, und einen Flecken auf ihrem Leben hinterließ, etwas, das der Wind brachte, die Vögel und das Meer, der Schnee, das Wasser in der Küche und die Adler, die sich inzwischen auf das Dach des neuen Kaihauses setzten. Sie konnte hören, wie die Katze durch den Raum lief, mit schwerem Dröhnen, das sich zu einem harten Tropfen zusammenpresste und sich danach ausdehnte und zusammenzog wie ein Tierherz.

Ich nehm dich an der Hand, Mama, sagt Ingrid und steht in der Tür ihres eigenen Kinderzimmers und wartet, während Maria aufsteht und sich anzieht.

Sie gehen hinunter in die Küche und trinken Kaffee und verzehren das Frühstück, das Barbro auf den Tisch gestellt hat. Barbro war schon bei den Tieren, die sind jetzt rund um die Uhr draußen und kommen brüllend zum Haus, wenn die Euter zu voll sind, und wecken diejenigen, die auf sie lauschen, und in diesem Sommer ist das Barbro, Barbro, die flucht und aufsteht und melkt, Ingrid hat anderes zu tun.

Sie geht wieder hoch und weckt Suzanne, sieht zu, während die sich die Sachen anzieht, die Ingrid selbst früher getragen hat, und geht nach unten und beendet das Frühstück und geht dann hinaus auf das Feld, egal, ob es regnet oder die Sonne scheint.

Sie gehen über die Insel und sehen, dass das Gras gewachsen ist, und wissen, dass es noch weiterwachsen wird. Sie rudern hinüber zu den Felseninseln und zählen die Lämmer. Maria erkennt manches, aber nicht alles, sie sagt, ach was, und ihr fällt etwas ein, woran Ingrid sich nicht erinnert. Sie fragt, wie viele Kinder sie hat. Ingrid sagt, drei. Nein, sagt Maria. Sie spricht einzelne Wörter aus, wie um sie zu üben, Boot, Feuer, Pferd … Da kommen die Kinder, sagt sie über das Boot, das nach der täglichen Überfahrt mit Trockenfisch von der Handelsstation zurückkehrt. Ingrid ruft, sie haben doch an die Quittung gedacht? Lars gibt keine Antwort, klettert nur die Leiter hoch und geht auf das Haus zu, um zu essen, dicht gefolgt von Felix.

Marias Lächeln.

Das gehört nicht hierher.

Sie setzen sich auf den Kai und sie spricht darüber, wie der Mann bei ihrer ersten Begegnung gekleidet war, was er sagte, seine Einfälle, und Ingrid fallen die Augen zu, doch sie lässt sie weiterreden, das Pferd, der Sand, der Räucherofen … Suzanne wirft Steine ins Meer und balanciert auf der Kaikante. Ingrid sagt, das soll sie lassen. Maria erwähnt, wie fein sie ist, gekämmt und zurechtgemacht wie eine Puppe, und Ingrid geht auf, dass die Kleine sich ruhig ab und zu schmutzig machen könnte, wenn es sogar von Maria bemerkt wird, dass sie angefangen hat, sich Privilegien zuzulegen. An diesem Abend soll sie mit ihnen melken kommen, die Kühe stehen jetzt im Busengarten, wo sie die Mähmaschine ohnehin nicht einsetzen können, das Gras wird noch höher, die friedlichsten Tage des Jahres gehen ineinander über, ohne Nächte, während das Gras wächst und der Regen fällt und die Sonne scheint und die Möwen schreien, bis Paulus mit dem Pferd kommt.

Es ist Springflut und Mitternacht mit allen Geräuschen in einem Glaskolben, die Stimme der weißen Nächte. Ingrid sieht, dass Marias Blick sich verwandelt beim Anblick des Pferdes, das Paulus an Beinen und Oberkörper und Kopf angebunden hat, an Reling und Steuerhaus und Mast, so dass es feststeht wie ein Holzspielzeug und einen dicken Haufen auf das Deck gekackt hat.

Sie legen die Laufplanke aus, die Felix und Lars gezimmert haben, das Tier wird an Land geführt und muss bis zur nächsten Springflut auf Barrøy bleiben, irgendwann in den Hundstagen, hat Ingrid ausgerechnet, dann kann es auch noch ein neues Kartoffelfeld für den nächsten Sommer aufpflügen.

Paulus liefert auch eine Sendung aus dem Laden ab. Sie will sich davon überzeugen, dass alles so ist, wie es sein soll, sieht aber wieder Marias Blick, sie hat eine Hand auf die Mähne des Pferdes gelegt, wie um das Tier zu begrüßen, und sie verdreht die Augen, senkt den Kopf und schwankt, die Hand in der Mähne, sie hebt den Kopf und sieht Ingrid aus Augen an, die sich nicht verdrehen. Ingrid will ihren Griff lockern und sie nach Hause bringen, aber Maria lässt selbst los, streichelt den Hals des Pferdes und sagt: »Die ham das Pferd erschossen.«

»Hä?«

»Die ham das Pferd erschossen und geglaubt, wir hätten nix gesehen.«

Die anderen führen das Pferd nach Süden. Maria und Ingrid gehen hoch und setzen sich auf den Brunnendeckel. Maria mit der Mitternachtssonne in den Haaren, die macht ihre Haare ganz weiß, sie können nicht einmal geflochten werden. Maria sagt, sie habe im Krankenhaus mit Zezenie gesprochen, mehrmals, oder es versucht, die komme nicht zurück.

Ingrid nickt.

»Verstehste, was ich sach?«

»Ja«, sagt Ingrid.

Maria fragt, ob sie beim Pastor alles in Ordnung gebracht habe, Papiere und so.

Ingrid nickt.

»Gut.«

Ingrid fragt, ob sie den Südsaal zurückhaben möchte. Maria antwortet, das brauche sie nicht. Sie erzählt, dass sie mit den Ärzten über die dröhnenden Katzenpfoten sprechen wollte, aber die wollten nur etwas über ihren Ehemann hören, und sie erinnert sich nur an eine Episode, dass er ihr immer gegenüber am Küchentisch sitzen wollte, um keine einzige Sekunde von ihr zu verpassen, es war erst ein Jahr her, dass er das gesagt hatte, oder zwei. Danach schlief sie wieder ein und erwachte erst wieder, als sie die Hand auf ein Pferd legte und die Muskeln unter der warmen Haut atmen spürte. Ingrid sagt, das verstehe sie, aber sie verspürt eine Unruhe und fragt, ob die Mutter glaube, der Vater habe gewusst, dass er sterben müsste. Maria überlegt und sagt, nein, es war ein guter Tod, er ist gestorben, als er sterben musste, es ist nur, wie so viele andere gute Dinge, unmöglich zu entdecken.

53

Das Pferd hieß Wilhelm nach einem Kaiser und war nicht wie das, was sie früher gehabt haben, zum Ersten war es nicht verwirrt davon, dass es auf einer Insel war, und es trat nicht um sich, es war faul und lieb und legte sich hin und schlief, wenn sie es abschirrten, egal, was es gerade gezogen hatte. Suzanne und Felix konnten auf ihm reiten.

Zusammen mit dem Pferd kamen zwei Eimer Leinöl, ein kleiner und ein großer Sack Pulver und Besen, Ingrid wollte das Haus anstreichen.

»Das Haus soll weiß sein.«

Mit grünen Fenstern und Windbrettern.

Wenn sie nicht mähten und heuten, strichen sie an. Auch Maria. Sie malte die Fenster an, langsam und sorgfältig. Es war das erste Haus auf Barrøy, das angestrichen wurde. Und das verwandelte nicht nur das Haus, sondern die ganze Insel, es verwandelte Steine und Sand und Gras und Tiere und Bäume. Als sie fertig waren, konnten sie es nicht ansehen, jedenfalls konnten sie nicht glauben, was sie da sahen, das alte graue Haus sah aus wie aus Neuschnee gegossen, es sah aus, als stünde es anderswo, auf dem Festland, in einer Stadt, es sah aus wie unvorstellbarer Reichtum, es war ein Schock, ein Fremdkörper, es war zum Totlachen.

Abends gingen sie hinaus über die Wiesen und drehten sich um und sahen nach Hause und dachten, da wohnen wir. Das war auch das Erste, was sie morgens machten, hinausgehen und das Haus ansehen, es gab ihnen Kraft, es anzusehen, es gab ihnen Hoffnung und gute Laune. Es war schöner, draußen zu sein als drinnen, und so war das bisher hier nicht gewesen. Vom Liebeswäldchen sah es anders aus als von Frostøyet und Karvika, es war veränderlich und beweglich und von den anderen Inseln aus sichtbar, ein Turm, eine Landmarke im Meer.

Andere Inselbewohner kamen herübergerudert und fragten, was sie denn jetzt angestellt hätten, fragten, ob es teuer und strapazierfähig und schwer anzubringen sei, ehe sie mit dem Kopf voller Ideen wieder nach Hause ruderten.

Das Haus war sogar von der Handelsstation aus zu sehen. Es war vom Himmel aus zu sehen, vom Meer, von den Bergen auf dem Festland, von den Regierungsgebäuden in der Hauptstadt, von Borneo, es gab kein Auge, das es nicht sehen könnte.

Sie spannten das faule Pferd vor die Mähmaschine und mähten in Rosengarten und Schorfgarten und Eden. Sie fanden alle alten Löcher für die Heureuter und stellten die Reuter so, wie sie immer gestanden hatten, Nord-Süd, damit sie nicht umgeweht würden, graugrüne, wogende Wände quer vor den Steinmauern.

Den Sommer hindurch fügte sich auch vieles andere auf eine Weise ineinander, auf die sie nicht zu hoffen gewagt hatten. Onkel Erling kam mit seiner Familie zu Besuch und war Ingrids Verbündeter, was den Schulbesuch betraf. Lars musste sich noch ein Jahr in Geduld fassen, ehe sie ihn zu den Lofoten mitnehmen würden. Tante Helga erkannte Maria nicht wieder und konnte ihre Enttäuschung nicht verbergen, ihre viel zu deutliche Enttäuschung. Sie erkannte auch Suzanne und Felix nicht, die Kleine war doch nur ein Wickelkind, und der mollige Felix war zu einem dünnen Strich geworden und sah älter aus als die acht Jahre, die er bald erreichen würde, wenn der Taufschein mit seinem Namen stimmte, ein Name, der geändert werden sollte, sobald Ingrid einen Moment Zeit hätte, von Tommesen zu Barrøy.

Als Paulus das Pferd holen kommt, haben sie endlich das begriffen, was ihre Vorfahren immer gewusst haben, dass ein Pferd auf einer Insel nur ein Gast sein kann, es hängt mit der Größe der Insel zusammen, mit der man sich manchmal nur schwerlich abfinden kann, es hängt mit Gras und Geld und Maß und Arbeit und himmlischen Brüchen zusammen.

Endlich beschließen sie, auch das Neuland auf Gjesøya zu mähen.

Das muss mit der Sense gemacht werden.

Die ganze Familie kommt mit. Sie diskutieren, ob sie auch hier Heureuter aufstellen sollen. Lars ist dagegen. Ingrid sagt, es sei leichter, trockenes Heu überzusetzen als feuchtes Gras. Lars sagt, dann müssten sie Pfosten und Stangen in beide Richtungen übersetzen, und Hämmer und Draht. Maria stimmt Ingrid zu. Das tut auch Suzanne. Barbro stimmt Lars zu. Das tut auch Felix. Ingrid sagt, jetzt fängt bald die Schule an. Felix sagt, er freut sich darauf. Lars sagt nichts. Sie sind zwei Lager. Das eine setzt in der Regel seinen Willen durch.

Und an einem warmen Spätsommertag kann plötzlich ein grauer Seenebel wie eine Wand am Horizont aufragen und langsam herankriechen und eine Insel nach der anderen in blaugraue Dunkelheit hüllen, kann alles und alle verschlingen und umfangen, als kalte, feuchte Decke. Dort, wo sie vorher freien Blick in alle Richtungen hatten, können sie jetzt nicht einmal ihre eigenen Schafe sehen, sie können Heureuter und Büsche und das leuchtende Haus auf Barrøy nicht sehen, nur einige Grashalme dicht vor ihren Füßen, und die Tränen, die auf sie herabperlen, obwohl es gar nicht regnet.

Der Nebel kommt mit einer Dunkelheit mitten am Tag, eine Sonnenfinsternis und ein Sichtverlust. Die Menschen lassen ihr Werkzeug sinken und schweigen und hüllen sich in wärmere Kleidung und setzen sich auf einen Stein und lassen ihre Gedanken mit einem inneren Licht spielen, so, wie Blinde nach innen sehen, weil ihnen nichts anderes übrig bleibt, und eine Erinnerung oder ein Aufleuchten von etwas finden, von dem niemand weiß, was es ist, und das sie mit niemandem teilen oder sich zunutze machen können.

Wenn die Sicht verschwindet, werden die anderen Sinne geschärft, der scharfe Geruch von Brennnesseln und Moor und Tang und feuchter Wolle, der Nebel so salzig wie das Meer, das ihn geboren hat, eine fremde kalte Liebkosung auf der Haut, und auch wenn die Eiderente sich aufrappelt und die Flügel über dem Boden ausbreitet, und wenn Insekten und Tiere so stumm sind wie die Menschen, gibt es im Nebel ein seltsames Geräusch, ein Tuscheln, wie das Meer in der Konchylie und das Geräusch einer toten Ratte, die durch trockenen Schnee geschleift wird.

Aber es dauert nur eine Stunde oder zwei, dann zerbricht die Sonne das alles, zuerst wie ein gekochtes Kabeljauauge im Dunst einige Grad weiter nördlich, dann gelber und goldener, bis sie den letzten Schleier vernichtet und die Sicht wieder wie wilde Pferde in alle Himmelsrichtungen jagen lässt. Und dann ist es einfach nur so, als sei ihnen der Arbeitstag halbiert worden, oder als hätten sie im alten einen ganz neuen Tag erhalten, und sie können wieder zur Sense greifen.